일러두기

- 단행본은 『 』, 논문 등은 「 」, 신문, 잡지는 《 》, 영화 등의 작품명은 〈 〉로 표기했다.
- 외래어 표기는 국립국어원 외래어표기법을 따랐으나 관용적으로 굳어진 일부 용어는 예외를 두었다.

클래식 클라우드 | 038

아인슈타인

×

이강영

시공간을 재편한 현대물리학의 초석

arte

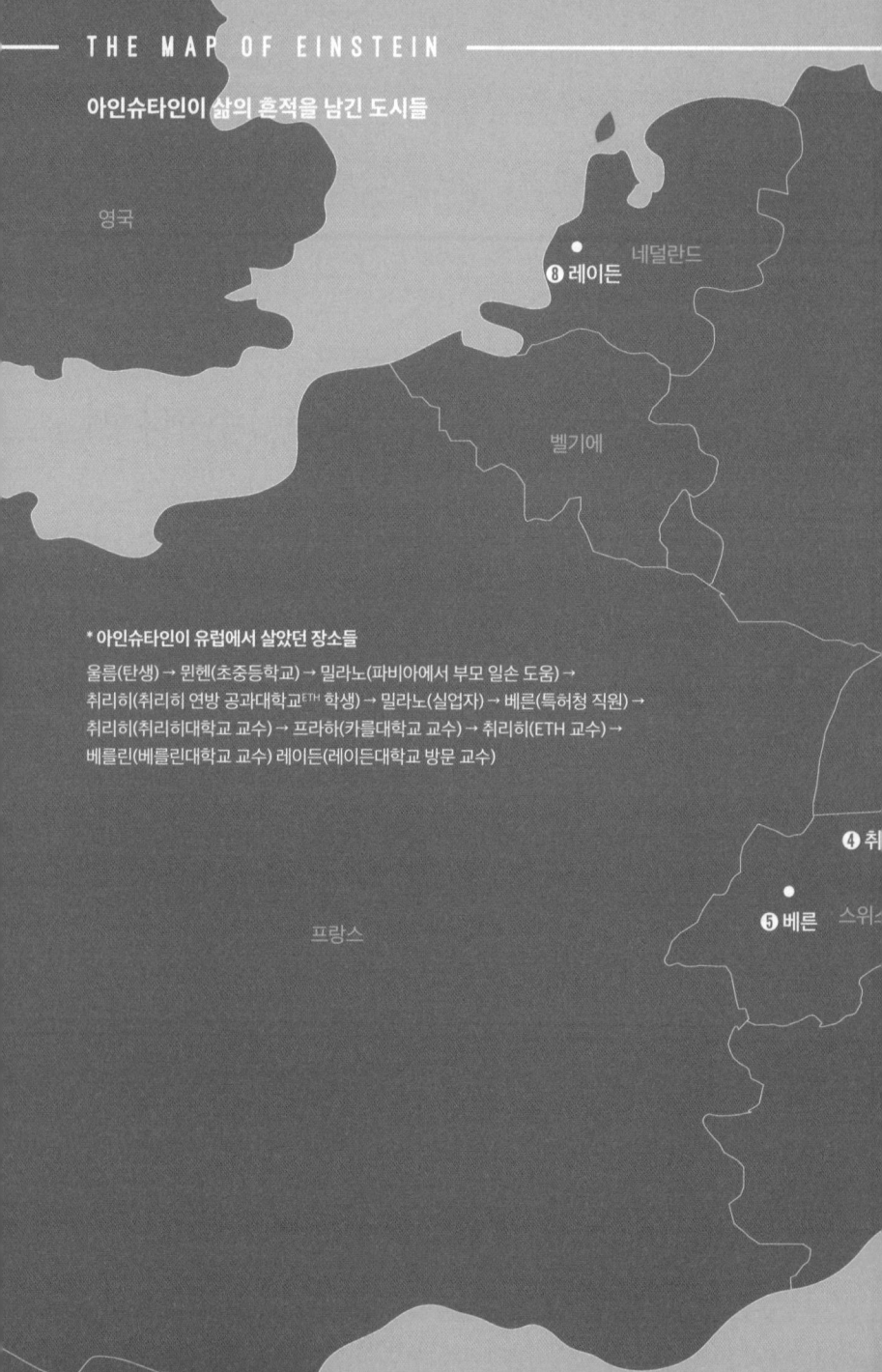

❶ 울름 독일
아인슈타인 태어나다
아인슈타인의 부모인 헤르만과 파울리네는 헤르만이 사업을 하던 울름에서 결혼식을 올리고 1879년 아인슈타인을 낳았다. 다음 해 가족이 뮌헨으로 이주를 했기 때문에 아인슈타인에게 울름에 대한 기억은 없다.

❷ 뮌헨 독일
수학과 과학을 좋아하던 모범생 아인슈타인
뮌헨에서 아인슈타인은 유복한 어린 시절을 보내며 초등학교와 김나지움을 다녔다. 아인슈타인은 일찍부터 수학과 과학에 관심을 보이는 진지한 모범생이었다. 그러나 억압적인 분위기를 싫어한 아인슈타인은 김나지움을 자퇴한다.

❸ 밀라노 이탈리아
불안한 젊은 시절 아인슈타인이 쉰 곳
뮌헨에서 사업이 실패한 후 가족은 새로운 사업 기회를 찾아서 밀라노에 정착했다. 특허청에 자리를 얻어 독립할 때까지 아인슈타인의 집은 밀라노였다. 아인슈타인은 이탈리아의 편안한 분위기를 좋아했다.

❹ 취리히 스위스
아인슈타인이 가장 편안하게 느꼈던 도시
아인슈타인은 취리히에 세 차례 살았다. 이 도시에서 대학을 다녔고, 첫 부인을 만났으며, 처음으로 교수가 되었고, 결국에는 모교에 교수가 되어 돌아왔다. 유럽에서 가장 진보적이고 민주적인 이 도시를 아인슈타인은 가장 편안하게 느꼈다.

❺ 베른 스위스
특허청, 결혼, 기적의 해
베른의 특허청에 취직한 아인슈타인은 집안의 반대를 무릅쓰고 밀레바 마리치와 결혼해서 안정을 찾고 행복한 신혼 생활을 했다. 아인슈타인은 상대성이론을 비롯한 놀라운 연구 성과를 잇달아 쏟아내며 소위 '기적의 해'를 만들어낸다.

❻ 프라하 체코
정상급 물리학자로 인정받다
프라하의 카를대학교에 정교수로 부임한 아인슈타인은 이제 유럽에서 최고의 이론물리학자 중 한 사람으로 인정받고 있었다. 그 결과 브뤼셀에서 열린 제1회 솔베이 학회에도 초대를 받아 참석했다.

❼ 베를린 독일
최고의 물리학자가 되다
독일어권 최고의 대우를 받으며 베를린대학교에 부임한 아인슈타인은 일반상대성이론을 완성했다. 태양 주위에서 빛이 휘어진다는 예측이 영국 원정대에 의해 확인되어 아인슈타인은 세계 최고의 물리학자가 되었다.

❽ 레이든 네덜란드
존경하는 스승과 절친한 친구가 있는 도시
아인슈타인이 가장 존경하던 로렌츠와 가장 친한 친구 중 한 사람인 에른페스트가 있는 레이든대학교는 아인슈타인을 초빙교수로 모셨고, 아인슈타인은 매년 몇 주간을 레이든에서 지내며 행복한 시간을 보냈다.

CONTENTS

PROLOGUE 세기의 인간   009

01   반항: 어린 시절   016
02   청춘: 취리히의 아인슈타인 1   038
03   시련: 어두운 시절   090
04   행복: 베른의 아인슈타인   114
05   교수: 취리히의 아인슈타인 2   178
06   중력: 프라하의 아인슈타인   204
07   기하: 취리히의 아인슈타인 3   240
08   영광: 베를린의 아인슈타인 1   278
09   명성: 베를린의 아인슈타인 2   364
10   어둠: 베를린의 아인슈타인 3   426
11   고독: 프린스턴의 아인슈타인   466

EPILOGUE 숭배도 두려움도 없이 떠나다   521

아인슈타인의 키워드   528
아인슈타인 생애의 결정적 장면   532
참고 문헌   540

PROLOGUE

세기의 인간

미국의 《타임》은 세기가 바뀌는 것을 기념하여 "타임 100: 20세기의 가장 중요한 인물들"이라는 특집을 진행했다. 20세기에 가장 많은 영향을 끼친 사람들을 다섯 개의 범주에서 각각 20명씩 선정하는 시리즈였다. 다섯 범주는 1) 지도자와 혁명가 2) 예술가와 연예인 3) 건설자와 거물 4) 과학자와 사상가 5) 영웅과 우상으로 정해져서, 1998년 4월부터 1999년 6월까지 2년여에 걸쳐서 기사를 연재했고, 1999년의 마지막 날에 발간한 특별호에서 이 기획을 정리했다. 모든 분야를 망라해서 20세기의 가장 중요한 '세기의 인간 Person of the Century'으로 선정된 사람은 바로 알베르트 아인슈타인이었다. 프랭클린 루스벨트 전 미국 대통령과 마하트마 간디가 그 뒤를 이었다.

아인슈타인이 살아서 이 소식을 들었다면 어떤 반응을 보였을까? 자신이 세기의 인간에 선정되었다고 해서 대단히 영광스러워하지는 않았을 것 같다. 그는 생전에 이미 넘치도록 유명세를 치렀으나, 그러한 찬사나 관심을 그다지 기뻐하지 않았고, 도리어 거추장스럽게 여겼으며, 심지어 우스꽝스럽다고 생각했다. 그래서 이렇게 말했다. "내가 남들로부터 지나친 찬사와 존경을 받는 대상이 된 것은 운명의 아이러니가 아닐 수 없다. 그것은 내 탓이 아니고 내가 잘해서도 아니다." 유명세에 대한 이런 냉소적인 태도는 무엇보다 그가 권위에 대해서 강한 거부감을 가지고 있었기 때문이다. 그래서 아인슈타인은 이렇게 농담을 하기도 했다. "운명은 권위를 멸시하는 나를 벌주기 위해서 나를 권위자로 만들어버렸다." 아인슈타인이라는 사람의 성격에서 가장 중요한 점은 바로 이러한 태도, 즉 권위에 대한 본능적인 거부감과 반항심이었다. 어려서부터 그는 모든 종류의 권위적인 억압을 지극히 혐오했고 참고 견디지 못했다. 삶에 있어서나 물리학에서나 마찬가지였다. 그러한 태도로 주위와 마찰을 빚기도 하고 불이익을 당하기도 했으나 아인슈타인은 조금도 개의치 않았다. 아인슈타인이 오랜 세월 동안 모든 과학자가 믿어왔던 내용과 전혀 다른 생각을 할 수 있었고, 결국 상대성이론에 도달할 수 있었던 데는 이렇게 권위에 반항하는 자세가 가장 중요한 역할을 했을 것이다.

하지만 아인슈타인은 세기의 인간이라는 타이틀에 걸맞게 여전히 커다란 관심의 대상이며, 아인슈타인이라는 이름에는 단순한 인기를 넘어서 신화와 전설의 베일이 드리워져 있다. 아인슈타인의 일화들은 대체로 과장이 되고 무리한 해석이 붙어서 돌아다니고,

과학자들이 말했을 법한 경구에는 사실 여부와 관계없이 아인슈타인의 말이라는 설명이 붙는 일이 흔하다. 오죽하면 아인슈타인이 한 말을 모아놓은 책 『아인슈타인이 말합니다』에는 "아인슈타인이 했다는 말"이라는 장이 따로 있어서, 실제로는 아인슈타인이 하지 않았지만 아인슈타인 이름을 달고 돌아다니는 말을 모아놓기까지 했다.

  나는 가능한 한 이 책에 정확한 사실을 담기 위해 노력했고, 소문과 오해의 함정을 피하기 위해 모든 내용에 출전을 확인하고자 했다. 이런 확인에는 프린스턴대학교 출판부에서 발간한 알베르트 아인슈타인 논문집 Collected Papers of Albert Einstein(흔히 CPAE라고 한다)이 크게 도움이 되었다. 이 논문집은 학자, 편집자, 연구원 등으로 구성된 국제 협력 그룹이 추진하는 아인슈타인 논문 프로젝트 Einstein Papers Project, EPP의 결과물로서, 주로 아인슈타인의 논문과 편지를 담고 있지만, 그 밖에도 출생증명서나 신문 기사와 같은 관련 문헌들을 광범위하게 포함한다. CPAE는 2024년 현재 17권까지 발간되었는데, 17권은 1929년 6월에서 1930년 11월까지의 저술 및 편지들을 담고 있다. 원문은 독일어인 경우가 많지만, 영어로 된 번역판도 나온다.

  아인슈타인만큼 그의 삶이 자세하게 조사된 사람은 흔치 않다. 아인슈타인에 관련된 모든 자료는 수집되고, 정리되고, 보관되고, 출판되고 있다. 아인슈타인은 유언장을 통해 문서로 된 자신의 모든 유산과 개인 서류 및 관련 권리를 예루살렘의 히브리대학교에 기증했고, 30년 가까이 아인슈타인의 개인 비서로 일한 헬렌 두카스가 여러 전문가들과 함께 여러 해 동안 자료를 정리했다. 1982년 그렇게 정리된 아인슈타인의 유산이 마침내 프린스턴에서 히브리대학교로 옮겨갔고, 그 후에도 몇 년 동안 추가 자료가 프린스턴에서 예루살렘으로 전해졌다. 히브리대학교에 설립된 알베르트 아인슈타인 기록보관소는 2008년 히브리대학교 도서관에 포함되었고, 레비 빌딩에 자리 잡았다. 기록보관소는 2003년부터 온라인으로 카탈로그를 제공하기 시작했고, 2012년부터는 디지털화되어 온라인에서 아인슈타인 관련 자료를 제공한다. 그래서 아인슈타인에 관한 자료는 누구나 온라인에서 찾아볼 수 있다.

1844년에 처음으로 헤겔의 전기를 쓴 카를 로젠크란츠는 "한 철학자의 역사는 그 사유의 역사이자 그 체계 형성의 역사이다"라고 썼다. 철학자로서 헤겔이 그런 삶을 살았다면, 아인슈타인은 물리학에 대해 그랬다고 할 수 있다. 같은 방식으로 말해서, 물리학자의 역사란 그가 자연을 이해하는 관점이 어떻게 발전하고 성숙해갔는지에 대한 역사다. 아인슈타인은 두 차례의 세계대전을 겪고, 세 개의 국적을 가졌으며, 두 번 결혼했고, 두 아이의 아버지였다. 그는 또한 유대인, 평화주의자, 시온주의자였으며, 반유대주의의 표적으로 살해 위협을 받았고, 이스라엘이 건국되었을 때는 대통령 제의도 받았다. 그는 노벨상을 수상했고, 살아서 받을 수 있는 모든 영예를 받은, 세계에서 가장 유명한 사람이었다. 그러나 이러한 사실들은 아인슈타인에 대해서 말할 때 언제나 부수적인 일일 수밖에 없다. 아인슈타인의 삶에서 가장 중요한 일은 과학이었고, 그런 사실은 아인슈타인의 인생 내내 변함이 없었다. 아인슈타인도 "평안과 행복 그 자체를 목표로 여긴 적은 한 번도 없다"라고 말하기도 했다. 따라서 이 책은 무엇보다도 아인슈타인의 과학을 말하고자 한다. 그것이, 전기작가가 아니라 물리학자인 내가 이 책을 쓴 의의라고 할 것이다.

하지만 아인슈타인의 업적이 워낙 방대하므로, 특히 아인슈타인이 1905년에 이룩한 과학 업적을 설명하려면 아인슈타인의 삶과는 전혀 상관도 없는, 많은 사전 지식과 맥락이 필요하다. 기존 전기들은 이러한 내용들을 아인슈타인의 삶 속에 부분부분 끼워 넣어 설명하곤 하는데, 나는 이런 서술이 전기를 읽을 때 매우 불편하게 느껴졌다. 따라서 1905년 업적의 과학적인 내용은 아예 베른 장 뒤에 따로 분리해서 설명해놓았다. 그러니 이 부분은 건너뛰어도 되고, 따로 떼어서 읽어도 무방하다.

《타임》이 세기의 인간을 선정하는 일은 20세기를 규정하는 일이었다. 인류에게 20세기는 어떠한 시대였던가? 20세기는 이념의 세기였고, 풍요의 세기였으며, 학살의 세기라고 할 수도 있고, 인권의 세기라고 할 사람도 있을 것이다. 하지만 《타임》의 편집진은 20세기가 "과학과 기술로 제일 먼저 기억될 것"이라고 결론 내렸다. 20세기는 무엇보다도 라디오와 원자폭탄, 우주선과 인터넷의 시대라는 것이다. 그리고 아인슈타인은 "모든 과학자들의 상징과 같은 인물로서, 하이젠베르크, 보어, 파인먼, 호킹 같은 이들은 아인슈타인 위에 그들의 업적을 쌓아 올렸다"라고 평했다.

과학 업적뿐 아니라 삶의 이력에 있어서도, 유대인으로서 나치의 통치를 피해 미국으로 이민을 와야 했던 아인슈타인의 인생은 20세기의 파란만장했던 역사를 잘 반영하고 있다. 또한 민주주의와 평화주의를 강하게 주장했던 인물로서도 아인슈타인은 20세기의 가장 중요한 가치를 대변하고 있다고 할 수 있다. 그리고 아인슈타인의 일반상대성이론이 검증된 후 일어난 아인슈타인에 대한 열광은, 그 후에 일어난 어떤 슈퍼스타에 대한 열기에 못지않은 것으로, 20세기의 또 다른 면모인 대중문화 시대의 성격을 잘 보여준다고 할 수 있다. 그래서 아인슈타인의 인생을 들여다보는 일은 20세기를 전체적으로 통찰하는 일이라고도 하겠다.

나는 지금 취리히 연방 공과대학ETH 본관의 로비에 앉아서 이 글을 시작한다. 1896년 아인슈타인이 이 대학에 입학해서 물리학과 수학을 공부하기 시작하면서 모든 것이 시작되었으니 이곳은 아인슈타인의 삶에 관해 이야기를 시작하기에 나쁘지 않은 장소다. 이제 아인슈타인의 출생부터 이야기를 시작해보자.

01
ALBERT EINSTEIN

반항:
어린 시절

탄생

알베르트 아인슈타인의 아버지인 헤르만 아인슈타인Hermann Einstein(1847-1902)은 지금의 독일 남서부에 위치한, 뷔르템베르크 왕국의 부하우에서 유대인 집안의 7남매 중 넷째로 태어났다. 지역의 중심 도시인 슈투트가르트에서 학교를 다닌 헤르만은 공부를 잘했으며, 특히 수학에 재능을 보였다. 하지만 집안 형편상 헤르만은 대학을 가지는 못했다. 사실 그 시절에는 유대인을 받아주는 대학도 거의 없었다. 헤르만은 상인이 되기로 하고 슈투트가르트의 한 상점에서 견습사원 생활을 시작했다.

아인슈타인의 어머니 파울리네 코흐Pauline Einstein(1858~1920)는 뷔르템베르크 왕국의 칸슈타트의 유대인 집안에서 4남매의 막내로 태어났다. 집안의 원래 성은 되르츠바허Doerzbacher였는데, 1842년 코흐로 바꾸었다. 파울리네의 아버지가 옥수수 장사로 성공해서, 뷔르템베르크 왕실의 공식 납품업자로 지정될 정도였으므로 제법 유복한 가정이었다. 파울리네도 교육을 잘 받아서 예술에 조예가 있었으며 특히 피아노는 상당한 수준이었다.

헤르만 아인슈타인은 울름으로 이주해서 사촌과 함께 깃털침대 사업을 하다가, 1876년 8월 8일 칸슈타트의 시너고그에서 파울리네 코흐와 결혼식을 올렸다. 헤르만이 29세 파울리네가 18세였다. 나이가 많이 차이 나는 대신에, 헤르만은 온화하고 가정적인 인물이었고 파울리네는 재치 있고 톡 쏘는 말을 잘하는 강한 성격의 여성이었으므로, 두 사람은 나름 잘 어울리는 한 쌍이었다. 신혼부부는 뮌스터 광장에 신혼집을 꾸렸다가 반호프가로 이사했다. 헤르만의 깃털침대 사업이 순탄치 않게 되자, 부부는 헤르만의 동생 야코프Jakob Einstein(1850-1912)의 제안으로 1880년 여름에 바이에른 왕국의 뮌헨으로 이사를 해서 새로운 사업을 시작한다.

이사하기 전 해인 1879년 3월 14일, 울름에서 부부의 첫아들이 태어났다. 아이의 이름은 할아버지의 이름을 따라 아브라함이라고 했다가, 너무 유대인 느낌이 강하다는 생각에 알베르트로 바꾸었다. 헤르만과 파울리네는 유대인이라는 정체성에 관심을 두지 않는, 현대 국가 독일의 세속 사회를 지향하는 사람들이었기 때문이다. 뷔르템베르크 왕국은 1871년부터 독일제국에 복속되었으므로, 알베르트의 국적은 독일이 되었다. 다음 날 헤르만은 아기의 출생신고를 했다. 출생증명서에는 다음과 같이 기록되어 있다.

제224호
울름, 1879년 3월 15일

> 울름시 반호프가 135번지에 거주하는 유대교 신자이자 상인인 헤르만 아인슈타인은 본인을 잘 아는 본 직원이 보는 앞에서, 유대교 신자인 아내 파울리네 아인슈타인, 본래 성 코흐와의 사이에서 남자아이 알베르트가 울름시 자신의 집에서 1879년 3월 14일 오전 11시 30분에 태어났음을 신고했다.
> 헤르만 아인슈타인 (서명)
> 시청 직원 하르트만 (서명)

알베르트 아인슈타인이 태어났다.

뮌헨 시절

한 인간의 성장에, 좋은 쪽으로든 나쁜 쪽으로든 부모만큼 커다란 영향을 주는 사람은 없을 것이다. 그런데 만약 그 인간이 예외적으로 뛰어난 인물이 되었다면, 거기에 부모의 역할은 어느 정도일까? 위대한 인물의 뒤에는 반드시 훌륭한 부모가 있을까? 아이가 성장하는 데 기본적인 보살핌과 필요한 교육을 제공할 수 있다면, 부모의 영향은 얼마나 중요할까?

아버지 헤르만 역시 수학에 남다른 재능을 보였다는 점에서, 일단 아인슈타인이 과학자로 자라날 자질을 물려받았으리라고 짐작할 수 있다. 훗날 아인슈타인의 아들 한스 알베르트 Hans Albert Einstein(1904~1973) 역시 수력학 분야의 공학자로 미국 캘리포니아 버클리대학교의 교수가 되었고, 손자인 버나드 시저Bernhard Caesar Einstein도 전자공학자가 되어 텍사스 인스트루먼츠 등에서 근무했으니, 유전적인 수리과학적인 재능이 어느 정도 존재한다고 생각해도 좋겠다.

아이를 교육하는 데 있어서 헤르만과 파울리네가 특별한 부모였다고 볼 만한 점은 그다지 없다. 그러나 이들이 유대교의 종교적 전통은 중시하지 않았다고 해도, 교육을 중시하고 학문을 숭상하는 지적인 전통은 여전히 가지고 있었으며, 양가 모두 상인으로 성공한 집안답게 자유롭고 독립적인 정신을 지니고 있었다. 또한 두 집안 다 어느 정도 자리를 잡아 넉넉한 형편이었기에, 자녀의 교육에 최선을 다하는 걸 당연하게 생각하는 분위기도 있었다. 한편 아버지인 헤르만은 당시 독일의 다른 가정과는 달리 엄한 아버지가 아니었고, 반면 어머니 파울리네는 집안이 비교적 부유했음에도 생활력이 강하고 적극적인 성격이었다. 간단하게 정리해보자면, 1) 어느 정도 유전적 재능을 타고나고 2) 교육과 학문을 중시하는 지적 전통이 있으며 3) 필요한 교육을 받을 수 있는 경제적, 사회적 여유가 있고 4) (특히 아버지 쪽의) 억압적인 면이 없는 자유롭고 독립적인 정신을 키우는 분위기였던 것이다. 이러한 요소들은 아인슈타인뿐 아니라, 20세기에 과학자로 자라난 많은 사람에게서 공통적으로 발견되는 환경이다.

뮌헨으로 이주한 다음 해인 1881년 11월 18일 헤르만과 파울리네 부부는 두 번째로 딸을 낳았다. 딸의 이름은 마리아로 지었으나, 내내 마야라고 불렸다. 마야가 태어났을 때 오빠 알베르트가 여동생을 새로운 장난감으로 생각하고 "그런데 바퀴는 어디에 있나요?"라고 말했다는 이야기가 전해진다. 한편 아인슈타인은 말을 배우는 게 느려서, 부모가 의사를 찾아가기도 했으며, 어렸을 때는 다른 가족들도 대체로 좀 느린 아이 취급을 했다는 기록도 있는데, 만 세 살이 되기 전에 저런 독특한 말을 했다는 건 모순되는 일이다. 사실 아인슈타인이 저런 말을 했다는 건 바로 동생 마야가 남긴 기록에 있는 내용이므로, 직접 들은 것도 아니다. 아인슈타인을 둘러싼 신화의, 가장 초기 버전쯤이라고 생각해야 할 것이다.

뮌헨에서 헤르만과 야코프가 새로 시작한 사업은 발전기나 계측기, 조명 장치와 같은 전기공학 제품을 개발하고 판매하는 일이었다. 야코프는 슈투트가르트 공과대학에서 정식으로 엔지니어 교육을 받고, 가스와 전기에 관련된 사업을 하면서 몇 개의 특허를 출원할 만큼 당대의 기술적인 첨단에 속해 있었다. 1879년에 야코프는 공과대학 엔지니어협회에 가입했는데, 협회에서는 엔지니어들끼리 개인적인 만남뿐 아니라 대기업에서 온 경영자들과의 교류도 이루어졌다. 이러한 인맥은 아인슈타인 회사의 성장에 큰 도움이 되었다. 아인슈타인 회사J. Einstein & Co.에서 야코프는 개발, 헤르만이 판매를 맡았다. 1882년 9월 16일 독일의 공학자 오스카 폰 밀러Oskar von Miller가 개최한 독일 최초의 전기기술박람회가 뮌헨에서 개막되었다. 전력을 멀리까지 보내는 송전 기술이 개발되었고, 얼마 후 뮌헨의 주도로에 전기로 불을 켜는 가로등이 세워지기 시작했다. 바야흐로 전기공학이 각광을 받는 시대가 열리고 있었다. 이런 배경에서 그들의 사업은 제법 잘 돌아갔다. 1885년에 아인슈타인 회사는 종업원이 200여 명인 중견기업으로 성장했으며, 야코프는 아크등과 전기계측 등에 관한 일곱 개의 특허를 보유했고, 회사는 뮌헨의 유명한 축제인 옥토버페스트에 조명을 공급하기도 했다. 그래서 아인슈타인의 어린 시절은 대체로 풍족하고 편안했다.

　헤르만의 가족과 야코프의 가족은 나무가 우거진 정원을 갖춘 교외의 넓은 집에서 함께 살았다. 유복한 환경이었으므로 이들의 집은 아인슈타인 집안과 코흐 집안의 여러 친척이 모이는 중심이 되었다. 그중에서도 가까웠던 사람은 어머니 파울리네의 언니 파니 Fanny Einstein의 가족들이었다. 아인슈타인의 이모인 파니 역시 헤르만의 사촌 루돌프 아인슈타인Rudolf Einstein과 결혼을 해서 성이 아인슈타인이었다. 파니 이모는 세 딸인 헤르미네, 엘자, 파울라를 두었는데, 이 중 둘째 딸인 엘자는 훗날 아인슈타인의 두 번째 부인이 된다.

　아인슈타인은 아주 어릴 때는 성질이 급해서 가정교사가 손을 들고 나간 적도 있지만, 트럼프 카드로 집을 쌓는 등 차분하고 끈기 있는 성격이 차츰 드러나면서 혼자서 노는 걸 좋아하는 조용한 소년으로 자라났다. 피아노를 잘 쳤던 파울리네는 아들에게 바이올린을 가르쳐서 협주를 하겠다는 꿈을 가지고, 아인슈타인이 여섯 살 때 바이올린을 배우도록 선생을 붙여주었다. 그러나 레슨을 받는 모든 아이가 그렇듯이, 아인슈타인도 연습하기를 싫어해서 바이올린 실력에 좀체 진전이 없었다. 선생을 다른 사람으로 바꿔도 마찬가지였다. 그래서 파울리네의 꿈은 꿈으로 그치는 듯했지만, 어느 순간, 아인슈타인 본인의 말로는 열세 살 때 모차르트의 소나타를 접하면서 그는 음악에 매료되었다. 음악에는 사람을 사로잡는 무언가가 있다는 걸 깨닫게 된 것이다. 그는 자신이 느낀 예술적 감흥을 재현하고 싶어서 열심히 연습했다. 그래서 마침내 어머니와 함께 바이올린소나타를 연주할 수 있을 정도의 테크닉을 익힐 수 있었다. 이에 대해 아인슈타인은 "의무감보다는 사랑이 더 나은 스승이라고 생각한다, 적어도 내게는"이라고 말했다. 이렇게 해서 터득한 음악은 평생 그의 친구가 되었고 어머니의 소망도 이루어졌다. 모자는 종종 모차르트와 베토벤의 바이올린소나타를 함께 연주했는데, 아인슈타인의 전기를 쓴 푈싱Albrecht Folsing은 "어머니는 아마 베토벤을 더 좋아했을 것이고, 아들은 틀림없이 모차르트를 더 좋아했을 것이다"라고 썼다. 아인슈타인은 훗날 연구를 하면서도 틈틈이 바이올린 연주에서 위안과 휴식을 얻었으며, 기회가 닿으면 다른 사람들과 협주를 즐겼다.

아인슈타인 집안과 코흐 집안은 모두 유대인이었고, 헤르만과 파울리네의 결혼식도 유대인 회당에서 열리긴 했지만, 양가는 모두 유대교에는 별 관심이 없었다. 헤르만은 현재 유대인의 대다수를 이루는 소위 아시케나지 유대인이었는데, 19세기 독일에 거주하던 아시케나지들의 상당수는 이디시어를 버리고 독일어를 사용하고, 독일의 문화적 정체성을 받아들이는 등 독일 사회에 동화되고 있었고 아인슈타인 집안 역시 그러했다. 헤르만과 파울리네 모두 종교에 대해 자유로운 사고방식 아래 자랐고, 그래서 유대교에 대해 완전히 무심했으며, 그들 역시 자녀들에게 그렇게 대했다. 즉 집에서 종교적인 가르침을 언급하는 일도 없었고, 유대교의 관습도 지키지 않았으며, 유대교회에도 가지 않았다. 동생 마야가 훗날 인터뷰에서 말한 바에 따르면, 헤르만은 유대교 제식은 옛날 미신쯤으로 여겼기 때문에 집에서 유대교 의식을 갖지 않는 것을 오히려 자랑스럽게 생각했다는 것이다. 그래서 알베르트 아인슈타인은 유대인의 성인식인 '바르 미츠바'도 받지 않았다.

이런 모습은 사실 당시 독일 유대인에게는 특별한 것도 아니었다. 이후의 역사를 생각하면 역설적이게도 당시 독일은 반유대주의가 가장 약한 나라였다. 또한 당시 독일은 문화와 경제와 과학 모든 분야에서 가장 힘차게 발전하는 나라였고, 중산층이 급속히 확대되고 있었다. 그랬으므로 많은 독일 유대인은 독일인으로서 중산층에 편입되어 독일 사회의 일원이 되기를 열망했다.

부모가 유대교에 무심했다고 해도, 그 시대에 현대인만큼 종교 자체에 무심하게 살지는 않았을 것이다. 바이에른 왕국은 학교에서 의무적으로 종교교육을 받도록 했는데, 아인슈타인이 다닌 초등학교에서는 가톨릭 교리만을 가르쳤다. 뮌헨의 유대인 초등학교는 학생이 부족해서 1872년에 마지막 학교가 문을 닫았기 때문에 달리 선택의 여지가 없었기 때문이다. 당시 뮌헨의 유대인 수는 인구의 약 2퍼센트였고, 이 비율은 도시가 성장했어도 대체로 비슷하게 유지되었다. 학교는 유대인을 차별하지 않는다는 원칙을 가지고 있었고, 교사들도 자유주의적이고 진보적인 사람들이 많았지만, 가톨릭계 학교라는 한계도 있었고, 학생 중에는 반유대주의에 익숙한 아이들도 있었다. 그래서 아인슈타인은 하교 중에 욕설을 듣기도 하고, 심하면 공격을 받기도 했다. 이러한 경험은, 원하든 원치 않든 그에게 유대인으로서의 정체성을 느끼게 해주었다. 한편 친척 중에 유대교를 따르는 사람이 헤르만의 집에 찾아와서 어린 아인슈타인에게 유대교 교리를 가르치기도 했다. 김나지움에 진학하고 난 뒤에는 학교에서도 정식으로 유대교 교리를 배울 수 있었다.

  이러한 종교적 환경에서 열한 살의 아인슈타인은 갑자기 열정적으로 유대교에 빠져들었다. 집에서 혼자만 유대교 의식을 따라 했고, 안식일을 엄격히 지켰으며, 식사도 유대인의 코셔 규율을 지키느라 돼지고기 등은 먹지 않았다. 훗날 아인슈타인은 당시를 회상하면서, 신을 찬양하는 노래를 여러 곡 만들어서 학교에 오갈 때 부르며 다니기까지 했다고 한다. 찬송가를 부르며 다니는 아인슈타인이라니, 훗날의 모습을 생각하면 웃음이 나올 일이다.

  앞으로 반복해서 보겠지만, 아인슈타인의 타고난 성격에서 가장 중요한 점은 권위에 대한 본능적인 거부감과 반항적 기질이다. 그래서 아인슈타인은 평생 다른 사람의 말을 쉽게 받아들이지 않는 자세를 지켰고, 젊은 시절에는 젊은이 특유의 치기까지 합쳐져서 건방지고 오만한 모습을 보이기도 했다. 아인슈타인이 어린 시절에 종교에 열광했던 것도 부모의 세속주의에 대한 반발은 아니었을까? 그의 반항적 기질이 뜻밖의 형태로 그 일면을 드러낸 게 아니었을까? 여하튼 이러한 종교적 열광은 1년 남짓 계속되다가 역시 갑자기 끝이 났다. 그리고 새로운 대상에 열광하기 시작했다. 그것은 수학과 과학이었다.

아인슈타인의 학교 성적

아인슈타인의 학창 시절의 성적은 세기의 관심사라고 할 만하다. 아인슈타인이 학창 시절에 성적이 나빴다는 소문은, 학생들을 격려하기 위해서인지 특히 인기가 있는 주제다. 아인슈타인의 전기작가 중 하나인 아이작슨에 따르면, 2006년에 구글에서 "Einstein failed math"로 검색했더니 64만 8000쪽이 나왔다고 한다. 아인슈타인의 성적이 나쁘다는 소문은 이미 아인슈타인 생전에도 널리 퍼져 있어서, 브리태니카의 'One Good Fact'라는 페이지에 소개된 바에 따르면, 1935년에 프린스턴의 한 랍비가 아인슈타인에게, 그가 수학 성적이 나빴다는 주장을 담은 신문을 보여주었더니, 아인슈타인이 웃으면서 이렇게 대답했다고 한다. "나는 열다섯 살이 되기 전에 미적분을 다 끝냈어요."

극적인 드라마를 기대한 사람에게는 실망스럽게도, 초등학교 때 아인슈타인은 늘 1등을 하는 영리한 소년이었다. 1885년 10월 1일에 아인슈타인이 입학한 초등학교는 블루멘가에 위치한 페터스슐레Petersschule였는데(schule는 학교school라는 뜻이다.), 이 학교는 앞서 잠깐 언급했듯이 가톨릭 학교였고 학생 수가 2000명이 넘는 큰 학교였다. 아인슈타인은 집에서 개인교습을 받았으므로 2학년으로 입학했다. 아인슈타인의 부모는 그가 반드시 숙제를 끝내야 놀게 해주었으므로 아인슈타인은 착실한 모범생 생활을 했다. 첫 학년을 마치고 난 뒤인 1886년 8월 1일, 어머니 파울리네가 파니 이모에게 쓴 편지를 보면 "알베르트가 어제 성적표를 받았는데, 또 반에서 1등이었어. 아주 훌륭한 성적표를 가져왔네"라는 구절이 발견된다.

초등학교에서도 아인슈타인은 대체로 혼자 노는 아이였다. 소극적인 태도로 그럭저럭 잘 지내긴 했지만, 그 나이 또래들의 소란스러운 장난에는 잘 어울리지 않았으며, 대체로 혼자서 자신의 관심사에만 몰두하는 학생이었다. 학교 친구들뿐 아니라 집에 놀러 오는 사촌들과도 아이답게 어울려 노는 모습은 거의 보이지 않았다. 운동을 잘하지 못했고, 경쟁을 매우 싫어해서, 심지어 체스 같은 게임도 싫어했다고 한다. 그런 놀이를 하면 "금방 어지럽고 피곤해졌기 때문"이다. 하지만 그가 아끼는 금속 조립 세트나 복잡한 실톱 작업, 또는 카이사르 코흐 삼촌이 선물로 가져온 작고 소리 나는 증기기관차를 가지고 몰두할 때는 전혀 피곤한 줄도 모르고 몰두하기도 했다. 초등학교 내내 아인슈타인은 모범생다운 생활을 했지만, 강압적인 요구를 받으면 가끔은 그의 반항적 기질이 폭발하는 일도 있었다. 1886년 11월에 아인슈타인은 2학년 A반에서 2학년 B반으로 옮겨졌는데, 아마도 그러한 폭발로 무슨 일이 벌어졌기 때문일 수도 있다.

프로이센의 군국주의가 위세를 떨치던 19세기 말 독일에서, 군대는 사회 전체를 지배했다. 남자아이들은 대체로 제복을 입은 군인을 선망했고, 황제와 조국을 위해 충성을 바치는 걸 상상했으며 공을 세워서 출세하기를 꿈꾸기도 했다. 학교의 교육도 이러한 문화를 반영해서, 질서와 규율이 강조되었고 절대복종의 원칙이 중요시되었다. 이러한 분위기는 군국주의 일본과 일본의 사관학교를 나온 대통령을 통해 우리나라에도 그림자를 드리웠다. 하지만 아인슈타인은 처음부터 군대에 대해 본능적인 반감을 가지고 있었다. 당시 대부분의 아이들이 열광하던 군대의 화려한 퍼레이드를 보면서, "나는 커서 저런 불쌍한 사람이 되기 싫어요"라고 부모님에게 말했다는 기록은 어린 아인슈타인의 관점을 잘 보여준다.

아인슈타인이 다녔던 중등학교인 왕립 루이트폴트 김나지움은 1887년에 뮐러가의 군 병원이었던 건물에서 뮌헨의 네 번째 김나지움으로 문을 열었다. 독일의 학제가 우리나라와 다르긴 하지만 단순하게 비교하자면 김나지움은 대학 진학을 준비하는 인문계 중고등학교에 해당한다. 김나지움이라는 말은 고대 그리스의 체력 단련장을 의미하는 김나시온$_{γυμνάσιον}$에서 온 말이다. 그리스의 김나시온은 그리스의 모든 공동체가 가지고 있던 공공기관으로 처음에는 그저 열린 공간일 뿐이었지만, 나중에는 여러 시설을 갖추고 체육 훈련뿐 아니라 교육도 수행했다. 이 이름을 독일에서는 15세기경부터 인문계 교육을 하는 중등 기관에 사용했고, 영어권에서는 체육을 하는 장소에만 사용해 '체육관'이라는 의미로 쓰이게 되었다. 오늘날에도 독일어권에서 김나지움은 직업교육이 아니라 대학 진학을 염두에 두고 인문교육을 하는 중등학교를 말한다.

아인슈타인은 1888년 10월에 루이트폴트 김나지움에 입학했다. 김나지움에서도 아인슈타인은 대체로 착실하게 공부를 열심히 하는 학생이었다. 수학과 과학은 특히 매우 뛰어났고 좋은 성적을 받았다. 하지만 학교 수업의 가장 중요한 부분은 라틴어와 그리스어를 중심으로 하는 인문교육이었고 수학과 과학의 비중은 매우 작았다. 거기에다 여전히 운동은 잘하지 못했다. 김나지움은 초등학교보다 더욱 딱딱하고 권위주의적인 분위기였다. 아인슈타인의 성품 중에서 인생 내내를 관통하는 가장 중요한 요소는 바로 이런 권위주의에 대한 혐오감과 반항이라고 했다. 바바리아 왕국의 도시였던 뮌헨은 당시 독일의 다른 도시들보다 상대적으로 엄격한 분위기가 덜하기는 했지만, 어린 아인슈타인에게는 혐오스럽기만 했다. 그래서 아인슈타인은 김나지움에서는 초등학교 때보다 훨씬 더 힘들어했다. 예를 들어 학교의 선생들에 대해서 아인슈타인은 이렇게 말했다. "초등학교의 선생들은 하사관 같았고 김나지움의 선생들은 장교들 같았어."

그 시절에 아인슈타인을 만족시키고 매료시켰던 것은 학교의 수업이 아니라, 편안한 집에서 뒹굴거리며 읽은 과학과 수학책들이었다. 이 책들은 주로, 당시 아인슈타인 집에 찾아오던 막스 탈무트Max Talmud가 소개해준 책들이었다.

탈무트는 현재의 리투아니아에 해당하는, 프로이센 국경에 가까운 러시아제국의 도시 타우로겐Tauroggen의 가난한 유대인 집안 출신이었다. 그의 형 베르나르트 탈무트는 뮌헨대학교 의대를 다니고 있었고, 아인슈타인 집안과는 가까운 사이였다. 베르나르트는 훗날 의사가 된 후 아인슈타인 집안의 주치의가 된다. 막스 역시 뮌헨대학교 의대에 다니게 되어 뮌헨으로 왔다가, 형의 소개로 아인슈타인 집안에 드나들게 되었다. 아인슈타인 집안은 유대교의 종교적 전통은 전혀 지키지 않았으나, 가난한 이웃과 매주 한 차례 같이 식사를 하는 유대인 공동체로서의 전통은 유지했다. 막스가 바로 그 대상이었던 것이다. 막스 탈무트는 1889년 아인슈타인 집에 처음 찾아왔다. 아인슈타인이 열 살 때였다.

  탈무트는 매주 목요일 점심을 아인슈타인 가족들과 함께했는데, 식사를 마치고는 어린 아인슈타인을 지도하는 일을 했다. 지적인 호기심이 넘치는 아인슈타인과 의대생인 탈무트는 말이 잘 통했던 모양이다. 탈무트는 아인슈타인에게 이런저런 책을 소개해주고, 자기 책을 빌려주기도 하며, 공부를 가르쳐주기도 했다. 그들의 인연은 이렇게 5년이나 지속되었으므로, 탈무트는 아인슈타인의 어린 시절에 영향을 가장 많이 준 사람 중 하나일 것이다.

  탈무트가 가져다준 책 중에서 가장 중요한 책은, 당시 독일에서 널리 읽히던 아론 베른슈타인의 대중 과학 시리즈였다. 이 책은 빛과 전기에서 천문학, 기상학, 음식 등에 이르기까지 다양한 과학 지식을 명쾌하고 재미있게 소개하는 책이었는데, 어린 아인슈타인이 여기에 빠져든 것이다. 탈무트는 훗날 미국으로 건너가서 살게 되며, 미국에서 아인슈타인과 만난 적도 있다. 그때 베른슈타인의 책도 대화의 주제에 올랐는데 아인슈타인은 이렇게 말했다고 한다. "베른슈타인의 책은 지금이라도 매우 좋은 책이라고 할 만하며, 옛날에는 이런 종류의 책으로는 아마 최고의 책이었을 겁니다. 내 인생에 아주 큰 영향을 미친 책이죠." 물론 이들이 처음 만났을 때, 앞으로 32년 후에 이런 대화를 하게 될 줄은 몰랐을 것이다.

  탈무트는 또 기하학 교과서를 가져다주었는데, 어린 아인슈타인은 여기에 열광했다. 원래부터도 수학을 좋아하고 잘하는 학생이었던 아인슈타인은, 기하학의 명제와 증명이 주는 순수한 논리적 명확성에 매료된 것이다. 탈무트는 매주 문제를 주고 아인슈타인에게 풀도록 했는데, 몇 달 만에 책을 모두 풀어버렸다. 막스 탈무트는 40여 년이 지난 후《뉴욕타임스》의 기자에게 이렇게 말했다. "나이가 열한 살이나 차이가 났지만, 어린 아인슈타인에게는 지식에 대한 재능과 열정이 있어서 금방 가까워졌습니다. 내 과학책을 빌려주었더니 탐독을 해서 몇 달 만에 다 읽어버리더군요. 좀 어려운 수학 교과서도 두 달 만에 다 봤어요. 어른도 1년 넘게 걸릴 책이었는데요." 그래서 탈무트는 더 고급 수학책을 가져와서 공부하게 했는데, 이것도 곧 끝내버렸다. 나중에 탈무트는 이렇게 회상했다. "곧 아인슈타인의 수학적 천재성은 너무나 높이 비상해버려서 내가 따라갈 수 없게 되어버렸다. 그래서 그때부터는 철학 이야기를 하기 시작했다."

그래서 아인슈타인은 열세 살 때부터 철학책들을 읽기 시작했다. 특히 좋아했던 건 칸트의 『순수이성비판』이었다. 이 역시 진리에 대한 명석한 추구를 담고 있었기에 아인슈타인을 매료시켰던 것 같다. 칸트의 도시 쾨니히스베르크에서 멀지 않은 곳에서 태어난 탈무트 역시 칸트에 대해서 깊은 경외감을 가지고 있어서 이 책을 추천한 것이다. 그 밖에도 뷔히너Ludwig Buchner의 『힘과 물질』도 당시 아인슈타인이 읽었던 책이다. 튀빙겐대학교 교수로서 의사이자 철학자였던 뷔히너가 쓴 이 책은 당대에 널리 영향을 미친 책으로서, 1884년까지 13개 국어로 번역되었을 정도였다. 아인슈타인은 위의 탈무트와의 만남에서 이렇게 말했다. "지금은 『힘과 물질』에 대해서는 별 관심이 없습니다만, 그때는 이 책도 내게 깊은 감명을 주었죠."

탈무트가 기억하기를, 아인슈타인이 가벼운 읽을거리를 읽거나 또래의 다른 아이들과 노는 것은 한 번도 보지 못했다고 한다. 이제 어린 아인슈타인이 어떤 학생이었는지 상상이 될 것이다. 바로 전형적인 어린 과학자였던 것이다.

김나지움을 중퇴하고 무국적자가 되다

아인슈타인 형제의 사업은 기본적으로 삼촌 야코프의 기술적인 아이디어와 어머니 파울리네 집안의 자금을 기초로 한 것이었다. 아버지 헤르만 아인슈타인은 경영을 맡았는데, 헤르만은 온화한 사람이었지만 경영에 수완이 있지는 않았다. 기회가 널려 있던 전기사업의 초창기에는 기술적인 아이디어와 선점효과로도 사업이 되었지만, 전기산업은 발전소를 건설하고 넓은 지역에 전기를 공급하기 위한 대량의 전력 설비를 제공해야 했으므로 점점 대규모의 자본을 필요로 하는 레드오션이 되어갔다. 1891년 프랑크푸르트에서 열린 대규모 전기산업박람회에는 여러 회사에서 파견된 600명이 넘는 참가자가 찾았고, 그중 3분의 1은 외국회사였다. 아인슈타인 회사도 박람회에 전등과 직류발전기 등 제품을 출품해서 회사를 광고했고, 야코프는 뮌헨과 이탈리아 북부에 회사가 건설한 전기공급 시스템에 대해서 발표하기도 했다. 이렇듯 1890년대 초 아인슈타인 회사는 베를린의 대자본을 등에 업은 회사들과 경쟁해야 했다. 1881년에 영국에 세계 최초로 설치된 전기 가로등에 전기를 공급하는 수력발전기를 개발하고 1885년에는 미국 웨스팅하우스사에도 발전기를 공급했던 지멘스앤드할스케라든가, 에밀 라테나우가 에디슨의 전구 관련 특허를 사용할 수 있는 라이선스를 얻어서 1883년 베를린에 설립한 독일에디슨 전기회사 등이 당시 아인슈타인 회사가 경쟁해야 했던 대기업들이었다.

지멘스는 오늘날 산업 자동화, 에너지, 철도 및 헬스산업 등에 관여하는 다국적 기술 대기업으로서 유럽 최대의 제조업 회사이며, 1888년에 이름을 AEG로 바꾼 라테나우의 회사 역시 발전설비, 산업기계 및 전기와 통신설비를 제조하는 거대 회사로 성장했다가, 현재는 주요 부분은 다임러 벤츠의 소유가 되고, AEG라는 이름은 스웨덴의 가전제품 회사인 일렉트로룩스의 브랜드 이름으로 쓰이고 있다. 만약 아인슈타인 회사가 좀 더 능력과 운을 가졌다면, 지멘스나 AEG와 같이 세계적인 대기업으로 성장했을지도 모른다. 그랬으면 경제적으로 풍요로웠을 것이므로 나중에 보게 될 것과 같이 아인슈타인이 직장을 구하지 못해서 안달하지 않았을 것이고, 굳이 특허청에 들어갈 필요도 없었을 것이다. 그랬어도 상대성이론이 세상에 등장했을까? 아니면 아예 아인슈타인이 물리학을 그만두고 집안의 사업에 뛰어들었을 수도 있다. 아인슈타인은 언제나 기술 사업에는 관심과 흥미를 가지고 있었고, 나중에 이야기하겠지만 실제로 몇몇 시도도 했기 때문이다. 그랬다면 과학자로서의 아인슈타인은 없고 과학에 대한 이해와 교양이 높은 사업가 아인슈타인이 탄생했을지도 모른다.

그런 일은 현실에서는 일어나지 않았고, 아인슈타인 회사는

1893년에 뮌헨의 전기설비 공급 경쟁에서, 지멘스 출신의 엔지니어 요한 슈케르트가 세운 슈케르트사에 밀려서 실패하고 난 뒤 결국 파산했다. 다행히 야코프는, 회사가 1887년 이탈리아 밀라노 북쪽에 위치한 작은 도시 바레세의 전기사업을 했던 이후로 밀라노의 엔지니어들과 관계를 유지하고 있었고, 독일에서 경쟁하는 데 어려움을 느껴서 이탈리아로 옮길 것을 고려하고 있었다. 독일보다 늦게 발전한 이탈리아에는 아직 사업의 기회가 많이 남아 있었기 때문이다. 아인슈타인 회사와 가족들은 1894년 가을에 밀라노로 이사했다.

학교에 다니고 있던 아인슈타인은 김나지움을 마쳐야 했으므로 가족들과 함께 갈 수 없었고 친척 집에 남아서 학교를 다녀야 했다. 교사도, 학생들도, 학교 분위기도 싫은 데다가, 배우는 내용도 그다지 없는 학교에서, 10대 소년이 가족과 떨어져서 지낸다는 건 예나 지금이나 쉬운 일이 아닐 것이다. 하지만 그런 상황에서 아인슈타인이 택한 해결책은 깜짝 놀랄 만한 것이었다. 먼저 가족의 주치의였던 의사를 찾아가서 정신적인 문제로 휴양이 필요하다는 진단서를 받았다. 그리고 김나지움에서는 그를 잘 보아준 수학 교사로부터 그의 수학 실력에 대한 추천서를 받았다.

1894년 말 아인슈타인이 파비아의 가족들 앞에 나타났다. 크리스마스 휴가 때였으므로 그가 나타난 자체는 놀랄 일이 아니었다. 가족들이 놀란 이유는 도착하기 직전 자신이 김나지움을 그만두었고 다시는 뮌헨에 돌아가지 않겠다고 알려왔기 때문이었다.

아인슈타인이 루이트폴트 김나지움을 스스로 그만둔 것인지, 쫓겨난 것인지는 분명하지 않다고 한다. 하지만 아인슈타인이 학교를 떠나서 부모에게 가기 위해 의사로부터 진단서를 받은 점이나, 그러면서도 김나지움에서 수학 교사로부터 추천서를 받아놓은 것을 보면, 적어도 본인의 의지에 반해서 쫓겨난 것은 아니라고 여겨진다. 필립 프랭크는 아인슈타인의 전기를 쓰면서, 아인슈타인이 계획적으로 학교를 떠났다고 주장했다. 여동생 마야도 아인슈타인의 어린 시절을 요약한 글에서, 아인슈타인이 병역의무를 치르기 위해 군대에 입대한다는 데 두려움을 가지고 빠져나갈 방법을 찾고 있다가, 한 교사에게 심하게 야단을 맞게 되자 의사를 찾아갔다고 말하고 있다. 참고로 당시 독일의 병역법에 의하면 징집 연령인 16세 이후에는 병역을 마치지 않고는 다른 나라로 이주하는 것이 허락되지 않았다. 아인슈타인이 이탈리아의 집에 나타난 것이 만 16세가 되기 직전의 일이니, 아인슈타인이 이 타이밍에 독일을 떠난 것은 우연으로 여겨지지는 않는다. 또한 아인슈타인 본인도 훗날 젤리히에게 보낸 편지에서, "내가 부모님에게로 '달아난 것'이 아니라, 주도적으로 부모님께 간 것이었다. 그 이유는 뮌헨의 학교가 나를 견딜 수 없게 했기 때문이었다"라고 쓰기도 했다.

아인슈타인이 군대에 가지 않기 위해 독일 국적을 포기하겠다고 하자, 아버지 헤르만은 아인슈타인의 출생 등록이 되어 있는 독일의 뷔르템베르크주에 아인슈타인의 시민권을 취소할 것을 요청했다. 1896년 1월 28일에 이 요청은 승인되었고, 아인슈타인은 두려워하던 독일 군대에 입대할 가능성을 없앴다. 한편으로 아인슈타인은 이제 무국적자가 되었으므로, 미래를 계획할 때 새로운 부담을 가지게 되었다.

오늘날 아인슈타인이라는 이름이 가지는 특별함을 생각할 때, 어린 시절의 아인슈타인을 보면 그만의 개성이 느껴지기는 하지만, 이 아이가 나중에 그렇게까지 특별한 사람이 될 것이라고 생각할 만한 남다른 사건은 별로 없다. 그런 중에 가장 특별한 일이라면 바로 이 김나지움을 그만둔 일이라고 할 수 있다. 특별히 문제를 일으킨 것도, 누가 심하게 괴롭힌 것도 아닌데 스스로 준비해서 김나지움을 나오고, 군대에 가기 싫다는 이유로 국적까지 버린다는 건 15세 아이가 할 법한 일이 아닌 것이다. 이런 의미에서 아인슈타인의 인생을 관통하는 가장 중요한 키워드는 바로 권위에 대한 거부감과 반항심이 아닐까 한다.

루이트폴트 김나지움은 1918년 뮌헨의 레알김나지움 분원과 통합해서 '새 레알김나지움Neue Realgymnasium, NRG'라는 이름으로 바뀌었다. 학교 건물은 제2차세계대전 때 폭격으로 소실되어 아인슈타인에 대한 직접적인 기록도 사라지고 말았다. 이 학교는 이후 여러 차례 이전을 거듭했고 이름도 바뀌었다가, 1965년 11월 26일 김나지움의 이름을 알베르트아인슈타인 김나지움으로 바꾸었다. 아인슈타인이 뛰쳐나온 학교가 아인슈타인의 이름을 가지게 되었다는 것도 재미있는 아이러니다(지금도 루이트폴트 김나지움이라는 이름의 학교가 있는데, 이 학교는 아인슈타인과는 아무 상관도 없는 학교다).

아인슈타인은 장래를 걱정하는 가족들에게, 취리히의 폴리테크니쿰에 진학하겠다는 뜻을 밝혔다. 이 학교는 이공계의 전문인력과 교사를 양성하기 위해 스위스연방이 수립한 이공계 특수 대학으로, 중부유럽의 이공계대학 중에서 손꼽히는 대학이었다. 그러므로 수학과 과학에 몰두하는 아인슈타인에게는 합당한 선택이었다. 다만 입학시험 준비를 도와줄 사람이 없어서 아인슈타인 스스로 하는 수밖에 없었다. 어차피 김나지움에서도 수학과 과학은 거의 가르치지 않아서 아인슈타인은 내내 혼자서 공부해온 참이었다. 이렇게 1895년 상반기를 아인슈타인은 부모와 함께 집에서 지냈다.

 이 시기에 아인슈타인은 아버지의 회사 일도 도왔다. 비록 중소기업이기는 해도, 당시 전기산업의 최전선에 있었던 기술기업에서 배우면서, 전기, 코일, 자석 등에 대해서 직접적인 견문과 경험을 쌓은 것이 나중에 그가 상대성이론을 발전시키는 데 일정한 역할을 했을 거라고 추측해볼 수 있다. 심지어 어리지만 회사 일에 실질적으로 도움을 주기도 했던 모양으로, 삼촌 야코프가 "조수와 내가 며칠 동안 머리를 싸매고 있던 일을 이 어린 친구가 단 15분 만에 해결해버렸어"라고 감탄했다고 한다.

 학교를 중퇴하고 미래가 불확실한 상황에서도 아인슈타인이 공부를 열심히 했다는 건, 그해 여름에 자신의 첫 번째 논문을 썼다는 사실로부터도 알 수 있다. 「자기장에서 에테르의 상태에 관한 연구」라는 제목의 이 논문은 당시 아인슈타인의 주 관심사가 무엇이었는지, 그에 대해 당시 아인슈타인이 어느 정도를 이해하고 있었는지를 보여주는 좋은 자료기도 하다. 물론 16세 소년이 쓴 논문이므로 내용과 형식 모두에서 큰 의미를 둘 수는 없지만, 이 논문에서 아인슈타인은 에테르와 자기장의 관계를 테스트하는 실험을 자기 나름의 방법으로 제안하는 등, 독창적이고 적극적인 모습을 보여준다.

02
ALBERT EINSTEIN

청춘:
취리히의 아인슈타인 1

아라우

1895년 10월 아인슈타인은 폴리테크니쿰의 입학시험을 보기 위해 취리히행 기차에 올랐다. 당시 16세 6개월이었던 아인슈타인은 대학의 입학 연령에 미달되었고, 김나지움 졸업장도 없었으므로 정상적으로는 입학 자격이 없었다. 하지만 그의 외삼촌 카이사르 코흐가 가족의 지인이던 유대인 은행가 마이어를 통해 입학 여부를 타진했고, 특례 입학시험을 볼 수 있도록 허가를 받은 것이다. 마이어는 아인슈타인과 같이 울름 출신으로 아인슈타인이 태어나기 전부터 헤르만과 파울리네 부부 집안과 친분이 있었으며, 취리히에서 독일제국은행 지점장으로 자리 잡고 있었다. 마이어가 아인슈타인에 대해서 얼마나 알고 있었는지는 정확히 알 수 없지만, 그를 높이 평가하고 있던 것은 분명해서, 마침 자신과 친분이 있던 당시 폴리테크니쿰 학장이던 헤어초크에게 폴리테크니쿰의 특례 입학의 가능성을 타진해보고 아인슈타인을 영재로 추천하는 추천서를 써주었다. 수학자였던 헤어초크가 마이어의 입학 문의에 답해서 보낸 편지가 남아 있다. 헤어초크는 편지에서 "내 경험에 따르면, 아무리 신동이라 할지라도 학생이 다니던 학교를 중도에 포기하는 것은 권할 만하지 않습니다. 이 경우 저는 문제의 학생을 설득해서 현재의 학교를 졸업하고 졸업시험을 통과하라고 조언하고 싶습니다"라고 하고 있다. 영재에 대한 환상이 강한 우리 사회의 부모들에게도 들려주고 싶은 말이다. 하지만 어쨌든 헤어초크는 "귀하나 그 젊은 이의 친척분이 제 의견에 동의하지 않으신다면, 나이 규정에 대한 예외적인 조치로서 저희 학교의 입학시험을 치르는 것은 허가하겠습니다"라고도 했다. 그래서 아인슈타인이 취리히로 향하게 된 것이다.

시험 결과, 아인슈타인은 입학에 실패했다. 수학과 과학 점수는 뛰어났지만 역사와 프랑스어 등이 부족했기 때문이다. 시험에 떨어졌음에도 물리학 교수인 베버가 자신의 과목을 청강하라고 권유했다는 것으로 보아 과학 성적은 확실히 뛰어났던 모양이다. 비록 시험에 합격하지는 못했지만 헤어초크는 아인슈타인에게 중등교육을 마칠 것을 조언했고, 그에게 취리히에서 가까운 아라우의 중등학교를 추천해주었다.

아라우는 취리히 옆에 위치한 아르가우칸톤에서 가장 큰 도시이자 주도로서, 취리히와 바젤의 중간쯤에 위치한다(스위스의 주를 칸톤이라고 한다). 아르가우칸톤은 독일과 면한 스위스 북부의 칸톤으로 동쪽으로는 취리히, 남쪽으로는 루체른, 서쪽으로는 바젤란트와 졸로투른칸톤에 각각 면해있다. 쥐라산맥과 알프스산맥의 사이에 해당하는 아르가우칸톤은 스위스에서는 드물게 산이 많지 않은 비옥한 평야지대에 위치한 칸톤이라서 스위스에서 가장 인구밀도가 높은 지역 중 하나다. 이곳의 토양이 비옥한 이유는 베른 알프스의 빙하에서 발원한 아레강의 하류 지역이라서 아레강이 가져온 물과 유기물을 풍부하게 공급받기 때문이다. 아르가우칸톤의 이름도 Aargau, 즉 아레 지방이라는 뜻이며, 아라우라는 이름 역시 아레강에서 유래했다.

아인슈타인이 입학한 이 학교의 정확한 이름은 아르가우 칸톤학교 아라우Aargauische Kantonsschule Aarau로서, 이름은 칸톤학교지만 원래는 1802년 아라우 시민들이 출자해서 설립한 민간 학교였다(칸톤학교는 칸톤과 관계 있는 학교이므로 우리나라로 치면 도립학교에 가깝지만, 의미가 같지는 않다. 그래서 그냥 칸톤학교라고 부르겠다). 하지만 학교가 설립될 무렵에 아라우는 프랑스혁명의 영향을 받은 개방적이고 진보적인 분위기의 도시였고, 이 학교는 그러한 분위기를 반영해 공화주의 교육을 이념으로 삼아서 설립 당시는 공립학교가 아니었음에도 불구하고 아르가우칸톤 주민 전체를 위한 학교라는 의미로 '칸톤학교'라는 이름을 택한 것이다.

칸톤학교 아라우는 실제로는 그 이상으로 프랑스혁명의 평등 정신을 적극 수용해, 아르가우칸톤뿐 아니라 다른 칸톤의 학생들, 심지어 외국에서 온 학생도 받아들였다. 또한 이 학교는 교사에 대한 문호도 개방적이어서 많은 교사가 독일에서 왔고, 그중에는 정치적 망명에 가까운 형태로 온 사람도 있었다. 게다가 개방적이고 자유주의적인 분위기의 아라우시는 이들에게 관대한 태도를 유지했다. 그 결과 칸톤학교 아라우는 대단히 우수한 교사들을 대거 확보해서 학문을 위한 훌륭한 환경을 가지게 되었다. 학교의 우수성과 학풍을 보여주는 하나의 예로, 이 학교는 작은 도시의 평범한 학교이면서도 놀랍게도 아인슈타인 외에도 두 명의 노벨상 수상자를 배출했다. 더 놀라운 점은 이러한 내용을 학교 홍보에 전혀 이용하지 않는다는 점이다. 학교의 홈페이지에도 이들에 대한 소개나 언급이 없다. 중등학교이므로 학교 교육과 노벨상 사이의 직접적인 관련성을 찾기는 어렵겠지만, 자유롭고 개방적인 학풍과 이에 따른 우수한 교사진이라는 전통이 전혀 무관하지도 않을 것이다. 1835년, 학교는 재단의 모든 자산을 칸톤 정부로 이관해서 공립으로 전환되었다.

아인슈타인은 1895년 10월 26일 아라우 학교의 3학년에 편입했다. 당시 아라우 학교의 교장이었던 투흐슈미트는 바로 취리히 폴리테크니쿰에서 물리학을 전공하고 베버 교수 밑에서 조교를 지냈던 사람이었다. 이런 배경이 헤어초크가 아인슈타인에게 아라우 학교를 소개한 이유일 것이다. 투흐슈미트는 30여 년 동안 교장으로 재직하며 학교를 발전시켰고 특히 과학교육을 크게 융성시켰다. 그의 업적 중 하나는 학교 건물을 신축하고 대학 못지않은 훌륭한 물리학 실험실을 갖춘 일이다. 1896년 4월 26일 준공한 이 건물에는, 오늘날 아인슈타인의 이름이 붙어 있다.

편입을 위해 아인슈타인은 특별 시험을 치렀다. 이 시험에 대한 10월 26일 자의 보고서를 보면, 수학과 물리학은 2등급, 대부분의 과목은 3등급을 받았다(1등급이 제일 좋은 성적, 6등급이 제일 나쁜 성적이다). 단 화학은 '재수강 필수', 프랑스어는 '매우 낮음Hat gr. Lücken'(간격이 크다는 뜻)이었다.

아인슈타인에게 추천서를 써주었던 마이어는 또한 개혁적인 사회사상가로서 스위스에서 윤리문화협회를 세워서 활동했는데, 협회를 함께 창립한 아라우 학교의 교사 요스트 빈텔러Jost Winteler와 친분을 가지고 있었다. 아인슈타인이 아라우 학교에 다니게 되자, 마이어는 아인슈타인이 빈텔러의 집에서 살도록 주선하고, 빈텔러에게 아인슈타인을 보살펴줄 것을 부탁했다. 이러한 도움으로 아인슈타인은 정신적으로나 현실적으로나 안정된 상태에서 편안히 아라우에서의 생활을 시작할 수 있었다.

빈텔러 가족

요스트 빈텔러는 아라우 학교에서 역사와 그리스어를 가르쳤다. 저널리스트로 활동하기도 했던 그는, 마이어와의 친분에서 알 수 있듯이 독일제국의 군국주의적인 면을 싫어하는 평화주의자였으며 진보적인 민주주의자였다. 아인슈타인의 평화주의 및 민주주의 사상은 빈텔러에게서 영향을 받은 면이 크다. 훗날 아인슈타인은 동생 마야에게 보낸 한 편지에서 "나는 종종 파파 빈텔러의 정치적 견해가 거의 예언처럼 옳았던 걸 상기하곤 한다. 나도 그렇게 생각하기는 했지만, 순수함과 확신에 있어서 그분에게 훨씬 못 미쳤어"라고 말하기도 했다(1935년 8월 31일에 여동생에게 쓴 편지). 빈텔러는 예나대학교에서 문헌학으로 박사학위를 받았는데, 그의 박사학위 논문은 스위스 방언의 분석을 통한 음성학적 연구였다. 이 연구는 현대 언어학의 기반이 되는 선구적인 연구로 평가되는 뛰어난 업적이지만, 당대에는 표절당하고 잊혀졌다가, 50여 년 후에 재발견되었다. 그는 또한 시인이기도 해서, 1918년에 실러상을 받았다. '에듀랭크'(https://edurank.org/)라는 사이트에서 2024년에 선정한 "예나대학교의 유명인 100" 리스트를 보면 빈텔러는 95번째에 자리 잡고 있다(참고로 이 리스트의 1위에서 5위는 카를 마르크스, 헤겔, 라이프니츠, 프리드리히 실러, 알렉산더 훔볼트다).

무엇보다 빈텔러는 따뜻하고 열린 마음을 지닌 사람이었고, 느긋하고 친절한 성품을 가진 사람이었다. 그의 영향은 평생 아인슈타인의 정치관과 사상에 깊이 남았다. 한창 예민하던 시절에 요스트 빈텔러라는 훌륭한 인격을 지닌 사람의 영향 아래 있었던 것은 아인슈타인의 행운이었다.

빈텔러는 인품과 학식이 뛰어난 사람이었을 뿐 아니라 남편으로서나 아버지로서도 다정하고 친절한 사람이었으므로, 빈텔러 가족도 화목하고 행복한 모범적인 가정이었다. 아인슈타인은 빈텔러 집에서 가족의 한 사람처럼 지낼 수 있었다. 빈텔러 부인은 어머니처럼 아인슈타인을 돌봐주었고, 아인슈타인은 그녀를 마마라고 불렀다. 부부에게는 자녀가 일곱 있었는데, 모두 아인슈타인과 스스럼없이 가까워졌다. 그래서 학교에서 바로 길 건너편이 위치한 빈텔러의 집은 아인슈타인에게 편안하고도 따뜻한 안식처였다. 데니스 오버바이는 "아인슈타인은 자신의 집보다 빈텔러의 집이 더 편안했다"라고 썼으며, 여동생 마야도 빈텔러 가족과 함께 지냈던 아라우 시절이 "오빠의 인생에서 가장 좋은 시기 중 하나였다"라고 했다. 아인슈타인은 보통 빈텔러 가족과 식사를 같이하고, 저녁 식사 후에는 흔히 토론과 대화를 나누고 책 낭독을 했다. 이러한 분위기는 감정적으로나 지적으로나 10대의 아인슈타인에게 풍요로운 자양분이 되어주었다.

아인슈타인의 아버지 헤르만은 아인슈타인이 아라우에 도착한 직후에 빈텔러에게 편지를 써서 "선생님 댁에서의 고무적인 대화는 저희 아이에게 지적으로 크나큰 도움이 될 것입니다"라며 감사와 존경을 표하고, 여러 조건을 협의했다. 이후에도 아인슈타인 가족은 빈텔러 가족에게 종종 편지를 보내서 인사를 전하고 감사를 표했다.

아인슈타인이 학교의 선생이던 빈텔러의 집에 살았던 일이 특별한 경우로 여겨질지 모르지만 그렇지 않다. 빈텔러는 이즈음에 아인슈타인 외에도 여러 학생을 자기 집에서 살도록 했기 때문이다. 아인슈타인의 동생 마야도 1899년에 아라우에 와서 빈텔러의 집에서 살며 학교에 다녔다. 또한 외삼촌인 카이사르 코흐의 아들, 즉 아인슈타인의 사촌인 로베르트 코흐도 아인슈타인과 같은 시기에 아라우 학교에 다녔는데, 로베르트는 빈텔러의 집이 아닌 근처의 다른 집에 살았다.

칸톤학교 아라우는 대학 진학을 위한 김나지움과 기술교육 학교가 별개의 독립된 형태로 함께 운영되는 종합학교였으며, 오늘날에도 여전히 그러한 성격으로 운영되고 있다. 아인슈타인은 김나지움이 아니라 기술교육 쪽 학교에 소속했는데, 그래서 사실 빈텔러의 수업을 직접 들은 일은 없다.

빈텔러 가족과의 관계가 아인슈타인에게 얼마나 중요했는지 하는 점은 다음 사실로부터도 짐작할 수 있다. 빈텔러 부부의 첫째 딸인 안나는 후일 아인슈타인의 가장 가까운 친구 중 한 사람인 미켈레 베소Michele Besso의 아내가 된다. 막내 아들 파울은 아인슈타인의 여동생 마야와 결혼했다. 그리고 넷째 딸 마리는 아인슈타인의 첫 연인이 된다.

마리 빈텔러는 아인슈타인보다 두 살 위로, 당시 아르가우 사범학교에 다니고 있었다. 나이도 가까웠고, 마리가 피아노를 쳤으므로 아인슈타인과 함께 음악을 연주하며 어울릴 기회도 많았다. 아인슈타인은 여성에 무심한 남자가 전혀 아니었다. 또한 여성에게 인기가 없는 남자도 아니었다. 그런대로 잘생긴 얼굴에, 적어도 이 당시에는 나름 단정한 외모를 가졌고, 날카로운 유머 감각은 머리가 좋은 소년이라는 걸 쉽게 느끼게 해주었다. 또한 거의 건방져 보이기까지 하는 자신감 넘치는 태도도 젊은 시절에는 매력적으로 보이기도 하는 법이다. 10대 후반의 영리하고 잘생긴 소년과 예쁘고 사랑스러운 소녀는 잘 어울리는 한 쌍이었으리라. 1895년 크리스마스 즈음에 두 사람의 관계는 공인되다시피 했다. 아인슈타인 가족은 빈텔러 가족과 꾸준히 편지를 주고받았는데, 마리도 아인슈타인의 어머니에게 편지를 해서 인사를 전했고, 어머니 파울리네는 두 사람의 관계를 환영하는 답장을 보내왔다.

마리에게 보낸 편지 중 남아 있는 가장 오래된 편지는 1896년

4월 21일 자로 파비아의 집에서 보낸 것이다. 아마 부활절 방학 동안 집에 왔을 때 보냈을 것이다. 아인슈타인이 쓴 연애편지를 보면 그가 당시 얼마나 열중해 있었는지, 그리고 여성의 마음을 사로잡는 말을 얼마나 잘하는지 잘 느낄 수 있다.

> 사랑하는 그대에게
> 그대의 멋지고 귀여운 편지에 많이, 많이 감사해. 편지를 받고 끝없이 행복했어. 그 소중한 작은 눈으로 사랑스럽게 바라보고 우아한 작은 손이 그 위에서 왔다 갔다 했을 이 종이 몇 장을 가슴에 꼭 안을 수 있다는 건 얼마나 멋진 일인지. 나는 지금, 연인을 그리워한다는 게 뭔지를 최고 한도로 깨닫고 있어. 하지만 그리움이 주는 고통보다 사랑의 기쁨이 훨씬 커.

편지는 이런 식으로 계속된다. 아인슈타인은 여성에게 이렇게 달콤한 말을 하는 데에 전혀 거리낌이 없는 사람이었다.

빈텔러 가족과의 생활뿐 아니라 아라우에서의 학교생활 역시 아인슈타인에게 매우 행복하고 만족스러웠다. 교사의 권위와 그에 대한 복종을 강조하던 독일 김나지움의 학교생활과는 달리, 아라우에서는 기본적으로 학생들의 행동에 자유를 부여하고 개인의 책임을 강조했다. 기계적인 반복학습과 암기를 요구하던 주입식교육 대신 직접 관찰하고 상상하는 걸 권장했다. 여동생 마야는 "학생들은 개인으로 대접받았고, 박학함보다 독립적이고 건전한 생각이 강조되었으며, 젊은이들을 교사를 권위를 가진 사람이 아니라 학자로서 개성을 가진 사람으로 바라보았다"라고 썼다.

　아인슈타인은 아라우에서의 생활에 대해 두 차례 직접 이야기한 일이 있다. 하나는 1952년 아르가우 예술관 건축 계획을 알리는 아라우 예술관 관장의 편지에 쓴 답장이고, 다른 하나는 그가 사망하기 얼마 전인 1955년에, 그가 다닌 대학인 ETH(아인슈타인이 다닐 때의 이름은 취리히 연방 폴리테크니쿰) 설립 100주년을 기념하는 글을 요청받아서 쓴 '회고Erinnerungen-Souvenirs'라는 글이다. 아인슈타인은 이 글들에서 "저에게 이 학교는 교육기관의 가장 만족스러운 모범으로 남아 있다"라고 말하고, 아라우에는 "자유로운 정신"이 있었으며, "독일의 권위주의적인 김나지움에서의 6년간의 훈련과 비교해서, 진정한 민주주의가 공허한 망상이 아니라는 걸 알게 되었다"라고도 말했다.

　원래부터 공부하는 것을 좋아하는 아인슈타인이었으므로, 민주적이고 자유로운 상상이 권장되는 아라우에서 그는 자신이 좋아하는 과학을 열심히 공부하고, 마음껏 상상의 나래를 펼쳤다. 그래서 그는 특수상대성이론으로 연결되는 최초의 사고실험을 한 것이 아라우에서였다고 회상했다. "내가 16세 때 깨달은 모순은, 내가 빛의 속력으로 빛을 쫓아간다면 그 빛은 멈춰서 공간적으로만 진동하는 전자기장으로 보여야 한다는 것이었다."

　여름에 아인슈타인은 졸업 자격을 얻었다. 전체에서 2등이었으니, 졸업 성적도 괜찮았다. 1등을 한 사람의 이름은 아무도 기억하지 못한다. 대수학과 기하학은 6점 만점, 물리학은 5~6점으로 최고 점수를 받았다. 한편 가장 성적이 좋지 못한 과목은 역시 프랑스어로 3점이었다.

졸업 자격을 얻은 아인슈타인은 동료 학생들과 함께 9월에 대학 입학 자격시험인 마투라Matura를 치렀다. 마투라는 유럽 여러 나라에서 중등교육을 마치고 대학이나 그 밖의 고등교육기관에 진학하기 위해 치르는 시험을 일컫는 말로, 독일의 아비투르 또는 프랑스의 바칼로레아에 해당하는 시험이다(제도의 세부 사항은 나라마다 조금씩 모두 다르다). 아라우 학교에서는 아인슈타인을 포함해서 모두 아홉 명이 시험을 보았는데, 18, 19, 21일에 일곱 과목의 필기시험을 보고, 9월 30일에 구두시험을 보았다. 구두시험은 공개적으로 시험위원회 앞에서 치르는데, 폴리테크니쿰에서 두 사람의 대표를 보내서 시험에 참석시켰다. 폴리테크니쿰에서 온 사람 중 하나는 바로 이전에 아인슈타인에게 입학시험을 보게 했던 헤어초크였다.

아인슈타인의 마투라 답안지는 지금은 모두 공개되어 있다. 독일어 시험에서는 "괴테의 '괴츠 폰 베를리힝겐Götz von Berlichingen' 개요"라는 제목으로 괴테의 희곡 '괴츠 폰 베를리힝겐'에 대해서 설명하는 글을 썼고, 프랑스어 시험에서는 '나의 미래 계획'이라는 제목의 짧은 에세이를 썼다. 수학은 세 문제였는데, 두 문제는 기하학, 한 문제는 대수학 문제였다.

구두시험이 끝나고 위원회는 바로 학생들의 최종 성적을 결정하고 발표했다. 아홉 명의 학생 모두가 시험을 통과했고, 그중 여섯 명이 취리히 폴리테크니쿰에 입학하게 되었다. 아인슈타인의 마투라 평균점수는 6점 만점에 5와 3분의 1점으로 아라우의 학생들 중에서 최고점이었다. 이로써 아인슈타인은 원하던 대로 취리히 폴리테크니쿰에 입학할 수 있게 되었다.

    1896년 10월 3일에 아인슈타인은 칸톤학교를 졸업하고, 취리히를 향해 떠났다.

취리히 폴리테크니쿰

    1896년 10월 아인슈타인은 목표했던 취리히의 폴리테크니쿰에 입학했다. 취리히 폴리테크니쿰은 여러 면에서 다른 대학들과는 달랐다. 이 학교는 1854년 2월 7일에 연방의회가 통과시킨 "고등교육을 위한 연방 과학기술대학" 설립을 위한 특별법에 따라 1855년 10월 16일에 세워진 학교로서, 무엇보다 일반대학과는 다른 법적 근거를 가지는 교육기관이다. 특히 특별법의 주체를 보면 알 수 있듯이 다른 대학들이 스위스의 지역 단위인 칸톤에 소속되어 있는 반면 폴리테크니쿰은 스위스연방이 관할하는 대학이었다. 또한 이 학교는 과학기술 교육에 특화된 학교였다. 즉 고전 교육이나 교양교육이 아니라 당시 급속도로 성장하는 공업 부문에서 일하는 기술자를 양성하고, 중등학교에서 과학을 가르치는 전문 교사를 배출하는 것을 목적으로 하는 목적 지향적 학교였다. 교사 자격증 부분을 제외한다면, 특별법에 따라 세워져서 과학기술자를 양성하기 위한 목적 지향적 고등교육기관이라는 면에서 우리나라의 카이스트KAIST를 연상하게 한다.

    학교의 이러한 성격에 따라 폴리테크니쿰은, 적어도 아인슈타인이 다니던 시기에는 일반적인 대학이 아니었고, 따라서 박사학위를 수여할 권한을 갖지 못했다. 대신 협약에 의해 폴리테크니쿰을 졸업한 학생이 취리히대학교에 학위논문을 제출하면 취리히대학교로부터 박사학위를 받을 수 있었다. 이러한 상황은 고등교육의 확대를 원하는 시대의 흐름에 따라 차츰 한계를 보이게 되고, 학교는 개혁 요구를 받게 된다. 1904년 학교의 이사회는 스위스 연방의회에 학교가 나아갈 새로운 방향으로서 개혁을 위한 제안서를 제출했다. 개혁의 기본 방향은 폴리테크니쿰이라는 전문학교 체제를 독일어로 'Technische Hochschule(Institute of Technology)'라고 부르는 공과대학 체제로 변경하는 데 있었다.

유럽에서 유니버시티university는 전통적으로 인문학, 정확히는 철학, 신학, 법학, 의학을 가르치는 기관을 의미했다. 산업혁명 이후 이공학 교육이 급격히 팽창하면서 이를 위주로 하는 교육기관을 만들 때, 전통적인 대학과 다르다는 이유로 유니버시티라는 이름을 쓰지 못하게 했고, 그래서 좀 더 일반적인 고등교육기관이라는 뜻의 호흐슐레hochschule를 쓰게 되었다. 호흐슐레는 하이스쿨high-school이라는 뜻이다. 현재 우리나라의 고등학교를 말하는 것이 아니라 고등교육기관이라는 뜻이다. 한동안 유니버시티만이 박사학위를 수여하는 권한을 가졌으나, 차츰 그러한 제도적 차이는 없어졌고, 오늘날 유니버시티와 호흐슐레의 차이는 사실상 없다. 미국의 MIT와 캘리포니아 공과대학CalTech, 우리나라의 카이스트와 포항공대Postech 등이 이 전통을 따른 이름들이다.

여러 논의와 제도적인 정비를 거쳐, 1908년에 학교는 취리히칸톤 및 취리히시와 법적으로 독립된 법인으로 새로 태어났다. 이와 더불어 학교는 표준화된 커리큘럼을 정하고 박사학위 수여 권한을 갖게 되었다. 이에 따라 1909년에 첫 박사학위자 10명이 탄생했다. 1911년에는 이름을 연방 공과대학Eidgenössische Technische Hochschule, ETH로 바꾸었다. 이로써 1904년부터 지속된 학교의 개혁이 일단락을 지은 것이다. 같은 해에 본관의 확장공사가 시작되었다. 오늘날 본관 건물의 돔이 이때 건설되어 1920년에 완공된 것이다.

오늘날 이 대학의 이름은 ETH, 혹은 ETH 취리히로 통용된다. ETH는 오늘날 이공계 분야에서 유럽의 최고 명문 대학으로 꼽힌다. ETH를 거쳐간 사람 중에서 스물두 명이 노벨상을 수상했고, 수학 분야에서는 두 명이 필즈 메달을 수상했다. 하지만 아인슈타인이 다니던 시절에는 폴리테크니쿰으로 불렸으므로 이 책에서도 1911년 이전, 아인슈타인이 다니던 시절의 학교는 폴리테크니쿰으로 부르겠다(아인슈타인은 그 이름이 익숙해서인지 평생 그렇게 불렀다).

아인슈타인이 입학한 학과는 제VI부인 '수학과 자연과학 전문교사 과정'이었다. 아라우에서 1년을 보내고 왔지만, 17세 6개월인 아인슈타인은 여전히 가장 어린 학생이었다. VI부에는 열한 명이 입학했고, 아인슈타인이 속한 수학 및 물리학 VI-A반에는 다섯 명이 있었다. 아인슈타인을 비롯해서 마르셀 그로스만, 야코프 에라트, 루이스 콜로스, 그리고 헝가리 출신의 여학생 밀레바 마리치 Mileva Marić였다.

그로스만은 스위스 사람이지만 아버지가 부다페스트에서 사업을 할 때 태어나서 김나지움까지 부다페스트에서 다녔다. 수학에 관심이 많았던 그는 아인슈타인과 곧 친해져서 집으로 초대해서 가족들에게 소개할 정도가 되었다. 아인슈타인을 높이 평가했던 그로스만은 앞으로도 아인슈타인에게 많은 도움을 주게 되는데, 어쩌면 아인슈타인에게 평생 가장 많이 도움을 준 사람일지도 모른다. 콜로스는 프랑스어가 모국어라서, 당시 학교에서 따로 프랑스어로 수업을 들었다. 그로스만과 콜로스는 훗날 ETH의 수학과 교수가 된다. 에라트는 스위스 북부의 도시 샤프하우젠 출신으로 노력파였는데, 늘 아인슈타인 옆자리에 앉았다. 에라트도 아인슈타인과 가까워져서 그를 집으로 초대하곤 했다. 동급생 중 유일한 여성이었던 밀레바 마리치는 얼마 후 아인슈타인의 연인이 되고, 졸업 후에는 아내가 된다. 밀레바는 아인슈타인의 동급생 중에서 가장 중요한 인물이니 다음 절에서 좀 더 자세히 소개하도록 하자.

물리학 교수진은 하인리히 프리드리히 베버와 요하네스 페르네 두 사람이었다. 베버는 예나대학교에서 빛의 회절이론에 대한 논문으로 박사학위를 받았고, 헬름홀츠의 조수로 베를린대학교에서 연구했다. 베버는 실험적 발견을 하고, 그것을 설명하는 이론을 만들기 위해 연구하는 전형적인 19세기 물리학자였다. 19세기 말 독일의 지도적인 물리학자였던 헬름홀츠는 베버의 이상형이었으며, 베버가 원하는 것은 베를린대학교의 헬름홀츠 연구실을 취리히에 재현하는 일이었다. 그의 주요한 업적 중 하나는 베를린대학교에서 연구하면서 얻은 결과로서 탄소, 붕소, 규소의 비열을 정확하게 측정하면, 온도가 낮아지거나 높아질 때, 당시 물질의 비열을 설명하는 데 기초가 되었던 뒬롱·프티 법칙에서 상당히 벗어나게 된다는 것을 발견한 일이다. 베버의 이 발견은 설명되지 않은 채 남아 있다가, 훗날 바로 아인슈타인에 의해 해결의 실마리를 얻게 된다.

페르네는 베른대학교에서 수학, 물리학, 천문학, 기상학 등을 공부했다. 그는 1866년에 스위스연방위원회의 표준도량국의 국장인 하인리히 빌트의 조수가 되어, 1869년 빌트가 상트페테르부르크의 중앙 천문대로 초빙되어 갔을 때도 그를 따라가서 일했다. 이후 페르네는 1872년에 쾨니히스베르크대학교의 프란츠 에른스트 노이만 밑에서 공부하고, 1874년 브레슬라우대학교의 조교가 되어 1875년 박사학위를 받았다. 그는 1877년부터 1885년까지는 파리의 국제 도량형국에서 근무했고, 1885년부터는 베를린의 표준도량형 위원회의 위원을 지내고 1890년에 취리히 폴리테크니쿰의 교수가 되었다. 그의 경력에서 알 수 있듯이 페르네는 측정 기술의 전문가로서 실험물리학을 주로 가르쳤다.

폴리테크니쿰에는 뛰어난 수학 교수가 많았다. 특히 쾨니히스베르크 출신의 헤르만 민코프스키는 20세기 초 기하학 분야에 중요한 업적을 남겼으며, 특히 훗날 아인슈타인의 특수상대성이론을 기하학적으로 재구성해서 완성하게 된다. 수학과의 학과장이던 아돌프 후르비츠는 박사학위를 받은 후 쾨니히스베르크대학교에서, 학생이던 민코프스키와 다비드 힐베르트를 가르쳤던 사람으로 리만 표면이론과 대수적수론 등에 많은 업적을 남겼다. 그 밖에 에른스트 피들러, 카를 프리드리히 가이저 등이 아인슈타인에게 수학을 가르쳤다.

밀레바 마리치

밀레바 마리치는, 당시 오스트리아·헝가리제국이던 세르비아의 티텔 출신이다. 밀레바는 타고난 고관절 장애로 다리를 절었지만, 어려서부터 영리하고 공부를 잘했으며 특히 수학에 소질이 있었다. 오스트리아·헝가리제국은 여성의 대학 진학을 허용하지 않았으므로 밀레바는 김나지움에 가지 못하고 여성이 다니던 중등학교를 다녔다. 군 출신으로 법원의 공무원이었던 아버지 밀로시 마리치Miloš Marić는 총명한 딸의 학업에 지원을 아끼지 않을 생각이었으므로, 당시 오스만제국으로부터 막 독립한 세르비아 왕국의 김나지움에 들어간다는 방법을 생각해냈다. 세르비아 왕국은 여성의 대학 진학을 금하지 않았기 때문이다. 베오그라드의 왕립 세르비아 김나지움을 다니던 밀레바는, 아버지 밀로시가 크로아티아의 수도 자그레브의 고등법원으로 발령이 나는 바람에 다시 자그레브로 옮겨야 했다. 여기서 밀레바는 남자들만 다니는 왕립 상급 김나지움에, 등록금 없이 개인 학생으로 등록할 수 있도록 허락받았다. 입학시험에 합격한 밀레바는 1892년 가을부터 김나지움을 다녔고, 이듬해에는 장학금까지 받았다. 이제 대학 진학을 고민할 차례였다. 밀레바는 여성을 받아주는 대학이 있는 취리히를 택했다.

19세기 말, 유럽에서 여성에게 대학 진학을 허용하는 대표적인 나라는 프랑스와 스위스였다. 동유럽의 여러 나라와 독일에서는 여성이 대학에서 강의를 들을 수는 있었지만, 정식 학생이 되는 건 허용되지 않았다. 그래서 프랑스어를 할 수 있었던 폴란드의 마리 스워도프스카(훗날의 마리 퀴리)는 파리의 대학에 갔던 것이다. 오스트리아의 빈대학교는 1897년에 처음으로 여성이 입학했다(하지만 여전히 여성이 다닐 수 있는 김나지움은 존재하지 않았다. 그래서 리제 마이트너는 독학으로 공부해서 1901년 마투라에 합격하고 빈대학교에서 물리학을 공부하기 시작했다). 독일어를 하는 밀레바에게는 취리히가 최선이었다. 취리히대학교는 1864년에 처음으로 여성이 입학했고, 폴리테크니쿰을 비롯한 여러 학교도 1872년부터 여성을 받기 시작했다.

1894년 11월 밀레바는 취리히의 여성을 위한 중등학교에 입학했다. 아버지 밀로시가 함께 취리히로 와서 학교 수속을 마치고, 밀레바가 머무를 하숙집을 구해주고 갔다. 밀로시는 얼마 후 류머티즘으로 은퇴하고 원래 살던 노비사드의 집으로 가서 살게 된다. 밀레바가 입학한 학교는 김나지움은 아니지만, 대학 입학 자격시험인 마투라를 준비하는 공부도 시키는 학교였다. 밀레바는 새로 프랑스어와 스위스의 역사, 지리 등을 공부해야 했지만, 1896년 봄에 무사히 마투라를 통과했다.

마투라를 통과한 후, 밀레바가 베른의 연방 의과대학 시험을 보고, 여름 학기에 취리히대학교 의학부의 수업을 들었다는 기록이 있는 걸 보면, 처음에 밀레바는 의사를 지망했던 것으로 보인다. 그러나 우리는 알 수 없는 이유로, 밀레바는 1896년 가을에 폴리테크니쿰에서 수학과 물리학 시험을 보고 수학물리학부 VI-A1반에 다시 입학한다. 이로써 아인슈타인의 동급생이 된 것이다. 첫해 동안 밀레바는 열심히 공부했다. VI-A1반의 커리큘럼에 따르면 1학년 때에는 주로 수학을 공부하게 되어 있어서, 수강한 과목은 수학 여섯 과목에 물리학 한 과목이었는데, 평점은 6점제에서 4.29였다. 아인슈타인의 평점은 4.64였다.

밀레바는 첫해를 마치고 집으로 돌아갔다가, 취리히로 돌아오는 대신 독일의 하이델베르크로 향했다. 또 다른 가능성을 타진하러 하이델베르크대학교의 청강생이 된 것이다. 당시 독일은 여성이 대학에 입학할 수는 없었지만, 청강생이 되는 것은 허용하고 있었다. 하이델베르크행이 본인의 뜻이었는지, 아버지의 뜻이었는지, 혹은 다른 이유가 있었는지는 알 수 없다. 왜 하이델베르크를 택했는지는 알려지지 않았지만, 특별히 소개를 받거나 다른 인연이 있었던 것 같지는 않고, 그저 하이델베르크대학교가 독일의 전통 있는 훌륭한 대학이기 때문이었을 것이다. 특히 하이델베르크대학교에는 당시 아인슈타인이 열중하던, 음극선관의 전문가 필리프 레나르트가 있었다. 현재 남겨진 바에 따르면, 밀레바가 아인슈타인에게 보낸 첫 편지는 1897년 10월에 하이델베르크에서 쓴 것인데, 이 편지에도 레나르트에 대해서 여러 가지로 이야기하고 있다. "어제 레나르트 교수의 강의에서, 레나르트 교수는 기체의 열운동 이론에 대해 말했어." 1905년에 노벨상을 받게 되는 레나르트는 앞으로도 아인슈타인과 복잡한 인연으로 얽히게 된다. 좋은 방향의 관계로는, 레나르트의 노벨상은 광전효과라고 부르는 현상을 실험적으로 정립한 업적으로 주어졌는데, 아인슈타인이 노벨상을 받게 되는 이유가 바로 이 현상을 이론적으로 설명한 업적이다. 아인슈타인의 광전효과 논문은 마침 레나르트가 노벨상을 받은 해에 출판되었다. 그래서 두 사람은 직접 만난 적은 없어도 서로에 대해 우호적인 감정을 가지고 있었다. 그러나 레나르트가 차츰 독일 민족주의와 반유대주의에 경도되면서, 그는 아인슈타인의 업적, 특히 상대성이론에 반대하는 선봉에 서게 되었고, 아인슈타인과 격렬하게 대립하면서 나중에는 아인슈타인의 노벨상을 저지하려고까지 하게 된다. 이러한 경과는 앞으로 살펴보기로 하자.

언제부터 아인슈타인과 밀레바가 가까워졌는지를 알기는 쉽지 않다. 첫해에는 두 사람의 관계에 대한 어떠한 기록도 남아 있지 않기 때문이다. 하지만 위의 편지에 보면, 언제부터인지는 몰라도 아인슈타인이 이미 밀레바에게 접근했었다는 걸 알 수 있다. 편지의 앞부분에 밀레바가 "4페이지나 되는 긴 편지를 쓰는 희생을 치른 데 감사한다"라고 하고 있고, "우리가 함께했던 여행에서 당신이 내게 준 기쁨에 대해서도 감사한다"라는 구절에서, 밀레바가 집으로 돌아가기 전인 그해 여름에 두 사람이 함께 짧은 여행을 했다는 것도 짐작할 수 있기 때문이다. 그러니 어떤 식으로든 아인슈타인과 밀레바 사이에 특별한 유대가 생겨나기 시작한 건 분명하다. 그래서 밀레바는 "아버지가 당신에게 갖다주라고 담배를 주셨어. 아버지는 당신이 이 작은 산적들의 나라에 관심을 가졌으면 하셨어"라고 말하고, "아버지와 당신에 대해서 이야기했어. 언젠가는 당신도 같이 와야 해. 당신이 여기 와서 대화를 나눈다고 생각하니 믿을 수 없을 지경이야! 나는 통역을 해야겠지"라고도 편지에 썼다.

하이델베르크에서의 한 학기를 마치고 밀레바는 취리히로 돌아왔다. 다음 해 2월에 밀레바에게 보낸 아인슈타인의 편지를 보면 "당신이 여기서 다시 공부하겠다니 정말 기뻐. 빨리 돌아와. 후회하지 않을 거라고 확신해. 주요 과목들을 금방 따라잡을 수 있을 거야"라고 기뻐하고 "가능한 한 빨리 와야 해, 우리 강의 노트에서 필요한 건 뭐든지 찾을 수 있을 테니까"라고 재촉했다. 밀레바가 다시 취리히에 나타난 것은 4월이었다.

즐거운 날보다는 우울하고 슬픈 일들이 훨씬 많았던 밀레바 마리치의 삶에서 가장 안타깝게 여겨지는 장면이 이 부분이다. 아인슈타인의 장담과는 달리, 밀레바는 하이델베르크에 다녀오느라 뒤떨어진 공부를 따라잡느라고 계속 애써야 했고, 결국에는 졸업시험을 통과하지 못하게 되기 때문이다. 정확한 상황을 알기는 어려우므로 인과관계를 말할 수는 없겠지만, 이 6개월의 공백이 없었다면 밀레바가 졸업시험에 실패하기까지 했을까? 만약 밀레바가 졸업을 할 수 있었다면, 아인슈타인과 결혼 생활을 하면서도 전문직으로서 인생을 살아가려고 노력하지 않았을까? 물론 그러고 나서도 아이를 낳고 돌보는 일과 직장 일을 병행하기는 어려웠을 테고, 결국 좌절했을 수도 있지만, 그래도 인생의 가능성을 더 발견하지 않았을까? 물론 정밀한 역사적인 고찰을 거치지 않은 나의 인상일 뿐이다.

마리 빈텔러와의 이별

아인슈타인이 밀레바와 가까워졌다면, 아라우 시절의 연인이었던 마리 빈텔러는 어떻게 된 것인가? 마리와의 관계를 살펴볼 수 있는 가장 좋은 자료는 두 사람이 주고받은 편지일 텐데, 앞에서 언급한 편지 외에 아인슈타인이 마리에게 쓴 편지는 더 이상 남아 있지 않다. 아인슈타인 전집 1권에 아인슈타인이 대학에 입학한 직후인 1896년 11월에 마리가 아인슈타인에게 보낸 편지 두 통과, 겨울과 다음 해 봄에 어머니 파울리네가 마리에게 보낸 편지 두 통이 실려 있을 뿐이다. 마리가 보낸 편지를 보면 이 소녀가 얼마나 아인슈타인에게 푹 빠져 있는지가 잘 느껴진다. 앞선 편지는

> 오늘 도착한 네 꾸러미에서 헛되이 짧은 편지라도 찾느라고 눈이 아플 지경이었어. 네가 손수 쓴 주소를 보는 것만으로도 행복해지기는 했지만. … 내일은 목요일이고 다음 날은 금요일이고 그리고 나서 마침내, 마침내 토요일이 오면 네가 바이올린을 들고 나타나겠지.

이렇게 시작하고, 11월 30일 자 편지에서는 "드디어, 드디어, 행복하고 또 행복해, 소중하고 소중한 네 편지가 가져올 수 있는 것, 네 작은 쪽지가 나를 완전히 건강하게 만들었어"라고 쓰고 있다.

하지만 이미 대학에 입학하면서 아인슈타인은 마리에게 마음이 떠난 것으로 보인다. 위의 내용에서 보낸 꾸러미는 아인슈타인의 빨랫감이었던 모양인데, 애인네 집에 빨래를 해달라고 보내면서 쪽지 하나 넣지 않았던 것이다. 심지어 마리에게 직접 언급도 한 모양이다. 이 편지에서 마리가 "내 사랑, 지난 편지에 있는 한 구절이 무슨 말인지 모르겠어. 너는 나랑 더 이상 편지를 하고 싶지 않다고 썼는데, 왜 그러는 거야?"라고 쓰고 있기 때문이다. 그래서 마리가 두 번째 편지에서는 "내 소중한 사랑, 내가 당신에게 바보 같은 찻주전자를 보낸 일도, 당신이 그걸로 맛있는 차를 끓이지 않으면 전혀 기쁠 게 없어"라고 불안한 마음을 내비치고, "네가 쓴 편지지의 모든 구석구석에서 나를 바라보는, 그런 화내는 얼굴을 짓지 말아줘"라고 애걸하고 있다.

이후 아인슈타인은 더 이상 편지도 쓰지 않았고, 그래서 마리는 자신에게 친절하게 대하는 아인슈타인의 어머니 파울리네에게 호소한 듯하다. 파울리네는 며칠 후에 마리에게 보낸 편지에, "알베르트는 아마 일주일 후에 도착할 거예요. 이 악당 같은 녀석이 엄청 게을러졌군요"라고 마리를 달랬다. 그러나 결국 다음 해 봄에 아인슈타인은 빈텔러 부인에게 보낸 편지에서, "고민을 그만하려고 편지를 드립니다. 사실 결론은 내 마음속에 확고하게 내려져 있었어요. 이번 주말에 (아라우에) 가지 않겠습니다"라고 말했다. 이렇게 마리와의 짧은 연애는 막을 내렸다. 마리 빈텔러는 아인슈타인과 헤어진 후 아주 우울해져서 학교를 빠진 적도 있다고 전해진다. 몇 년 후 마리는 한 시계 공장의 관리직에 있는 사람과 결혼해서 살았다.

마리와의 사이가 멀어진 것이 밀레바 때문일까? 편지에 드러난 걸 보면 마리와의 관계는 폴리테크니쿰 입학 직후인 1896년 11월에 벌써 삐걱거리기 시작했으므로, 아인슈타인이 밀레바에게 첫눈에 반한 게 아닌 다음에야 밀레바에게 끌려서 마리로부터 마음이 멀어졌다고 보기는 어려울 듯하다. 그보다는 지적 도전이 넘치는 새로운 생활에 들어서서, 더 이상 아인슈타인의 눈에 마리가 보이지 않게 된 것이라고 보는 게 타당하지 않을까.

아인슈타인과 마리 빈텔러와의 이별 때문에 사랑과 존경이 넘치던 두 집안 사이의 관계는 잠시 위기를 맞기도 했다. 그러나 아인슈타인은 요스트 빈텔러를 여전히 존경해서 편지를 주고받으며 여러 일을 상의하는 등 관계를 지속했고, 1910년 아인슈타인의 동생 마야가 요스트 빈텔러의 막내 아들 파울과 결혼해서 두 집안은 진짜 친척이 되었다.

청춘, 물리학, 연애

아인슈타인은 어떤 대학생이었을까? 아인슈타인의 학교생활과 취리히에서 살던 모습을 재구성해보자. 아인슈타인이 취리히에서 처음 살던 집은 대학에서 멀지 않은 주택가인 우니온가 4번지다.

1898년에 클로스바흐가 87번지로 이사했다가, 1899년에는 다시 우니온가 4번지로 돌아왔다. 지금 이 집에는 바깥쪽 벽에 아인슈타인이 살았음을 나타내는 명패가 붙어 있다.

우니온가의 집에서 학교까지는 거리가 그다지 멀지 않았으므로 아인슈타인은 아마도 아침이면 걸어서 학교로 향했을 것이다. 집에서 나와 리마트강 쪽으로 대로인 호팅거가를 따라가다 보면, 현재 미술관이 있는 사거리에서 트램이 달리는 래미가를 만난다. 거기서 오른쪽으로 꺾어져 래미가를 따라 북쪽으로 가다 보면 취리히대학교가 나오고, 바로 이어서 아인슈타인 시절에는 폴리테크니쿰이었던 ETH 본관을 만나게 된다. 이렇게 큰길만 따라가도 1킬로미터가 채 되지 않으므로, 아인슈타인은 아마도 매일 이 길을 걸어 다녔을 것이다.

대학 생활에서 아인슈타인에게 가장 중요한 일은 지금까지 그랬듯 물리학을 공부하는 일이었다. 아인슈타인의 관심사는 주로 가장 근본적인 원리를 추구하는 이론물리학에 집중되어 있었다. 이론물리학은 19세기 말에서 20세기 초반에 걸쳐서, 특히 독일을 중심으로 새로 태어난 분야라고 할 수 있다. 1870년대와 1880년대에 독일 대학에서 물리학연구소의 활동이 많아지고 학생 수가 증가하자, 이론물리학의 정규 강의를 아직 정교수가 아닌 젊은 물리학자에게 맡기는 제도가 거의 모든 대학에 도입되기 시작했다. 이 제도는 여러 대학에서 정규 제도로 자리 잡아서, 이론물리학 강의를 담당하는 부교수 자리가 만들어졌다. 초기에는 이 자리가 주로 자신의 실험실을 가지는 정교수 자리에 대비하는 자리로 인식되었으나, 1883년에 괴팅겐대학교에서 포크트가 이론물리학 정교수가 되었고, 1875년부터 베를린대학교의 정교수였던 키르히호프가 사실상 이론물리학 교수로 활동을 했으며, 1890년 뮌헨대학교가 볼츠만을 위해서 이론물리학 정교수 자리를 만들었다는 사실에서 보듯, 차츰 이론물리학자를 위한 독립적인 교수 자리가 생겨나고 있었다.

  이론물리학자란 단순히 실험을 하지 않고 이론 강의만 하는 교수를 가리키는 말이 아니다. 수학의 발전에 힘입어 독자적인 분야로서 이론물리학이 형성되고 있었다. 맥스웰이나 볼츠만과 같은 물리학자들은 다른 물리학자보다 뛰어난 수학적 능력과 지식을 바탕으로, 기체운동론이나 전자기이론 같은 새로운 분야를 개척해나갔다. 이에 따라 물리학과 학생에 대한 수학교육이 차츰 강화되었다. 사실 신입생 때의 폴리테크니쿰의 물리학교육은, 물리학 자체를 가르치기 위한 것이라기보다는 수학교육의 부수적인 부분이라고 할 정도였다. 앞서 보았듯이 폴리테크니쿰 수학물리학부 VI-A1반의 1학년 교육은 수학 다섯 과목에 물리학 한 과목이었을 정도다. 물리학 과목은 역학이었는데, 헤어초크가 140명의 학생을 앉혀놓고 강의하는 대형 강의였다.

아인슈타인은 뚜렷하게 수학보다 물리학 쪽의 사람이었다. 훗날 아인슈타인이 『자전적 노트Autobiographical Notes (Obituary)』에 쓴 바에 따르면 "(폴리테크니쿰에는) 훌륭한 수학 선생님들이 있었다. 그래서 나는 수학교육을 충실히 받을 수 있었다. 하지만 내가 대부분의 시간을 보낸 곳은 물리학 실험실이었다. 직접 몸으로 경험하는 데 매료되었기 때문이다. 그리고 집에서 혼자 키르히호프, 헬름홀츠, 헤르츠 등의 논문을 공부했다"라고 했다. 아인슈타인은 또한 이렇게도 말했다. "내가 어느 정도는 수학을 무시했다는 사실은 내가 수학보다 자연과학에 더 큰 흥미를 느꼈기 때문일 뿐 아니라, 이런 좀 이상한 생각을 가지고 있어서이기도 하다. 나는 수학이 여러 개의 전문 분야로 나뉘어 있으며, 그 하나하나는 우리에게 허락된 짧은 생애를 쉽게 잡아먹어버릴 수 있다고 보았다. 결과적으로 나는 어느 건초더미로 가야 할지 정하지 못하는 '뷔리당의 당나귀' 같은 입장이 될 것 같았다(뷔리당의 당나귀란 굶주리고 목마른 당나귀가 건초더미와 물통의 정확히 한가운데서 어느 한쪽을 택하지 못해서 굶주림과 목마름으로 죽는다는 역설이다. 14세기 프랑스의 철학자 장 뷔리당이 고안했다고 전해진다). 그런 생각을 한 건 수학 분야에 대한 내 직관이 그리 강력하지 못해서, 정말로 기초가 되는, 근본적으로 중요한 분야를 그리 중요하지 않은 나머지 분야와 구별해낼 능력이 없었기 때문일 것이다."

그렇다고 아인슈타인이 수학 공부를 안 했다는 건 아니다. 뒤에 나올 성적표를 보면 알 수 있듯, 수학 과목들의 성적도 나쁘지 않았다. 아인슈타인이 시험을 본 기록으로 유일하게, 민코프스키의 복소해석학 과목의 성적에 대한 메모가 남아 있는데, 6점 만점에 5.5점으로 그로스만과 에라트와 같다. 동료 중 콜로스는 6점 만점을 받아서 제일 점수가 좋았다. 민코프스키의 강의는 어렵고 그다지 잘 준비되지 않아서 학생들 사이에서 악명이 높았다고 한다.

베버는 아인슈타인이 입학시험에 떨어졌을 때 아인슈타인에게 자신의 강의를 청강할 것을 권유하기도 했던 만큼, 처음에는 이 학생에게 호감을 가지고 있었음이 분명하다. 아인슈타인 역시 베버의 강의를 매우 좋아해서, 그의 모든 강의를 들었다. 루이트폴트 김나지움에서도 제대로 된 과학교육을 받지 못해서 과학교육에 목말라 있던 아인슈타인에게 베버의 강의는 처음으로 접하는 물리학 강의였을 것이다. 1898년 2월에 하이델베르크에 있던 마리치에게 보낸 편지에 "베버 교수는 열에 대해(온도, 열량, 열적인 운동, 기체의 동역학 이론) 완전히 통달한 강의를 했어. 그의 다음 강의가 기다려져"라고 썼을 정도였다.

앞서 말했듯 아인슈타인은 베버의 강의를 열심히 들었다. 실험 다섯 개와 강의 열 개를 합쳐서 열다섯 과목이나 베버의 실험실 강의를 수강했고 성적도 좋았다. 아인슈타인이 수강한 베버 실험실 과목들은, 물리학, 전기 기술 측정의 원리와 방법, 진동, 전기 기술 실험, 물리학 실험실 과학 제작, 전기역학 입문, 교류전류, 교류 시스템과 직류모터, 교류 이론 입문, 전기적 측정 시스템 등이다.

베버와 페르네 외에도 천문학자 볼퍼가 천문학과 항성물리학, 천문학에서의 위치 결정법 등을 가르쳤다. 학문에의 열정에 불타는 신입생 아인슈타인은 입학하고 한동안은 베버의 강의뿐 아니라 여러 강의에 두루 관심을 가지고 수강했던 것 같다. 위의 밀레바에게 보낸 편지에서 베버뿐 아니라 다른 여러 교수의 강의에 대해서도 언급하며, 이런저런 평을 하고 있기 때문이다.

하지만 아인슈타인이 강의만 착실히 듣는 모범생이었던 건 아니다. 아인슈타인은 교수들의 강의 외에도 당대의 첨단 이론들에 대한 왕성한 지식욕으로, 키르히호프, 헬름홀츠, 볼츠만 등의 논문들을 찾아가며 복사이론, 전기 이론, 통계역학 등을 열심히 공부했다. 나중에는 강의를 빼먹기도 하면서 자기 나름의 공부에 더 열을 올렸으므로, 시험 때가 되면 친구들, 특히 그로스만의 노트를 빌려야 했다. 나중에 아인슈타인은, 그로스만의 노트가 없었으면 졸업을 하지 못했을 것이라고 말하기도 했다.

한편 물리학 공부 다음으로 아인슈타인의 청춘을 물들인 일은, 대부분 사람들과 마찬가지로 연애였다. 아인슈타인은 첫해부터 동급생인 밀레바에게 관심을 두고 접근했다. 두 사람의 사이는 앞서 밀레바의 편지에서 보았듯, 첫해를 마쳤을 때는 이미 상대를 특별하게 생각하기 시작하는 정도로 진척되었다. 하지만 밀레바가 하이델베르크로 떠나버린 데서 알 수 있듯이 아직 서로가 없어서는 안 될 존재로까지 발전한 건 아니었다고 볼 수 있다. 하지만 밀레바는 한 학기 만에 취리히로 돌아왔고, 자연스럽게 두 사람의 관계는 본격적으로 가까워지기 시작했다.

아인슈타인의 중요한 전기 중 하나를 쓴 물리학자 아브라함 파이스는 두 사람의 편지에서 서두의 호칭이 변하는 모습을 통해 두 사람의 관계가 발전하는 모습을 확인했다. 아인슈타인이 밀레바에게 보낸 편지 중 남아 있는 가장 오래된 편지는 1898년 2월 16일 자인데, 편지의 서두가 'Geehrtes Fräulein!'으로 시작된다. 이는 '존경하는 아가씨에게'라는 뜻으로, 매우 격식을 차리는 말이다. 그런데 4월 이후에 보낸 한 편지에서는 '사랑하는 마리치 아가씨Liebes Fräulein Maric'라고 부르고, 한동안은 두 표현이 섞여서 나타나다가, 1899년 8월부터는 'LD!'라고 부르기 시작한다. 이것은 'Liebes Doxerl'을 약어로 쓴 것으로, '사랑하는 작은 인형'이라는 뜻이다. 이런 말투는 독일의 옛날식 표현이라고 하는데, 우리나라 옛날식 표현으로 하자면 남자가 애인을 '우리 애기'라고 부르는 셈이 아닐까 싶다. 이때부터 두 사람의 연애편지에 나오는 표현들은 갈수록 낯 뜨거움이 도를 더해 간다. 아인슈타인은 밀레바를 "사랑하는 귀여운 작은 인형", "나의 사랑스런 꼬맹이", "나의 사랑하는 보물", "나의 사랑하는 작은 고양이" 등으로 불렀고, 밀레바도 "나의 사랑하는 요한", "사랑하는 보물님" 등의 표현을 쓰고 있다. 마리에게 보낸 편지에서 잠깐 언급했지만, 아인슈타인은 사랑의 표현을 쓰는 데 거침이 없었고 싫증도 내지 않았다. 한편 또 한 가지 중요한 척도로서, 두 사람은 편지에서 서로를 Sie라고 부르다가 1900년에 주고받은 편지에서부터 Sie 대신에 du라고 부르기 시작한다. 독일어권에서 이러한 표현의 변화는 두 사람 관계의 친밀함을 보여주는 좋은 척도다. 즉 이때부터 두 사람은 정말 스스럼없는 사이가 된 것이다.

아인슈타인은 왜 밀레바에게 끌렸을까? 남녀 문제를 간단한 인과관계로 설명할 수는 없겠지만 그 시절 아인슈타인의 마음속을 조금만 상상해보자. 예쁘고 사랑스러운 마리 빈텔러와의 연애가 10대 소년이라면 누구에게나 찾아올 만한 자연스러운 남녀 관계였다면, 밀레바에 대한 사랑은 그보다는 좀 더 특수한 형태였을 것으로 짐작된다. 나이는 어리지만, 이미 물리학에 영혼의 한 자락을 내어주고, 이제부터 지적인 삶을 막 시작하려는 아인슈타인에게, 자신과 같이 물리학을 공부하는 여성이란 그가 그때까지 만나보지 못한 특수한 존재였을 것이다. 앞서 하이델베르크에서의 편지를 보아도 편지 내용의 상당 부분은 레나르트 교수의 강의와 물리학 이야기였을 정도이므로, 밀레바와 대화하는 일은 마리와는 완전히 다른 지적인 경험이었다. 이러한 면이 아인슈타인에게 지적인 매력을 주었을 것으로 쉽게 추측할 수 있다.

사실 밀레바는 매력적인 외모를 가지진 않았다. 얼굴이 예쁜 것도 아니었고, 피부는 살짝 검었으며, 작은 몸집에 다리를 조금 절었다. 그리고 세르비아 출신이라는 것도 당시 대부분의 독일계 사람들에게는 부정적으로 비칠 부분이었다. 그러나 아인슈타인은 평생 다른 사람을 의식하지 않았다. 적어도, 남의 눈 때문에 자기 생각이나 행동에 영향을 받지는 않았다. 그러므로 자신이 밀레바에게 매력을 느낀다면 그것으로 충분했다. 그의 동료 중 한 사람이 "나는 완전히 건강한 여자가 아니면 감히 결혼하지 못할 것 같아"라고 (아마도 에둘러) 말하자 아인슈타인은 "왜? 그녀의 목소리는 사랑스러워"라고 말했다고 한다.

아인슈타인의 주요한 기질 중 하나는 얽매이기 싫어하는 방랑자의 모습이다. 물리학자로서도 역시 그러했다. 명문 대학에서 많은 제자를 거느리는 권위 있는 교수의 모습은 아인슈타인이 바라는 바가 전혀 아니었다. 언제 어디서나 내키는 대로 자신이 원하는 것을 연구하고 사색하는 것이 아인슈타인이 바라던 인생의 모습이었다. 실제로 세상에서 가장 권위 있는 물리학자가 된 후에도, 베를린에서나 프린스턴에서나 아인슈타인은 소탈한 삶의 모습을 유지했다. 아인슈타인의 전기를 쓴 푈싱에 따르면, 이러한 보헤미안 물리학자로서의 기질 때문에 아인슈타인은 젊을 때는 미래의 반려자가 물리학자 동료여야 한다고, 의식적으로든 무의식적으로든 생각했을 것이다. 밀레바는 그러한 생각에 딱 맞는 상대였다. 아마도 그것이 아인슈타인이 밀레바에게 끌렸던 가장 중요한 이유였을 것이다.

실제로 낯 뜨거운 표현이 난무하던 그들의 연애편지에도 물리학과 수학 이야기는 언제나 빠지지 않는 주제였다. 예를 들어 1898년 4월의 한 편지를 보면 (내용이나 길이로 보아 편지라기보다 쪽지로 보인다) "방금 집에 왔는데 아파트는 잠겨 있고 아무도 없어서 창피하지만 돌아가야 했어. 드루데를 조금 더 공부하기 위해 납치해가니 화내지 말길 바라"라고 하고 있다. 여기서 드루데란 아인슈타인과 밀레바가 당시 관심 있게 보던, 파울 드루데가 쓴 전자기학과 에테르에 대한 책을 말한다. 드루데는 맥스웰의 이론이 막 도입될 때 물리학 연구를 시작해서 물질 속 빛의 전파에 대해 주로 연구했던 인물로, 이 주제에 대해서는 당대의 전문가였다. 훗날 두 사람의 결혼이 반대에 부딪혀 상황이 복잡해지면서 고민거리를 의논하는 편지에서도, 언제나 아인슈타인은 당시 읽었던 논문이나 자신의 새로운 아이디어를 설명했고 밀레바는 이를 받아주었다.

열심히 공부하고 연애하는 한편, 아인슈타인은 친구들과의 대화와 교제에도 열심이었다. 밀레바와는 물론이었고, 여러모로 보아 모범생이었던 것이 분명한 그로스만도 아인슈타인과 자주 어울렸다. "일주일에 한 번은 리마트 강둑의 카페 메트로폴에 함께 가서, 공부 이야기뿐 아니라 눈이 밝은 젊은이들이 흥미 있어 할 이야기라면 뭐든 하곤 했다"라고 아인슈타인은 회상했다. 아인슈타인은 취리히 호숫가의 탈빌Thalwil에 위치한 그로스만의 집에 찾아가서 그로스만의 부모님과도 인사를 나눴다. 그로스만은 아인슈타인의 비범한 지성을 일찍 알아본 사람이다. 그는 학창 시절에 이미 부모에게 "아인슈타인은 언젠가 정말 위대한 사람이 될 것"이라고 말했다고 한다. 훗날 그로스만이 1936년에 조금 일찍 사망하자 아인슈타인은 유족에게 추모의 편지를 보냈다.

이렇게 2년 동안 아인슈타인은 열정이 넘치는 좋은 학생이었고, 즐겁게 공부했으며 좋은 성적을 얻었다. 2학년을 마치고 받은 1898년 10월의 VI-A반의 성적표를 보면, 다섯 학생 모두 5점 이상의 좋은 성적이었지만, 그중에서도 아인슈타인이 평균 점수는 일등이었다. 이 성적표에는 하이델베르크에 다녀오느라 중간시험을 치르지 않은 탓인지, 밀레바가 보이지 않는다.

Übergangs-Diplom-Prüfungen
VI Abtheilung, Sect. A

	Differential u. Integral Rechnung.	Analyt. Geometrie	Darst. Geom u. Geom. der Lage	Mechanik	Physik.	Mittelnote.[4]
Ehrat[5]	5	5	5½	5	5½	5,2
Einstein	5½	6	5½	6	5½	5,7
Grossmann	5½	5½	6	5½	5½	5,6
Du Pasquier	5½	5	5	5	6	5,3
Kollros	5½	5½	5½	5½	6	5,6

genehmigt.
22 Okt 98
H Bleuler

1898년 10월의 VI-A 반의 성적표

아인슈타인의 일상

아인슈타인의 대학 시절에서 물리학과 연애를 제외한 나머지 일들을 살펴보자. 아인슈타인의 생활비는 외가인 코흐 집안에서 매달 보내주는 100스위스프랑이었다. 이 정도면 보통의 학생이 생활하기에 충분할 액수였지만, 아인슈타인은 앞으로 스위스 시민권을 받을 때 내게 될 보증금을 위해 매달 20프랑을 저축하고 있었기 때문에 아주 넉넉하지는 않았을 것이다. 그래서 그는 가끔 어린 학생들에게 개인 과외교습을 해주고 용돈을 벌기도 했다.

아인슈타인의 생활 태도는 젊음과 학문의 자유를 구가하는 대학생다웠다. 마음껏 공부하고, 마음껏 낭만을 구가하고, 친구들과 온갖 일에 대해 토론했다. 술은 마시지 않았다. 아인슈타인은 평생 술을 가까이 하지 않았다. 반면 파이프를 물고 있는 사진을 흔히 볼 수 있는 데서 알 수 있듯 담배는 많이 피웠다.

1898년에 헤르만 아인슈타인의 사업은 다시 매우 어려워졌다. 불안해진 아인슈타인은 동생 마야에게 가장 그답지 않은 편지를 보냈다. "나를 가장 실망시키는 건 물론 몇 년 동안이나 행복한 순간이라고는 가져보지 못한 가엾은 부모님의 불행이지. 더욱 나를 심하게 괴롭히는 건 어른이 되어서 아무것도 못하고 지켜보기만 해야 한다는 점이고. 결국 나는 가족의 짐일 뿐이야. 정말로 살아 있지 않은 편이 더 좋을 것 같아." 이 편지를 썼을 때 그의 나이는 겨우 열아홉이었다. 인생에서 가장 불안정할 나이였기 때문일까? 다행히 1899년경부터 아인슈타인 집안은 북이탈리아의 전기산업의 활황에 힘입어 사정이 괜찮아졌다.

음악은 계속 아인슈타인의 좋은 벗이 되어주었다. 아라우에서도 아인슈타인은 바이올린을 연주했고, 취리히에 와서도 그랬다. 아인슈타인이 음악에 빠져든 것은 누가 시켜서도 아니고, 좋은 성적을 받기 위해서와 같은 목적 때문도 아니라, 본인이 음악 자체에서 본질적인 아름다움을 느꼈기 때문이었다. 음악은 아인슈타인에게, 언어나 다른 방법으로는 표현할 수 없는, 그 어떤 우주의 조화와 심오한 진실을 느끼는 방법이었다.

아인슈타인이 가장 좋아했던 음악은, 맨 처음에 그를 사로잡았던 모차르트였다. 모차르트의 음악에 대해 아인슈타인은 평생 기회가 닿을 때마다 애정을 표시했다. "모차르트의 음악은 너무 순수해서, 우주의 어느 곳엔가 원래부터 존재하던 걸 발견해낸 것처럼 보인다" 바흐의 음악 역시 높이 평가했다. 베토벤에 대해서는 "너무 적나라해서 벌거벗은 것 같아 불편하다"라고 표현했고, 슈베르트는 감정을 잘 표현한다고 좋아했으며, 그 밖에 비발디, 스카를라티 등도 좋아했다. 한편 바그너는 싫어해서, "바그너의 창의력은 존중하지만, 그의 작품은 건축적 구조가 부족해서 퇴폐적으로 느껴진다. 게다가 그의 음악적 개성이 내게는 말할 수 없이 공격적으로 느껴져서 혐오감이 든다"라고 말했다. 이렇게 보면 아인슈타인의 취향은 매우 고전적이었다는 걸 알 수 있는데, 이러한 고전적 취향은 음악뿐 아니라 다른 예술에 대해서도 대체로 그러했다. 그래서 예를 들어 미술에서도 피카소의 그림은 질색이었다.

아인슈타인은 1898년에 두 블록 정도 떨어진 클로스바흐가 87번지로 이사했다. 이 집은 슈테파니 마르크발더 부인이 운영하던 하숙집이었다. 부인의 딸이자 초등학교 교사였던 수자네 마르크발더는 아인슈타인에 대해 이렇게 회상했다.

> 집에서 저녁에 우리는 종종 음악을 연주했어요. 아인슈타인은 우리의 바이올리니스트였습니다. 그는 주로 모차르트를 연주했고 저는 피아노로 반주하기 위해 최선을 다했습니다.

한편 수자네는 또 이런 일도 기억한다. "아인슈타인은 좋은 하숙생이었지만 집 열쇠를 종종 잃어버렸어요. 한밤중에 초인종이 울리고 '아인슈타인이에요. 열쇠를 또 잃어버렸어요'라는 외침이 들리는 바람에 어머니가 잠에서 깨고 만 일도 여러 번이었죠." 훗날 아인슈타인은 일상에 무심하고 자잘한 데 신경을 안 쓰는 모습으로 유명했는데, 사실 그렇게 될 조짐은 이미 있었던 것이다.

폴리테크니쿰에 다니는 동안 아인슈타인은 취리히의 마이어 집안도 종종 방문했다. 특례 입학을 주선했을 때부터 마이어는 아인슈타인의 일종의 후원자 같은 역할을 맡은 셈이다. 훗날 아인슈타인은 스위스 국적을 얻게 되는데, 시민권을 신청할 때 보증금의 절반도 마이어가 보태주었다고 한다. 아인슈타인과 마이어 집안과의 관계는 계속 이어져서, 훗날인 1922년 3월 18일에 아인슈타인은 마이어 부부의 금혼식에도 초청을 받아 참석했다. 평생 이어진 아인슈타인의 정치적, 윤리적 입장의 기본 틀인 평화주의, 민주주의에의 신념은 젊은 시절 취리히의 마이어와 아라우의 빈텔러로부터 비롯되었다고 하겠다.

아인슈타인은 폴리테크니쿰의 역사 교수 알프레트 슈테른과도 친분을 가졌다. 슈테른은 괴팅겐에서 태어나서 하이델베르크와 괴팅겐, 베를린대학교에서 공부했으나, 자유주의적인 정치관을 가진 데다가 유대인이어서 독일 대학에서 자리를 잡지 못하고, 스위스로 와서 1873년부터 베른대학교에서 가르쳤다. 1887년에 취리히 폴리테크니쿰으로 옮겨온 슈테른은 아인슈타인과 가까워진 후 그를 따뜻이 보살펴주었고, 함께 음악을 연주하기도 했다. 아인슈타인도 매주 슈테른의 집을 방문해서 슈테른 가족과 가까이 지냈고, 슈테른 교수에게 개인적인 문제를 상담했으며 슈테른의 딸 도라를 가르치기도 했다. 두 사람은 평생 편지를 주고받았다. 졸업 후에 슈테른에게 보낸 편지 중 하나에서 아인슈타인은 "아무도 당신처럼 제게 친절하게 대해준 사람은 없었다는 건 확실합니다. 여러 차례 제가 슬프고 씁쓸한 마음으로 교수님께 찾아가면 항상 기쁨과 내면의 평정을 다시 찾았습니다"라고 감사를 표했다.

뮌헨에서 막스 탈무트가 아인슈타인 집을 찾아왔듯, 아인슈타인도 매주 일요일에 플라이슈만 가족을 방문해서 함께 점심 식사를 가졌다. 집주인 미하엘 플라이슈만은 원래 코흐 집안이 하는 곡물 사업의 취리히 지점을 맡았다가, 지금은 자신의 회사를 설립해서 코흐 집안 사업의 대리인 역할도 하는 사람이었다.

이렇게 아인슈타인은 연애도, 친구들과의 우정도, 사교 생활도 잘 꾸려나갔다. 하지만 이 모든 점에도 불구하고 그는 근본적으로 자신을 방랑자이며 고독한 사람이라고 여겼다. 앞으로의 그의 인생을 보면, 결국 그러한 자기 인식은 꽤 정확한 것이었다고 여겨진다.

교수들과의 불화

베버에의 열광은 아인슈타인이 물리학을 웬만큼 배우고 나자 서서히 사그라들었고, 대신 불만이 뒤를 이었다. 베버가 맥스웰과 볼츠만의 현대적인 이론은 전혀 강의하지 않았기 때문이다. 베버는 1890년대에는 이미 물리학 연구의 최전선에 대해 관심을 잃은 상태였다. 따라서 과학의 혁신, 특히 맥스웰의 연구와, 새로운 결과가 물리학의 기초와 실제 물리적 문제에 미치는 영향에 대해 충분히 알지 못했다. 그래서 그의 전자기 현상과 전자기 법칙에 대한 강의는 전 세대의 것에 머물러 있었다. 특히 1890년대 이후에 베버는 새로운 연구소를 건설하고 실용적 또는 기술적 연구를 수행하는 데 관심을 두고 있어서 교류전력 시스템이나 전철 등에 관련된 기술 보고서 정도만 작성하는 상태였다.

이런 불만은 아인슈타인뿐 아니라 다른 학생들도 마찬가지였지만, 반항적 기질을 타고난 아인슈타인은 자신의 불만을 드러내는 데 거리낌이 없었다. 교수들의 강의에 일단 흥미를 잃게 되자 학교 수업에도 점차 게을러지고, 교수들에 대한 태도도 불손해졌다. 젊어서 더욱 오만했던 아인슈타인은 베버에 대한 불만을 나타내는 방법으로 교수님이라고 부르는 대신 '베버 씨'라고 불렀다고 한다. 베버에게는 아인슈타인의 그런 태도가 더욱 거슬렸고 두 사람의 관계는 급속도로 나빠졌다. "자네는 똑똑한 학생이야. 그런데 큰 문제가 있어. 말을 도통 안 듣는다는 거야." 베버는 이렇게 불평을 했다.

실험 담당이었던 장 페르네 교수와는 애초부터 더욱 맞지 않았다. 아인슈타인은 장 페르네의 실용 물리학 강의는 거의 들어가지 않았기 때문에, 페르네는 "실용 물리학 입문"과목에서 그에게 최저 학점인 1점을 주었다. 그뿐 아니라 페르네 교수는 학과장에게 요청해서 1899년 3월에 "물리학 실습에 성실하지 않았다는 이유로" 아인슈타인이 징계를 받도록 했다. 또한 실험 수업에서 아인슈타인은 교수가 나눠준 실험 매뉴얼은 휴지통에 던져버리고, 자기 나름의 방법대로 실험을 하곤 했는데, 이것도 페르네 교수를 화나게 만드는 일 중 하나였다. 하지만 아인슈타인은 모범적이지는 않았지만, 생각 없는 학생은 아니었던 모양이다. 페르네 교수는 조수인 쇼펠

베르거에게 "어떻게 생각해? 아인슈타인은 늘 시킨 대로 하지 않고 다르게 한단 말이야"라고 불평을 했는데, 그는 "그렇긴 합니다, 교수님. 그래도 실험은 제대로 하고 있고, 그 친구의 방법이 꽤 흥미롭기도 합니다"라고 변명을 해주었기 때문이다. 하지만 결국 1899년 6월에는 페르네의 실험실에서 실험을 하다가 폭발 사고를 일으켰다. 사고로 인해 아인슈타인은 손에 부상을 입어서 병원에서 꿰매야 했고 한동안 오른손을 제대로 쓰지 못했다. 글씨도 쓰지 못했고, 바이올린은 더 연주할 수 없었다.

이처럼 페르네 교수와는 잘 맞지 않았기 때문에, 아인슈타인과 페르네 사이에서 많은 격렬한 충돌이 일어난 것은 당연한 일이다. 아인슈타인을 학업을 등한시하는 게으른 학생 정도로 생각한 페르네 교수는 심지어 아인슈타인에게, 물리학 말고 의학이나 법학, 철학 같은 걸 공부하는 건 어떠냐고 말한 적도 있다. 아인슈타인은 "저는 그런 분야에는 소질이 더 없습니다. 물리학에 하다못해 운이라도 맡겨보면 안 될까요?"라고 대답했다고 한다. 이 장면은 비틀스가 데뷔 시절 데카레코드에서 오디션을 보고 나서 들었다는, 이 그룹은 성공할 가능성이 없다는 소리와 함께, 역사상 가장 앞날을 내다보지 못한 발언으로 손꼽아도 좋겠다.

1899년 여름, 4학년을 앞둔 아인슈타인은 학위논문을 위해 실험 아이디어를 하나 떠올렸다. 한 칸톤학교 교사와 함께 실험을 하기 위해 아라우에 방문했을 때 떠올렸다는 그 아이디어는, 물체가 빛의 매질 역할을 하는 에테르에 대해 상대적인 운동을 할 때 물체를 투과하는 빛의 속력에 어떤 영향을 미치는지 관찰해보자는 생각이었다. 9월에 밀레바에게 보낸 편지 두 통에 이와 관련된 이야기가 적혀 있다. 이 아이디어가 매우 흥미로운 이유는 특수상대성이론과 관련 깊은 가장 중요한 실험인 마이컬슨·몰리의 실험과 비슷한 아이디어이기 때문이다.

미국의 물리학자 마이컬슨Albert Abraham Michelson이 동료 몰리Edward Williams Morley와 함께 1887년에 수행한 이 실험은, 빛의 절반은 투과하고 절반은 반사하는 거울을 이용해서 빛을 나누고, 나누어진 빛을 지구의 자전 방향과, 그에 수직한 방향으로 나아가게 해서 속력을 비교하는 시험이었다. 지구의 자전 방향과 수직 방향에는 에테르의 움직임에 지구가 자전하는 속력만큼의 차이가 있게 되므로, 빛이 에테르를 매질로 해서 나아간다면 빛의 속도도 달라질 것이라는 게 이 실험의 아이디어다. 실험 결과 놀랍게도 속력의 차이가 없다는 게 밝혀졌고, 이로 인해 빛이 에테르라는 매질을 필요로 하는지에 대한 심각한 의문이 제기되었다. 빛의 속력이 상대운동에 대해 일정하다는 사실은 아인슈타인의 특수상대성이론의 핵심 전제가 된다. 그리고 이 업적으로 마이컬슨은 1907년 미국인으로서는 최초로 노벨물리학상을 수상했다.

베버는 아인슈타인의 실험을 거부했다. 거부한 이유는 분명하지 않다. 대신 아인슈타인은 당시 아헨 공대에 있던 빌헬름 빈이 1898년에 쓴 논문을 발견했다. 이 논문이 자신의 아이디어와 관련 있는 내용을 담고 있었기 때문이다. 아인슈타인은 빈의 논문을 흥미롭게 읽고 빈에게 자신의 실험을 소개하는 편지를 썼다. 빈으로부터 답장을 받았는지는 알 수 없다. 그런데 빈의 1898년 논문에 마이컬슨·몰리 실험이 소개되고 있기 때문에, 아인슈타인이 이 논문을 읽었다면 그 역시 마이컬슨·몰리 실험과 그 함의를 알고 있었을 가능성이 있다. 이 가능성이 흥미로운 이유는, 나중에 아인슈타인이 특수상대성이론 논문을 쓸 때 마이컬슨·몰리 실험을 언급하지 않았고, 다른 인터뷰에서 그 실험을 몰랐다고 했기 때문이다. 이 이야기는 특수상대성이론을 설명할 때 다시 하도록 하자.

아인슈타인은 다시 밀레바와 함께 열전도에 대한 연구 계획을 세워서 겨우 베버의 허락을 받을 수 있었다. 아인슈타인은 이때 수행한 졸업 연구에 별 흥미를 가지지 않았고, 그럭저럭 실험을 한 후에 별로 좋지 못한 점수를 받았다.

졸업과 혼란

1900년 7월 28일 아인슈타인과 동료들은 졸업장을 받았다. 아인슈타인의 성적은 평점 4.91로 다섯 학생 중에서 4등이었다. 콜로스의 평점은 5.45, 그로스만은 5.24, 에라트는 5.14였다. 5등은 밀레바였고, 밀레바는 아예 졸업시험을 통과하지 못했으므로 사실상 아인슈타인이 꼴찌인 셈이다. 이것이 아인슈타인이 학업에서 정말로 꼴찌를 한 유일한 기록이다.

아인슈타인은 졸업과 함께 수학과 과학 교사 자격증을 얻었지만, 그의 꿈은 학문 세계에 있었고, 그러기 위해서 박사학위논문을 준비할 생각이었다. 폴리테크니쿰은 1900년에는 아직 박사학위를 수

	Funktionenth.	Geometrie.	Arithm. & Algebra.	Theor. Physik
Ehrat	11	11	$4\frac{1}{2}$	5
Grossmann	11	12	4	$4\frac{1}{2}$
Kollros	12	11	$4\frac{1}{2}$	$4\frac{1}{2}$
	Astronomie.	Diplomarbeit.	Notensumme.	Notenmittel.
	5	20	56,5	5,14
	4	22	57,5	5,23
	6	22	60	5,45
	Theor. Physik	Prakt. Physik.	Funktionenth.	Astronomie.
Einstein	10	10	11	5
Marić	9	10	5	4
	Diplomarbeit.	Notensumme.	Notenmittel.	
	18	54	4,91	
	16	44	4,00.	

1900년 7월 28일 아인슈타인과 동료들의 졸업 성적표

여하지 못했고, 학위를 받으려는 폴리테크니쿰 졸업생들은 이웃하고 있는 취리히대학교에 논문을 제출하고 박사학위를 받도록 되어 있었다. 그래서 일반적으로는 교수의 조수 자리를 얻어서 대학의 틀 안에서 학위논문을 준비하는 경우가 많았다. 만약 학위논문을 쓰기 위해 실험을 해야 한다면 대학을 벗어나서는 쉽지 않은 일일 것이다.

다른 세 친구는 졸업과 함께 폴리테크니쿰의 조수 자리를 얻었다. 에라트는 수학자인 페르디난트 루디오 교수, 그로스만은 사영기하학을 가르치던 피들러 교수의 조수가 되었고, 1907년 피들러의 뒤를 이어 ETH의 수학 교수가 되었다. 콜로스는 수학과의 학과장인 아돌프 후르비츠의 조수가 되었다. 아인슈타인만이 아무 자리

도 얻지 못했다. 베버가 남아 있었지만, 그동안 아인슈타인과 베버의 관계를 볼 때, 아무래도 베버가 아인슈타인을 뽑아줄 것 같지는 않았다.

조수 자리를 얻지 못한 것 말고도, 또 다른 문제가 본격적으로 시작되었다. 그때까지 표면으로 드러나지 않았던, 부모가 밀레바와의 관계를 반대한다는 문제였다. 학기를 마치고 나서 아인슈타인은 가족들이 휴가를 보내고 있는 멜흐탈의 호텔로 가서 어머니와 마야, 그리고 이모들과 합류했다. 멜흐탈은 루체른 남쪽의 오브발덴칸톤의 계곡에 자리 잡은 리조트 지역이다. 키르히호프의 책을 들고 아인슈타인이 호텔에 도착한 후 동생 마야와 산책을 할 때, 마야는 어머니한테 도저히 '돌리 사건'을 알릴 수 없었다고 전하며, 아인슈타인보고도 전부 다 이야기하지는 말라고 조언했다(전기작가들이 아인슈타인의 전기를 영어로 쓰면서 이런 표현을 썼는데, 아인슈타인의 편지 원문에는 밀레바를 부를 때 쓰는 말인, 작은 인형을 뜻하는 Dockerlaffare로 되어 있다. 우리말로 옮기면 '작은 인형 사건'이라고 해야겠지만, 어감이 살지 않아 '돌리 사건'으로 쓴다).

어머니 파울리네는 첫날 저녁에 그를 불러놓고 밀레바의 문제를 대놓고 물었다. "돌리는 뭘 할 거라고 하니?" 아인슈타인 역시 아무렇지도 않게 답했다. "내 아내요." 다음에 이어진 장면은 우리가 흔히 상상할 수 있는, 그런 장면이다. 아인슈타인의 표현에 따르면 "어머니는 침대에 쓰러져 베개에 얼굴을 파묻고 어린아이처럼 울었다".

파울리네는 화를 내기도 하고, 울기도 하며 여러 이유를 들어 밀레바와의 결혼을 반대했다. 밀레바가 나이가 많다는 점, 공부를 한답시고 자기 일만 할 테니 아인슈타인을 돌봐줄 만한 여자가 못 된다는 점, 네 미래를 망쳐버릴 거라는 비난 등, 그 밖에도 여러 말이 나왔을 것이다. 아인슈타인도 지지 않고 자신들의 이상을 내세우며 결혼을 주장했다. 속물적인 눈으로 아내를 정하고 싶지 않다, 남의 눈이나 체면이 중요한 것이 아니다. 우리의 결합은 미래를 함께하고, 꿈과 사랑을 소중히 하는 것이다 등등.

한바탕 정면충돌을 치른 모자는 잠시 소강상태에 빠져들었다. 파울리네는, 적어도 아들이 세르비아 여자애와 동거를 했거나, 하지는 않은 걸로 보이므로, 아직 재앙을 막을 기회가 있다고 생각해서 조심스러워졌고, 아인슈타인은 어머니의 부담스러운 눈길을 피하기 위해 들고 온 키르히호프의 책 속으로 피신했다. 멜흐탈의 시간은 아슬아슬한 상태를 유지했다.

아인슈타인 가족이 '돌리 사건'이라고 불렀던, 아인슈타인과 밀레바의 문제는 하루이틀에 해결될 일이 아니었다 당장 밀라노로 돌아가서는 아버지와 또 한판의 대결이 예정되어 있었다. 아인슈타인은 전의를 불태웠다. 아인슈타인으로서는 자신이 물러날 이유가 없었고, 물러설 이유도 없었으므로 자신만만했다. 원래부터 보헤미안적인 기질을 타고난 데다, 쇼펜하우어 등을 읽으며 다듬어진 젊은 아인슈타인의 생각은 남자에게 장식품 역할을 하는 아내라든가 부르주아적 안락함을 추구하는 일에 대한 경멸감을 숨기지 않았다. 이런 자신만만함 때문인지 그는 일어난 일을 시시콜콜 밀레바에게 편지로 써서 보냈고, 가엾은 밀레바는 두려움에 떨어야 했다(아인슈타인이 걱정 말라고 큰소리를 쳤지만, 남자 친구 어머니가 침대에 쓰러져 울었다는 말을 듣고 걱정하지 않을 여자가 어디 있겠는가). 그래서 밀레바는 편지도 잘 쓰지 못했다. 속 편한 아인슈타인은 "내 사랑하는 마녀의 편지를 애타게 기다리고 있어. 우리가 이렇게 오래 떨어져 있다는 게 이상해. 지금 나는 내가 당신을 얼마나 끔찍하게 사랑하는지 알겠어!"라고 했지만.

그래도 예상보다 강한 반대에 아인슈타인 역시 신중해져서, 밀레바의 가족들에게는 이야기하지 말라고 조심스럽게 권하고 있다.

아버지가 또 잔소리하는 편지를 보냈어. 중요한 건 직접 말로 하자고 했지만. … 우리 노친네들 생각은 잘 알 수 있어. 그분들은 아내를 남자가 편안하게 살려고 할 때 장만하는 사치품이라고 여기는 거야. 하지만 내 생각에 남녀 관계에 대한 그런 태도는 저급하다고 생각해. 그렇다면 아내가 매춘부와 다른 점이라고는, 사는 처지가 좀 더 나아서 남편과 계약을 할 수 있었다는 것밖에 없지. 그런 관점은 우리 부모님이나 다른 사람들에게는 감각이 감정을 직접 지배한다는 사실로부터 오는 자연스러운 귀결이야. … 굶주림과 사랑은 인생의 중요한 동기고 앞으로도 늘 그러하겠지. … 그러므로 나는 우리 부모님을 이해하지만 소중하다고 생각하는 어떤 것, 바로 당신을 포기하지 않아, 내 사랑. … 당신이 아직 가족들에게 아무 이야기도 하지 않았으면, 그대로 하지 말고 있어. 그게 모두를 위해 좋을 것 같아. 그렇지 않으면 그들도 우리 가족처럼 불필요한 걱정과 불안을 갖기 시작할 테니까. 하지만 당신은 현명하니까 당신 가족에 대해서나 당신이 해야 할 일을 나보다 더 잘 알겠지.

8월 14일에 보낸 또 다른 편지에서도 "(당신 부모님께) 나에 대해서 너무 많이 말하진 마. 안 그러면 그분들이 너무 걱정하실 테니까. 내가 더 영리했었다면 입을 다물고 있었을 텐데"라고 썼다.

아인슈타인은 밀라노의 집으로 돌아와서 아버지와 대화하고, 한소리를 들었다. 이럴 경우에 늘 그렇듯이 부모와 아인슈타인의 대립은 평행선을 달릴 뿐이었다. 한편으로 아버지 헤르만은 집안의 사업 내용을 아인슈타인에게 알려주었다. 아인슈타인은 공장들을 돌아보고 발전소를 둘러보았으며, 베네치아에도 다녀왔다. 다행히 이즈음 헤르만의 사업은 잘 돌아갔고, 아인슈타인도 마음을 놓을 수 있었다. "아버지는 이제 완전히 다른 사람이 되어, 더 이상 돈 걱정을 할 필요가 없어. 아버지와 내가 발전소를 둘러보고 나서 베네치아 여행을 하고 있다는 걸 보면 모든 먹구름이 걷혔다는 걸 알 수 있을 거야. 기쁨과 환희로 키스하고 싶어, 내 사랑스런 천사여."

이즈음 밀레바는 아인슈타인에게 보내는 편지를 등기우편으로 보냈다. 다른 사람이 가로채거나 없앨 것이 두려웠던 모양이다. 하지만 아인슈타인의 부모가 밀레바의 편지를 가로챘다든가 하지는 않았다. "오늘 당신의 등기우편을 받았어. 편지가 다른 사람 손에 떨어질 수 있다고 두려워하는 모양이네. 아냐, 내 사랑, 멜흐탈에서부터 당신 편지는 모두 제때 받았고 돈도 받았어. 언제든 당신이 느끼는 대로 편지를 쓰면 돼. 우리 부모님이 편지를 없애는 건 어리석고 쓸데없는 일이니까." 아인슈타인도 결혼 이야기를 더는 꺼내지 않아서, 아슬아슬한 분위기가 유지되고 있었다. 하지만 당연히 마음이 편한 건 아니었다. "어머니가 가끔 몹시 우셔. 나는 단 한순간도 평화를 누리지 못해. 부모님은, 내가 당신을 택한 건 불행을 자초한 거라고 말하지. 당신이 건강하지 않다고 하면서…. 오 돌리, 정말 미칠 지경이야." 이런 형편이라서 아인슈타인의 낙은 물리학 연구와, 당시 밀라노로 옮겨와 있던 친구 미켈레 베소와 만나는 시간뿐이었다.

미켈레 베소는 취리히 근처의 리스바흐에서 태어났다. 1879년에는 그의 아버지가 제네랄리 보험회사의 이사가 되어 이탈리아의 트리에스테에서 살았다. 베소는 1891년 로마의 라 사피엔차대학교에 들어가서 수학과 물리학을 공부했으나 곧 다시 취리히로 옮겨서 취리히 폴리테크니쿰에 입학했고, 공학을 공부하고 1895년 졸업했다.

베소는 안나 빈텔러와 결혼하고 1899년에 이탈리아 전기산업기계개발협회의 기술 고문으로 밀라노에 자리를 잡고 있었다. 아인슈타인이 1900년에 밀레바에게 보낸 편지에서 "저녁마다 미켈레와 지내고 있어"라고 쓴 걸 보면 1899년에서 1901년까지의 기간에 아인슈타인이 밀라노에 가면 두 사람은 거의 매일 만나다시피 했던 모양이다.

미켈레 베소는 아인슈타인의 친구 중에서도 특별한 인물이다. 인간적인 신뢰나 친밀감에서 그보다 아인슈타인과 밀접한 친구를 찾기는 힘들다. 그들이 태어난 해는 다르지만 죽은 해는 같다. 그래서 그들의 우정은 그들이 말년에 이야기한 대로 50년을 이어갔다. 아인슈타인이 가족 외에 지Sie가 아니라 두du라고 부르는 사람은 베소밖에 없었다고 한다. 또한 그는 물리학자가 아니었지만, 그 누구보다도 아인슈타인과 물리학에 대해서 많은 이야기를 나눈 사람이다. 베소와의 대화는 주로 물리학의 철학적 기초에 대한 토론이었지만, 아인슈타인이 한참 연구하는 주제를 상의한 적도 많았고, 이럴 경우 베소는 아인슈타인의 아이디어를 위한 울림판이나 거울의 역할을 했다. 그래서 베소가 아인슈타인의 연구에 많은 도움을 주고 영향을 미쳤다고 해도 좋을 것이다. 특히 베른의 특허청을 다니던 시절에 그들은 거의 매일 집중적으로 대화를 했고, 그 결과 아인슈타인의 생각은 특수상대성이론으로 이끌렸다.

아인슈타인은 베소에 대해서 "비범하게 훌륭한 정신을 가졌다"라고 평하며, 한편으로는 "하지만 산만하고, 인생이나 과학적 창조를 위해 자신을 던지는 일은 하지 못한다"라고 아쉬워했다. 그런데 이렇게 날카로운 지성을 가졌으면서도 단순하게 세상을 대하는 태도 때문에 아인슈타인이 그를 더 좋아하고, 자신의 생각과 연구 주제를 마음껏 토론할 수 있었는지도 모른다. 그는 또한 베소의 부인이며 예전부터 알던 빈텔러 집안의 안나와, 그들의 아이도 좋아했다. 훗날인 1918년에 보낸 한 편지에서 아인슈타인은 "자네가 쓴 글씨를 보면 언제나 특별히 기분이 좋아진다네. 아무도 자네만큼 나와 가깝고, 나를 잘 아는 사람은 없어"라고 고백하고 있다(1918년 6월 28일 자 편지).

베소와 아인슈타인은 여섯 살의 차이가 있고, 둘 다 취리히 폴리테크니쿰을 나오기는 했지만, 같은 시기에 다닌 건 아니다. 그렇다면 두 사람은 언제 처음 알게 되었을까? 베소가 훗날 쓴 어느 편지를 보면, 두 사람은 베소가 폴리테크니쿰을 졸업하고, 아인슈타인이 아라우 학교에 편입한 1895년에 아라우에서 처음 만났다고 한다. 베소가 아인슈타인과 주고받은 1945년의 다른 편지에서도 "50년 전에 우리가 만났을 때"라고 말하고 있다. 또한 베소가 안나 빈텔러와 결혼을 한 것으로 보아, 베소가 아인슈타인을 매개로 아라우와 인연을 맺었을 것으로 생각하는 것도 충분히 개연성이 있다. 그렇다면 베소는 왜 아라우에 가서 아인슈타인을 만났을까? 여기에 대해 니스대학교의 브라코C. Bracco는, 베소의 집안과 아인슈타인 집안 사람들이 전기공학 엔지니어로서 안면이 있었고, 그래서 폴리테크니쿰을 막 졸업한 베소에게 아인슈타인이 폴리테크니쿰 입학을 준비하는 걸 돕도록 부탁해서, 베소가 아라우에 가게 된 것이 아닐까라는 가설을 제시했다.

한편 아인슈타인은 언제나 베소를 취리히에서 만났다고 이야기해왔다. 베소가 죽은 후 그의 아들에게도 "우리의 우정은 내가 학생이던 시절 취리히에서 정기적으로 저녁에 만나 음악을 연주하면서 피어났다"라고 말했다. 그러니 그들이 처음 만난 곳은 아라우였더라도 본격적으로 가까워진 것은 취리히에서였다고 보는 게 자연스럽다. 취리히에서 그들이 만나던 곳은 셀리나 카프로티라는 부인의 집에서 토요일 오후에 열리는 음악 모임이었는데, 카프로티 집안은 베소의 외가 쪽과 관련이 있는 집안이라고 한다.

베소와 만나면서 아인슈타인은 베소의 의뢰로 협회 일도 조금 맡아서 했다. "사인함수로 주어지는 교류전류에서 공간을 통해서 전기에너지 복사가 어떻게 일어나는가?"와 같은 문제를 해결하는 일이었다.

그러던 중 아인슈타인은 폴리테크니쿰의 수학 교수인 후르비츠의 조수 자리에 빈자리가 생겼음을 알았다. 아인슈타인은 지체 없이 후르비츠에게 편지를 써서, 자신은 수학 전공은 아니지만 이론물리학을 공부해서 수학적 기초를 갖추었다고 주장하며 조수 자리에 지원했다. 그러고 나자 낙관파인 아인슈타인은 곧 기운이 나서, 밀레바에게 늘 그렇듯이 화려한 편지를 보냈다. "귀여운 고양이! 당신을 어떻게 깨물어주고 안아줄까! 하지만 3주는 더 기다려야 하지, 바보 같은 갑상선종 때문에."

"10월 1일에 아마도 취리히에 가서 후르비츠 교수와 조수 자리에 대해서 직접 이야기하려고 해. 편지를 쓰는 것보다 그러는 게 나아. 당신을 위해서 돈 벌 곳을 찾아보아야겠지? 개인교습 자리를 알아보려고 해. 당신이 이어받을 수도 있도록."

"당신을 다시 안을 수 있다면 얼마나 좋을까, 나의 작은 부랑아, 나의 작은 베란다, 내 모든 것!"(아인슈타인이 밀레바에게 보낸 1900년 9월 19일 자 편지.)

하지만 아인슈타인은 후르비츠에게 그다지 만족스러운 조수감이 아니었던 모양이다. 후르비츠 조수의 자리는 다른 사람에게 돌아갔다. 베버도 공학부를 졸업한 다른 학생을 조수로 뽑았고, 1900년의 졸업생들은 모두 자리를 잡아 결국 아인슈타인만이 아무 자리도 얻지 못한 채 남았다. 아인슈타인의 암담한 시절이 시작되었다.

03
ALBERT EINSTEIN

시련:
어두운 시절

1901년

  아마도 1901년이 아인슈타인의 인생에서 바닥을 친 해였을 것이다. 물론 그 후에도 인생사에서 여러 어려움을 겪고, 괴로움과 슬픔, 좌절과 사생활에서의 트러블은 있었지만, 다음 해부터는 아인슈타인의 학문적 성취와 사회적인 위치가 오로지 상승만 하다가 결국에는 현기증이 날 정도로 비상해버렸기 때문이다.
  하지만 1901년에는 암울했다.
  그렇다고 아인슈타인의 1901년이 1월 1일부터 악운으로 가득한 건 아니었다. 오히려 시작은 나쁘지 않았다. 우선 스위스 이민국에서 심사를 받고 2월 21일에 시민권을 얻었다. 이로써 그는 거의 6년간의 무국적 상태에서 벗어났다. 아인슈타인은 스위스의 민주주의와 개인을 존중하는 분위기, 그리고 차별 없는 열린 태도를 좋아했고, 스위스 시민권을 특히 사랑했다. 아인슈타인은 평생 민족국가에 속하기보다 세계시민 비슷한 생각으로 살았다고 여겨지는데, 아마도 스위스 시민권이 현실적으로 그런 개념에 제일 가깝다고 생각한 게 아닐까. 아인슈타인은 시민권을 얻을 때 지불해야 하는 비용을 마련하기 위해 매달 저축을 할 정도였다. 이후에 아인슈타인은 독일, 오스트리아, 미국의 국적을 더 갖게 되지만 죽을 때까지 스위스 국적은 버리지 않았다.

스위스 국적을 얻고 3주 후에는 스위스 국민으로서 병역을 위한 신체검사를 받았는데, 발한증, 평발과 정맥류 등등의 이유로 면제 판정을 받았다. 이제 국적과 병역이라는 커다란 짐을 벗고 아인슈타인은 마음껏 자유를 만끽하기만 하면 되었다. 3월에는 전해 12월에 투고한 모세관에 관한 논문이 권위 있는 학술지인 《물리학 연보 Annalen der Physik》에서 출판되었다. 이것이 아인슈타인의 공식적인 첫 저널 논문이다. 아니 이 정도면, 적어도 그때까지의 인생에서 최고의 해 아닌가?

문제는 직장이었다. 사회에서 젊은이의 기를 죽이는 가장 큰 문제는 역시 번듯한, 아니 최소한의 필요를 만족시키는 직장을 가지느냐의 여부다. 제법 유명한 대학을 나온 젊은이라면 나름의 기대가 있어서 더욱 부담이 되기도 한다. 아인슈타인에게는 도통 직장을 찾을 기미가 보이지 않았다. 그런 백수 상태로 그가 취리히에 머무는 데는 한계가 있었다. 아인슈타인의 부모는 그에게 진작부터 밀라노의 집으로 오라고 말해오던 터였다. 결국 그는 부활절 즈음에 취리히를 떠나 이탈리아의 집으로 돌아오고 말았다.

시간이 지나도 앞이 보이지 않는 사정은 마찬가지였다. 그는 여전히 유럽의 여러 독일어권 대학에 조수나 그와 비슷한 자리를 찾는 편지를 보냈지만, 의례적인 거절의 편지도 제대로 오지 않았다. 그래서 아인슈타인은 거절한다는 답장이라도 받고 싶어서 선불 우편요금을 포함한 반송용 엽서가 붙어 있는 우편엽서를 잔뜩 구입했다. 취업을 위해 수십 장의 지원서를 보내본 사람이라면 그 심정을 알리라. 아인슈타인이 이때 샀던 엽서 중 두 통이 지금까지 남아 있는데 하나는 네덜란드의 모 교수에게 보낸 것으로 레이든 과학사박물관에 있다고 한다. 그 엽서에는 사용하지 않은 반송용 엽서가 여전히 첨부되어 있다.

라이프치히의 오스트발트도 아인슈타인이 지원서를 보낸 사람 중 하나다. 아인슈타인은 조금이라도 좋은 인상을 주고 싶어서 올해 출판된 그의 논문을 첨부하며 "화학 일반에 대한 교수님의 업적 덕분에 이 논문을 쓸 수 있었으므로 여기 동봉합니다. … 교수님께서 혹시 수리물리학자를 채용하실 생각이 있는지 알고 싶습니다"라고 쓴 편지를 취리히에서 보냈다(아인슈타인이 오스트발트에게 보낸 1901년 3월 19일 자 편지). 그리고 밀라노에 온 뒤인 4월 3일에 "제가 (아마도 밀라노의) 주소를 적었었는지 확실하지 않아서…"라는 핑계를 대며 한 번 더 편지를 보냈다(아인슈타인이 오스트발트에게 보낸 1901년 4월 3일 자 편지). 하지만 결국 답장을 받지 못했다. 아마도 이 편지를 본 것인지, 아인슈타인의 아버지는 아인슈타인 몰래 며칠 후에 오스트발트에게 편지를 보내 아들에게 하다못해 격려라도 해달라고 애원하기도 했다(헤르만 아인슈타인이 오스트발트에게 보낸 1901년 4월 13일 자 편지). 물론 여기에도 답장은 없었다. 오스트발트는 훗날 아인슈타인을 처음으로 노벨상 후보로 추천하게 된다. 운명의 흔하고 고약한 장난이라고 할 수밖에 없다.

아인슈타인은 자신이 자리를 잡지 못하는 이유 중 하나가 폴리테크니쿰의 베버 교수 때문이라고 생각했다. 앞서 보았듯이 그들은 사이가 좋지 않았는데, 다른 대학의 교수 자리에 지원하려면 지도교수인 베버의 추천서가 필요했기 때문이다. 이런 생각은 당시 밀레바나 다른 친구들과 주고받은 편지에 그대로 나타나 있다. 예를 들어 괴팅겐대학교로부터 거절의 편지를 받았을 때 밀레바에게 보낸 편지에는 "릭케가 거절한 게 하나도 놀랍지 않아. 나는 베버 탓이라고 확신해. 왜냐하면 변명이 너무 엉터리이고, 두 번째 자리에 대해선 언급도 하지 않았어"라고 하면서 "이런 상황에서는 또다시 교수들에게 편지를 쓴다는 게 아무 의미도 없을 것 같다고 확신해. 그 사람들 전부 일이 좀 진전되면 베버에게 물어볼 거거든"이라고 푸념했다. 비슷한 시기에 그로스만에게 보낸 편지에서도 "3주 전에 여기, 부모님 집에 와서 대학의 조수 자리를 알아보고 있어. 베버가 뒷공작만 안 했으면 벌써 자리를 얻었을 텐데"라고 하고 있다. 하지만 그래도 "어쨌든 하는 데까지는 해봐야지. 그리고 유머도 포기하지 않을 거야. 신은 당나귀를 만들고, (그 뒤에 숨을 수 있도록) 두꺼운 가죽도 주셨으니까"라고 하면서, 여전히 의지를 보였다.

그런데 그로스만과 주고받은 편지에는 또 다른 소식이 들어 있던 모양이다. 위의 그로스만에게 보낸 편지 말미에는 "아버님이 애써주신 데 대해 감사를 드려"라는 내용이 있다. 그로스만의 아버지가 애쓴 내용은 그로스만에게 편지를 쓴 다음 날 밀레바에게 보낸 편지에서 알 수 있다.

어제 빈터투어 공대의 렙슈타인 교수로부터, 그가 5월 15일부터 7월 15일까지 병역 근무를 하는 동안 자기 대신 강의를 해줄 수 있느냐는 편지를 받았어. 내가 얼마나 즐겁게 그 일을 할지 상상이 가지? 일주일에 30시간은 해석기하학 같은 걸 강의해야 해. 하지만 용감한 슈바벤 사람은 두렵지 않아. 그런데 이게 전부가 아냐! 그저께 저녁에 마르셀(그로스만)로부터 편지를 받았는데, 내가 베른의 특허청에 정규직 자리를 곧 얻을 수 있을 거라는 거야! 이건 한꺼번에 좋은 소식이 너무 많은 거 아냐? 나에게 얼마나 멋진 자리야! 그렇게 된다면 기뻐서 미쳐버릴 거야! 그로스만 가족이 나를 대신해서 힘써주다니 얼마나 멋진 일인지 생각해봐. 참 렙슈타인 교수는 전에 헤어초크의 조수였어. 그래서 나를 아는 거지.

대학의 임시 강사 자리와 특허청 공무원의 가능성 정도에도 아인슈타인이 기뻐하는 모습에, 취업 때문에 고생하는 젊은이들은 쉽게 공감할 것이다. 아인슈타인도 젊은 날에는 이랬던 것이다. 슈바벤Schwaben은 독일 남서부의 바덴뷔르템베르크주의 일부와 바이에른주의 일부를 포함하는 지역의 명칭으로 바로 아인슈타인이 나고 자란 지역이다. 슈바벤은 중세 때까지 독립적인 공국으로 존재하다가 13세기에 해체되었으나 독자적인 문화와 역사를 지녀서 나름의 강렬한 정체성을 가지고 있다. 앞에서 아인슈타인이 밀레바에게 붙인 '작은 인형' 같은 말이 슈바벤 말이다. 이런 표현들로 보아 아인슈타인이 젊은 시절에는 자신에 대해 슈바벤 사람이라는 정체성을 가지고 있었다고 짐작할 수 있다. 아인슈타인은 베를린에 가서 살면서 차츰 유대인으로서 정체성에 눈을 뜨게 된다.

한편으로 아인슈타인은 독일의 반유대주의가 문제가 되는 건 아닐까 하는 생각도 했다. 그래서 그는 반유대주의가 덜한 이탈리아에서 자리를 찾는 건 어떨까 하는 생각도 했다. 마침 베소의 아저씨가 수학자이면서 밀라노 폴리테크닉대학교의 교수인 주제페 융이었으므로, 베소를 통해서 그곳에서 조수 자리를 잡을 가능성을 타진해보기도 했다. 하지만 별다른 반응은 얻지 못했다.

직장 문제와 함께 아인슈타인을 괴롭히는 또 하나의 문제는 밀레바와의 관계와 거기에서 비롯된 부모와의 불화였다. 그런데 직장 문제에서 좋은 소식이 들려오자, 아인슈타인은 하늘을 나는 기분이 되어서 밀레바에게 함께 코모 호수로 여행을 가자고 초청했다. 그런데 이것 또한 운명의 여신이 마련한 기묘한 복선이었다.

코모 호수 여행

1901년에 밀레바는 취리히에서 졸업시험을 준비하고 있었다. 아인슈타인과 대학의 동료들은 다 졸업을 했고, 숙소에 같이 지내던 세르비아의 친구들도 돌아가버려 밀레바는 혼자였다. 그러던 중 4월 말 아인슈타인이 코모로 오라고 밀레바를 불렀다. 딱히 이유가 있던 것은 아니었다. 가족들과의 신경전과 앞이 보이지 않는 구직활동에 지친 아인슈타인이 외로워졌을 수도 있다. 밀레바에게 코모로 오라고 하는 아인슈타인의 편지는 달콤한 유혹이 넘친다. "사랑스런 작은 마녀, 꼭 코모에 나를 보러 와야 해. 당신의 시간을 그리 많이 잡아먹지 않을 거고, 나는 천국인 듯 기쁠 거야. 사흘 안에 돌아올 거고, 일요일을 끼워도 좋아."

밀레바는 초대를 받아들였다가, 다음 날 집에서 온 편지를 받고 일단 거절했다.

> 어제 우리 여행에 찬성하는 편지를 보내고 손꼽아 기다렸는데, 오늘 취소한다고 화내지 마. 집에서 편지가 왔는데, 나의 모든 소망을 다 앗아가는 내용이야. 즐거운 시간뿐 아니라 인생 그 자체를. 하지만 당신을 방해해선 안되니, 그토록 오래 기대했던 여행은 혼자 가도록 해. 나중에 같이 갈 기회가 있겠지. 나는 나 자신을 닫아걸고 공부나 열심히 하겠어. 내가 무언가 하면 벌을 받게 되는 것 같으니까.

하지만 다음 날 밀레바는 다시 마음을 바꾼다. 이즈음에 밀레바 역시 얼마나 마음고생을 하고 있었는지 엿볼 수 있다. "어제 받은 편지 때문에 최악의 기분으로 당신에게 (여행을 가지 않는다는) 엽서를 보냈어. 하지만 오늘 당신의 편지를 읽으니, 당신이 나를 얼마나 사랑하는지 느껴져서 기운이 좀 나. 그래서 당신과 같이 여행하기로 했어. 코모에 일요일 아침 5시에 도착할 거야."

이탈리아 북부의 알프스 남쪽에 위치한 코모 호수는 이탈리아에서도 손꼽히게 아름다운 곳으로, 로마시대부터 이미 귀족들에게 인기 있는 휴양지였다. 롬바르디아주에 속한 코모 호수는 빙하가 녹은 물로 이루어진 빙하 호수로서 차가운 호수 너머로 눈 덮인 알프스의 산들이 펼쳐져 있는 절경을 자랑하면서도, 기후는 아열대식물도 자랄 만큼 온화해서 호숫가를 따라 푸른 나무와 꽃들이 가득하다. 이렇게 아름다운 곳이기에 호수 주위에는 고급 별장과 오래된 마을이 펼쳐져 있고, 부자들과 유명인들의 별장이 자리 잡고 있다.

5월 5일 아침 밀레바가 코모의 기차역에 내렸을 때 플랫폼에는 아인슈타인이 팔짱을 끼고 서 있었다. 밀레바는 "심장이 두근거렸다". 이로부터 4일간의 여행은 두 사람 평생에 가장 낭만적이고 아름다운 기억으로 남았다. 밀레바가 여행을 다녀온 후 친구인 헬레네 사비치에게 보낸 편지에는 코모 여행에서 느낀 아름다움이 잘 나타나 있다.

"너무 아름다워서 모든 슬픔을 잊었어". 두 사람은 번화한 코모 시를 산책하며 한나절을 보내고 배를 타고 콜리코로 이동하는 길에 카데나비아에 잠시 내렸다. 그곳에서 두 사람은 정원이 아름다운 빌라 카를로타를 둘러보았다. 밀라노의 후작이었던 조르지오 클레리치가 짓기 시작해서 증손자 대인 1745년에 완공된 빌라 카를로타는 나폴레옹 밑에서 일했던 조반니 바티스타 솜마리바와 프로이센의 알베르트 왕자의 부인이던 마리안느 등의 소유를 거치면서 정원이 아름답게 조성되고, 많은 조각과 미술품으로 장식되었다. 밀레바는 빌라 카를로타에 대해 "말로 표현할 수가 없어. 그 정원의 아름다움을 내 가슴속에 새겨놓았어. 한 송이의 꽃도 꺾는 것이 금지되어서 더욱 아름다운"이라고 적었다. 두 사람은 콜리코의 여관에서 묵었다.

하룻밤을 보내고 두 사람은 스위스를 향해 눈 덮인 슈플뤼겐 고개를 넘어가기 위해 말이 끄는 썰매를 빌려야 했다. 눈은 가장 많이 쌓인 곳은 6미터가 넘을 정도였다. "썰매는 사랑하는 두 사람이 타기엔 충분했어. 뒤쪽 발판에 서 있던 마부는 끊임없이 떠들면서 나를 '시뇨라'라고 불렀어. 이보다 더 아름다운 장면을 생각할 수 있니?" 고갯마루에서 두 사람은 내렸다. 눈 위를 걷고 싶었기 때문이다. 해발 2000미터를 넘는 슈플뤼겐은 추웠지만 사랑하는 사람들은 서로를 꼭 끌어안고 눈을 밟으며 걸었다. "눈 외에는 아무것도 없고 눈길이 닿는 곳은 모두 눈이었어. 하얀 무한함이 추위를 몰고 와서 사랑하는 사람과 코트와 숄 아래서 꼭 껴안았어." 때로는 저 아랫마을 쪽으로 눈 뭉치를 던지며 즐거워했다. "눈사태를 일으켜서 아래쪽에 있는 세상을 두려움에 떨게 했어." 두 사람은 국경을 넘어 스위스로 들어갔고, 쿠어로 나가서 기차를 타고 취리히로 돌아갔다. 아인슈타인은 곧장 빈터투어의 일자리로 갔고, 밀레바는 취리히에서 다시 졸업시험 준비를 했다.

이 여행은 두 사람의 사랑하는 시간 중에서도 가장 아름다운 기억으로 남았다. 사실은 그 이상이었다. 아마도 이 여행에서 두 사람은 첫날밤을 가진 것으로 보이기 때문이다. 여행을 다녀온 뒤에 보낸 아인슈타인의 편지 중에 이를 암시하는 구절이 있다. "지난번에, 자연이 창조한 방법 그대로 당신의 작은 몸을 꼭 껴안고, 당신에게, 당신의 고귀한 영혼에 부드럽게 키스하도록 해주었을 때 얼마나 황홀했는지!" 그리고 그 아름다운 순간은 갑자기 돌아서서 생생한 현실의 얼굴을 보여주었다. 밀레바가 임신을 한 것이다. 곧 밀레바는 아인슈타인에게 자신이 아이를 가졌음을 알린 것으로 보인다. 두 젊은이는 분명 당황했고 고민이 시작되었다. 누구라도 그러지 않겠는가. 더구나 양쪽 집안 모두 이 사실을 반기지 않을 것도 명백했기 때문에 더욱 그렇다.

정확히 언제 임신 사실을 알았는지는 확실하지 않다. 이를 알린 밀레바의 편지는 남아 있지 않아서, 아인슈타인의 편지로만 추측할 수밖에 없기 때문이다. 전기작가인 아이작슨은 아인슈타인의 5월 28일 편지가 아이가 생긴 것을 알고 보낸 첫 편지라고 여긴다. "아이는 어때?", " 우리 작은 아이와 당신 박사논문은 어때?"라는 구절이 있기 때문이다. 말미에 "베소의 아버지에게 보험회사에 내 일자리가 없느냐고 말해놓았어. 그분은 회사의 지배인이니까 말이야. 바보 같은 생각은 하지 말아. 당신을 위해서라면 뭐든지 할 수 있어, 내 사랑"이라고 하고 있기도 하다.

그런데 5월 초에 첫날밤을 보냈으면 5월 28일에 이미 임신을 확인하는 건 좀 빠른 것 같기도 하다. 그리고 6월 4일 자 편지에는 아이나 미래에 대한 언급이 전혀 없다. 이에 비해 아인슈타인의 7월 7일 자 편지는 다음과 같이 책임감으로 가득 차 있으며, 자신감을 보여주려고 애쓰고 있어서 아이를 가진 걸 알고 있음이 분명하다.

"이제 돌이킬 수 없는 일을 축하해! 나는 우리의 미래에 대해 다음과 같이 결정했어. 즉시 일자리를 구하겠어, 아무리 하찮은 일자리라도. 내 과학적 목표와 개인적 허영심이 가장 책임져야 할 일을 막을 수 없을 거야."

"일자리를 얻으면 당신과 결혼할 거야. 아무도 당신의 작은 머리에 돌을 던지지 못하도록."

"당신 부모님과 우리 부모님도 사실을 직면하면 받아들이는 게 최선일 거야."

"나의 사랑스러운 아내로서, 당신은 작은 머리를 내 무릎에 올리고 평화롭게 쉴 수 있고, 내게 보여준 사랑과 헌신을 조금도 후회하지 않을 거야."

"먼저 내일 당장 베소의 아버지에게 편지를 써서 보험회사 자리도 알아보겠어. 조언을 해주실 거야."

따라서 임신 사실을 확실히 알게 된 것은 6월 말 정도가 아닐까?

어쨌든 아인슈타인의 단호한 태도에 밀레바는 다소간 위안을 받았다. "내 사랑, 지금 바로 직업을 찾는다고 한 거야? 그리고 같이 살자고? 당신 편지를 읽고 얼마나 행복했는지 몰라. 지금도 행복하고, 앞으로도 계속 행복할 거야. … 하지만 물론 아무 데나 취직해서는 안 돼. 그건 나도 참을 수 없어."

물론 당장 해결될 문제가 아니라는 것도 잘 알고 있었다. 그래서 자신의 부모를 함께 찾아갈 것을 제안하기도 했다. "잠깐 찾아오지 않을래? 그럼 좋을 텐데. 그리고 함께 여행하는 걸 생각해봐. … 우리 부모님이 우리 둘을 직접 보면 모든 의심이 사라질 거야."

하지만 그 방문은 이루어지지 않았다. 그리고 밀레바의 졸업시험이 닥쳐왔다.

1901년 7월의 졸업시험에서 밀레바는 작년과 거의 같은 점수를 얻는 데 그쳤다. 결국 졸업장을 받는 것을 포기하고 밀레바는 노비사드로 돌아가야 했다. 이로써 밀레바 마리치의 과학자로서의 인생은 끝이 났다.

샤프하우젠

라인강은 스위스 중부의 알프스에서 발원해서 북쪽으로 흘러서 리히텐슈타인과 경계를 이루고, 스위스와 독일과 오스트리아에 접한 거대한 보덴 호수(콘스탄츠 호수)로 흘러든다. 보덴 호수에서 서쪽으로 흘러나온 라인강은 주로 스위스와 독일의 국경을 이루며 흘러가다가, 바젤부터는 다시 북쪽으로 방향을 바꿔 이번에는 한동안 독일과 프랑스의 국경을 이루고, 독일을 가로질러서 네덜란드로 들어간다.

보덴 호수에서 나온 라인강이 독일과 스위스 국경을 이루면서 흐를 때, 대체로 강의 북쪽은 독일, 남쪽은 스위스지만, 잘 보면 라인강 북쪽인 독일 쪽으로 혹처럼 튀어나온 스위스 영토가 눈에 띈다. 주변에도 이곳저곳 스위스 영토가 있다. 이 땅이 샤프하우젠칸톤이다.

샤프하우젠칸톤은 인구가 약 8만 명이며 스위스에서 가장 북쪽에 위치한 칸톤이다. 샤프하우젠칸톤의 중심 도시는 혹처럼 라인강 북쪽으로 튀어나온 지역에 위치한 도시 샤프하우젠이다. 현재 인구 3만 6000명인 이 도시는 11세기부터 인근 지역의 중심을 이룬 고도다. 샤프하우젠이 일찍이 발달한 주요한 이유 중 하나는 샤프하우젠에서 몇 킬로미터 떨어진 노이하우젠이라는 작은 도시에 위치한 라인 폭포 때문이다(폭포 때문에 도시의 정식 이름은 노이하우젠 암 라인이다). 라인 폭포는 낙차는 약 30미터에 불과하지만 라인강 전체가 한꺼번에 폭포를 이루기 때문에 수량이 제법 많은 유럽 최대의 폭포다. 이 폭포 때문에 상류에서 배를 타고 강을 따라서 이동하다 보면 폭포 앞에서 멈추고 짐을 내려놓을 장소가 필요할 수밖에 없고, 그 역할을 맡은 샤프하우젠은 자연스럽게 일찍부터 인근의 물자가 모이는 교역과 교통의 중심이 되었다. 그래서 비록 지금은 작은 도시지만, 샤프하우젠의 구시가는 상대적으로 매우 크고 화려하다. 건물들에서 당시 부의 상징이던 퇴창(현관 위 2층에 창을 튀어나오게 만든, 반쯤 발코니 같은 창)이 많이 보이며, 벽면은 종종 화려하게 채색되어 있다. 거리의 분위기도 여유와 생동감이 넘친다.

샤프하우젠은 비교적 신성로마제국으로부터 독립적으로 살아왔지만 14세기부터는 합스부르크의 영향 아래 있다가 1418년에 합스부르크로부터 독립권을 사들였고, 이후 스위스연방에 가입했다. 30년 전쟁 때는 스웨덴군으로부터 피해를 입기도 했고, 1944년에는 독일과 근접한 위치 때문에 미 공군의 오인 폭격을 받았다고 한다. 오인 폭격에 대해 미국은 루스벨트가 친서를 보내 사과하고 400만 불의 배상금을 지불했다.

교통의 요지다 보니 도시를 지키기 위해 도시 중심부의 언덕 위에는 무노트Munot 요새가 위치해 있다. 도시의 규모에 비해 매우 거대한 이 요새는 어마어마한 두께의 벽으로 이루어진 위압감 있는 건물이다. 하지만 여기서 유명한 전투가 벌어졌다는 기록은 없는 듯하고, 지금은 주로 무도회가 열리는 장소로 쓰인다. 사진은 요새에

서 내려다본 샤프하우젠 시가지다. 이 샤프하우젠역에 1901년 9월 15일 아인슈타인이 내렸다.

아인슈타인이 샤프하우젠에 온 이유는 사립학교에 다니는 부유한 집안의 영국인 학생을 가르치는 일을 맡았기 때문이었다. 1년간 월급과 숙식을 제공받는, 입주 가정교사 일이었다. 그다지 마음에 들지 않는 일이었지만, 집에서 식객 처지인 데다 밀레바의 일로 어떻게든 돈을 모아야 했던 아인슈타인으로서는 어쩔 수 없었다. 그로스만이 언급한 특허청 자리에 대해서도, 베소에게 문의한 이탈리아에서도 아무 소식도 들려오지 않았고, 취리히대학교에 내기로 한 박사논문은 지지부진해서, 아인슈타인에게는 암울한 날들이 이어지고 있었다. 그러던 중에 샤프하우젠의 일자리를 제안받은 것이다.

이 자리를 알려준 사람은 아인슈타인의 친구 콘라트 하비히트였다. 아인슈타인의 아라우 학교 동창인 하비히트는 샤프하우젠 출신이었는데, 그의 고향에 일자리가 있다는 말을 듣고 사정이 어려운 아인슈타인에게 연락한 것이다. 하비히트는 취리히, 뮌헨, 베를린 등에서 수학과 물리학을 공부했으며, 훗날 베른에서 수학으로 박사학위를 받는다. 그는 베른에서 아인슈타인과 함께 올림피아 아카데미를 함께 만들어 활동하고, 아인슈타인과 밀레바의 결혼식 증인을 섰던 사람으로, 아인슈타인이 1905년 논문들을 발표할 때 하비히트에게 편지를 보내 설명하기도 했을 정도로, 그의 중요한 친구 중 한 사람이다. 하비히트의 동생 파울은 발명가로서, 훗날 아인슈타인은 하비히트 형제와 함께 전압을 측정하는 매우 작은 기계를 발명해서 사업을 구상하기도 했다.

  아인슈타인은 그가 머물게 될 야코프 뉘에슈 집의 문을 두드렸다. 뉘에슈 박사는 고고학자이자 교육가로서 아인슈타인이 가르칠 학생이 다니는 사립학교를 운영하는 사람이었다. 그가 학생의 부모와 했던 계약은 연 4000스위스프랑을 받고, 학생이 마투라를 통과하도록 가르치는 일이었다. 뉘에슈는 이 돈 중에서 월 150스위스프랑을 아인슈타인에게 지불했고, 자기 집에 기거하며 그들 가족과 함께 식사를 하는 조건으로 그와 계약했다. 다음 해에 아인슈타인이 특허청에 취직했을 때 초봉이 3500스위스프랑이었으니, 아인슈타인에게 나가는 돈을 제하고도 이 계약은 뉘에슈에게는 꽤 좋은, 그리고 아인슈타인에게는 그럭저럭인 조건이었다.

  아인슈타인이 가르칠 영국인 학생 루이스 캐헌은 공부에는 그다지 뜻이 없었다(그러니 아인슈타인이 필요했을 것이다). 아인슈타인으로서도 가르치는 게 즐거운 일은 아니었을 것이다. 그래도 낙관파인 아인슈타인은 그로스만에게 프라우엔펠트 칸톤학교의 교수가 된 것을 축하하는 편지를 쓰면서 "나도 적어도 1년 동안은 생계 걱정을 안 해도 되는 자리를 얻었어"라고 자위했다. 당시 아인슈타인이 학생을 가르쳤던 노트가 시의 아카이브에 보관되어 있다. 어쨌든 아인슈타인은 가르치는 일은 일대로 하고, 밀레바는 밀레바대로 그리워하면서, 그 외 모든 시간에는 연구에 마음을 쏟았다. 이 시기에 아인슈타인이 주로 공부하던 내용은 통계역학에 관한 것으로, 1905년의 논문 중 하나로 태어날 내용이었다. 그리고 또 하나 중요한 일은 박사학위논문을 준비하는 일이었다. 취리히대학교의 알프레트 클라이너 교수가 아인슈타인의 박사학위논문을 맡아주기로 했기 때문이다.

슈타인 암 라인의 밀레바

10월에 아인슈타인의 여동생 마야가 아라우에서 아인슈타인이 신세를 졌던 빈텔러 가족에게, 오빠와 밀레바가 약혼한 것 같다고 말하는 실수를 저질렀다. 밀레바를 줄곧 반대해온 아인슈타인의 어머니 파울리네에게는 상상하던 악몽이 현실이 된 셈이다. 두려움은 흔히 분노의 탈을 쓴다. 아인슈타인 가족은 마리치 집안에 강경하고도 공격적인 편지를 보냈다. 밀레바의 부모라고 참을 이유가 없었다. 이제 양가는 정상적으로는 도저히 결혼을 승낙하지 않을 상황에 이르렀다.

이런 상황에서 가장 괴로운 것은 물론 밀레바였다. "그 부인은 내 인생뿐만 아니라 자기 아들의 인생까지 비참하게 만드는 것을 일생의 목표로 삼은 것 같아." 우리나라 드라마에 나와도 이상하지 않을 대사다. 마음고생을 하던 밀레바는 10월 말 가방을 싸서 몰래 집을 나와 스위스로 향했다.

밀레바는 아인슈타인에게 가고 싶었지만, 사람들에게 알려지면 그녀에게나 아인슈타인에게나 좋을 게 없었다. 스위스가 진보적이고 열린 사회라고 해봤자, 20세기 초에는 지금과는 비교할 수조차 없는 분위기였다. 결혼하지 않고 아이를 낳았을 경우 아이의 부모가 받게 될 사회적 불이익은 말할 수 없이 컸다. 더구나 아인슈타인은 아직 제대로 된 일자리도 갖지 못한 상황이었다. 그래서 밀레바가 향한 곳은 샤프하우젠이 아니라 근처의 작은 마을인 슈타인 암 라인Stein am Rhein이었다.

슈타인 암 라인은 샤프하우젠에서 보덴 호수 쪽으로 기차로 20여 분 떨어진 곳에 위치한, 역사가 오래된 보석 같은 마을이다. 이 지역에는 로마시대에 이미 강을 건너는 다리와 요새가 있었던 흔적이 있다. 11세기 바이에른 공작이자 훗날의 황제 하인리히 2세가 호헨트빌에 있던 성 게오르크 수도원을 보덴 호수 근처의 작은 어촌이던 이곳으로 옮겨와서 도시의 역사가 시작되었다. 그래서 중세에 도시의 지배권은 수도원에 있었고, 도시의 문장도 용과 싸우는 성 조지의 모습이다. 이후 15세기에 도시가 취리히의 영향권 안에 들어오고 스위스연방의 일부가 되면서, 도시가 대대적으로 개축되어 현재의 모습이 되었다. 지금은 인구가 3500명에 불과한 작은 도시지만, 인구에 비해 구시가가 놀랄 만큼 크고 잘 보존되어 있다. 워낙 도시의 옛 모습이 잘 보존되어 있어서 1972년에 바커상을 받았다(바커상은 스위스헤리티지협회가 모범적인 도시경관 보호를 위해 스위스의 지방자치단체에 수여하는 상이다. 이 상은 1972년 이래 매년 수여되고 있으며 상금은 2만 스위스프랑이다. 상의 이름은 국토부에 재산을 기부한 제네바의 사업가 앙리루이 바커의 이름을 딴 것이다). 샤프하우젠, 노이하우젠과 함께 몇 안 되는 라인강 북쪽에 위치한 스위스 도시지만 강 남쪽으로도 도시가 확장되어서 기차역은 남쪽에 위치한다. 샤프하우젠처럼 중심가 건물에는 퇴창이 흔히 보이고 건물 벽은 아름답게 채색되어 있다.

밀레바는 슈타인 암 라인에 도착해서 슈타이너호프 호텔에 방을 정하고 아인슈타인에게 편지와 꽃을 보냈다. "나는 지금, 내일도 나 혼자 앉아 있어야 한다고 명하는 잔혹한 운명에 화가 나서 몇 자 적어. 그동안 잠시 틈을 내서 보러 오지 않겠어? 얼마나 반가울지." 그리고 밀레바는 자신이 와 있음을 가족에게, 특히 여동생 마야에게 알리지 말 것을 부탁했다. 마야는 유일하게 밀레바를 적대하지 않는 가족이었지만, 악의 없이도 말이 새어나갈 수 있기 때문이었다. 그런데 아인슈타인에게서 온 답장은, 당장은 밀레바를 보러 올 수 없다는 것이었다. 바쁘고, 돈이 없어서라고 했다. 사촌이 와 있다는 것도 이유의 하나였다. 대신 아인슈타인은 책을 몇 권 보냈다. 밀레바는 실망했으나, 어쩔 수 없었다.

그 후에도 아인슈타인은 몇 번 약속을 잡았다가 취소해서, 결국 두 사람은 이 기간 동안 한 번도 만나지 못하고 편지만 오갔다. 밀레바는 화를 내기도 하고,

"정말로 돈이 하나도 안 남았어요? 한 달에 150프랑을 받고 숙식도 제공받는 사람이 월말에 1상팀도 없다니!"

사랑을 속삭이기도 했으며,

"어제는 샤프하우젠에 장이 섰는데, 너무 늦게 알아서 가보지 못했어. 알았다면 가서 당신에게 줄 멋진 걸 사고, 당신이 있는 건물을 보고, 가능하다면 사랑하는 당신도 보았을 텐데."

"당신을 얼마나 다시 보고 싶어 하는지. 하루 종일 당신을 생각하고 저녁에는 더 많이 생각했어."

또한 아인슈타인이 준 책에 대해 토론하고,

"포렐의 책을 다 읽었어. 스태들러는 최면이 부도덕한 일이라고 말했고 나도 동의해. 암시라는 건 어디서나 중요하고, 의사라면 그걸 적용해보고 싶겠지만, 인간의 의식을 그렇게 폭력적으로 공격하다니!"

아인슈타인의 박사학위에 대해서 이야기를 나누기도 했다.

"클라이너 교수가 두 논문에 대해서 뭐라고 했는지 궁금해. 정당한 평가를 해야 할 텐데."

무엇보다 아이에 대한 이야기도 나눴다.

"우리가 리제를에 대해서 이야기해야 한다고는 생각지 않아. 하지만 리제를에게 줄 말을 몇 마디 적어줘. 리제를은 아주 예쁘고 착하고, 당신이 그렇게 해주면 아주 기뻐할 테니까."

밀레바는 이렇게, 11월의 흐린 하늘 아래, 애인과 멀지 않은 조용한 마을에서, 불러오는 배를 감싸안고, 아무에게도 방해받지 않고 독서를 하며 혼자만의 시간을 보냈다. "지금의 평화와 고요함이 아름답고 소중해." 양가의 반대에 시달리던 밀레바로서는 그 정도의 휴식이나마 소중했으리라. 그리고 얼마 후, 결국 아인슈타인을 만나지 못한 채로 노비사드로 돌아갔다.

이 삽화는 동화 같기도 하고, 기이하기도 하다. 아인슈타인의 여러 전기를 보아도, 아인슈타인이 왜 별로 멀지도 않은 슈타인 암 라인을 가지 않았는지에 대해 별다른 설명이 없다. 이 상황에 대해 우리가 알 수 있는 건 남아 있는, 슈타인 암 라인에서 밀레바가 보낸 두 통의 편지뿐이기 때문이다.

특별한 이유가 있어서가 아니라, 그저 아인슈타인이 정말로 좀 바빴고, 경제적으로나 심적으로나 그다지 여유가 없었기 때문일 수도 있다. 아인슈타인은 11월 말에 박사학위논문을 제출했고, 고용주인 뉘에슈와도 긴장이 고조되고 있었기 때문이다. 클라이너 교수에게 학위논문을 제출하고 난 뒤에도, 역시 별다른 좋은 소식은 없었다. 밀레바가 집으로 돌아간 후에 아인슈타인이 보낸 편지를 보면 암울할 뿐이다.

> 베른의 (특허청) 자리에 대해서는 아직 공고가 나지 않고 있어서 거의 포기할 지경이야. … 아직까지 클라이너로부터 아무 소식도 못 들었어. 하지만 그가 감히 내 학위논문을 떨어뜨릴 거라곤 생각되지 않아. 만약 그런다면, 내 생각으로는 그런 근시안적인 사람

과는 함께할 수 없어. 그가 하라는 대로 해야 대학교수가 될 수 있다면, 그런 자리는 필요 없고, 차라리 가난한 가정교사로 남아 있겠어.

그로스만의 편지

이렇게 심사가 편하지 않다 보니 숙소나 식사의 불편함도 참기 힘들었다. 그래서 아인슈타인은 불평을 하고 숙소를 다른 교사의 집으로 옮겼다. 하지만 그렇다고 별로 나아진 것도 없었다. 식사 문제에도 불만이 많아서, 아인슈타인은 식비를 직접 달라고 뉘에슈와 담판을 벌였다. 밀레바에게 보낸 12월 12일 자의 편지에 이런 상황을 좀 자세히 적고 있다.

> 가능한 한 나 자신을 편안하게 하자고 마음먹었어. 그래서 뉘에슈에게 가서 식비를 직접 달라고 했지. 그편이 조금이라도 절약이 될 테니까. 그가 화를 내며, 생각해보겠다고 했어. … 저녁에 그는 매우 거만하게, 계약대로 해라, 지금 상황에 만족해야 한다고 하더군. 그래서 나도, 좋다고, 그만두겠다고 했지. 내게 맞는 자리를 찾아보겠다고. 내가 물러서지 않을 걸 알았는지 금방 누그러지더군. 그리고 돈 문제가 아니라, 내가 그의 가족과 함께 식사하고 싶지 않아 한다는 걸 깨닫고, 다른 식당에서 식사를 하도록 하면 만족하겠느냐고 물었어. 나도 기쁘게 동의했고, 그는 금방 식당을 수배해놓

더군.

이 편지는 조금 극적으로 읽힌다. 뉘에슈와 싸운 내용을 조금 시시콜콜 적고 있기 때문이다. 그러더니 마침내 클라이맥스가 나온다. 뉘에슈의 집에서 식사를 하는 마지막 저녁이었다. 식사 뒤에는 음악회를 예약해놓은 참이었다. 아인슈타인이 앉은 자리의 수프 접시 옆에 편지가 한 통 놓여 있었다. 그로스만에게서 온 편지였다. 베른 특허청의 자리가 확정되어 곧 공고가 날 것이며, 아인슈타인이 채용될 것이 거의 확실하다는 내용이었다.

1901년이 아인슈타인 인생에서 바닥을 친 해라고 했는데, 그 바닥을 치고 이제 올라가기 시작하는 지점이 바로 이 그로스만의 편지를 읽는 순간이다. 이 순간부터 아인슈타인의 인생은 상승을 시작하고, 그 상승은 멈추지 않고 계속되어 결국 상상하기 어려울 만큼 높은 곳까지 올라간다. 지금 이 순간의 아인슈타인은 대학을 졸업하고도 직장을 찾지 못하고, 애인을 임신시킨 상태로 남의 집에서 얻어먹으며, 공부하기 싫어하는 학생을 붙잡고 가르치느라 씨름하는 미래가 불확실한 백수 젊은이지만, 불과 4년 후 그는 상대성이론과 앞으로 노벨상을 가져다줄 논문을 발표하게 되며, 그로부터 5년 후에는 대학의 교수가 되고, 다시 5년 후에는 독일에서 가장 많은 봉급을 받는 교수가 된다. 그리고 다시 5년 후에는 전 세계에서, 그리고 아마도 역사상 가장 유명한 과학자가 되는 것이다.

너무 앞서가지 말고 다시 1901년 12월의 저녁으로 돌아가자. 아인슈타인의 기쁨은 말로 다할 수 없었다. 이 기쁨을 보여주기 위해 편지에 그로스만의 편지를 받은 장면을 자세히 적어놓은 것이다. "지난 두 달간의 어두운 시간 끝에, 갑자기 우리에게 빛나는 순간이 왔어. 힘겨운 투쟁이 끝난 거야. 생각만 해도 아찔할 만큼 기뻐. 나 자신보다 당신 때문에 훨씬 더! 우리는 세상에서 가장 행복한 사람들일 거야."

그로스만의 편지에는 특허청의 채용 공고가 몇 주 안에 있을 거라고 했지만, 공고가 나온 날은 편지가 도착한 12월 11일이었다. 공고에는 물리학이 필요하다는 게 명시되어 있었다. 아인슈타인은 12월 18일에 2급 엔지니어 채용 공고에 지원서를 제출했다. 그리고 1902년 1월, 마침내 아인슈타인은 뉘에슈에게 캐헌을 가르치는 일을 그만두겠다고 말하고 샤프하우젠을 떠나 베른을 향해 출발했다. 채용이 확정되지도 않은 상태였다.

04
ALBERT EINSTEIN

행복:
베른의 아인슈타인

베른

  1902년 1월의 어느 날 아인슈타인이 베른에 도착했다.
  운명의 문이 열리고 있었다. 곧 아인슈타인의, 그리고 물리학의 빛나는 순간이 시작될 것이었다. 하지만 당연히도, 아인슈타인 본인은 물론 그 누구도 그러하다는 걸 알지 못했다. 그는 여전히 여러 문제를 짊어진 평범한 젊은이에 불과했다. 집안의 사업은 불안정했고, 여자 친구는 출산이 임박해 있었는데, 부모는 그녀와의 결혼을 강력히 반대하고 있었다. 논문을 한 편 발표하기는 했지만, 물리학계는 아인슈타인의 존재조차 알지 못하고 있었다. 아인슈타인이 베른에 온 이유인 자신의 취직자리조차도 아직 확정된 것은 아니었다.
  하지만 아인슈타인은 자신의 힘으로 성공하는 사람들의 공통된 특질을 가지고 있었다. 그 특질은 타고난 낙관과, 오만에 가까운 자기 확신이었다. 샤프하우젠에서 특허청의 연락을 받고 밀레바에게 보낸 편지를 보면 "곧 당신은 나의 행복하고 사랑스러운 아내가 될 것이고, 모든 괴로움은 끝이 날 거야"라고 장담을 하고, 취리히대학교의 클라이너 교수가 자신의 아이디어에 관심을 보였고, 언제든지 추천서를 써주겠다고 했다는 대화를 전하면서 "클라이너 교수는 생각만큼 멍청하지는 않아. 게다가 좋은 사람이야"라고 건방진 소리를 하는 모습을 보여준다. 물론 젊은이다운 허세와 내면의 불안감을 이기려는 안간힘도 있었을 것이지만, 아무튼 아인슈타인은 기본적으로 평생 낙관적인 자세를 잃지 않는다. 다른 편지에서는 "비록 상처 입은 작은 짐승이지만 당신의 요혼첼Johonzel(밀레바에게 보내는 편지에서 아인슈타인이 자신을 장난스럽게 지칭하던 이름 중 하나)이 학위논문을 제일 먼저 끝내는 걸 보게 될 거야"라고 자신감을 보이기도 한다(12월 28일 자 편지). 그러므로 베른에 도착했을 때 아마도 아인슈타인은 새로운 삶에 대한 희망에 부풀어 있는 상태였을 것이다.

지금도 베른을 방문하는 사람이라면 똑같이 느낄 테지만, 아인슈타인에게 베른의 첫인상은 "참으로 아늑한 중세도시"였다. 아레강으로 둘러싸인 반도 형상의 구시가는 베른역에서부터 뉘데크 다리에 이르는 중심가를 축으로 해서 양옆으로 늘어선 중세의 사암 건물로 이루어져 있다. 1405년의 대화재로 목재 건축물들이 소실된 후, 전면적 재건축을 통해 건설된 이 건물들의 지붕은 모두 빨간색이고, 1층은 전체가 아케이드로 이어져 있으며, 창가의 화분에는 꽃이 만발해 있다. 지금도 아인슈타인이 살던 시절과 모습이 크게 다르지 않은 베른 구시가는 전체가 1983년 유네스코 세계유산으로 지정되었다.

체링겐 공작 베르톨트 5세가 12세기 말에 건설한 이 도시는 도시의 상징인 시계탑과 아레강으로 둘러싸인 구시가를 중심으로 차츰 서쪽으로 팽창을 거듭했다. 베른시를 중심으로 하는 베른주는 1353년 스위스연방에 가입한 이래 연방의 중심적인 위치를 계속 지켜왔고, 현재도 스위스에서 두 번째로 인구가 많은 주다. 스위스가 현대 연방국가로서의 틀을 갖춘 1848년에 이곳에 연방정부와 연방의회가 위치하게 되면서, 베른시는 스위스 헬베티카 연방의 사실상 수도로 지정되었다.

아인슈타인이 처음 얻은 집은 구시가의 동쪽 끝, 곰 공원에서 뉘데크 다리를 건너면 바로 가까운 곳에 위치한 게레히티카이츠가 32번지에 있는, 침실 하나짜리 작은 아파트였다. 지금 이곳에는 아케이드의 기둥에 사진과 함께 명패가 붙어 있어서 아인슈타인이 살았던 집임을 알 수 있다. 아직 정식으로 특허청에 채용되어 월급을 받고 있던 것도 아니었으므로, 이 집의 살림은 초라하기 그지없다. 아인슈타인의 옛 멘토이자 친구였던 탈무트가 이 시기 아인슈타인을 방문했던 기록을 다음과 같이 남겨놓았다. "1902년 4월 친구를 만나서 하루를 같이 보냈다. 사는 모습을 보니 그가 몹시 곤궁하다는 걸 알 수 있었다. 가구도 변변치 않은 작은 집이었고, 특허청의 월급도 나오지 않아서 생활이 어려워 보였다. … 친구는 내게 그의 첫 번째 논문의 인쇄본을 주었다. 바로 전에 《물리학 연보》에 출판된 논문이었다."

베른 생활을 막 시작했을 즈음 아인슈타인의 주된 관심사는 밀레바가 낳은 자신의 아이였다. 여자아이가 태어났음을 알리는 편지가 아인슈타인에게 도착했기 때문이다. 아이를 낳고 밀레바는 산고에서 회복하느라 한동안 편지를 쓰지 못했기 때문에, 편지를 쓴 사람은 밀레바의 아버지 밀로시였다. 데니스 오버바이는 아인슈타인이 밀레바가 아니라 밀로시 이름으로 온 편지를 받고 놀랐으며, 두려움에 당장은 편지를 읽지도 못했다고 쓰고 있다. 아기의 이름은 미리 이야기했던 대로 리제를Lieserl로 정했다. 남아 있는 기록은 아버지가 된다는 사실에 흥분과 두려움과 애정으로 가득 찬 젊은 아인슈타인을 잘 보여준다. 2월 4일 자로 밀레바에게 보낸 편지에서 아인슈타인은 이렇게 말하고 있다.

> 정말 리제를이야! 건강하고 잘 울고 있겠지? 누가 우유를 주지? 나는 그 아이를 정말 사랑해요. 아직 얼굴도 못 봤지만. … 그 아이가 나처럼 되었으면 좋겠어, 멋질 거야! 아기가 이미 울 줄은 알겠지만, 웃는 법을 배우려면 한참 더 있어야겠지. 거기에 심오한 진리가 있어.

아인슈타인은 자신이 살고 있는 집의 구조와 가구의 위치를 상세히 그려서 이 편지에 동봉했다. 이 집에서 당신과 둘이 살면 얼마나 좋을까. 아니, 이제 아기도 있으니 셋이서. 그러나 1900년대의 스위스에서 연방 공무원이 되려는 사람이 정식 결혼을 하지 않은 채로 동거한다는 것은 위험한 일이었다. 잘못하면 겨우 찾아온 안정된 직장을 날릴 수도 있었다. 두 연인에게 아이를 얻은 기쁨과 함께 있지 못하는 슬픔이 교차했다.

올림피아 아카데미

아인슈타인은 자신의 아이가 태어났다는 사실을 현실적으로 받아들였음에 틀림없다. 위의 편지를 보낸 다음 날인 2월 5일, 베른의 지역신문인 《베른시 신문Anzeiger fur die Stadt Bern》에 이런 공고가 났기 때문이다.

> 수학 및 물리학 철저하게 개인 지도.
> 알베르트 아인슈타인이 대학생이나 중등 학생에게.
> 연방 공과대학 (취리히 소재) 교사 자격증 소지.
> 게레히티카이츠가 32번지.
> 시범강의 무료.

이 광고의 이미지는 제법 유명해져서 인터넷에서 어렵지 않게 찾아볼 수 있다. 광고가 나간 후 두 사람이 찾아와서 시간당 2프랑의 물리학 강의를 들었다. 두 달 후 아인슈타인은 다시 광고를 내면서 이번에는 강의료를 시간당 3프랑으로 올렸다. 이번에 광고를 보고 찾아온 사람은 베른대학교 학생인 모리스 솔로빈이었다.

루마니아의 이아시Iași에서 태어나서 1901년에 베른대학교에 들어온 솔로빈은 그리스철학, 문학, 문헌학 강의를 듣고, 의학부에서 생리학 수업을 받는 한편 수학과 물리학, 지리학까지 공부하고 있었을 만큼 지식과 배움의 열망에 불타는 젊은이였다. 아직 정말로 공부하고 싶은 것이 무엇인지를 결정하지는 못했지만, 솔로빈은 첫해 동안의 고투를 통해 그럭저럭 공부해나갈 방향을 찾아가고 있었다. 특히 근본적인 문제에 천착하던 솔로빈은 이론물리학에 갈증을 느끼고 있었다. 솔로빈이 강의를 들었던 대학의 물리학 교수는 실험물리학자로서 물리학 이론이 가설에 기반을 둔 임의적인 구성물이라고 폄하했지만, 솔로빈은 물리학 이론이야말로 자연을 총체적으로 이해하게 해주고 철학의 견고한 기초가 되는 가장 흥미로운 주제라고 생각했기 때문이다. 솔로빈은 스스로 이론물리학을 공부해보려고 했지만 수학 실력이 부족해서 이해하기가 버거웠다. 그래서 아인슈타인의 신문광고를 보았을 때 솔로빈은 이론물리학을 배울 수 있는 좋은 기회라고 생각하고 곧장 게레히티카이츠가 32번지로 아인슈타인을 찾아온 것이다.

솔로빈은 아인슈타인과의 첫 만남을 이렇게 기억한다.

> 나는 광고에 나온 집 이층으로 올라가서 벨을 울렸다. "들어오세요!"라고 천둥 같은 목소리가 들리고 곧 아인슈타인이 나타났다. 어두운 현관 입구에서 나는, 커다란 눈에서 뿜어져 나오는 비범한 빛에 놀랐다.

왠지 유럽 영화가 시작하는 장면 같다. 솔로빈은 아파트에 들어가서 자리를 잡고 앉은 후 자신을 소개했다. 철학을 공부하고 있으며, 자연에 대한 완전한 이해를 얻기 위해 물리학을 탐구하고 싶다는 것을. 아인슈타인은 이에 대해, 자신 역시 어렸을 때는 철학에 관심을 가지기도 했으나, 철학 특유의 모호함과 임의성 때문에 관심을 돌리고, 지금은 물리학에 집중하고 있다고 말했다. 이들은 처음 보는 사이면서도 죽이 잘 맞아서 대화가 계속해서 이어졌다. 솔로빈은 이렇게 회상한다.

> 우리는 두 시간 동안 모든 주제에 대해 이야기를 나누었고, 생각이 같고 서로에게 이끌린다는 것을 느꼈다. 시간이 늦어 집에 가려고 일어나자 아인슈타인이 따라 나와서, 우리는 길에서 한 시간 반 동안 토론을 이어갔다. 그리고 다음 날 다시 만나기로 했다.

어쩐지 사랑에 빠진 연인들 같은 모습이다.

다음 날 두 사람은 다시 만나서 전날의 대화를 이어갔다. 물리학 교습이라는 원래의 목적은 둘 다 기억하지도 못했다. 아인슈타인은 솔로빈과의 대화가 몹시 즐겁다는 것을 깨달았다. 세상을 향해 열려 있던 아인슈타인의 젊은 두뇌는, 지식뿐 아니라 끊임없이 자신을 표현하고 비판과 자극을 주고받는 토론을 목말라하고 있었던 것이다. 세 번째 만남에서 아인슈타인은 솔로빈에게, 물리학 교습은 필요 없을 듯하고, 함께 이야기 나누는 게 매우 즐거우니 종종 이렇게 만나서 토론을 하자고 제안했다. 솔로빈도 두말할 것 없이 찬성이었다.

이렇게 만나서 대화를 나누던 어느 날, 솔로빈은 "우리 위대한 사상가의 작품을 하나 골라서 읽고, 거기서 다루는 문제를 놓고 토론을 하는 게 어때?"라고 제안했고, 아인슈타인이 곧 찬성했다. 그들이 처음 읽은 책은 솔로빈이 추천한 영국의 수학자 칼 피어슨Karl Pearson의 『과학의 문법The Grammar of Science』이었다.

칼 피어슨은 런던의 킹스칼리지와 런던대학교의 수학 교수로서 수리통계학이라는 분야의 기초를 닦았으며, 이를 제도권에 도입하는 데 크게 기여한 사람이다. 또한 수학적 방법론을 생물학이나 기상학과 같은 인접 학문 분야에까지 확장해서 적용했고, 그러다 보니 우생학에도 커다란 영향을 주었다. 피어슨은 또한 과학의 사회적 역할과 철학적 함의 등에도 많은 관심을 기울이고 글을 남겼다. 『과학의 문법』은 이러한 방향에서 피어슨이 과학 일반에 대한 자신의 생각을 서술한 책이다. 이 책에서 다루는 주제는 매우 폭이 넓어서, 과학과 시민권, 과학과 형이상학, 과학과 미학적 판단 등에 대한 글도 있고, 의식과 사고 과정, 실재의 관계에 대한 논의도 있으며, 자연법칙이라는 말의 의미, 자연법칙의 보편성 등도 논하고 있다. 특히 눈에 띄는 것은 상대성에 대한 논의와 공간과 시간에 대한 장이다. 훗날 아인슈타인이 상대성에 관한 본인의 업적을 언급할 때 칼 피어슨을 언급한 적은 특별히 없었는데, 젊은 시절에 읽은 이 책이 미래의 아인슈타인이 상대성이론을 생각할 때 어떠한 영향을 주었는지 궁금한 일이다.

몇 주 후에 아인슈타인을 샤프하우젠에 소개했던 친구 콘라트 하비히트가 베른에 나타났다. 수학을 공부하던 하비히트는 학업을 아직 마치지 않은 상태였다. 아인슈타인의 권유로 하비히트도 아인슈타인과 솔로빈의 대화에 참여하기 시작해서, 이들의 만남은 이제 세 사람의 모임으로 자리를 잡았다. 이들은 함께 식사하고, 책을 읽고, 대화를 나누었다. 토론은 밤늦도록 이어지기 일쑤였고, 밤새워 토론을 하고 나서 새벽에 일출을 보러 나가기도 했다. 셋 다 젊었고, 가난했고, 지적인 열정이 가득했다. 식사는 "볼로냐소시지 하나, 그뤼에르 치즈와 과일 한 조각, 꿀 조금과 차 한두 잔"이 전부였을 만큼 간소했다. "즐거운 가난이여, 너 참 아름답구나!"라는 에피쿠로스의 말은 이들의 모토가 되었다. 가난했고, 미래에 대한 꿈과 불안이 교차했으나 젊음은 낭만을 잃지 않았다. 젊은이다운 허세로 이들은 자신들의 모임을 "올림피아 아카데미"라고 불렀다.

 아인슈타인이 아카데미의 회장을 맡았다. 그들은 과장스럽게 "아인슈타인 회장"이라고 칭했다. 하지만 실제로도 아인슈타인은 물리학의 전문가로서 모임의 중심 역할을 맡았다. 솔로빈은 이렇게 회상한다.

> 아인슈타인과 친밀해질수록 그에 대한 애착이 더욱더 커졌다. 나는 그의 독특한 직관과 놀랄 만큼 물리학 문제에 정통한 점을 높이 샀다. 아인슈타인은 유창한 연설가가 아니었고, 충격적인 표현을 사용하지도 않았다. 그저 주제를 느리고 차분하게, 그렇지만 놀랄 만큼 명료하게 설명할 따름이었다. 추상적인 사고를 쉽게 이해시키기 위해 아인슈타인은 때때로 일상의 경험에서 비롯된 예를 들기도 했다. 수학에 능숙했으나, 물리학자가 수학을 남용하는 데는 반대했다. "물리학은" 아인슈타인은 이렇게 말했다. "기본적으로

구체적이고 직관적인 과학이야. 수학은 현상을 지배하는 법칙을 표현하는 방법일 뿐이고."

비록 학계에서 떨어져 있었지만, 아인슈타인이 한 사람의 과학자로서 독특하게 성장해가고 있었음을 짐작할 수 있다.

칼 피어슨 다음으로는 마흐의 『지각과 역학의 분석』, 존 스튜어트 밀의 『논리학』, 흄의 『인간 본성론』, 스피노자의 『에티카』, 헬름홀츠의 강의 몇 편, 앙드레마리 앙페르의 『철학에세이』 중에서 몇 장, 리만의 『기하학의 기초를 이루는 가설에 관해』, 아베나리우스의 『순수 경험 비판』의 몇 장, 클리퍼드의 『사물 그 자체의 본성에 관해』, 데데킨트의 『수란 무엇인가?』, 푸앵카레의 『과학과 가설』 등이 이어졌다. 마흐는 아인슈타인이 예전에 읽었던 책이었다. 이들은 푸앵카레에 특히 열중해서, 몇 주 동안이나 사로잡혀 있었다. 문학작품도 읽었다. 소포클레스의 『안티고네』, 라신의 『앙드로마크 Andromaque』, 디킨스의 『크리스마스 캐럴』 등. 『돈키호테』는 일부만 읽었다.

훗날 아인슈타인의 동료가 되고, 프라하 카를대학교의 후임자가 되며, 아인슈타인의 전기를 쓰게 되는 필립 프랭크에 따르면, 아인슈타인은 철학책을 두 가지의 서로 다른 관점으로 읽었다. 하나는 진지한 관점에서 과학 법칙의 본질에 대해 배울 점이 있는 철학자들이고 다른 하나는 음악이나 명상처럼, 다소 모호하고 피상적이지만 아름다운 언어로 세상의 진실에 대해서 말하는 철학자들이다. 전자의 예로는 흄, 에른스트 마흐, 푸앵카레 등이 있고, 후자의 예로는 쇼펜하우어와 니체가 있다. 프랭크는 이마누엘 칸트는 양쪽에 다 속하는 것 같다고 썼다.

흄은 아인슈타인이 특히 관심을 갖던 철학자였다. 아인슈타인이 흄에게서 감명을 받은 점은 무엇보다도 최고 수준의 명료성이었다. 흄은 심오한 느낌을 주기 위해 애매한 표현을 쓰는 걸 극구 피했다. 흄은 과학에서 유효한 방법은 경험과 수학적, 논리적으로 유도하는 일, 두 가지뿐이라는 걸 보이고, 이 두 가지 방법에 기초를 두지 않았다면 형이상학적인 보조 개념을 일체 배격했다. 이러한 관점은 아인슈타인이 자신의 물리학을 수립하는 데 있어서, 기초부터 들여다보도록 해주었다.

5월 말에 아인슈타인은 툰가 43A번지의 집으로 이사했다. 구시가에서 아레강 남쪽 건너편에 위치한 이 지역은 1870년대에 개발되었는데, 처음부터 시내에서 일하는 사람들을 위한 전원형 주택가로 계획되어 공장 등의 건설이 제한되었으며, 높은 토지 가격 탓에 고급주택지가 되었다. 현재도 이 지역은 각국 대사관과 박물관들이 늘어선 단정하고 우아한 시가지다. 아인슈타인이 살던 집도 지금은 크로아티아 대사관의 영사부가 되어 있으며, 대한민국 대사관은 거기서 10분 정도 걸어가면 닿을 수 있다. 그래서인지 현재 이곳에는 아인슈타인이 살았다는 흔적이 없다.

아직 특허청으로부터는 연락이 오지 않고 있었다. 아인슈타인은 개인 강습을 해서 먹고사는 수밖에 없었지만, 교습을 받을 학생을 구하기도 쉽지 않았고 받는 돈도 형편없었다. 하루는 돈을 벌 방법을 궁리하다가 아인슈타인이 솔로빈에게 "거리에 나가서 바이올린을 켜는 게 더 쉽겠어"라고 말하자, 솔로빈은 "그러면 나는 기타를 배워서 따라다니지"라고 대답했다.

가난했지만 그들의 정열은 아름다웠다. 토론은 늘 활기차고 한없이 길어지기 일쑤였고 적당히 멈추는 일이란 없었다. 사실 함께 읽는 책의 진도는 잘 나가지 않았다. 한 페이지를 읽기만 해도, 아니 반 페이지나 불과 한 문장을 두고도 토론이 불이 붙으면 며칠이나 이어지기도 했다. 솔로빈은 "정오에 아인슈타인을 만날 때 그가 하는 첫마디가 '어제 네가 말한 거 말이야'로 시작하는 게 흔한 일이었다"라고 회상했다. 한참 토론이 벌어지고 난 후, 모두 지쳐 떨어지면 가끔 아인슈타인이 바이올린을 켜기도 했다.

아인슈타인은 뛰어난 업적을 남긴 사람들이 흔히 그렇듯이, 어떤 문제에 몰두하면 엄청난 집중력을 보여주었다. 솔로빈은 아인슈타인의 집중력을 보여주기 위해 캐비어의 예를 들었다. 하루는 그들이 베른 시내를 지나다가 상가에 진열된 캐비어를 보았다. 예전에 고향에 있을 때 캐비어를 먹어본 솔로빈이 캐비어의 맛을 기억하며 칭찬을 늘어놓자 아인슈타인이 호기심을 보였다. "정말 그렇게 맛있어?" 솔로빈은 맛있다고 장담했다. 다만 루마니아에서와 달리 스위스에서는 캐비어가 어마어마하게 비싸서 간단히 사 먹을 수 없었다. 솔로빈은 하비히트와 의논해서 아인슈타인의 생일에 캐비어를 내놓기로 했다. 아인슈타인의 생일인 3월 14일, 아카데미의 멤버들은 아인슈타인의 아파트에 모여서 함께 저녁을 먹었다. 솔로빈은 몰래 캐비어를 준비해서 식사에 내놓을 생각이었다. 그런데 식사를 하면서 갈릴레이의 관성의법칙에 대한 이야기가 나왔고, 아인슈타인은 대화에 열중해버렸다. 접시에서 캐비어를 퍼먹으면서도 아인슈타인은 자신이 무엇을 먹는지 전혀 신경 쓰지 않고 관성의법칙에 대한 논의를 계속했다. 하비히트와 솔로빈은 당혹해서 서로를 쳐다보다가 마침내 말했다. "이봐, 네가 지금 무엇을 먹고 있는지 알아?" 아인슈타인은 잠시 멍하니 있다가 그제야 깨닫고, "맙소사, 그 유명한 캐비어였군"이라고 말한 후, 이렇게 덧붙였다. "맛있는 진미를 촌뜨기들에게 대접해봤자 소용없어. 그들은 맛을 볼 줄 모르니까."

솔로빈은 베른 시절이 지난 후에도 평생 아인슈타인과 친교를 유지하며 편지를 주고받았다. 그는 1987년에 아인슈타인에게서 받은 편지를 모아서 『솔로빈에게 보낸 편지, 1906~1955 Letters to Solovine, 1906-1955』를 펴냈다. 솔로빈이 직접 쓴 이 책의 서문에는 아인슈타인과의 만남과 올림피아 아카데미에 대한 내용이 자세하고도 애정 넘치는 필치로 묘사되어 있다. 올림피아 아카데미에 대해서 별다른 공적 기록이 있을 리 없으므로, 이 책을 포함해, 여러 아인슈타인 전기들에서 언급하는 올림피아 아카데미에 대한 에피소드의 대부분은 이 책에 실린 솔로빈의 서문에 근거하고 있다고 생각하면 된다.

베른 시절 이후 아인슈타인의 인생은 점점 더 극적이고 파란만장하게 전개되지만, 아인슈타인은 젊음의 낭만을 마음껏 구가했던 올림피아 아카데미를 평생 아름다운 추억으로 간직했고, 솔로빈과 하비히트와의 우정을 유지했다.

> 우리가 우리의 행복한 '아카데미'에서 우리 나름의 공부에 열중했던 시절, 베른에서 우리는 정말 멋진 시간을 보냈지. 우리의 아카데

미는, 그 뒤로 내가 밀접하게 관여했던 고귀한 아카데미들보다 덜 유치했어(아인슈타인이 솔로빈에게 보낸 편지, 1948년 11월 25일 자).

하물며 솔로빈에게는 그 시절이 인생에서 얼마나 소중한 기억이었을까.

특허청

스위스연방 특허청은 특허에 관한 최초의 연방 법령이 제정되고 난 후 1888년 11월 15일 로라인가 3번지에 문을 열었고, 1901년 베른 기차역 북동쪽의 슈파이허가에 위치한 국제전기통신연합 건물 3층으로 이전했다. 아인슈타인이 재직하던 사무실이 바로 이 건물이다. 현재의 주소로 슈파이허가 6번지인 이 건물은 단정한 청회색의 석회석으로 지어졌다. 특허청은 이 건물에 1907년까지 입주해 있다가 이후에는 역의 우체국 건물로 옮겼고, 이 건물은 오늘날 스위스의 주정부 및 의회가 공동으로 이용하는 칸톤하우스로 쓰이고 있다.

6월 16일 마침내 특허청의 채용이 공식적으로 결정되고, 아인슈타인은 연봉 3500스위스프랑의 연방 특허청 3급 기술직 심사관에 임명되었다. 일단은 견습 기간이었지만, 어쨌든 이제 스위스연방 공무원으로서 생활이 시작된 것이다. 특허청에서 알려온 바에 따르면 임명은 7월 1일 자로 예정되어 있었지만 더 일찍 시작해도 무방하다고 했다. 그래서 신입 직원 아인슈타인은 6월 23일에 특허청에 출근했다.

첫 출근을 하는 아인슈타인은 어떤 모습이었을까? 오랫동안 고대해온 직장이므로 아인슈타인도 신입 직원답게 단정한 수트를 입고 출근했을 것이다. 이 시기 아인슈타인의 사진을 보면 훗날 아인슈타인의 트레이드마크가 될, 옷차림에 대한 무심함은 잘 드러나지 않고 대체로 멀쩡한 옷차림이다. 사진에서 그는 대체로 체크무늬 수트를 입고 있는데, 이 옷은 상사인 할러가 권유해서 맞춘 옷이라고 한다. 베른의 6월은 우리나라의 5월보다 조금 더 시원한 정도의 쾌적한 기후라서 아인슈타인이 옷을 고르는 데 별다른 문제가 없었을 것이다.

아인슈타인의 전기를 보면 종종 특허청에 출근하는 아인슈타인의 모습을 묘사할 때 '집에서 나와서 왼쪽으로 돌아서 시계탑을 지나갔다'라고 묘사하는데, 이런 묘사는 아인슈타인이 베른에서 살던 집들 중 가장 유명한 크램가의 집에서 출근할 때의 모습을 가정한 것으로 보인다. 하지만 첫 출근 때는 이런 길을 따르지 않았을 것이다. 특허청에 채용이 결정되고 출근을 시작할 무렵에 아인슈타인이 살던 튠가는 구시가에서 아레강 건너편에 위치한 동네라서, 출근을 하려면 키르헨펠트 다리를 건너서 시가지를 통과해야 한다. 시계탑 앞으로 지나갈 수도 있지만, 꼭 그래야 하는 건 아니다. 거리도 꽤 멀기 때문에 걸어서 다니기는 어려웠을 것 같다.

특허청의 심사관이 하는 일은 발명가가 제출한 특허 신청서를 검토해서 특허를 줄 만한 내용인지 평가하고 때로는 수정하는 등의 일이었다. 아인슈타인은 특허청에 재직하는 동안 내내 이러한 심사관 일을 즐겼다. 다루는 문제가 다르기는 했지만, 기본적으로 물리학 연구를 하는 일과 비슷한 지적인 작업이었기 때문이다. 특허청의 책임자인 할러는 1888년 스위스연방 특허청이 창설될 때부터 책임자였고 1921년까지 장을 맡았던 인물로서, 엄격하면서도 합리적인 인물이었다. 그는 직원들에게 특허심사를 할 때 항상 비판적으로 생각하도록 가르쳤다. 다양한 공학적 문제를 비판적으로 다루는 일은 아인슈타인의 구미에 잘 맞는 일이었다. 아인슈타인의 여러 전기는 아인슈타인이 이런저런 주변 사람들에게 특허청의 일에 대해 언급한 내용을 기록해놓았다. "사무실에서의 일이 놀라울 정도로 다양해서 아주 재미있다. 새롭고 흥미로운 아이디어를 완전히 이해해야 했다. … 그 일은 여러 각도에서 생각을 하게 만들었고 물리학적 사유에 중요한 자극이 되었다. … 나의 과학에는 부담이 아니라 이익이었다."

하버드대학교의 과학사 및 과학철학 교수인 갤리슨Peter Louis Galison 은 그의 저서 『아인슈타인의 시계, 푸앵카레의 지도』를 통해, 아인슈타인이 특허청의 심사관으로 일하면서 서로 다른 위치에서 시계를 동기화하는 문제를 다룬 것이 특수상대성이론을 발전시키는 데 결정적으로 중요했다고 논증했다. "특허국 사무실에서 그는 동료 심사관들과 함께 3년 동안 시간 기계를 분석해왔다. … 1905년 5월에 아인슈타인이 전기로 좌표화한 시계를 가지고 동시성을 정의하기 시작한 것은 … 시간을 영원한 진리이자 신학적인 강제로 보는 것이 아니라 실용주의와 규약성에 의해 정의된 것으로 보게 된 것이다."

그렇다면 과연 아인슈타인이 심사한 특허들은 무엇이며, 아인슈타인의 심사 내용은 어떠했을까? 안타깝게도 아인슈타인의 심사 기록은 남아 있지 않다. 스위스 법에 따라 18년간의 특허 보호 기간이 지나면 특허출원이 종료되고 모든 관련 서류는 폐기하도록 되어 있었기 때문이다. 아인슈타인이 심사관이었던 시기가 1902년에서 1909년이므로, 아인슈타인의 심사 기록은 1927년까지 모두 폐기되었고, 지금은 아인슈타인이 어떤 특허를 심사했는지, 어떤 보고서를 냈는지에 대한 세부 사항을 알 수 없게 되었다. 1920년대에 아인슈타인은 이미 세계적으로 유명 인물이 되었으니, 아인슈타인의 기록만 예외로 할 수는 없었을까 싶지만, 아인슈타인의 전기작가 중 한 사람인 알브레히트 푈싱에 따르면 프리드리히 할러나 그의 후임자인 특허청장은 규정에서 예외를 두지 않고 모든 것을 폐기해 버렸다고 한다. 단 하나 특허심사에 대한 아인슈타인의 심사 의견이 남아 있기는 하다. 1907년 12월 11일에 작성된 이 의견서는 해당 특허가 법적 분쟁을 겪는 바람에 법정 기록에 포함되어 남아 있게 된 것이다. 이 특허는 베를린의 AEG사가 교류기계에 대해 청구한 것으로, 아인슈타인은 이 기계를 "부정확하고, 정밀하지 못하며 명확하지 못하다"라는 이유로 기각했다.

아인슈타인은 특허청에서 일이 어떠했느냐는 질문에, 특허 청구서 및 설명서의 원문을 명확하고 정확하게 표현할 수 있어야 했고, 다양한 관점에서 생각해볼 것을 요구해서 물리적으로 사고하는 데 좋은 자극이 되었다고 답했다. 심지어 그는 나이가 든 후에 말하길, 젊은 시절에 실용적인 직업을 가짐으로써 학문적 쳇바퀴에서 벗어나 있어서 다행이었다라고까지 했다. 학계가 "젊은 사람에게 많은 과학 업적을 내놓아야 한다는 일종의 강박감을 준다". 그래서 흔히 "피상적인 일만 하게 되고, 강한 성격이라야 이에 저항할 수 있다"라고 믿는다고 했다. 기술적인 지식을 바탕으로 주어진 문제를 비판적으로 검토한다는 점에서, 특허청의 심사 일은 분명 물리학자의 일과 비슷한 지적 작업일 수 있다. 하지만 간혹 예외적인 경우를 제외하면, 사실 대부분의 심사는 별로 흥미로울 게 없었고 매우 지루했다. 그러니 과연 아인슈타인이 적당한 조수 자리를 얻어서 일찍부터 학계에 들어갔을 경우와 특허청에 재직한 경험 중에서 어느 편이 그가 물리학자로서 성공하고, 인류의 역사에 이정표가 될 만한 업적을 남기는 데 더 도움이 되었을지 생각해보는 것은 흥미로운 물음일 것이지만, 역사에 가정을 도입할 때는 늘 그렇듯 정답을 찾을 수 있을 것 같지는 않다.

  적어도 특허청에 자리를 얻은 일이 아인슈타인에게 확실하게 가져다준 것이 있다. 그것은 직업이 주는 사회적 인정과, 자연스레 따르는 재정적인 안정이었다. 어쨌든 아인슈타인은 사무실 책상에 하루 여덟 시간 동안 앉아 있어야 했고, 그 대가로 그럭저럭 괜찮은 봉급을 받을 수 있었다. 아무리 아인슈타인이라도 직업적, 경제적 안정 없이는 제대로 된 연구를 진행하지 못했을 것이다. 젊은이에게 직업적인 안정이 얼마나 중요한지는 아인슈타인의 경우에서도 여실히 알 수 있다.

그렇다 하더라도 전문 학계가 아닌 세계에 살면서 제대로 된 연구를 하기는 쉽지 않다. 사람은 누구나 주변과 영향을 주고받고 늘 배우고 가르친다. 학계 안에서 다른 사람과 교류를 별로 하지 않고 고독하게 지내는 것과, 아예 다른 세계에서 살면서 학문을 하는 것은 완전히 다른 일이다. 후자가 훨씬 어려운 것이다. 아인슈타인은 분명 고독을 즐기고 혼자만의 세계에서 자신의 이론을 추구하는 사람이었지만, 자신의 위치에 걸맞은 사교 활동에도 게으르지 않은 사람이었다. 대학 시절에도 늘 친구들과 물리학 이야기를 떠드는 데 열심이었듯이, 그는 언제나 학문적인 대화를 할 사람을 주변에 두었다. 베른에서 처음에는 올림피아 아카데미가 그 역할을 했고, 밀레바가 항상 옆에 있었다. 학위를 받은 하비히트가 샤프하우젠으로 돌아가고 솔로빈 역시 학업을 마치고 스트라스부르로 옮기게 되어 올림피아 아카데미가 흩어진 1904년 이후에는, 그의 가장 친한 친구인 베소가 그 역할을 맡았다. 베소는 아인슈타인의 소개로 1904년 1월에 베른으로 와서 특허청에서 일하게 되었는데, 아인슈타인보다 높은 직급인 2급 심사관으로 시작했다. 취리히의 카페 메트로폴처럼 베른에서 그가 친구들과 대화를 하면서 시간을 보내던 곳은 베른역 근처 볼베르크가의 카페 볼베르크 Café Bollwerk다(볼베르크는 요새라는 뜻으로, 30년 전쟁 때 세워진 요새가 있었기 때문에 붙은 이름이다. 지금은 이 카페는 존재하지 않는다).

아인슈타인은 또한 특허청의 동료인 요제프 사우터와 가까워졌다. 사우터는 프랑스계의 스위스인으로 취리히 폴리테크니쿰에서 공부했고, 바로 베버의 조수를 지냈다. 아마도 그래서 아인슈타인이 특허청에 처음 왔을 때 사우터를 따랐거나, 사우터가 아인슈타인에게 신경을 써준 게 아닌가 한다. 아인슈타인은 사우터의 소개로 베른의 "자연과학 연구협회"에도 회원으로 가입했다. 이 단체의 기원은 무려 1786년으로 거슬러 올라간다. 과학에 관심을 가진 사람들이 모여서 과학적 지식을 전달하고 교환하는 것을 목적으로 했던 이 협회는, 1815년에 새로 설립된 스위스과학협회(오늘날의 스위스 과학아카데미)에 부속기관으로 통합되었다. 협회의 회원은 대학의 교수, 중등학교의 교사, 의사 등의 전문직과 기타 여러 분야의 사람들로 다양했다. 아인슈타인이 다니던 시기에 이 모임은 샤우플라츠가 10번지 10에 위치한 슈토르첸 호텔에서 2주에 한 번씩 회합을 가졌고, 아인슈타인은 1902년 가을부터 참가하기 시작해서 1903년 5월에 회원이 되었으며 1903년 12월에는 전자기파에 대해서 강연을 했다. 나중에 아인슈타인은 베소도 협회에 데려와서 회원으로 가입시켰다. 이 호텔은 1913년 브리스톨 호텔로 바뀌어 지금까지 남아 있다.

  스위스연방 특허청의 자리는 아인슈타인이 가장 어렵던 시절에 희망의 불빛이었으며, 자칫 초야에 묻힐 뻔했던 재능 있는 젊은이를 세상에 나오게 해준 발판이었다. 나아가서, 특허청에 재직하는 동안 아인슈타인은 기적의 해를 만들었고, 1907년의 어느 날 특허청의 책상 앞에서 일반상대성이론으로 나아가는 중요한 영감을 얻었다. 그런 의미에서 특허청은 아인슈타인의 인생에서 가장 중요한 이정표가 되는 장소였을 것이다. 아인슈타인도 베소에게 보낸 1919년 12월 12일 자 편지에서 "네가 특허청에 다시 가고 싶어 하다니 재미있있네. 세속의 수도원weltliche Kloster에서 나는 가장 아름다운 생각을 품었었고, 그곳에서 우리는 함께 행복한 날들을 보냈었지"라고 회상하며 그리움과 애정을 표했다. 이 편지에서처럼 아인슈타인은 특허청을 종종 '세속의 수도원'이라고 불렀고, 베른에서의 삶을 "행복한 베른 시절"이라고 즐겨 표현했다. 베른에서 아인슈타인은 날개를 달았고, 그의 가장 중요한 아이디어들을 생각해냈으며, 결혼을 하고 아들을 낳았다. 아마도 아인슈타인의 삶에서 보통 말하는 행복이라는 말에 가장 어울리는 시간은 분명 베른에서의 시간이었을 것이다.

그리고 이제 아인슈타인이 진정으로 비상할 시간이 다가오고 있었다. 더 높은 곳에 오른다고 더 행복한 것은 아니지만.

결혼

아인슈타인은 8월에 다시 아르키프가 8번지로 이사했다. 이 집은 구시가에서 남쪽으로 키르헨펠트 다리를 건너면 바로 정면에 보이는 베른 역사박물관 서쪽 뒤편의 주택가에 위치한다. 베른 역사박물관은 50만 점이 넘는 역사적, 문화적 유물을 소장하고 있는 스위스에서 가장 중요한 박물관 중 하나인데, 한 층 전체를 아인슈타인 박물관으로 할애하고 있다. 아인슈타인의 생애를 세계사의 흐름과 맞물려서 입체적으로 조망해볼 수 있는 훌륭한 전시관이므로, 아인슈타인에 관심을 가진 사람은 들러볼 가치가 있다.

이때까지 밀레바와는 편지만을 주고받으며 서로의 마음을 확인할 뿐 진전이 없었다. 부모의 허락 없이 결혼하고 싶지는 않았기 때문에 두 사람은 기다리는 수밖에 없었다. 그런데 그해 10월, 헤르만 아인슈타인의 건강 상태가 심상치 않아졌다. 아버지의 건강을 염려하는 마음과 더불어 밀레바와의 결혼을 인정받고 싶은 마음에 아인슈타인은 초조한 마음으로 밀라노로 향했다. 자신의 죽음이 멀지 않았음을 직감한 헤르만은 결국 아들의 결혼을 허락하고, 곧 사망했다. 아인슈타인은 처음 경험한 육친의 죽음에 충격을 받았고 죄책감과 슬픔이 뒤섞인 복잡한 감정 속에서 당혹했다. 우리 모두 잘 알듯이 가까운 이의 죽음이라는 충격은 결코 해결될 수 없는 일이다. 아인슈타인은 그 감정을 그대로 안고 베른으로 돌아올 수밖에 없었고, 현실의 생활을 다시 시작했다.

이제 더 기다릴 필요가 없었다. 다음 해인 1903년 1월 6일 아인슈타인과 밀레바 마리치는 베른 등기소에서 결혼했다. 종교적 형식은 전혀 따르지 않았고, 올림피아 아카데미의 멤버인 솔로빈과 하비히트가 결혼 증인을 섰다. 아인슈타인의 가족은 물론이고 밀레바의 가족도 베른에 오지 않았으므로 결혼식은 매우 조촐했지만, 솔로빈과 하비히트 덕분에 부부는 저녁에 제법 떠들썩하게 축하연을 가질 수 있었다. 들뜬 분위기에 아인슈타인이 신혼집의 열쇠를 잃어버려서 부부는 밤늦은 시간에 집주인을 깨워야 했을 정도다.

결혼을 하면서 아인슈타인은 새로 집을 얻었다. 부부가 살림을 시작한 집은 이전에 아인슈타인이 살던 집에서 조금 남쪽으로 내려온 위치의 틸리어가 18번지였다. 조용한 주택가인 이 집 앞에는 현

재 여기가 아인슈타인의 신혼집이었음을 알리는 팻말이 붙어 있다. 이 집에서 아인슈타인과 밀레바는 신혼의 행복을 만끽했다. 아인슈타인은 베소에게 "아내와 함께 아주 즐겁고 편안한 생활을 하고 있다"라고 전했고, 밀레바도 친구에게 "이제 취리히에 있을 때보다 훨씬 더 남편과 가까워졌다"라고 알렸다.

  올림피아 아카데미의 모임은 아인슈타인이 특허청에 다닐 때도 계속되고 있었는데, 결혼을 하고도 달라지지 않았다. 다만 아카데미에 네 번째 멤버가 생겼을 뿐이다. 밀레바의 지성은 모임에 참가하기에 충분했고 종종 함께 참석했지만, 내성적인 그녀는 거의 끼어들지 않고 한쪽에서 주의 깊게 대화를 듣고만 있었다고 솔로빈은 기억했다.

  세상일이 으레 그렇듯 결혼으로 두 사람의 문제가 모두 해결된 것은 아니었다. 무엇보다 두 사람의 아이인 리제를이 아직 세르비아에 남아 있었다. 리제를에 대해서 두 사람이 어떻게 계획을 세웠는지는 공식적으로 남아 있는 기록이 없어서 알 길이 없다. 그해 8월 부부는 노비사드로부터 리제를이 성홍열에 걸렸다는 연락을 받았다. 밀레바는 노비사드에 혼자 다녀왔다. 밀레바가 노비사드로 가는 중간에 아인슈타인에게 쓴 엽서와, 노비사드에 머무는 동안인 9월 19일에 아인슈타인이 밀레바에게 보냈던 편지가 남아 있다. 이 편지에서 아인슈타인은 리제를이 어떤 상태인지 걱정하고, 딸 하나를 더 낳으면 어떨까 하고 언급한다. 이것이 리제를에 대한 언급이 있는 마지막 기록이다.

노비사드에서 밀레바가 돌아온 후 리제를에 대한 언급은 더 이상 아무 데서도 찾아볼 수 없다. 보스턴대학교의 역사 교수면서 아인슈타인 연구자로서 아인슈타인 문헌 모음을 편찬하는 데 참여했고, 『아인슈타인 백과사전An Einstein Encyclopedia』의 저자 중 한 사람인 로버트 슐만 등의 연구자들이 세르비아의 행정기관과 교회 등을 찾아서 리제를의 흔적을 찾아보고, 심지어 묘지까지 뒤져보았으나 아무것도 발견하지 못했다. 심지어 리제를의 출생신고서라든가 어떤 종류의 등록 서류도 남아 있지 않다. 마치 그런 사람이 원래 존재하지 않았던 것처럼. 미국의 소설가 미셸 자크하임은 이 문제를 개인적으로 파고들어서 『아인슈타인의 딸Einstein's Daughter』이라는 책을 펴내기도 했다. 하지만 이 책에도 자크하임의 추측 외에 별다른 이야기가 담겨 있지는 않다(《뉴욕타임스》의 서평은 이 책의 서술에 대해, '체계적이지 못하고 그저 추측에만 따르고 있으며 독선적'이라고 혹평하고 있다).

1903년 10월에 아인슈타인 부부는 다시 이사했다. 새로운 집은 베른 구시가 크람가의, 시계탑에서 멀지 않은 49번지 2층이었다. 이 크람가 49번지야말로 아인슈타인이 살았던 모든 집 중에서 오늘날 가장 유명한 곳이다. 1977년 설립된 알버트아인슈타인협회 Albert Einstein Soceity라는 단체가 이 아파트를 사들여서 아인슈타인 하우스라는 이름의 기념관으로 만들었기 때문이다. 아인슈타인 하우스는 1979년 3월 14일, 아인슈타인 탄생 100주년에 맞추어서 문을 열었다. 이곳에 가려면 역에서 곰 공원 쪽으로 크람가를 따라가다가, 시계탑을 지나서 오른쪽을 보면 된다.

내가 처음으로 아인슈타인 하우스를 방문했을 때는 1993년이었는데, 그때만 해도 아인슈타인 하우스라는 간판조차도 잘 눈에 띄지 않아서, 한 번에 찾지 못하고 지나쳐서 곰 공원 근처까지 갔다가 돌아오곤 했다. 하지만 지금은 이곳이 점점 더 인기 관광지가 되어서, 근처에 가면 여기저기에 아인슈타인 피규어나 배지 등, 아인슈타인 관련 상품들이 나타나기 시작하므로 모르고 지나칠 수가 없을 정도다. 크람가는 원래도 유럽에서 가장 아름다운 거리 중 하나로

손꼽히는 베른 구시가의 중심 거리이며, 아인슈타인 하우스는 그중에서도 중심에 해당하는 시계탑 바로 옆이다 보니, 이 기념관은 베른을 방문하는 사람들이 반드시 들르는 베른 최고의 인기 관광지가 되었다.

아인슈타인 하우스의 2층은 아인슈타인이 살던 당시를 재현해 놓고 있다. 가운데의 저 테이블에서 아인슈타인은 저녁마다 연구를 하고 논문을 썼을 것이다. 입구 쪽에는 특허청에서 근무를 하는 모습을 찍은 실물 크기의 사진이 있고, 한쪽에는 아기용품도 있다. 이 집에서 살던 1904년 5월 14일, 큰아들 한스 알베르트 아인슈타인이 태어나서 자랐던 흔적이다. 성홍열에 걸린 리제를을 보러 밀레바가 노비사드에 다녀올 때, 밀레바는 이미 한스 알베르트를 임신하고 있었다.

한스 알베르트가 태어나자 외할아버지 밀로시 마리치는 크게 기뻐했고, 베른으로 아인슈타인의 집을 방문했다. 너무나 기쁜 나머지 밀로시는 부부에게 거액의 지참금을 주겠다고도 했다. 전해오는 이야기로는 지참금으로 주겠다는 돈이 10만 스위스프랑이었다고 하는데, 당시 아인슈타인의 연봉이 3500스위스프랑이었다는 걸 생각하면 엄청나게 큰 액수다. 그런데 아인슈타인은 자신이 돈 때문에 밀레바와 결혼한 게 아니라고 하면서 지참금을 거절했다. 밀로시는 만년에 이 일을 감동적으로 회고했다고 한다.

9월에 아인슈타인은 연봉이 400스위스프랑 인상되었고, 《물리학 연보》의 별책에 실릴 해설 논문을 몇 편 썼다. 이 별책은 다른 언어로 발표된 논문들을 간단히 해설 요약해서 모아놓은 것인데,

아인슈타인이 맡은 논문들은 전부 열역학에 관한 논문들이었다. 1904년까지 아인슈타인이 쓴 논문은 모두 다섯 편인데 전부 열역학 및 통계역학에 관한 논문이었기 때문이다. 해설 논문을 쓰면 작으나마 원고료도 받을 수 있었다. 해설 논문을 쓸 때는 밀레바도 도와주었을 것이다. 일요일에 부부는 아기를 유모차에 태우고 아름다운 베른의 거리를 산책했다. 아마 이 시기가 밀레바에게는 인생에서 가장 행복한 시기였을 것이다. 우여곡절 끝에 안정된 가정을 이루었고, 아무도 그들을 괴롭히지 않았으며, 저녁에는 과학 이야기를 하면서 그들이 함께 꿈꾸었던 생활을 하게 되었으니.

하지만 한편으로는 불안감의 싹도 자라고 있었을 것이다. 지금은 이렇게 소박한 학생 부부처럼 살 수 있지만, 학위가 없는 밀레바에게는 더 이상 전문직으로서의 미래는 없었으니까. 그리고 아인슈타인이 이렇게 대단치 않은 물리학자로 있으면서, 남의 논문이나 설명하고, 소박한 논문을 쓰는 정도라면 부부가 같이할 수 있지만, 그가 제대로 된 물리학자로 성장해 정말로 중요한 일을 하게 되면, 그때는 밀레바의 손이 닿지 않을 테니까. 아마도 자신의 문제라면, 밀레바는 어떤 어려운 장애에도 도전하고 극복할 수 있었을 것이다. 그러나 20세기 최고의 물리학자의 아내라는 자리는 그녀가 감당하는 일이 불가능할 만큼 엄청난 장벽이었다. 그 앞에서 과학자를 꿈꾸었던 세르비아 여인 밀레바 마리치는 스러지고 흩어져서 잊혀져 갔다.

아인슈타인 하우스는 2005년 아인슈타인 사망 50주년을 맞아 26년 만에 처음으로 전시를 재정비했고, 10년 후인 2015년 9월 14일에는 유럽물리학회EPS와 미국물리학회APS로부터 첫 번째 EPS · APS 공동 유적지로 공인되었다. 기념식에는 유럽물리학회 회장과 미국물리학회 회장, 그리고 스위스, 독일, 이탈리아 물리학회 회장과 베른 시장 등이 참가했다.

1905년, 기적의 해

유네스코는 2005년을 '세계 물리학의 해'로 선포했고, 이를 기념하기 위해 세계 곳곳에서 여러 행사가 열렸다(정확히 말해서 세계물리학회 총회와 국제 순수 및 응용물리학연합이 2005년을 세계 물리학의 해로 기념해야 한다고 결의하고, 이를 유네스코가 승인한 것이다). 2005년은 아인슈타인이 특수상대성이론을 비롯한 네 편의 논문을 발표한 1905년에서 100주년 되는 해였으므로 이를 기념한 것이다. 이해에 아인슈타인이 발표한 논문들의 중요성이 그 정도라는 뜻이다. 1905년은 아인슈타인의 인생에서도 매우 특별하고 중요한 의미를 가질 뿐 아니라, 물리학의 역사에서도 그러한 것이다. 따라서 아인슈타인의 1905년을 이야기하려면 이해에 나온 논문들을 이야기해야 한다. 하지만 각 논문에 대해 설명하려면 너무 길어지기도 하고, 복잡하게 느껴질 수 있으므로, 여기서는 우선 시간의 흐름에 따라서 아인슈타인의 한 해를 돌아보며 각 논문의 간단한 배경만 살펴보고, 자세한 내용에 대해서는 이 장의 뒷부분에서 논문별로 설명하도록 한다.

박사학위도 아직 받지 않고, 대학에 근무하는 것도 아닌 특허청 직원이, 이렇게 짧은 기간 동안 여러 분야에서 중요한 논문을 잇달아 발표했다는 사실은 지금 생각해보아도 놀랍고 믿기 어려울 정도로 대단한 일이다. 그래서 1905년을 아인슈타인의 '기적의 해annus mirabilis'라고 칭한다. 하지만 1905년 새해가 밝았을 때, 크람가 49번지에는 아무 조짐도 없었다. 아인슈타인은 여전히 아침이면 크람가로 나와 특허청으로 향했고, 저녁에 돌아와서는 한스 알베르트를 돌보았다. 일요일이면 파이프를 물고 밀레바와 함께 유모차를 밀며 거리를 돌았다. 평온한 나날이었다. 그러나 그의 머릿속에는 아이디어가 소용돌이치고 있었다. 아이가 잠든 밤이 되면 그는 거실의 큰 탁자에 앉아 노트에 계산을 했다.

1905년 3월, 첫 번째 논문이 완성되어 17일 자로 제출되었다. 첫 논문의 제목은 「빛의 발생과 변환에 관한 발견적 관점에 대해서Über einen die Erzeugung und Verwandlung des Lichtes betreffenden heuristischen Gesichtspunkt」였다. 발견적heuristic이라는 말은 물리학에서는 좀체 쓰지 않는 용어다. 이 말은 경험법칙을 이용해서 어려운 문제에 대해 간단한 답을 찾는다는 뜻으로, 직관적이라는 말과도 통한다. 발견적인 방법은 짧은 시간에 대략의 쓸모 있는 답을 준다는 장점이 있는 대신, 엄밀하거나 정확한 답을 기대하기는 어렵다. 아마도 아인슈타인 자신도 이 논문에서 다루는 빛과 물질의 상호작용이라는 분야가 아직 충분히 성숙하지 않았음을 느끼고 있었을 것이다. 그래서 이런 식으로밖에 표현할 수 없었을 것이다. 이 논문은 광전효과Photoelectric effect라는 현상을 설명하는 논문이다.

사실 1905년에 아인슈타인이 쓴 논문은 네 편이 아니라 여섯 편이다. 이 중 한 편은 다음 해인 1906년에 출판되었으며, 다른 한 편은 보통의 연구논문이 아니라 바로 박사학위 청구 논문이다. 그래서 흔히 기적의 해 논문이라고 할 때는 이 두 편은 빼고 말한다. 하지만 사실 박사학위논문은 아인슈타인의 두 번째 논문과 깊은 관계가 있는 논문이다.

아인슈타인이 박사학위논문을 마무리 지은 날은 4월 30일이라고 논문에 기록되어 있다. 이 논문은 통계역학이라는 분야의 연구로서 분자의 크기와 아보가드로수 등을 결정하는 새로운 방법을 제시하고 있으며, 제목은 「분자 크기를 결정하는 새로운 방법Eine neue Bestimmung der Moleküldimensionen」이다. 하지만 아인슈타인이 이 논문을 취리히대학교에 제출한 것은 7월 20일이었다. 아마도 다른 논문의 연구로 바빠서였을 것이다. 다음에 보듯 아인슈타인은 그사이에 두 편의 논문을 더 학술지에 투고했기 때문이다. 학위 심사를 맡은 클라이너와 부르크하르트Heinrich Friedrich Karl Ludwig Burkhardt가 곧 논문 심사 결과를 학장에게 제출하자 학장은 7월 24일에 이 논문을 심사위원회에 넘겼고, 곧바로 승인되었다. 이로써 알베르트 아인슈타인 박사가 탄생했다.

5월 11일에 아인슈타인은 두 번째 논문을 투고했다. 「열의 분자 운동 이론으로 고찰한 정지 상태의 액체에 떠 있는 입자들의 운동에 관해Über die von der molekularkinetischen Theorie der Wärme geforderte Bewegung von in ruhenden Flüssigkeiten suspendierten Teilchen」라는 제목의 이 논문은 액체 위에 떠 있는 수많은 입자가 제멋대로 움직이는 상황을 설명하는 논문이다.

이 논문에서 아인슈타인은, 모든 물질은 입자로 되어 있다는 원자론을 전제로 해서 액체를 이루는 분자들의 운동으로 액체 위에 떠 있는 입자들의 움직임에 대한 정보를 얻을 수 있음을 보였다. 이 논문은 사실 그의 박사학위논문의 내용과 밀접한 관계가 있으며, 어떤 의미에서는 학위논문에서 파생된 논문이라고 할 수 있다. 그래서 박사학위논문이 완성되고 난 후 불과 열흘 남짓 만에 투고될 수 있었을 것이다. 이 논문은 1905년 당시 아인슈타인이 발표한 논문 중에서 가장 중요하게 받아들여졌으며, 한동안 아인슈타인의 대표 논문 역할을 했다.

5월에 아인슈타인은 다시 크람가의 집에서 이사한다. 새로운 집은 구시가에서 다소 벗어난 마텐호프구의 베젠쇼이에르베크 28번지였다. 이 건물은 훗날 철거되었고, 길의 이름도 트샤르너가로 바뀌었기 때문에 아인슈타인이 살았다는 흔적은 남아 있지 않다. 이 집에서 아인슈타인은 6월 30일에 「움직이는 물체의 전기역학에 관해 Zur Elektrodynamik bewegter Körper」라는 제목의 논문을 투고했다. 이 논문이 바로 상대성이론을 담은 논문이다.

아인슈타인이 과학을 알게 된 후에 그를 가장 사로잡은 것은 전기현상이었고, 본격적인 물리학을 배우면서는 맥스웰의 전자기이론이 그 자리를 차지했다. 맥스웰의 전자기이론에 따라 빛이 전자기 파동이라는 걸 알게 되자 이 문제는 빛과 전자기 현상과 역학의 기본 원리가 뒤섞인 복잡한 양상을 띠게 되었다. 지금까지 사람들은 문제가 되는 부분을 에테르라는 개념으로 뭉뚱그려놓았다. 그래서 19세기까지의 물리학에서 에테르는 공간의 속성이며, 중력과 같은 힘의 전달자이며, 빛의 매질이었다. 하지만 이 모든 것을 통합해서 다루면 균열과 모순이 나타나고, 로렌츠나 푸앵카레와 같은 당대의 대가들이 연구할수록 균열은 점점 커져갔다. 단순하게 말해서, 빛을 내면서 움직이는 물체는 물리학이 제대로 다루지 못하는 듯했다.

아인슈타인도 이 문제에 몰두해왔다. 앞서 폴리테크니쿰의 졸업 논문을 위해 구상했던 움직이는 발광 에테르 실험도 이 문제와 관련이 있는 거라는 걸 쉽게 알 수 있다. 1901년 12월에, 특허청의 소식을 밀레바에게 알리는 편지에서도 아인슈타인은 "나는 지금, 로렌츠와 드루데가 움직이는 물체의 전기역학에 대해 쓴 내용에 머리를 박고 공부하고 싶어"라고 말하고 있을 만큼, 이 문제는 계속해서 아인슈타인의 머릿속을 차지하고 있었다.

1905년의 5월까지 박사학위논문과 앞의 두 논문을 쓰느라 바빴던 아인슈타인은 5월 10일에 두 번째 논문을 투고하자마자 전기역학의 문제에 몰두하기 시작했다. 이 시절 아인슈타인은 특허청을 오가며 늘 베소와 물리학에 관한 대화를 주고받고 있었다. 베소도 공학부를 나왔으니 물리학의 기본적인 내용에 대해서는 알고 있었으며, 또한 물리학의 기초와 철학적인 면에 대해서 관심이 많았으므로 이런 대화가 이루어질 수 있었을 것이다. 그러나 또한 베소는 물리학자의 입장에서 말하는 것이 아니었을 것이므로, 아인슈타인과 동등하게 토론을 한다기보다는, 아인슈타인의 생각을 들어주고, 비판하고, 논리적인 허점이나 비약을 지적하고, 그 의미를 묻는 등의, 아인슈타인의 표현처럼 일종의 울림통의 역할을 했을 것이다.

이렇게 생각하고 대화하며 전기역학과 에테르에 몰두하며 지내던 어느 날, 그 순간이 찾아왔다.

오랫동안 고민해오던 문제가 일거에 해결되는 순간, 모든 것이 제자리를 찾아가고, 그 정확한 의미가 이해되고, 한 치의 틈도 없이 전체가 논리적으로 맞물리게 되는 그런 순간을 누구나 꿈꾼다. 하지만 현실에서 그런 일이란 당연히 쉽게 일어나지 않는다. 과연 그런 일이 가능한지도 사실 알 수 없다. 하지만 이 경우는 그런 일이 일어났다고 받아들일 수밖에 없다. 아인슈타인 본인이 다음과 같이 말했기 때문이다.

> 어느 아름다운 날, 그 문제를 가지고 그를 방문했다. … 우리는 이 문제를 모든 측면에서 논의했다. 그러다 갑자기 문제의 열쇠가 어디에 있는지 떠올랐다. 다음 날 나는 다시 그에게 가서 인사도 없이 "고맙네. 문제를 완전히 해결했어"라고 말했다. … 5주 안에 특수상대성이론이 완성되었다. … 이것이 특수상대성이론이 탄생한 과정이다.

아인슈타인은 자신이 착안한 것이 시간 개념에 대한 새로운 분석이었다고 말했다. 그리고 이 새로운 이론은 철학적 관점에서 완전히 합리적이라고 확신했다. 이렇게 해서, 세 번째 논문과 특수상대성이론이 탄생했다.

아인슈타인은 상대성이론을 더욱 밀고 나가서 동역학적으로도 새로운 결과를 얻었다. 이 결과가 바로 가장 유명한 방정식인

$E = mc^2$이다. 이 식은 에너지 E와 질량 m이 동등하다는 의미이다. c는 빛의 속력을 가리키며, 이 값은 물리학의 절대 상수이므로, 여기 곱해진 c^2은 비례상수의 역할이다. 아인슈타인은 이 결과를 증명하는 논문인 「물체의 관성은 에너지에 달려 있는가?Ist die Trägheit eines Körpers von seinem Energieinhalt abhängig?」를 완성해서 9월 27일 자로 투고했고, 11월 21일에 출판되었다.

이 시기에 아인슈타인이 베소와 주고받은 이야기를 직접 들을 수만 있다면, 아인슈타인을 연구하는 과학사학자라면 자식을 빼고는 뭐든지 내놓을 것이다. 상대성이론이 아인슈타인의 머릿속에서 어떻게 발전해 갔는지를 알 수 있을 것이기 때문이다. 하지만 마침 베소는 아인슈타인과 함께 베른에 있었고, 그들의 모든 대화는 베른의 공기 속으로 흩어져버렸다.

대신 이해에는 유독 아인슈타인이 콘라트 하비히트와 주고받은 편지가 많다. 하비히트는 샤프하우젠에 돌아가 있었기 때문이다. 올림피아 아카데미의 멤버인 하비히트에게도, 아인슈타인은 당시 그가 쓰고 있는 논문에 대해서 열심히 설명하고 있다. 편지의 여러 구절은 기적의 해 논문을 쓰던 순간에 아인슈타인이 어떤 생각을 하고 있었는지를 잘 보여준다. 특히 네 번째 논문에 대해서 그렇다.

> 전기역학 연구의 결과 하나가 머리를 스쳤어. 그러니까, 상대성원리를 맥스웰방정식과 함께 생각하면, 질량이란 물체 안에 포함된 에너지를 직접적으로 나타내는 지표고, 빛도 그 자체로 질량을 실어 나르는 거야. 라듐의 경우는 질량이 눈에 띄게 줄어들어야만 해.

이런 생각은 재미있고 매력 있어. 어쩌면 전능한 신은 이 전체를 비웃고 있을 수도 있고, 나를 이끌어온 것일지도 모르지.

이로써 폭풍 같은 1905년이 지나갔다. 이해에 아인슈타인이 발표한 네 편의 논문은 모두 물리학의 역사에 남을 만큼, 아니 사실 그 이상, 세상을 바꿔놓을 만큼 중요한 내용을 담고 있었다. 만약 어떤 물리학자가 이 논문 중 한 편만이라도 발표했으면 역사에 남는 인물이 되었을 것이다. 최고로 뛰어난 물리학자라고 하더라도 한 해에 이만큼 중요한 논문을, 그것도 다른 주제로 내놓는 일이란 거의 없다. 그런데 1905년의 아인슈타인은 대학을 졸업한 지 얼마 안 된, 그해에 막 박사학위논문을 제출한 젊은 신출내기 학자였으며, 대학도 아니고 특허청 심사관으로 근무하면서 근무 외 시간에만 연구할 수 있는, 사실상 아마추어 과학자라고 해도 좋은 상태였다. 대체 어떻게 이런 일이 가능했을까? 단순히 아인슈타인의 천재성이라고 말하는 것만으로는 부족해서, 기적의 해라는 말이 단순히 수사로만 들리지 않는다. 이 "기적의 해 논문Annus mirabilis papers"들은 유명하기도 하고, 아인슈타인의 인생에 커다란 영향을 미치기도 했지만, 과학적으로도 매우 중요하므로 이 장의 뒤에서 따로 조금 더 자세하게 설명해놓도록 하겠다. 너무 전문적인 내용이라고 여겨지면 그 부분은 건너뛰어도 무방하다.

후폭풍

기적의 해 논문들이 아무리 대단하고 중요하다고 해도, 어디까지나 학자들만 읽는 과학 논문이었고, 1905년은 아직 대중매체와 문화가 발전한 시대도 아니었으므로 단번에 세상이 바뀌지는 않았다. 하지만 물리학자들 사이에서 아인슈타인의 논문은 거의 곧바로 주목을 받았다. 첫 번째 광전효과에 대한 논문은 제목에 '발견적'이라는 말을 써야 했을 정도로 매우 새롭고 혁명적인 내용을 담고 있었으므로 논란의 대상이 되었다. 광전효과를 실험적으로 정립한 레나르트는 아인슈타인에게 자신의 최신 논문을 보내주었고, 훗날 아인슈타인의 절친한 친구가 되는 막스 폰 라우에도 서신을 주고받으며 이 논문에 대해 논의했다. 한편 두 번째 논문인 브라운운동에 대한 논문은 곧 물리학자들의 인정을 받았고 몇 년 후 실험적으로도 확인되었다. 그래서 앞서 말했듯이 이 논문은 한동안 아인슈타인의 대표 논문 역할을 했다.

특수상대성이론 논문은 몇몇 사람들에게는 더욱 강렬한 인상을 주었다. 푈싱은 아인슈타인의 전기에서 이 논문은 "외관상으로도 매우 특이했다"라고 말하면서, "철학 저널에 더 어울릴 법한 여러 페이지의 일상적인 문장, 놀랍도록 대담한 아이디어와 함께 거의 공격적일 만큼의 단순함, 그리고 로렌츠 이론을 넘어서는 새로운 결과 없이 전자기 문제에 대한 우아하지만 다소 불투명한 설명"으로 이루어져 있어서, 학술지에서 받아들이지 않았어도 이상하지 않았다고 평했다. 그러면서 이 논문을 알아본 것은《물리학 연보》

의 편집자 중 한 사람이었던 막스 플랑크의 통찰력이었을 것이라고 말했다.

베를린대학교의 막스 플랑크는 특수상대성이론의 가치를 가장 처음 알아챈 사람일 것이다. 막스 폰 라우에는 1905년 가을에 플랑크의 조수가 되어 베를린대학교에 왔는데, 그가 처음 들었던 강의가 바로 플랑크가 아인슈타인의 논문 "움직이는 물체의 전기역학에 관해"에 대해 설명하는 것이었다고 기억했다. 플랑크는 또한 아인슈타인에게 직접 편지를 해서 논의를 이어갔다. 아인슈타인은 다음 해 4월에 솔로빈에게 보낸 편지에서 "내 논문들은 좋은 평가를 받고 새로운 연구를 촉발하고 있어. 최근에는 (베를린의) 플랑크 교수가 내게 편지를 보냈지"라고 쓰고 있다. 막스 플랑크와 같은 거물 물리학자가 관심을 가진 일은 아인슈타인에게도 매우 고무적인 일이었을 것이다. 훗날 아인슈타인은 플랑크에게 "그가 특수상대성이론을 확고하고 진심으로 지지한 덕분에 동료들 사이에서 그토록 빠르게 주목받을 수 있었습니다"라고 감사를 표했다.

물론 플랑크 외에도 많은 이가 이 논문의 가치를 알아보았다. 아인슈타인의 논문이 발표된 직후, 뷔르츠부르크의 빌헬름 빈은 어느 날 아침 갑자기 학생들의 연구실에 들어와서 야코프 요한 라우프에게 그 논문에 대한 콜로퀴엄을 열라고 지시했다. 라우프는 "활발한 토론이 벌어졌다"라고 회상하며, "새로운 시간과 공간개념을 이해하는 것은 분명 쉽지 않았다"라고 말했다. 그 밖에도 뮌헨의 뢴트겐과 조머펠트, 아인슈타인이 예전에 공부하던 책의 저자인 베를린의 파울 드루데, 브레슬라우의 막스 보른 등 당대의, 그리고 미래 세대의 주요 물리학자들이 이 무명의 젊은이의 생경한 이론을 붙잡고 씨름했다. 특히 예전에 아인슈타인에게 수학을 가르쳤던 민코프스키는 이 이론에 매우 깊은 인상을 받고 진지하게 그 수학적 구조를 연구했다. 민코프스키는 이로부터 시간과 공간을 통합적으로 다루는 시공간spacetime 개념을 창안하고, 특수상대성이론을 시공간의 기하학으로 다루었다.

기록으로 남아 있는 바로는, 가장 먼저 아인슈타인의 특수상대성이론 논문을 언급한 자료는 그해 11월 말 본대학교의 발터 카우프만이 프러시아 아카데미에서 자신의 실험에 대해 발표한 논문이다. 카우프만은 특수상대성이론의 효과에 대해 가장 먼저 주목한 사람 중 하나이며, 실험적으로 특수상대성이론의 결과인, 물체의 속력에 따라 질량이 달라지는 것처럼 보이는 효과를 최초로 실험했던 사람이기도 하다. 단, 당시 기술의 한계로 충분히 정확한 결과를 얻지는 못했다. 한편 아인슈타인 외에 상대성이론을 주제로 논문을 쓴 첫 번째 사람은 역시 막스 플랑크다. 플랑크는 1906년 "상대성원리와 역학의 기본 방정식"이라는 논문을 발표했는데, 이 논문에서 플랑크는 역학의 기본 원리인 최소작용의원리가 상대성이론에서도 성립함을 보였다. 독일 물리학계의 중심인물인 플랑크가 이런 논문을 썼다는 사실은 특수상대성이론이 널리 받아들여지는 데 분명 도움이 되었을 것이다.

이렇게 아인슈타인의 논문과 이론, 그리고 전혀 알려지지 않았던 아인슈타인이라는 젊은이가 서서히 전 유럽의 물리학자들 사이에 알려지고 있었다. 그러나 그중에서 아인슈타인이 대학교수가 아니라 특허청 직원이라는 걸 아는 사람은 거의 없었다. 플랑크의 권유로 1907년 여름 아인슈타인을 만나기 위해 베른을 방문했던 막스 폰 라우에는 아인슈타인이 베른대학교가 아니라 특허청에 근무하는 공무원이라는 데 충격을 받았고, 아인슈타인을 만나고 나서도 물리학자답지 않은 태도에 또다시 놀랐다. 몇 시간 동안 대화를 나누고 난 후, 라우에도 몇몇 사람들처럼 아인슈타인에게 반했고, 그의 가장 가까운 친구 중 한 사람이 되었다.

야코프 라우프도 박사학위를 받은 후, 아인슈타인이 누구인지 궁금해서 1908년에 베른을 찾았다. 그 역시 아인슈타인이 특허청에서 일하면서 근무 외 시간에 논문을 썼다는 걸 알고 놀라서 "역사는 기분 나쁜 농담으로 가득하다"라고 말했다. 라우프가 찾아왔을 때는 마침 밀레바와 한스 알베르트가 친정집에 가 있었기 때문에, 두 사람은 2주 동안 함께 지내며 마음껏 토론했고, 이는 자연히 공동연구로 이어졌다. 이 시기에 밀레바에게 보낸 편지를 보면 "라우프와 긴 산책을 하고 막 집에 도착했어. 라우프와 일을 많이 하는 중이야. … 요즘 늘 라우프와 식사를 하고 있어"라고 하면서, "아주 야심이 많아서 거의 탐욕스러울 정도지만, 라우프는 좋은 친구야. 아무튼 그가 이 계산을 하고 있어. 난 할 시간이 없었는데 잘됐지. 라우프는 빛의 양자를 확인하는 연구도 하고 싶어 해"라고 하고 있다. 이들의 공동연구는 논문으로 결실을 맺었는데, 이것이 아인슈타인이 다른 사람과 함께 쓴 첫 번째 논문이다. 이 시기에 아인슈타인이 라우프와 함께 쓴 논문은 모두 세 편이다. 이렇게 함께 시간을 보낸 후, 라우프 역시 아인슈타인의 가까운 친구가 된다. 한편으로는 "라우프가 있긴 하지만 고독은 싫어. 당신이 돌아오기를 간절히 바라고 있어"라고 하면서, "지금 아파트가 매우 더러워. 당신 오는 것에 대비를 해야겠네"라고도 했다. 전형적인 남편의 모습이기도 하다.

1906년 3월 10일에 스위스연방은, 4월 1일 자로 아인슈타인을 2급 심사관으로 승진시키고 연봉도 3900에서 4500스위스프랑으로 인상하도록 결정했다. 기적의 해 논문들과 견줄 만한 일은 아닐지 모르지만, 아무튼 좋은 일이 몰려올 때는 한꺼번에 오는 법이다.

*

일반상대성이론의 제1막

이제 기적의 해 이후에 베른의 특허청에서 무슨 일이 벌어졌는지를 보도록 하자. 사실 여기서부터 아인슈타인의 지적인 삶의 클라이맥스가 시작된다고 할 수 있다. 기적의 해 논문들, 즉 특수상대성이론이나 그에게 노벨상을 안겨준 빛의 양자 이론도 이제부터 아인슈타인이 등정할 산에 비하면 그저 몸풀기에 불과하다고 해도 좋을 정도다. 기껏 기적의 해 논문들에 찬사를 보내고 나서 이게 무슨 소리인가? 과장이 너무 심한 것 아닌가? 기적의 해 논문 중 하나만 썼어도 물리학자로서 이름이 역사에 남는다고 하지 않았나? 분명 그 말은 맞지만, 그만큼 이제부터 이룩하게 될 업적이 대단하다는 말이다. 판단은 이야기를 마치고 다시 생각해보기로 하자. 아무튼 이제부터 아인슈타인이 오를 그 산의 이름은 일반상대성이론General Relativity이다.

물리학자이자 과학철학자로서, 아인슈타인 전집 프로젝트의 첫 번째 편집자를 역임했던 존 스타첼은, 위르겐 렌 등이 편집해서 보스턴 과학철학 총서 중 하나로 발매한 『일반상대성이론의 탄생The Genesis of General Relativity』에 실린 글에서, 일반상대성이론의 발전 단계를 3막으로 된 연극에 비유했다. 단번에 세상에 나타난 것처럼 보이는 기적의 해 논문들과는 달리, 일반상대성이론이 이루어져 가는 데는 상당한 시간과 여러 고비가 나타나기 때문이다. 제1막이 시작된 곳이 바로 1907년 베른이다.

1907년 11월 아인슈타인은 『방사능과 전자공학 연감Jahrbuch für Radioaktivität und Elektronik』에 실을 상대성이론의 해설 논문을 쓰면서, 상대성이론과 중력 사이의 관계를 고민했다. 뉴턴의 중력이론은 200년이 넘도록 가장 정확하고 완전한 과학 이론으로 여겨져왔다. 하지만 뉴턴 이론은 그 자체로는 특수상대성이론에 맞지 않는다. 아인슈타인은 뉴턴의 중력이론과 같은 형태인 전기력의 쿨롱 법칙이 맥스웰의 전기역학 이론으로 확장되어야 상대성이론과 맞게 되는 것처럼 뉴턴의 중력이론도 수정되어야 한다고 생각했지만 어떻게 해야 할지는 알 수 없었다. 이 문제를 고민하던 어느 날, 아인슈타인은 특허청의 책상 앞에서 어떤 상황을 생각해내고 문득 무언가를 깨달았다. 아인슈타인의 표현에 따르면, 이 깨달음은 그의 '가장 행복한 생각die glücklichste Gedanke이었다.

아인슈타인이 떠올린 것은 관찰자가 지붕에서 떨어지는 상황이었다. 이 경우 "지붕에서 떨어지는 관찰자에게는, 떨어지는 동안에는 적어도 그 자신 바로 주변에 중력장이란 없다". 만약 모든 사람이 똑같은 중력장 속에서 똑같은 가속도로 떨어지고 있다면 그들은 서로를 보고 자신들이 멈춰 있다고 생각할 것이다. 그들 사이의 관계에서는 중력의 존재를 알아낼 방법이 없다. 그런데 만일 누구 하나가 다르게 떨어진다면, 예를 들어 떨어지지 않고 멈춰 있다면 그 사람을 보고 중력의 존재를 추론할 수 있다(이 경우 다른 사람들은 그가 위로 '떨어진다'고 생각하고, 위 방향으로 중력이 작용한다고 볼 것이다). 그러므로 이렇게 모두가 똑같은 가속도로 떨어지는 상황은 특수상대성이론이 적용될 수 있는 관성계다(관성계라는 말은 뒤에 특수상대성이론 논문을 소개할 때 설명한다). 이로부터 아인슈타인은 중력 효과와 가속도는 동등하다는 매우 강력한 결론을 이끌어냈다. 이때 똑같은 중력장 속에서 똑같은 가속도로 떨어진다는 전제는, 떨어지는 사람이나 물체가 무엇인지와는 전혀 무관하다. 그러므로 중력이 작용하는 질량과 힘을 받아서 가속되는 정도를 나타내는 관성질량은 동등하다. 이 사실이 가속운동에서의 기본 원리가 된다. 아인슈타인은 이를 등가원리equivalence principle라고 불렀다. 이것이 일반상대성이론의 첫 번째 발걸음이고 제1막이다.

존 스타첼의 3막극 비유에서, 제2막은 1913년 취리히에서 아인슈타인이 중력을 시공간의 기하학으로 나타낸다는 아이디어를 구현하기 위해 리만기하학을 공부하고, 기하학으로 된 물리학 이론을 내놓는 시기를 말하고, 3막은 베를린에서 마침내 일반상대성이론을 나타내는 장방정식을 완성하는 순간이다. 2막과 3막은 앞으로 보게 될 것이다.

1906년 봄에 아인슈타인 가족은 다시 키르헨펠트 지역으로 이사한다. 새집은 예전에 신혼집을 꾸몄던 틸리어가에서 멀지 않은 아에게르텐가 53의 맨 위층이었다. 아인슈타인이 베른에서 살았던 집 중에서 가장 남쪽에 위치하고, 층이 높았으므로, 맑은 날이면 저 멀리에 알프스의 눈 덮인 산들이 보였다. 융프라우와 아이거 같은 베른 산악지대의 눈 덮인 모습까지도 보였을지 모른다.

베른대학교

   종교개혁 이후, 새로운 사제들을 양성하기 위해 16세기에 설립된 고등교육기관이 베른대학교의 전신이다. 베른칸톤은 1805년 고등교육기관을 개혁하기 위해 기존의 신학부에 법학부와 의학부, 문학부를 더해, 신학교를 네 개 학부로 이루어진 아카데미로 발전시켰다. 1831년 베른칸톤에서 승리를 거둔 자유당 정부는 아카데미를 더욱 발전시켜 1834년 베른대학교를 설립했다. 45명의 교수와 167명의 학생으로 시작한 베른대학교는 1848년 연방정부가 설립되면서 본격적으로 발전하기 시작했다. 1885년에는 학생이 500명을 넘겼고, 독일과 러시아에서도 학생들이 찾아오면서 19세기 말에는 학생 수가 거의 두 배로 성장해서, 당시 스위스에서 가장 큰 대학이 되었다. 1903년에 베른 구시가의 서쪽인 그로세 샨체에 본관이 건립되어, 베른대학교는 오늘날의 모습을 갖추기 시작했다.

   특허청의 경력을 사랑했지만, 어디까지나 자신을 물리학자로 여기는 아인슈타인으로서는 학계에 접점을 가지는 일에 무관하게 살

수는 없었다. 당시 많은 유럽의 대학에서 젊은 물리학자가 학계에서 거치는 첫 단계는 흔히 '사강사Privatdozent(남성), Privatdozentin(여성)'라고 부르는 직책, 혹은 칭호였다. 이 이름은 당사자가 대학에 강의를 개설할 자격이 있다는 의미지만, 고용되었음을 뜻하지는 않는다. 그래서 사강사들은 강의를 하고 수강생과 연계되어 수당을 받는 게 보통이었다. 여러 가지 의미에서 사강사는 우리나라의 시간강사와 비슷한 면이 많다. 아인슈타인은 결혼 직후에 베른대학교의 사강사 자리를 알아본 적이 있다. 그는 베른자연과학 연구협회에서, 사우터의 친구인 베른대학교의 사강사 파울 그루너와도 가까워졌고, 그를 통해서 베른대학교에서 강의를 할 수 있는지 타진해본 것이다. 대학에서는 박사학위나, 그에 상응하는 연구 업적을 요구했고, 당시 아직 박사학위논문을 완성하지 못하고 있던 아인슈타인은 사강사가 되는 데 실패했다.

1907년 그루너는 이제 베른대학교의 물리학 교수가 되어 있었다. 아인슈타인은 다시 그루너를 통해 베른대학교에 사강사 자리를 신청했다. 박사학위 지도교수인 취리히대학교의 클라이너 교수도 아인슈타인에게 사강사 경력이 필요하다고 조언을 했기 때문이다. 다음 장에서 보겠지만, 클라이너 교수는 아인슈타인을 눈여겨보고 있었던 것이다. 대학에서는 하블리타치온 논문도 요구했는데, 아인슈타인은 하블리타치온 논문을 쓰지 않고 그때까지 학술지에 발표한 논문만 냈기 때문에 다시 한번 사강사 채용이 좌절될 위험에 처했다. 조수 자리를 얻을 때 고생한 경험이 있는 아인슈타인은 학계의 채용과 인사에 재차 넌더리를 내며 사강사가 되는 걸 그만두려고 했으나, 클라이너 교수는 아인슈타인을 설득해서 하블리타치온 논문을 쓰게 했다. 결국 1908년 2월 아인슈타인은 하블리타치온 논문을 완성해서 베른대학교에 제출했다. 보통 몇 년을 준비하는 논문을 몇 주 만에 뚝딱 해치운 것이다. 그래도 다행히 이번에는 별문제 없이 대학은 아인슈타인을 받아주었고, 드디어 아인슈타인은 학계에 한 발을 걸치게 되었다.

그루너는 물리학자로서 주목할 만한 업적을 남긴 것은 아니지만, 특수상대성이론에 관해, 특히 민코프스키의 시공간 그림을 이용하는 방법에 대해서 여러 편의 논문을 썼으며, 특히 그중 한 편은 사우터와 함께 썼다. 그루너와 사우터는 아인슈타인이 사망한 직후인 1955년 7월에 베른에서 열린 특수상대성이론 50주년 기념학회에도 참석했다고 한다. 그들과 함께 지내고 그들이 도와주었던 젊은이가 훗날 위대한 인물이 되고, 불멸의 업적을 남기는 것을 보고, 그를 기리는 자리에 선 두 사람의 심정은 어떠했을까.

얼마 후 아인슈타인은 교수가 되어 본격적으로 학계에 들어가게 되고 베른을 떠난다. 앞으로 그는 더욱 거대한 업적을 남기게 될 것이며, 그의 삶은 더욱 파란만장해지게 된다. 사실 지금까지의 인생은 우여곡절이 좀 있었다 해도 누구나 겪을 수 있는 소소한 삶의 굴곡에 속하는 정도였다. 하지만 훗날 거물이 된 후, 그의 인생은 개인의 행복과 불행과는 무관하게 역사와 얽히며 역사의 일부가 된다. 아마도 그래서 아인슈타인은 베른 시절을 "행복한 시절"이라고 불렀을 것이다.

1905년 첫 논문

「빛의 발생과 변환에 관한 발견적 관점에 대해서Über einen die Erzeugung und Verwandlung des Lichtes betreffenden heuristischen Gesichtspunkt」Annalen der Physik (in German). 17 (6): 132 – 148 (1905).
3월 18일 투고, 6월 9일 출판.

이 논문은 광전효과Photoelectric effect라는 현상을 설명하는 논문이다. 광전효과란 이름 그대로, 금속에 빛을 비추면 표면에서 전자가 튀어나오는 현상으로서, 하인리히 헤르츠가 1887년 맥스웰의 전자기파 이론을 증명하기 위한 실험을 진행하던 중 발견했다. 이후 빌헬름 할바흐스, J. J. 톰슨, 필리프 레나르트 등의 연구로 자세한 내용이 밝혀졌다.

광전효과는 역사적으로뿐 아니라, 태양광발전 등 첨단기술에 다양하게 활용되는 현대물리학의 매우 중요한 현상이므로 고등학교 과학 교과서에도 설명되어 있다. 광전효과를 측정하기 위해 그림과 같은 회로를 생각하자. 마주 보고 있는 두 개의 금속판은 연결되어 있지 않기 때문에 이 상태에서는 전류가 흐르지 않는다. 이제 한쪽 금속판에 빛을 비추면 이 금속판에서 전자가 튀어나와서 반대쪽 금속판으로 전달되기 때문에 전류가 흐르기 시작한다. 위의 사람들이 알아낸 것은 금속판에 비춘 빛의 성질과 회로에 흐르는 전류 및 전압 사이의 관계다(그림은 간단하게 표현한 것이고, 실제로는 금속판 주변을 진공으로 만드는 등 여러 면을 고려해야 한다).

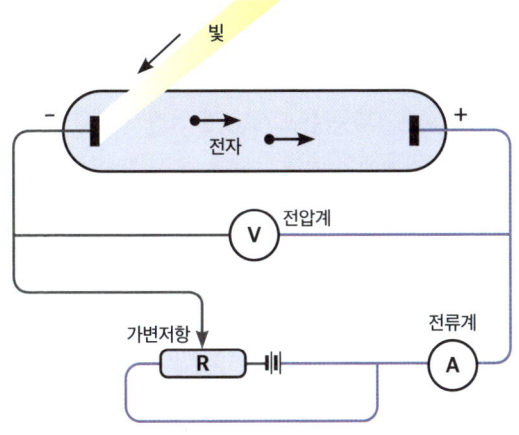

광전효과

 이 관계를 간단히 요약하면, 전류는 빛의 세기가 밝을수록 많이 흐르고, 전압은 빛의 진동수가 높을수록 높아진다. 뒤집어 보면 전압은 빛의 세기와 무관하며, 전류는 빛의 진동수와 무관하다는 말이다. 빛의 진동수는 빛의 색깔로 나타나는데, 무지개에서 빨간색 쪽으로 갈수록 진동수가 낮고, 보라색 쪽으로 갈수록 진동수가 높아진다. 따라서 빛의 색깔에 따라 전압이 달라진다. 특히 재미있는 면은, 빛의 진동수가 어떤 문턱값을 넘어가는 순간부터 전류가 흐른다는 점이다. 즉 어느 값 이하일 때는 아무리 밝은 빛을 쬐어도 전류가 흐르지 않는다. 단순한 예를 들자면, 아주 밝은 빨간 빛을 쬐어도 전류가 흐르지 않지만, 희미한 파란 빛을 쬐면 전류가 흐른다는 것이다. 전류가 흐르기 시작하는 문턱값은 금속마다 달랐다. 이러한 결과는 그때까지의 물리학 지식으로는 설명할 수 없었다. 빛의 에너지는 빛의 세기가 강할수록 높다는 것은 우리의 상식에도 잘 맞고, 맥스웰의 전자기파 이론으로도 잘 알려져 있었기 때문이다.

아인슈타인은 이 현상을 설명하기 위해서 아주 대담한 가설을 도입했다. 그 가설이란, 빛이 입자로 행동하며 빛 입자의 에너지는 진동수에 비례한다는 생각이다. 이 가설을 아인슈타인이 처음 제기한 건 아니다. 물체의 열복사를 설명하기 위해서 1900년경 베를린대학교의 막스 플랑크가 이러한 가설을 내놓고 이를 이용해서 측정된 열복사 곡선을 성공적으로 설명했다. 그래서 에너지와 진동수의 비례상수를 플랑크상수라고 부른다. 아인슈타인은 이 플랑크의 가설을 도입한 것이다. 사실 플랑크는 빛이 입자라고 주장한 게 아니라 셀 수 있는 상태로 다루었을 뿐이다. 아인슈타인은 "빛의 양자 Lichtquenten(quanta of light)"라는 말을 사용해서 입자 성질을 좀 더 분명하게 표현했다. 양자 이론에 대해서 양자라는 말을 처음 쓴 사람이 바로 아인슈타인인 것이다(양자라는 말을 아인슈타인이 만든 건 아니다. 양자quenten, quantum라는 말은 양을 뜻하는 말로 과학자들이 이미 사용하던 말이다). 하지만 그렇다고 해서 아인슈타인 역시 정말 빛이 입자라고 생각한 건 아니다. 아인슈타인도 빛에 대해서 "특정 진동수의 빛은 열역학적으로 특정한 (진동수에 비례하는) 에너지를 가진 입자처럼 행동한다"라고 말하고 있으므로, 이런 관점은 플랑크의 이론에서 그리 크게 벗어나지 않는다.

아인슈타인 논문의 새로운 (발견적인) 점은, 빛의 양자 개념을 상태의 수를 세는 데 이용할 뿐 아니라, 빛의 양자가 마치 입자가 충돌

하듯이 물질 속의 전자에 에너지를 전달한다고 생각한 점이다. 즉 하나의 빛의 양자는 다른 빛의 양자와 무관하게 하나의 전자에만 에너지를 전달한다. 이렇게 되면 진동수가 높은 빛은 빛 입자의 에너지가 높으므로, 전자에 큰 에너지를 전달해주고, 따라서 높은 전압을 주게 된다. 한편 밝은 빛이란 많은 빛 입자가 있다는 뜻이므로 많은 전자에 에너지를 전달해서 움직이게 하므로 전류가 많이 흐르게 된다. 이런 면에서 아인슈타인의 논문은 플랑크보다 좀 더 빛을 입자처럼 다루고 있는 셈이다.

이 논문은 플랑크의 가설을 이용해서, 새로운 관점으로 간결하고도 명확하게 광전효과를 설명하고 있다. 대담하고 신선한 아이디어로 보나, 양자론의 발전에 기여한 바로 보나 뛰어난 업적이다. 아인슈타인에게 주어진 노벨상은 특히 이 업적에 주어진 것이다.

1905년 두 번째 논문

「브라운운동 이론에 관한 고찰Über die von der molekularkinetischen Theorie der Wärme geforderte Bewegung von in ruhenden Flüssigkeiten suspendierten Teilchen」 Annalen der Physik (in German). 17 (8): 549 – 560 (1905).

5월 11일 투고, 7월 18일 출판.

브라운운동이란 기체나 액체 속에서 아주 작은 입자들이 제멋대로 움직이는 현상을 말한다. 이러한 현상을 처음 관찰해서 보고한

스코틀랜드 출신의 생물학자 브라운Robert Brown의 이름을 붙였다. 브라운은 1827년 액체 위에 떠 있는 클라르키아 풀켈라Clarkia pulchella의 꽃가루를 현미경으로 관찰하면서 꽃가루들이 마치 살아 있는 생명체처럼 움직인다는 걸 발견했다.

브라운은 여러 다른 실험을 통해, 꽃가루 자체가 생명을 가지고 움직이는 것은 아니라는 것까지는 밝힐 수 있었지만, 그러한 현상이 일어나는 원인은 이해하지 못했다. 19세기에 걸쳐서 과학자들은 실험을 통해 브라운운동에 대해서 좀 더 많은 것을 알게 되었다. 입자의 크기가 작을수록, 액체의 점성이 작을수록, 그리고 액체의 온도가 높을수록 브라운운동은 더 크게 일어난다. 이러한 현상적 관찰을 기반으로 여러 가설이 제시되고 기각되는 일이 반복되었다. 1860년대에 이탈리아 파비아대학교의 조반니 칸토니, 벨기에의 이그나티우스 카르보넬 등이 입자들이 움직이는 데는 액체 자체에 원인이 있다는 관점을 제안했다. 액체가 원자나 분자로 이루어져 있다면 이들이 무작위로 움직이면서 액체 위의 입자를 건드릴 것이고, 그 결과로 브라운운동이 일어난다는 생각이었다. 하지만 이러한 생각을 검증하기란 매우 어려웠기 때문에 반론도 만만치 않았다. 사실 브라운운동을 제대로 설명하기 위해서는 확률과정stochastic process이라고 부르는 수학이 필요하다. 하지만 그러한 수학적 기법은 20세기 초에야 비로소 발전했다. 이 분야에서 선구적인 연구를 한 사람은 프랑스의 수학자 바슐리에로서, 그는 자신의 박사학위논문 「투기 이론Théorie de la spéculation」에서 주식옵션 평가를 위해 확률과정의 수학적 모델을 제시했다. 확률과정 수학의 선구적인 업적으로 평가

받는 이 논문을 흔히 '최초의 금융공학 논문'이라고 부른다.

아인슈타인의 논문은 기체나 액체 분자의 충돌의 결과로 브라운운동을 다루면서, 확산 방정식을 유도하고, 확산계수를 기체나 액체 분자의 크기, 개수, 분자량 등과 연결했고, 입자가 얼마나 멀리 움직일 수 있는가 등의 측정 가능한 물리량으로 검증하는 방법을 제시했다. 따라서 아인슈타인의 연구는 브라운운동을 관찰함으로써 원자나 분자의 존재를 간접적으로 확인하는 방법이 될 수 있다.

이 논문은 곧바로 여러 학자의 관심을 끌었는데, 예를 들어 1906년 9월 뢴트겐이 편지를 통해 브라운운동 이론에 대해 질문을 하고 있다. 아인슈타인이 예측한 결과는 곧 여러 실험에 의해 검증되었고, 특히 1909년 프랑스의 장 페랭의 실험으로 확인되었다. 페랭이 아인슈타인의 논문을 검증한 후에야 과학자들이 정말로 모든 물질이 원자나 분자로 이루어져 있다고 확신을 가지게 되었다고 할 수 있다. 페랭은 이 업적으로 1926년에 노벨물리학상을 받게 된다.

1905년 세 번째 논문 – 특수상대성이론

「움직이는 물체의 전기역학에 관해 Zur Elektrodynamik bewegter Körper」 Annalen der Physik (in German). 17 (10): 891 – 921 (1905-06-30).
6월 30일 투고, 9월 26일 출판.

전기와 자기의 문제는 오래전부터 아인슈타인을 가장 매료시킨 문제였다. 19세기 물리학의 가장 중요한 결실이라면 전기와 자기의 본성에 대해 진정으로 이해하기 시작했다는 점을 들 수 있다. 장신구로 쓰는 호박을 비단 손수건으로 문질렀을 때 생기는 전기와, 자철광에서 캐내어 항해 중 나침반에 사용하는 자기는, 전혀 다른 근원을 가지고 있지만 본질적으로는 밀접한 관계를 가지고 있는 현상이라는 걸 깨닫게 된 것이다. 프랑스의 앙페르, 덴마크의 외르스테드, 영국의 패러데이 등이 두 현상의 관련성에 대해서 탐구를 발전시켜왔고, 마침내 스코틀랜드 출신의 맥스웰이 가우스의법칙, 앙페르의법칙, 패러데이의법칙 등의 실험적 법칙을 아울러서, 모든 전기와 자기 현상을 설명하는 이론을 집대성했다. 깊은 물리학적 통찰력과 강력한 수학적 능력을 갖춘 맥스웰은 전자기학 이론을 몇 개의 세련된 방정식으로 표현할 수 있었다(현대의 교과서는 더욱 간결하게 네 줄로 표현한다). 나아가서 맥스웰은 전기장과 자기장에 대한 파동방정식을 유도해냈다. 전자기 파동은 독일의 하인리히 헤르츠가 1887년에 실험적으로 확인했다. 이렇게, 아인슈타인이 물리학을 공부하기 시작했을 때 맥스웰의 전자기이론은 가장 최신의 현대 물리학 이론이었다.

　이론은 단순한 현상의 기술이나 설명이 아니다. 진정으로 올바른 이론을 가지게 되면, 우리는 이론을 가지고 훨씬 더 심오한 탐구를 할 수 있게 된다. 맥스웰이 전기와 자기에 대한 이론적 틀을 확립하자, 맥스웰의 이론을 통해서 전기자기학의 기초에 관련된 문제를 진지하게 다룰 수 있게 되었다. 이 문제는 한편으로는 역학의 가장 기초적인 원리에 대한 문제이기도 하고, 한편으로는 빛의 문제기도 했으며, 결국에는 시간과 공간의 문제임이 밝혀졌다.

  우선 역학의 관점에서 이 문제를 생각해보자. 뉴턴에 앞서 역학의 발전에 중요한 기초를 닦은 갈릴레오 갈릴레이가 이룩한 중요한 업적은 '멈춤'을 올바르게 이해한 일이다. 갈릴레이가 깨달은 바는 멈춰 있는 상태는 일정한 속도로 움직이는 상태와 역학적으로 똑같고 다만 속도가 0인 상태라는 점이었다. 따라서 한 사람은 멈춰 있고 한 사람은 일정한 속도로 움직이고 있을 때, 서로의 입장을 바꾸어서 보아도 모든 상황은 (정확히는 모든 물리법칙은) 완전히 똑같다. 일정한 속도로 똑바로 움직이는 기차를 타고 있는 사람과 기차 바깥에 서 있는 사람을 생각해보자(아인슈타인이 이 문제를 다룰 때 이렇게 기차를 예로 많이 들었다). 두 사람이 같은 실험을 하면, 예를 들어 물건을 가만히 떨어뜨린다든가 하면, 완전히 똑같은 결과를 얻게 된다.

  당연한 일 아니냐고 할지 모르지만, 아리스토텔레스에서 비롯되어 중세에도 진리로 여겨졌던 자연철학의 기본 원리 중 하나는 Omne quod movetur ab alio movetur, 곧 움직이는 것은 반드시 다른 무언가에 의해 움직인다는 것이었다. 이에 따르면 물체가 움직이고 있다면 반드시 힘이 작용하고 있는 것이며 힘이 사라지면 물체도 움직임을 멈추고 정지한다. 사실은 우리의 일상 경험으로 보면, 이 말이 맞는 것 같다. 무언가를 움직이려면 힘을 가해야 하고, 움직이는 물체를 가만히 놔두면, 금방은 아니더라도 얼마 후에는 멈춘다. 그러므로 고대의 사람들은 멈춰 있는 상태와 움직이는 상태는 근본적으로 다르며, 멈춤이야말로 사물의 가장 본질적인 상태라고 보았다. 그러므로 멈춤이 특별한 게 아니라는 갈릴레이의 발견은 이러한 기본 원리를 무너뜨리는 통찰이다.

　혹은 그래도 기차가 움직이고 있으니 뭔가 다른 게 아니냐고 할 사람도 있을지 모른다. 차근차근 따져 보자. 여기서 기차가 움직인다는 말은, 그리고 기차 바깥의 사람이 멈춰 있다는 말은 정확히 말해서 땅에 대해서 그렇다는 말이다. 기차를 기준으로 생각한다면 기차와 기차에 탄 사람이 멈춰 있고, 바깥에 서 있는 사람과 땅이 같은 속력으로, 그리고 반대 방향으로 움직인다고 해야 한다.

　그래도 여전히 께름칙하다면, 아예 아무것도 보이지 않는 우주 공간으로 나가보자. 기준이 될 만한 다른 별은 아무것도 없고, 오직 내 우주선과 다른 우주선만이 있으며, 다른 우주선이 내 쪽으로 일정한 속력으로 가까워지고 있는 상황을 생각해본다. 나에게는 내가 멈춰 있고 상대편 우주선이 내 쪽으로 다가오고 있다고 보인다. 상대편 입장에서 보면 어떨까? 이 경우에 상대가 느끼는 것은 나와 다를 게 전혀 없다. 따라서 상대도 자신이 멈춰 있고 내가 다가오고 있다고 생각할 것이다. 그러면 어느 쪽의 관점이 옳은가?

　두 사람의 상황은 완전히 똑같으므로 양쪽의 관점은 모두 옳고, 따라서 어느 쪽이 멈춰 있다고 말할 수 없다. 결국 멈춤이란 일정한 속도로 움직이고 있는 상태와 동등하며, 기준에 따라 달라지는 상대적인 개념인 것이다. 그렇다면 움직이는 속도도 마찬가지다. 만약 두 우주선의 한 가운데에서 보면 어떨까? 두 우주선은 똑같은 속력으로 (한쪽 우주선에서 보는 다른 쪽 우주선의 절반 속력으로) 서로 마주보고 다가오고 있을 것이다. 심지어 두 우주선이 같은 방향으로 움직이고 있다고 볼 수도 있다. 이때는 뒤를 따르는 우주선이 더 빠르게 움직여서 점점 가까워지는 것으로 보일 것이다.

따라서 이 상황에서 누가 멈춰 있고, 누가 어떤 속력으로 움직이고 하는 것은 기준과 함께 말해야만 의미가 있다. 다만 기준을 어떻게 두어도 분명한 사실은 무엇인가? 두 우주선이 가까워지고 있다는 점이다. 이에 대해서 갈릴레이의 말을 들어보자. 갈릴레이는 1632년 자신의 역학과 세계관의 주요한 내용을 담은 책 『대화Dialogo, Concerning the Two Chief Systems of the World』를 출판하고, 이 책을 자신의 후원자이자 피렌체의 지배자였던 메디치 가문의 토스카나 대공 페르디난도 II세에게 헌정했다. 이 책에서 갈릴레오는 자신을 대신하는 등장인물인 살비아티에게 이렇게 말하도록 한다.

> 여러 움직이는 물체에 공통되는 움직임은 그들 서로의 관계에 대해 생각하면 중요하지가 않고 전혀 없는 것이나 마찬가지임이 명백해. 그들 서로 간에는 아무것도 바뀌지 않았잖아? 움직임이란 그렇게 움직이지 않는 물체에 대해서 가지는 관계야. 그러니까 서로 위치가 달라지는 경우에만 해당이 돼.

공통되는 움직임을 제외하고, 서로 간의 관계만이 진정한 움직임이라는, 이러한 사고방식을 상대성원리라고 부른다.

단 이 경우의 공통되는 움직임은 어디까지나 한 방향으로 일정한 속력으로 움직이는 경우만을 말한다. 속력이 변하거나 움직임의 방향이 변하면 그 효과로 두 물체를 구별할 수 있다. 누구나 흔히 경험했을 상황으로, 버스가 가다가 급히 멈추면 사람들은 앞으로 쏠리게 된다. 바깥쪽에 서 있는 사람은 그러한 쏠림을 느끼지 않는다. 이렇게 한 방향으로 일정한 속력으로 움직이는 기준틀을 관성계라고 부른다. 갈릴레이가 깨달은 바에 따라, 멈춰 있는 경우도 물론 관성계다. 이러한 관성계에서는 관성의법칙이 성립한다. 그러니까 가만히 서 있던 사람은 계속 서 있게 된다. 한편 가속되거나 감속되는 상황에서는 관성의법칙이 성립하지 않는다. 즉 버스가 가다가 급히 멈추면 우리는 가만히 앉아 있다가도 앞으로 넘어지게 된다.

상대성원리는 명백히 역학의 기본 원리로 보인다. 앞에서 두 우주선의 움직임을 여러 가지 기준에서 보았는데, 이렇게 기준을 바꾸는 일은 일종의 좌표변환에 해당한다. 적절히 좌표변환을 해주면 뉴턴의 역학은 상대성원리에 잘 맞으며, 따라서 오랫동안 아무 문제도 없었다. 문제는, 뉴턴의 역학에 맞도록 좌표변환을 하면 맥스웰의 전자기 방정식은 모양이 변해버려서, 상대성원리에 맞지 않는 걸로 보인다는 점이었다.

맥스웰의 이론과 상대성과의 문제는 여러 군데에서, 여러 모습으로 나타난다. 좌표변환에 의해서 방정식이 변하는 문제 말고, 중요한 한 가지만 더 들어보자. 맥스웰의 이론을 이용해서 전자기파를 나타내는 식을 유도해보면, 전자기파의 속력이 전자기 법칙에 나타나는 실험적 상수들로부터 결정되고, 그 값은 정확히 빛의 속력에 해당한다. 이 결과는 빛이 전자기파의 일종이라는 증거로 받아들여졌다. 그런데 뭐가 문제인가? 상대성에 따르면 속력의 값이란 절대적으로는 의미가 없고 기준에 대해서 정해지는 값이라고 했다. 그런데 전자기파, 혹은 빛의 속력은 맥스웰의 이론에서는 그냥 절대적인 값으로 정해지는 걸로 보인다. 그때까지의 물리학자들은 이 문제를 에테르라는 개념으로 치환해서 생각하고 있었다.

전자기이론에서 에테르는 전자기파의 매질을 말한다. 에테르는 고대 그리스에서 '아무것도 없는 빈 공간'을 대치하기 위해 공간 그 자체의 본질로서 제시된 개념이었다. 하지만 역학에서 에테르는 실제적인 역할을 하지 못하고, 물질과 빈 공간 사이의 그 무엇에 해당하는 애매한 존재로 남아 있었다. 전자기파가 발견되자 마침내 에테르는 전자기파의 매질로서 역할을 찾은 것 같았다. 하지만 마이컬슨·몰리의 실험 결과 지구의 자전 방향과 수직 방향의 빛의 속력이 같다는 게 확인되었다. 이러한 실험 결과는 맥스웰 이론의 결과와 일치하지만, 에테르가 매질 역할을 한다는 사실과는 맞지 않는다.

다른 한편으로, 우리가 움직이는 물체와 같은 속력으로 가고 있으면, 혹은 그 물체를 타고 있으면 그 물체는 정지해 있는 것으로 보여야 한다. 그렇다면 우리가 빛을 타고 간다면 빛이 정지해 있는 것으로 보여야 한다. 이것이 말이 되는가? 아인슈타인이 이러한 생각을 아라우 시절에 했었다는 걸 앞에서 이야기한 바 있다. 적어도 맥스웰의 이론에 따르면 그럴 때도 빛은 여전히 빛의 속도로 움직여야 한다고 말하고 있다. 즉 어떤 관성계에서도 빛의 속도는 같다. 이런 생각은 마이컬슨 실험과 부합한다.

아인슈타인이 마이컬슨의 실험 결과를 알고 있었는지는 확실하지 않다. 논문에는 마이컬슨의 실험이 언급되지 않으며, 어떤 자리에서 자신은 마이컬슨의 실험을 몰랐다고 직접 언급한 적도 있다.

아무튼 마이컬슨 실험이 말해주는, 빛의 속력이 모든 관성계 기준틀에서 같다는 결론은 아인슈타인의 특수상대성이론의 출발점이 된다. 그러므로 아인슈타인은 빛의 속도가 모든 관성계에서 같다고 분명히 생각하고 있었고, 그렇게 생각하게 된 원인은 마이컬슨의 실험 결과 때문은 아니었다.

 상대성과 전자기이론 사이의 충돌을 보여주는 또 다른 예로는 아인슈타인이 논문의 서두에 예로 든 자석과 도체의 문제가 있다. 멈춰 있는 도체 근처에서 자석을 움직이면 도체에 전류가 흐른다. 상대성에 따라 자석을 멈춰놓고 도체를 움직여도 똑같이 도체에 전류가 흐른다. 그런데 전자기이론은 두 경우에 각각 다른 대답을 준다. 자석이 움직이고 도체가 멈춰 있다면 자석 근방에 전기장이 생겨서 도체에 전류가 발생하는 반면, 자석이 멈춰 있고 도체가 움직이면 전기장은 생기지 않고 도체 속의 전하가 자기장에 의해 로렌츠힘이라고 부르는 힘을 받아서 전류가 흐르는 것이다. 즉 우리는 자석이 움직이는 경우와 도체가 움직이는 경우를 구별해서 생각하고, 각각의 경우를 다른 방식으로 설명한다. 그러나 두 경우에 도체에 전류가 흐른다는 현상은 '완벽하게' 같다. 아인슈타인은 이러한 설명 방식을 "현상에 내재하지 않는 비대칭성"이라고 부르고, 중요한 것은 전류가 흐른다는 현상 그 자체, 즉 상대운동이라고 생각했다. 앞의 우주공간의 경우와 같이, 이 경우에도 무엇을 기준으로 하든 도체에 전류가 흐른다는 사실은 변함이 없다. 따라서 전자기 현상 역시 역학 현상과 마찬가지로 중요한 것은 상대운동뿐이다.

 이렇게 빛의 속력과 상대성과 맥스웰의 이론은 제각각으로 혼란을 빚고 있다. 맥스웰의 전자기이론이 불완전하다는 말일까? 전기 현상에서는 상대성이 성립하지 않는다는 말일까? 무엇이 옳은 것이고 어디가 잘못된 것일까?

아인슈타인은 이 혼란스러운 상황을 다음과 같이 명쾌하게 설명했다. 우선 상대성은 역학과 전기역학 모두에서 반드시 성립하는 것으로 보이므로, 이를 첫 번째 공준으로 삼았다. 즉 물리학 이론은 반드시 상대성을 따라야 한다. 그리고 맥스웰의 전기역학에서 말하는 대로, 빛의 속력은 빛을 내는 물체의 운동이나 관측하는 사람의 운동과 관계없이, 항상 일정한 값이라는 것을 또 하나의 공준으로 삼았다. 얼핏 보면 이 두 공준들은 서로 모순으로 보인다. 상대성에 따르면 속력 값은 절대적인 값이 아니기 때문이다.

아인슈타인이 간파한 것은 동역학dynamics이 문제가 아니라 운동학kinematics이 문제라는 점이었다. 동역학은 힘이나 상호작용을 설명하는 부분이고, 운동학은 시간에 따라서 위치가 어떻게 변하느냐를 따지는 일이다. 동역학은 문제가 없다는 말은, 동역학을 설명하는 맥스웰 이론은 옳다는 뜻이다. 그러면 운동학은 무엇이 문제인가? 시간에 따라서 위치를 나타낼 때, 수학적 표현이 정확한 물리적 의미를 가지기 위해서는 시간과 위치의 의미가 명확해야 한다. 그런데 지금까지 물리학자들이 사용해온 시간과 위치의 의미에 문제가 있음을 아인슈타인은 발견했다. 특히 시간에 대해서 아인슈타인은 동시성이라는 개념이 중요하다는 걸 깨달았다. 앞에서 베소에게 문제를 해결했다고 한 말이 바로 이것이었다.

아인슈타인이 깨달은 점은 이렇다. 우리가 시간에 대해서 말할 때, 우리는 항상 동시성을 전제하고 말한다. 아인슈타인이 논문에 쓴 말을 그대로 옮기면, "기차가 7시에 여기 도착한다고 말하는 것은, 사실 내 시계의 짧은 바늘이 7자를 가리키는 것과 기차가 도착하는 것은 동시에 일어난 사건이라고 말하고 있는 것이다". 즉 우리가 시간에 대해서 말할 때는 항상 동시성이 자명하게 성립한다고 생각하고 있다. 이러한 생각은, 시계가 위치한 바로 그 장소에서 일어난 일을 말할 때는 물론 문제가 없다. 그러나 시계로부터 멀리 떨어진 곳에서 일어난 사건을 말할 때는 충분하지 않다.

> 시간 개념에 대한 분석이 제 해결책이었습니다. 시간은 절대적으로 정의될 수 없으며, 시간과 신호 속도 사이에는 분리할 수 없는 관계가 있습니다. 이 새로운 개념으로 저는 마침내 모든 어려움을 완전히 해결할 수 있었습니다.

시간은 물리학에서나, 일상에서나, 우리가 엄청난 보편성과 절대성을 부여하고 있는 개념이다. 상대성을 말할 때도, 우리는 관찰자에 따라서 위치가 달라진다는 것은 당연하게 생각하지만, 그러면서도 시간은 모든 관찰자에게 똑같이 흐른다고 생각해왔다. 즉 동시성을 절대적으로 성립한다고 여긴 것이다. 아인슈타인이 의문을 제기한 지점이 여기다. 시간 역시 절대적으로 정의될 수 없으며, 시간과 신호를 전달하는 속도 사이에는 관계가 있다는 것이다. 같은 장소에서 같은 시각을 가리키도록 시계를 동기화했더라도, 한 시계가 멀리 떨어져 있으면, 그 시계를 볼 때 신호가, 즉 빛이 두 시계 사이를 가는 데 걸리는 시간 때문에 두 시계가 가리키는 시각은 다를 것이다. 이 관계는 두 시계 서로에게 마찬가지다. 결국 시간 역시 상대적인 대상인 것이다.

공간에 대해서도 우리가 의식하지 않고 전제하고 있는 점이 있다. 우리는 공간상의 거리는 관찰자와 무관하게 항상 같다고 생각한다. 정확한 표현을 위해서 아인슈타인이 사용한 물리학의 용어로 말하면, 우리는 공간을 강체rigid body라고 생각한다. 강체란 크기와 모양이 변하지 않는 물체를 말한다. 즉 두 점 사이의 거리나 물체의 길이는 상대적이 아니라고 생각한다.

상대성이란 멈춰 있는 관찰자와 일정한 속력으로 움직이는 관찰자는 서로 입장이 동등함을 말한다. 즉 멈춤이란 특별한 상태가 아니라 일정한 속력으로 움직이는 상태고, 다만 속력이 0일뿐이다. 우리는 어떤 관찰자의 입장을 택하더라도 똑같은 물리 현상을 경험할 것이며, 다만 위치, 시각, 속력 등은 다른 값으로 느낄 것이다. 그런데 이렇게 상대성을 받아들이고 나면, 애초에 시간과 위치의 값은 어떻게 정해야 하는가?

바로 여기에서 빛의 속력이 중요한 역할을 한다. 아인슈타인은 빛의 속력을 물체나 관측하는 사람의 운동과 관계없는 보편상수라고 했으므로, 빛의 속력이 시간과 길이를 정의할 때의 기준이 되어야 한다. 시간과 공간은 상대성을 따르고, 동시에 빛의 속력을 일정하게 유지하도록 변해야 한다. 즉 상대성을 표현하는 좌표변환이 달라져야 한다. 매우 복잡한 이야기처럼 보이지만, 사실 두 관찰자에 대해서 위의 두 공준을 따르도록 시간과 위치를 변환해주는 일은 그다지 어렵지 않다. 아인슈타인은 논문에서 그러한 방법을 유도해놓았고, 나아가서 이 새로운 좌표변환에 따르면 맥스웰의 전기역학도 상대성을 잘 만족한다는 걸 보였다.

맥스웰의 방정식은 문제가 없다, 즉 동역학은 문제가 없다. 그동안 상대성을 나타내왔던 좌표변환, 즉 운동학이 잘못되었던 것이다. 이것이 아인슈타인이 말한 내용이다. 아인슈타인이 제안한 대로 상대성과 빛의 속도가 일정하다는 두 공준을 만족하도록 좌표변환을 수정하면, 모든 문제가 해결되고 에테르는 필요가 없다. 이것이 아인슈타인 논문의 결론이다.

사실 여기서 아인슈타인이 제시한 좌표변환은 아인슈타인이 처음 만든 게 아니다. 이미 10여 년 전에 로렌츠가, 빛의 속력을 일정하게 유지하는 방법으로 제안했던 것이다. 그래서 오늘날 이 좌표변환은 로렌츠변환이라고 부른다.

1905년 네 번째 논문 − $E=mc^2$

「물체의 관성은 에너지에 달려 있는가?Ist die Trägheit eines Körpers von seinem Energieinhalt abhängig?」 Annalen der Physik (in German). 18 (13): 639 − 641 (1905).

9월 27일 투고, 11월 21일 출판

특수상대성이론이 새로운 동역학을 요구한다는 것을 앞의 세 번째 논문에서 보았다. 그러면 일반 동역학은 어떻게 되는가? 특히 빛이 개입하면 무슨 일이 일어날까? 이런 문제를 생각해보는 것은 매우 자연스러운 일이다.

질량이란 뉴턴의 역학에서는 관성의 정도를 나타내는 양이다. 즉 외부로부터 힘을 받았을 때 물체가 그 힘을 느껴서 움직이게 되는데, 많이 움직이면 질량이 작은 것이고, 조금 움직이면 질량이 큰 것이다(그러므로 사실 질량의 역수가 관성의 크기를 나타낸다).

아인슈타인은 이 논문에서 멈춰 있는 물체가 양방향으로 똑같은 양의 빛을 발하는 경우를 생각했다. 그러면 빛이 에너지를 전달하므로 원래의 물체에서 에너지가 줄어들어야 한다. 그런데 물체는 처음이나 빛을 내고 난 다음이나 똑같이 멈춰 있다. 그러면 에너지는 어떻게 된 것인가? 어떻게 에너지가 줄어들었다는 것을 알 수 있는가? 아인슈타인은 질량이 내부에 가지고 있는 에너지의 척도라고 가정하고, 이로부터 $E=mc^2$을 유도했다.

05
ALBERT EINSTEIN

교수:
취리히의 아인슈타인 2

취리히대학교

취리히대학교는 1833년에 취리히칸톤이 기존의 신학교 및 법학 학교와 의학 학교를 통합하고 여기에 교양학부를 추가해 설립한 대학이다. 처음의 이름은 라틴어인 '우니베르시타스 투리켄시스Universitas Turicensis'였는데, 투리켄시스는 취리히의 라틴어 이름인 투리쿰Turicum에서 온 말로서, 오늘날에도 대학의 앰블럼에는 이 이름이 써 있다. 대학은 55명의 교수진으로 시작했으며, 첫해에는 신학과 16명, 법학과 26명, 의학과 98명, 그리고 교양학부 21명으로 총 161명의 학생이 등록했다. 강의록은 독일어와 라틴어로 출판되었다. 취리히대학교는 군주나 교회가 아닌 자치 정부가 세운 유럽 최초의 대학이었다. 대학의 설립자들은 이 대학을 칸톤을 넘어 스위스의 국립대학으로 만들기를 염원했으나, 결국 그렇게 되지는 못했다. 1859년 교양학부는 철학, 언어 및 역사를 전공하는 인문학부(철학 I)와 수학 및 자연과학을 전공하는 철학 II부로 나뉘었다. 대학의 이름이 공식적으로 오늘날의 취리히대학교Universität Zürich로 명명된 것은 1912년의 일이다.

알프레트 클라이너는 20세기 초 취리히대학교의 유일한 물리학 담당 교수였다. 그는 취리히대학교 출신으로, 아인슈타인이 입학하기 전에 폴리테크니쿰에서 사강사를 지냈고, 이후 취리히대학교에서 물리학 부교수 및 교수로 재직하고 있었다. 클라이너는 아인슈타인이 취리히대학교에서 박사학위를 받기 위해 접촉한 이래, 꾸준히 아인슈타인을 돌봐주었고 결국 박사학위논문의 지도교수가 되어주었다. 클라이너는 주로 측정기기에 관한 연구를 하는 사람이었지만, 한편으로는 물리학의 기초에 대해서도 관심이 있어서, 취리히대학교에도 독자적인 이론물리학 교수 자리를 만들어야 한다는 생각을 가지고 있었다. 클라이너가 아인슈타인에게 계속 학계에 진입하는 데 관해 조언을 해주고, 베른대학교에서 강사가 될 것을 권유하며 이런저런 도움을 준 것도 이런 배경에서 아인슈타인을 눈여겨보았기 때문이 아닐까 한다.

실험을 하지 않는 이론물리학 교수란 19세기 말 이전에는 존재하지 않는 개념이었다. 하지만 19세기 말에서 20세기 초에 이르러, 물리학과 수학이 점점 밀접하게 관련을 맺으면서 고도의 수학적 능력을 필요로 하는 문제가 나타났고, 이에 따라 이론물리학만을 위한 교수 자리를 만드는 대학이 차츰 생겨나기 시작하고 있었다. 취리히대학교에는 아직 이론물리학 교수 자리가 없었는데, 이 자리의 필요성을 느낀 클라이너는 꾸준히 대학 당국을 설득했고, 학장이 되자 이를 본격적으로 추진했다. 마침내 취리히대학교가 이론물리학 부교수 자리를 승인한 것은 1908년 초의 일이다.

당시 클라이너의 조수는 오스트리아 출신의 프리드리히 아들러 Friedrich Wolfgang Adler였다. 아들러는 폴리테크네쿰에서 아인슈타인의 1년 후배였는데, 졸업 후 바로 클라이너의 조수가 되어 일하고 있었다. 아인슈타인이 대학 졸업 후에 그토록 바라던 자리가 바로 이런 자리였음을 기억하자. 아들러는 아인슈타인처럼 현대물리학에 정통한 것은 아니었고, 보다 전통적인 열이론 및 역학을 주로 연구했지만, 이론물리학 교수로서는 손색이 없는 인물이었으므로, 새로운 자리의 강력한 후보가 되는 게 자연스러운 일이었다. 하지만 그는 다른 생각을 하고 있었다. 그 이유는 그 자신에 있었다.

프리드리히 아들러

많은 사람이 아인슈타인에 대해서 연구에만 몰두하는 '고고하고 외로운 물리학자'라는 이미지를 가지고 있지만, 지금까지 보았듯 아인슈타인의 주변에는 과학자 외에도 늘 교류하는 친구가 여럿 있었고, 이들과의 대화는 아인슈타인의 삶에서 커다란 부분을 차지해 왔다. 또한 삶의 고비마다 아인슈타인은 친구들의 도움을 받았고, 앞으로 보듯이 기회가 되면 주변 사람들을 돕는 데도 주저함이 없었다. 그리고 솔로빈이나 베소, 장거 등의 경우에서 알 수 있듯이, 그의 가까운 친구들은 아인슈타인을 대단히 좋아했고, 어떤 의미에서 그에게 매료되어 있었던 듯하다. 아들러 역시 이렇게 아인슈타인에게 매료되었던 친구 중 한 사람이다.

　프리드리히 아들러는 오스트리아 사회민주당의 창립자인 빅토어 아들러의 아들로 빈에서 태어났다. 아버지 빅토어는 의사였다가 정치가가 되어 평생 노동자 계급을 위해 여러 가지 활동을 했으며, 유럽 전역의 자유주의 진영에서 존경을 받는 유명 인사였다. 그래서 아들러가 기억하기로 식탁에서 오가는 대화 주제는 늘 시위 준비와 경찰과의 대치, 체포된 시위대를 변호하는 법정 투쟁으로 가득했고, 그 결과 아들러는 "경찰과 권력에 반대하는 것이 나의 당연한 의무라고" 여겼다. 어린 시절 프리드리히가 자랐던 집인 빈의 알저그룬트구 베르크가 19번지에는 후일 지그문트 프로이트가 이사를 오게 된다. 프로이트는 이 집에서 『꿈의 해석』을 출판하고, 정신분석 이론으로 유명해졌으며, 50년 가까이 살면서 인생의 대부분을 보내다가, 히틀러가 집권한 후 영국으로 망명했다. 그가 유대인이었기 때문이다. 이 집은 현재 지그문트 프로이트 박물관이다.

　프리드리히의 아버지는 그가 정치에 몸담기를 원치 않아서, 과학을 공부할 것을 권하며 차츰 국제적인 명성을 얻어가던 취리히 연방 폴리테크니쿰에 보냈다. 그래서 그는 물리학과 수학을 공부하는 아인슈타인의 1년 후배가 되었는데, 곧 아인슈타인에게 매료되어 커피하우스에 죽치고 앉아 물리학 이야기를 하면서 같이 몰려다니는 패거리 중 하나가 되었다. 대학 시절 이후에도 아인슈타인의 열렬한 팬으로 남은 아들러의 인생은 취리히 주변에서 다시 아인슈타인과 마주치게 된다.

　아버지의 뜻과는 달리, 타고난 천성 탓에 프리드리히는 취리히에서도 사실 물리학보다는 정치와 운동에 더 힘을 기울였다. 그는 독일의 마르크스주의 정치 이론가이자 혁명가인 로자 룩셈부르크가 쓰던 하숙방을 빌려서 살았고, 스위스 사회민주당에 가입했으며, 1897년에는 스위스 사민당과 아버지가 세운 오스트리아 사민당의 제휴를 추진하기도 했다. 그는 사회주의자 중에서도 마흐주의자에 속해서, 1908년에는 마흐의 탄생 70주년을 기념해서 《데어 캄프Der Kampf》에 실린 철학 토론회인 "세계 요소의 발견Die Entdeckung der Weltelemente"이라는 철학 토론회에 참가하기도 했으며, 레닌이 마흐주의자를 공격하기 위해 쓴 책 『유물론과 경험-비평』에도 이름이 등장할 만큼 유명해졌다(단 내용은 그를 "순진한 대학 강사"라고 폄하하는 내용이었다). 1910년에는 취리히의 신문 《폴크슈레흐트Volksrecht》의 편집장을 맡아서 저널리스트로 활동했다.

이렇게 아들러는 정당 활동가와 물리학 교수 사이에서 흔들리고 있었다. 그런 데다가 아들러는 아인슈타인의 팬이었으므로, 자신과 경쟁하는 상대가 아인슈타인임을 알자마자, 자신이 교수가 되는 걸 포기하다시피 하고 적극적으로 아인슈타인을 지지하고 나섰다. 그가 아인슈타인의 천재성에 대해서 학문적인 존경심을 가지고 있기도 했지만, 그보다도 더욱 중요한 이유는 프리드리히의 넘치도록 낭만적인 기질 때문이 아닐까 싶다. 프리드리히는 아인슈타인이 학계에 적을 두지 않고 독학으로 뛰어난 연구 업적을 낸 것에 깊이 감명을 받은 것이다. 프리드리히는 "과거에 그를 함부로 대했던 사람들은 양심의 가책을 느낄 겁니다. 그런 인물이 특허 사무실에 앉아 있어야 한다는 것은 이곳의 수치일 뿐만 아니라 전 독일의 수치입니다"라고 말했을 정도다.

교수 임용

　이런 상황에서 클라이너는 일단 아인슈타인을 염두에 두고, 명성이 높아지고 있던 아인슈타인의 강의를 직접 들어보기 위해 그해 6월 말에 베른대학교로 찾아갔다. 그런데 여기서 일이 조금 꼬이게 되었다. 아인슈타인은 원래 강의를 세련되게 하는 사람이 아니었는데, 그날은 평가를 받는다는 생각에 초조해진 탓인지 강의가 더욱 엉망이었던 것이다. 그래서 강의실에 찾아간 클라이너가 본 광경은 헝클어진 머리카락의 젊은 강사가 학생 한 명 앞에서 두서없는 이야기를 늘어놓는 모습이었다. 실망한 클라이너는 돌아와서 "아인슈타인의 강의는 형편없다"라는 말을 어느 공개적인 자리에서 했다.
　아인슈타인은 소문을 듣고, "내가 교수가 되고 싶다고 한 것도 아니다"라고 말하며 태연한 척했으나 내심으로는 몹시 낭패한 것으로 보인다. 강의를 못한다고 소문이 나면, 취리히대학교가 아니더라도 앞으로 교수가 되는 데에 지장이 있을 것이다. 그래서 클라이너에게 편지를 보내 제3자 앞에서 자신을 비난한 데 항의하는 한편, 다시 기회를 줄 것을 요청했다. 클라이너도 공개적으로 아인슈타인을 비난한 것에 사과하고, 아인슈타인의 요청대로 다음 해 1월의 취리히 물리학회에서 시범강의 자리를 마련할 것을 약속했다. 한편 아들러는 더욱 적극적으로 아인슈타인을 홍보했다. 심지어 11월에 대학의 이사회에 이렇게 말하기도 했다. "아인슈타인 같은 사람을 영입할 수 있는데도 나를 임명한다는 것은 터무니없는 일입니다." 경쟁자의 대사로서는 아무래도 어리둥절하게 들리는 말이다. 다행히 이번에는 아인슈타인이 강의를 잘 해내서 1909년 2월 클라이너는 아인슈타인을 교수로 지명했다. 3월 말, 아인슈타인의 임용을 결정하는 교수진의 비밀 투표에서는 찬성 10표, 반대 1표가 나왔다.

    교수로 지명을 받고 아인슈타인은 대학 당국과 교섭을 시작한다. 흔히 아인슈타인을 세상 물정 모르는 순진한 사람으로 여기는 경향이 있는데, 아인슈타인 스스로 세상 물정에 그리 신경을 쓰지 않았고, 가능하면 그로부터 벗어나고 싶어 했던 것은 맞지만, 필요할 때는, 이 경우에서 보듯이 매우 현실적으로 행동할 줄 아는 사람이었다. 앞에서 불과 10대였던 아인슈타인이 김나지움을 그만두기 위해서 등교 거부나 가출과 같은 어린애다운 행동을 하는 게 아니라 의사로부터 진단서를 받아서 자퇴 수속을 밟았던 일이나, 그러면서도 미래를 위해서 수학 교사로부터 추천서를 받아놓았던 것을 기억하자. 물론 그렇다고 아인슈타인이 세속의 일에 대단히 밝은 사람이었다는 것은 아니지만, 적어도 그는 필요할 때는 적절한 행동을 할 줄 아는 사람이었다. 물론 나중에 아인슈타인은, 특히 미국에서는 세속의 일에 전혀 신경을 쓸 필요가 없는 매우 특별한 존재가 되기는 했다. 그럴 수 있었던 이유는, 첫째 그의 명성 덕분에, 두 번째로는 프린스턴 고등연구소라는 특수한 직장 덕분에, 그리고 세 번째는 그의 비서 헬렌 두카스 덕분이었다.

아인슈타인이 취리히대학교와 교섭을 했던 이유는 대학에서 제시한 봉급이 당시 특허청에서 받고 있던 것보다도 훨씬 적었기 때문이다. 교섭 끝에 대학은 그의 연봉을 특허청에서 받는 4500스위스프랑 수준으로 맞추어주었고 아인슈타인은 비로소 이를 수락했다. 1909년 5월 마침내 아인슈타인은 취리히대학교의 교수가 되어 공식적으로 학계에 발을 디뎠다. 친구에게 말했다는 임용 소감 역시 아인슈타인의 건방진 모습을 잘 보여준다. "드디어 나도 매춘부 조합에 공식적으로 가입했다네." 아인슈타인이 교수로 임명된 후, 아들러는 큰 짐을 벗은 것 같다고 말했다.

여름에 접어들어 특허청에서 근무하는 날이 얼마 남지 않았던 어느 날, 매일의 업무를 처리하던 아인슈타인은 커다란 봉투를 받았다. 봉투 안에는 라틴어로 쓴 우아한 종이가 들어 있었다. 자신과는 상관없는 물건이라고 생각한 아인슈타인은 그 봉투를 쓰레기통에 던져넣었다.

사실 그 종이는 1909년 7월 제네바대학교 설립 350주년 기념식에 아인슈타인을 초대해서 명예박사학위를 수여한다는 초대장이었다. 답이 없자 제네바대학교는 제네바 출신인 아인슈타인의 친구 뤼시앵 샤반을 통해 아인슈타인에게 기념식에 참석할 것을 다시 요청했다. 아인슈타인은 제대로 듣지도 않고 참가하겠다고 했다.

제네바대학교는 1909년 7월에 설립 350주년과 칼뱅 탄생 400주년을 기념해서 성대한 행사를 열었다. 제네바대학교 캠퍼스에, 오늘날 제네바를 대표하는 상징물로서 중요한 관광 코스이기도 한 "종교개혁의 벽"을 만든 것도 이때의 일이다. 대학은 또한 전 유럽에서 100여 명의 유명인을 초청해서 명예박사학위를 수여하기로 했고, 아인슈타인이 그 안에 포함된 것이다. 함께 학위를 받은 이들은 마리 퀴리, 오스트리아의 화학자 오스트발트 등이었다. 아인슈타인을 선정한 사람은 당시 제네바대학교 물리학연구소 소장이며 예전에 취리히 폴리테크니쿰에서 아인슈타인을 가르쳤던 샤를외젠 귀였다.

    행사는 사흘 동안 치러졌는데, 수여식과 행진을 하고 만찬으로 이어졌다. 참석자들은 모두 예복을 차려입고 왔으나, 이런 행사인 줄 모르고 제네바에 온 아인슈타인은 밀짚모자에 평상복 차림이었다. 그래서 그는 복장을 이유로 행사에서 빠져도 되냐고 물었지만 거절당했다. 도망치는 걸 포기하고, 아인슈타인은 행사를 즐기기로 마음먹었다. 다행히 행사는 매우 즐거웠고, 만찬은 그가 그때까지 본 중에 가장 성대했다. 젊고 평상복을 입은 그는 아마 꽤 눈에 띄는 존재였을 것이다. 만찬을 즐기며, 아인슈타인은 옆에 앉은 귀족에게 말을 걸었다. "칼뱅이 여기 있었다면 어떻게 했을지 아시겠나요?" 귀족은 어리둥절하며 모른다고 말했다. 아인슈타인은 대답했다. "칼뱅이라면 거대한 장작더미를 쌓고 이런 화려한 음식을 즐기는 우리를 사치의 죄로 화형에 처했을 것입니다." 아인슈타인은 이어서 이렇게 회상했다. "그 남자는 다시는 나에게 말을 걸지 않았다." 다음 쪽의 사진은 여기서 받은 아인슈타인의 명예박사학위 증서다. 훗날 아인슈타인은 많은 명예학위를 받게 되는데, 이 학위가 그 첫 번째인 셈이다.

부부의 균열

아인슈타인이 교수라는, 사회의 상층 계층에 자리를 잡게 되자 이에 따라 의외의 사건이 일어났다. 아인슈타인의 임용 소식이 지역신문에 난 것을 보고, 안넬리 마이어슈미트Anneli Meyer-Schmidt라는 여성이 엽서를 보낸 일이다. 안넬리, 혹은 안나는 취리히 근처의 메트멘슈테텐이라는 마을에 있는 파라디스 호텔 주인의 가족이었는데, 10년 전인 1899년 8월에 어머니와 여동생 마야와 함께 호텔로 휴가를 온 아인슈타인을 만난 적이 있었다. 그때는 안나가 17세에 불과했고 만난 시간도 길지 않으므로 별다른 일이야 일어나지 않았겠지만, 안나의 앨범에 아인슈타인이 간단한 시를 적어주었다고 하니, 또 전혀 아무 일도 없었던 건 아닌 듯하다. 그때 아인슈타인이 적어준 시가 아인슈타인 전집에 기록되어 있는데, 원문의 느낌은 모르겠지만 영역본을 보니 수작을 부리는 느낌이 강하다.

그대 작고 예쁜 소녀
여기에 그대를 위해 무엇을 적어야 할까?
여러 가지가 생각나겠지
키스도 있고
그 작은 입술 위에

화를 낸다면
울지 말아요

제일 좋은 벌은

나한테도 키스해주는 것

그대의 뻔뻔하고 작은 친구를 기억하라는 인사

1899년이면 아인슈타인이 폴리테크니쿰을 다니던 시절이고, 밀레바와 한참 불타오르던 시기일 텐데 휴가지에서 만난 소녀에게 이런 시를 써주었다는 걸 보면, 아인슈타인에게는 바람둥이 기질이 있는 게 틀림없다.

안나는 결혼해서 바젤에 살고 있었는데, 10년이나 지나긴 했지만, 아인슈타인이 물리학을 공부한다는 게 안나에게는 인상 깊었던 모양으로, 신문 기사를 보고 그를 기억해낸 것이다. 이에 아인슈타인은 답장을 보냈다. 답장에서 아인슈타인은 "지금 당신은 아름답고 발랄한 여성이 되었을 게 분명해요. 그 시절에 그토록 사랑스럽고 쾌활한 소녀였으니"라고 하면서, "미스 마리치는 제 아내가 되었습니다. 제 여동생은 아직 대학에 다니고 있는데, 지금은 파리에 있습니다. 동생도 곧 결혼할 겁니다"라고 안부를 전했다. 그리고 "10월 15일부터 취리히에서 살게 될 텐데, 주로 래미가의 연구실에 있을 겁니다. 취리히에 오게 되고 시간이 난다면 들러주세요. 그러면 무척 기쁘겠군요"라고 추신을 달았다.

안나는 다시 답장을 보냈는데, 이 편지가 아인슈타인에게 닿기 전에 밀레바의 손에 들어가버렸다. 격분한 밀레바는 안나의 남편에게 편지를 써서 "부적절한 편지"에 대해 항의하고 안넬리를 비난했다. 당연히 소동이 벌어졌고, 아인슈타인은 매우 굴욕적인 상황에서 안나의 남편에게 사죄의 편지를 보내야 했다.

이 사건은 더 이상 커지지 않고 끝났으며, 실제로는 아무 일도 일어나지 않았지만, 아인슈타인과 밀레바 사이에는 돌이킬 수 없는 균열을 만들어버린 듯하다. 물론 그런 균열을 만들어낸 원인들은 애초에 두 사람의 성격에도 있었고, 주변 상황에서도 찾을 수 있으며, 그동안에도 여러 일을 겪으며 쌓여왔겠지만, 이 사건이 하나의 전환점이 된 것이다. 어쩌면 두 사람의 이혼을 향한 시곗바늘이 이 순간부터 돌아가기 시작했는지도 모른다.

밀레바에게는 그동안 남편이 성공의 길을 걷기 시작하면서부터 자라기 시작한 불만이 터진 셈이었다. 아인슈타인이 나중에 젤리크와의 인터뷰에서 회상하기를 밀레바는 "어떤 식으로든 제게 가까이 다가오는 모든 사람에게 매우 차갑게 대했고 그들을 불신했습니다." 여성이라면 그럴 수도 있지만, 남성 동료들에게 아내가 그렇게 대한다면 곤란해진다. 밀레바의 불만은 여자 문제가 아니라, 아인슈타인이 물리학자로서 성공을 거두기 시작하자 사실상 그의 삶에서 밀려나기 시작한 자신의 모습이 진짜 원인이었다고 할 수 있다. 밀레바는 더 이상 아인슈타인이 직업적 성공을 이루는 일을 그들 부부 공동의 성공으로 받아들이지 못하고, 거기에 대해서 일종의 질투심을 가지게 된 것이다. 1909년에 밀레바가 친구 헬레네 사비치와 주고받은 편지를 보면, 아인슈타인이 교수가 되자 자신을 위해서는 시간을 내주지 않는다며, 자신이 소외되는 느낌이라고 한탄한다. 헬레네는 밀레바가 과학을 질투하고 있다고 (아마도 반쯤은 농담으로) 답했고, 밀레바는 여기에 민감하게 반응했다. "한 사람은 진주를 얻고, 다른 사람은 빈 상자만 갖게 된 거지." 그래서 밀레바는 아인슈타인이 다른 여자에게 관심을 보내는 건 물론이고, 다른 과학자들과 시간을 보내는 것도 싫어했다. 이러한 태도는 당연히 아인슈타인을 더 밀어내는 결과를 가져왔고, 두 사람은 점점 멀어져 갔다. 안넬리 사건은 그러한 갈등이 표면에 드러난 시작이었다.

대학교수 아인슈타인

취리히로 이사하기 직전인 9월에 아인슈타인은 독일 자연과학자 및 의사 학회에 강연 초청을 받고 참석했다. 독일어권의 가장 크고 오래된 이 학회에서 초청 강연을 한다는 것은 중요한 학자로 인정받고 있음을 보여주는 일이었다. 그런데 사실 이것은 아인슈타인이 진짜 과학 학회에 공식적으로 첫 번째로 참석한 일이었다. 이전에 아인슈타인은 그저 학생이었거나 특허청 직원이었으니, 정식으로 학회에 참석할 수가 없었다. 오스트리아의 잘츠부르크에서 열린 이 학회에서 아인슈타인은 상대성이론과 빛의 파동·입자 이중성에 대해서 강연을 했다. 이 강연은 플랑크가 처음 제시하고 아인슈타인이 광전효과를 설명하는 데 사용한, 빛의 양자 이론에 대한 고찰을 담은 내용이었다. 1909년 당시 양자 개념이 전혀 이해되지 못한 채로 물질 이론 속 여기저기에서 불쑥불쑥 튀어나오는 상황을 걱정하는 사람은 아마도 아인슈타인이 유일했을 것이다. 그래서 그 강연장에서 아인슈타인의 강연을 제대로 알아들은 사람은 거의 아무도 없었을 것이다.

학회에 가기 전에 아인슈타인은 안넬리 사건의 화해를 위해 밀레바와 스위스의 엥가딘 지방으로 도보 여행을 다녀왔다. 엥가딘은 생모리츠 주변의 스위스의 남동부 지역으로, 높은 산으로 둘러싸인 알프스의 계곡 지역이며, 기후가 좋고 스위스에서 가장 일조량이 많은 지역이다. 스위스의 공식 언어 중에서 가장 적은 수의 사람들이 사용하는 로망스어를 쓰는 지역이기도 할 만큼, 스위스에서도 가장 외딴곳이라고 할 수 있다. 다행히 여행을 통해 두 사람의 상처는 봉합이 된 듯하다. 그 증거라면 이상하지만, 10월에 취리히로 이사를 하고 난 후, 밀레바는 곧 두 번째 아이를 가진다.

취리히대학교에서 아인슈타인의 연구실은 앞서 안넬리에게 보낸 편지에 언급했듯 래미가 69번지에 위치한 물리학과 건물에 위치해 있었다. 지금 이 건물은 취리히대학교의 의학박물관으로 사용되고 있다. 아인슈타인은 12월 1일에 취리히대학교에서의 공식적인 취임 강연으로 "새로운 물리학에서 원자 이론의 역할"에 대해 강연을 했다. 조머펠트의 제자였던 루트비히 호프가 조머펠트의 소개로 아인슈타인의 조수가 되었다. 새로운 교수의 주변이 착착 자리를 잡아갔다.

아인슈타인이 맡은 강의는 매주 '역학 입문' 4시간과 '열역학' 2시간이었다. 역학 입문은 열일곱 명의 학생이, 열역학은 열아홉 명의 학생이 수강했다. 그리고 최신 연구 주제에 대한 "물리학 세미나"를 매주 1회 진행했는데 여기에는 열두 명의 학생이 참석했다.

처음으로 교수가 되어 강의를 진행하는 아인슈타인은 열의에 넘쳤다. "새로운 직업이 아주 마음에 드네. 학생들과도 매우 사이가 좋아. 그중 몇 사람에게라도 영감을 주었으면 해"라고 야코프 라우프에게 보내는 편지에서 쓰고 있다.

베른대학교에서는 제대로 된 강의를 맡지 않았으므로, 아인슈타인이 교수로서 본격적으로 강의한 것은 취리히대학교에서부터다. 아인슈타인은 나중에는 점점 강의에 소홀해지고, 특히 일반상대성이론을 연구하느라 매진하고 있을 때는 강의하는 일을 매우 부담스러워 했지만, 그래도 처음 교수가 되었을 때는 학생들에게도 꽤 신경을 썼다. "강의는 중요하니까, 준비하는 데 시간을 많이 들이고 있어"라고 위의 편지에서 말할 정도다. "일주일에 강의가 6시간이고 세미나가 1시간인데, 이게 꽤 많은 시간이야." 또한 베소에게 보낸 엽서에서도 "연구할 시간이 베른에 있을 때보다 적어. 그래도 배우는 것도 많다네"라고 썼다.

아인슈타인은 보통의 의미에서 강의를 잘하는 사람은 아니었다. 그는 완벽한 강의 노트를 준비해서 깔끔하게 제시하는 대신, 아이디어와 요점만을 메모해와서 학생들과 함께 생각하면서 강의했다. 강의 중에도 질문을 받았고, 대화를 나누느라 강의가 딴 길로 빠지기도 했다. 그러나 학생들은 아인슈타인의 강의에 매력을 느꼈다. 그의 학생이던 한스 탄너는 "아인슈타인이 들고 온 것은 명함 같은 종이에 수업 내용을 메모해놓은 것뿐이었다"라고 기억하며, "우리는 그가 생각하는 방식으로부터 직관을 얻었다. … 흥미로운 길을 따라 과학적 결과에 도달하는 걸 목격할 수 있었다"라고 말했다. 그래서 "어리석은 질문을 할까 봐 부끄러워하지 않게 되는 데 오래 걸리지 않았다". 한스 탄너는 아인슈타인이 평생 딱 한 번 학위논문을 지도한 학생이다. 탄너는 취리히대학교에서 아인슈타인의 모든 강의를 정식으로 수강한 학생이기도 하다.

열역학은 상급 학년을 위한 과목이었는데, 학생 중에는 아인슈타인과 함께 아라우의 칸톤학교를 졸업한 아돌프 피슈도 있었다. 피슈 또한 취리히 폴리테크니쿰을 다녔고 당시 빈터투어에서 교사로 재직 중이었는데, 아인슈타인의 강의에 대해 이렇게 말했다. "아인슈타인은 학생들에게 실질적인 것, 새로운 것을 제공하기 위해 많은 노력을 기울였다. 그는 학생들에게 이해하고 있는지 계속 물었다. 쉬는 시간에는 질문을 하려는 학생들에게 둘러싸였고, 그는 인내심 있고 친절하게 그들에게 답했다." 이렇게 몇몇 학생들은 차츰 형식적으로 잘 갖추어진 강의보다 아인슈타인의 강의를 더 좋아하게 되었고, 아인슈타인 교수는 나름의 인기가 생겼다.

강의 내용뿐 아니라 그의 외모와 행동도 보통의 교수와는 달랐다. 아인슈타인의 트레이드마크는 낡고 잘 맞지 않는 옷, 담배, 재치 있지만 날카롭고, 종종 다른 사람들과 코드가 맞지 않아 듣는 사람을 어리둥절하게 하는 유머 등이었다. 그는 저녁 시간이면 학생들을 데리고 카페에 가곤 했으며, 심지어 자신의 집에 데려와서 이야기를 나누거나 논문을 검토하기도 했다.

취리히 생활

아인슈타인 가족이 취리히로 이사해서 살림을 시작한 아파트는 무송가 12번지(오늘날은 10번지)로서 바로 프리드리히 아들러가 아내와 살고 있던 건물이었다. 아들러는 취리히대학교에서 가을 학기부터 신입생을 위한 물리학 강의와 그에 따른 실험 과목을 맡고 있었다. 이제 두 사람은 가족들까지 가까워져서 자주 왕래하는 사이가 되었다. 아들 한스 알베르트는 프리드리히의 딸 아신카와 친구가 되어서 동네 아이들과 몰려다녔다. 이 시절에 프리드리히가 아버지에게 보낸 편지에는 "아인슈타인과 더 많은 이야기를 나눌수록 그에 대한 제 호감은 더욱 견고해짐을 느낍니다"라고 적혀 있다. 두 사람은 저녁마다 만나서 물리학과 철학에 대해 이야기를 나누었는데, 의견이 잘 맞았고 여러 면에서 영향을 주고받았다. "우리는 대부분의 물리학자들이 이해조차 하지 못할 문제에 대해서 의견이 같습니다." 역시 프리드리히가 아버지에게 보낸 편지의 한 구절이다. 그는 특히 아인슈타인이 가장 독립적인 정신을 가지고 있으면서도, 오만하지 않다는 데에 감명을 받았다. 아인슈타인 역시 프리드리히를 자신이 만난 사람들 중에서 "가장 순수하고, 가장 열성적인 이상주의자"로 기억했다. 그러나 아인슈타인은 프리드리히가 자신에게 사회민주당에 입당할 것을 권유했을 때에는 역시 딱 잘라 거절했다. 아인슈타인에게 정당에 가입한다는 것은 상상도 할 수 없는 일이었기 때문이다.

폴리테크니쿰의 인연들도 다시 이어졌다. 동창생 친구이며 특히

청에 아인슈타인을 소개해준 마르셀 그로스만은 1907년에 폴리테크니쿰의 기하학 교수가 되어 있었다. 두 사람은 반갑게 교제를 이어갔다. 그로스만과는 곧 또 한 번 중요한 관계를 맺게 될 것이다. 폴리테크니쿰에서 아인슈타인을 가르쳤던 후르비츠는 여전히 폴리테크니쿰의 수학 교수였다. 학창 시절에는 세미나를 빼먹기도 하고, 조수 자리를 거절당하기도 하는 등 후르비츠와 별다른 좋은 기억이 없던 아인슈타인이지만, 교수로서 친분을 가지게 되자 뜻밖에도 가까운 사이가 되었다. 특히 중요한 매개는 음악이었다. 일요일에 후르비츠는 아인슈타인을 비롯한 사람들을 초청해서 음악회를 열었다. 아인슈타인은 아내와 아들과 함께 후르비츠의 집을 방문해서 바이올린을 연주했다.

아인슈타인은 또한 폴리테크니쿰의 기계공학과 교수인 아우렐 스토돌라와 가까워졌다. 증기터빈의 권위자였던 스토돌라 교수는 헝가리 출신으로 베소를 가르쳤고, 아마도 그 덕분에 아인슈타인과도 안면이 있었을 것이다. 스토돌라는 물리학과 철학에도 관심이 많았으므로 아인슈타인의 강연에 참석했으며 친분을 맺게 되었다. 아인슈타인은 훗날 스토돌라의 은퇴 기념 논문집에 논문을 헌정했으며 신문에도 그에 대한 글을 기고했다.

이렇게 취리히에는 많은 친구와 지인들이 있었지만, 그중에서도 아인슈타인의 가장 가까운 친구는 법의학자 하인리히 장거였다. 장거는 독물학과 법의학 분야에서 그 시대에 가장 앞서가는 학자로서, 취리히대학교 법의학연구소를 맡고 있었다. 그는 의사일 뿐 아니라 많은 것에 관심을 가졌고 식견이 풍부해서, 베소처럼 아인슈타인이 물리학 문제를 논의할 수도 있었고, 정부의 관리와 관련된 일도 잘 처리했다. 아인슈타인은 장거를 베른에 있을 때 알게 되었는데, 1905년에 장거가 아보가드로수를 구하는 실험 방법을 연구하다가 아인슈타인에게 자문을 구한 적이 있어서였다. 아인슈타인을 장거에게 소개한 사람은 스토돌라였는데, 그는 아인슈타인의 1905년 브라운운동 논문을 알고 있었다. 아인슈타인이 취리히에 오게 되자 장거와 아인슈타인은 곧 아주 가까워졌다.

아인슈타인은 그의 전기를 처음으로 쓴 사람인 스위스의 작가 카를 젤리크와의 인터뷰에서 장거에 대해서 이렇게 말했다고 한다.

> (장거는) 객관적이고 심리적인 상황에 대해 분명하고도 확실한 이해력을 가지고 있었고, 이를 결합하는 놀라운 능력을 타고났습니다. 그의 관심 범위는 말 그대로 무한했습니다. 그는 자신의 지식이 정말로 부족한 분야에서도 사람과 사물에 대해 정확한 판단력을 보여주었습니다. 그는 문제를 명확하고 정교하게 파악했습니다. 한마디로, 그는 제가 만난 가장 흥미로운 사람 중 하나입니다.

지식욕이 넘쳤던 장거는 아인슈타인의 강의를 직접 찾아가 들으며 배우기도 했고, 콜로이드화학 연구를 직접 수행하기도 했다. 풍부한 의학 및 과학 지식과 뛰어난 사물에 대한 분석 및 판단력을 갖춘 장거는 1906년 프랑스 북부 쿠리에르의 탄광 폭발 사고가 났을 때 특히 빛을 발했다. 당시 파리에 있던 장거는 재난 현장에서 갱도에 들어가 광산을 조사하고 폭발의 충격파를 연구한 후, 광부들이

에어포켓에서 얼마나 살아남을 수 있을지를 추론했고, 구조 작업을 포기하지 말 것을 촉구했다. 구조 작업이 속개되어 100명이 넘는 광부들이 구조되자 장거는 영웅으로 국제적인 명성을 얻었다. 그는 이러한 재난 상황의 의학적 방법에 대한 선구자가 되었다. 장거는 훗날 국제적십자위원이 되었으며, 아인슈타인의 직업에서나 밀레바와의 관계에 있어서 친구 이상의 역할을 하게 된다.

1910년 7월 28일 밀레바는 둘째 아들 에두아르트를 낳았다. 그들은 둘째 아이를 내내 테테Tete라고 불렀다. 밀레바의 부모가 방문해서 딸의 출산을 도왔다.

새로운 자리

아인슈타인은 취리히에 온 지 얼마 되지도 않은 1910년 3월에 프라하의 카를대학교로부터 정교수로 초빙 제의를 받는다. 그럴 만큼 당시 아인슈타인은 매우 활발하게 연구 업적을 내고 있었다. 1905년과 같은 전설적인 논문을 쓴 것은 아니지만, 1907년에는 열 편, 1908년에는 여섯 편, 취리히로 옮긴 1909년에는 아홉 편, 1910년에는 일곱 편의 논문을 발표했다. 아인슈타인은 비상하고 있었던 것이다. 따라서 전 유럽의 대학들이 이론물리학 교수 자리에 아인슈타인을 고려하기 시작했다고 해도 좋을 정도였다.

프라하를 염두에 두고, 아인슈타인은 아들러에게 정치에 너무 빠져들지 말고 물리학에 집중하도록 설득하면서, 아들러가 머지않아 여기서 자신의 후임자가 될 수 있을 것이라고 말했다. 하지만 1911년 아인슈타인이 프라하로 떠난 후 아들러는 결국 물리학을 그만두고 빈으로 돌아가서 사회민주당 서기가 되어 파란만장한 정치가로서의 경력을 시작했다. 정당과 같은 조직에 충성하는 것은 사고의 독립성을 포기하는 것이라고 생각했던 아인슈타인은 아들러에 대해서 훗날 "나는 그렇게 지적인 사람이 어떻게 정당에 빠져들게 되었는지 전혀 이해할 수 없다"라고 말했다.

  이렇게 가장 아름다운 젊은 날의 일부를 함께하고 두 사람의 인생은 갈라진다. 더 이상 아인슈타인의 인생과는 접점이 없으므로 여기서 아들러의 나머지 인생을 간단히 요약하자. 그는 국제 노동조합 운동에 참여하고, 빈에서 사민당의 사무총장이 되었으며, 《데어 캄프》의 편집자로 활동하면서 제2인터내셔널의 의견에 따라 당의 좌익 쪽 대변인도 맡았다. 1914년 제1차세계대전이 일어나자 그는 전쟁을 반대할 것을 강하게 주장했다. 하지만 황태자가 암살되어 전쟁 당사자로서 분위기가 고조된 오스트리아에서 사민당도 당의 주류는 전쟁을 지지했고, 심지어 그의 아버지 빅토어 아들러도 전쟁을 지지하는 쪽이었다. 1916년 10월 21일, 아인슈타인이 '그토록 지적이고 순수한 이상주의자'로 기억하는 프리드리히 아들러는 빈의 마이슬 운트 샤덴 호텔 식당에서, 오스트리아 수상이던 카를 폰 슈튀르크에게 권총 세 발을 쏘아 그를 사살했다. 아들러는 사형을 선고받았다가, 반전을 지지하는 여론에 힘입어 18년형으로 감형되어 복역했다. 1918년 전쟁이 끝난 후 독일혁명이 일어나자 오스트리아의 사회주의자들은 아들러의 석방을 청원했고, 황제 카를

1세가 이를 받아들여 사면되고 석방되었다. 이후 황제위가 폐지되고 국가가 재건되는 과정에서 그는 노동자 평의회의 지도자로서 오스트리아 국가 평의회에서 일했다. 제2차세계대전이 일어나자 아들러는 미국으로 피신했으며, 오스트리아 노동위원회를 설립하는 등의 활동을 하다가 차츰 정치에 관한 일을 내려놓았다. 미국에서 아들러가 아인슈타인을 만났다는 기록도 없다. 전쟁이 끝난 뒤에 프리드리히 아들러는 유럽으로 돌아와서 스위스에서 살면서 여러 문헌을 정리하며 조용히 지내다가 1960년 80세로 사망했다.

아인슈타인이 취리히를 떠난다는 소식을 듣고 그의 학생들은 취리히칸톤의 교육부에 탄원서를 제출했다. 한스 탄너를 포함한 열다섯 명이 서명한 이 탄원서에서, 학생들은 이렇게 말한다.

> 우리는 아인슈타인 교수님이 그 누구보다도 뛰어나서 우리 대학에 새로 만들어진 이 과목에 커다란 명성을 가져오실 거라고 믿기 때문에, 이 청원을 제출해야 한다는 의무감을 느꼈습니다. 아인슈타인 교수님은 이론물리학의 가장 어려운 문제들을 아주 명쾌하고 이해하기 쉽게 설명하는 놀라운 능력을 가졌으므로, 교수님의 강의를 듣는 것은 우리의 큰 기쁨이었습니다. 또한 교수님은 청중들과 완벽한 교감을 이루는 데 뛰어나시므로, 우리는 아인슈타인 교수님의 가르치는 능력이 우리 대학에 커다란 장점이 되리라고 확신합니다.

학생들이 이렇게 말하면서 붙잡는다면, 나는 떠나기 힘들 것 같다. 대학도 이러한 학생들의 뜻에 호응해 아인슈타인의 연봉을 1000스위스프랑 올려주겠다고 했다.

이 탄원서가 올라온 것은 1910년 6월의 일이었다. 그럼에도 아인슈타인은 결국 카를대학교의 초빙을 받아들여 다음 해 4월에 프라하로 떠났다. 두 번째 취리히 생활은 불과 18개월이었다. 그런데 취리히와는 무관하게 카를대학교의 아인슈타인 채용 건은 빈에서 한바탕의 소동을 겪는다. 그 자세한 내막은 다음 장에서 보기로 하자.

리마트강과 취리히 시가지 모습

06
ALBERT EINSTEIN

중력:
프라하의 아인슈타인

카를대학교 이론물리학 정교수

카를 페르디난트대학교, 혹은 프라하대학교는 신성로마제국의 황제이자 보헤미아 왕 카를 4세가 발의하고 교황 클레멘스 6세의 칙령을 받아 1348년에 세운 중부유럽 최초의 대학이자, 유럽 전체에서 볼로냐대학교와 파리의 소르본대학교 다음으로 세 번째로 세워진 대학이다. 그래서 카를대학교가 세워진 초기에는 독일, 오스트리아, 보헤미아, 모라비아, 헝가리 등의 중부유럽은 물론, 폴란드와 러시아, 그리고 멀리 덴마크나 스웨덴에서도 학생이 찾아왔다. 이런 학생 구성을 반영해서 대학은 보헤미아계, 바바리아계, 폴란드계, 그리고 색슨계의 네 민족으로 나뉘어 운영되었다. 그러나 1409년 동서 교회 대분열 당시 보헤미아계와 다른 민족들 간의 반목이 생겼고, 대학의 총장인 얀 후스가 국왕의 힘을 업고 보헤미아계에 특권을 부여하자, 다른 민족 학생과 교수진이 대거 학교를 떠났다. 이들은 대부분이 독일계였으므로 라이프치히로 철수했고, 작센 선제후 프리드리히 1세가 그해 12월에 라이프치히대학교를 설립해서 이들을 수용했다. 그 결과 카를대학교는 크게 축소되었다. 이전에는 박사와 석사가 200여 명, 학사가 500여 명, 그리고 학생이 3만 명에 이르는 거대한 대학이었으나, 이 사건으로 46명의 교수와 5000명에서 2만 명에 이르는 학생이 줄어들었다고 한다.

유럽 전역에서 혁명의 불길이 타오르던 1848년, 카를대학교에서는 체코 학생들이 대학 당국에 체코어 강좌를 개설해달라고 요청하며 투쟁을 벌여서 이를 관철했다. 그러자 대학 내의 체코인의 비율이 날로 증가하면서, 대학 내에 두 개의 언어가 혼용되고 대학의 체코인 교수들과 독일인 교수들 사이에 갈등이 끊이지 않는 등 상황이 복잡해졌다. 논의 끝에 대학 당국은 결국 대학을 체코어 대학과 독일어 대학으로 분리하기로 결정하고, 1882년 제국 의회와 황제의 재가를 받았다. 그렇다고 다른 대학이 되는 것은 아니며, 두 대학은 카를대학교를 동등하게 계승해서 독립적으로 운영하면서, 도서관, 의학 및 과학연구소, 식물원 등의 부대시설은 공유하는 이중 체제였다. 부대시설의 운영은 독일어 대학이 맡기로 했다. 이 독특한 두 대학 체제는 제2차세계대전 때까지 지속되었다.

역사도 오래지만, 현대에도 카를대학교는 중요한 인물을 많이 배출했다. 문학 분야에서는 프란츠 카프카와 시인 라이너 마리아 릴케, 과학 분야에서는 부부가 함께 노벨상을 탄 것으로 유명한 생화학자 카를 페르디난트 코리와 게르티 코리 부부, 그 밖에 오스트리아의 마지막 황제 카를 1세 등이 독일어 대학을 졸업했으며, 아인슈타인과 마흐가 독일어 대학에서 교수를 지냈다. 한편 체코어 대학을 나온 사람으로는 전기분해법을 창안해서 1959년 노벨화학상을 받은 야로슬라프 헤이로프스키, 맨해튼 프로젝트에도 참가했던 물리학자 게오르크 플라체크, 20세기 체코 문학의 가장 중요한 작가 중 한 사람이며 '로봇'이라는 말을 처음 쓴 것으로도 유명한 카렐 차페크, 『참을 수 없는 존재의 가벼움』의 작가 밀란 쿤데라 등이 있다.

카를대학교 독일어 대학의 수리물리학자였던 페르디난트 리피크가 은퇴를 하게 되어, 이론물리학 정교수 자리가 생겼다. 새로운 교수를 채용하는 책임을 맡은 이는 빈대학교 출신의 물리학자 안톤 람파였다. 람파는 진보적인 생각을 가졌고, 마흐로부터 철학적인 영향을 강하게 받은 사람이었다. 이런 배경에서 그는 일찍이 아인슈타인의 상대성이론이야말로 마흐 철학이 물리학에서 거둔 개가라고 여겼다. 그래서 그는 1910년 초 아인슈타인을 후보자로 염두에 두고, 베를린대학교의 막스 플랑크에게 아인슈타인에 대한 의견을 물었다. 플랑크는 답신에 "상대성이론에 관한 아인슈타인의 업적은, 감히 말하자면 아마도 지금까지 이루어진 이론과학speculative science의, 나아가서 인식론의 모든 업적을 능가한다. 비교하자면 비유클리드기하학은 어린애 장난이다. 아인슈타인은 코페르니쿠스를 연상케 한다"라고 썼다. 당시는 아인슈타인이 일반상대성이론을 내놓기 전이고, 취리히대학교에 자리를 갓 잡은, 아직 정교수도 아닌 학계의 햇병아리였음을 생각할 때, 입이 다물어지지 않을 만한 어마어마한 찬사다. 1910년 4월 21일 자 교수 선발위원회의 보고서는 교육부에 세 명을 후보로 추천하고, 그중 아인슈타인을 첫 번째로 꼽으면서 플랑크의 이 추천서를 인용했다. 다른 후보 두 사람은 브르노 공과대학의 구스타프 야우만과 빈대학교의 강사인 에밀 콜이었다. 1910년 당시 야우만은 47세, 콜은 48세였는데, 아인슈타인은 불과 31세에 지나지 않았다. 보고서에는 또한 채용하는 자리의 직책을 '수리물리학 교수'에서 '이론물리학 교수'로, 그리고 '수리물리학연구실'을 '이론물리학연구소'로 바꾼다는 내용도 포함되어 있었다. 아인슈타인은 4월 말에 이 소식을 전달받고 기뻐했다. 정교수 자리인 데다가 봉급도 오르기 때문이었다.

하지만 대학의 인사란 단순하게 돌아가지만은 않는다. 제국의 교육부는 외국인보다 오스트리아인을 선호했고, 추천 목록의 두 번째인 야우만을 택했다. 야우만도 마흐의 조수를 지냈던 사람이라 마흐의 철학에 동의하는 사람이기는 했다. 그러나 야우만은 현대물리학을 하는 사람은 아니었고, 심지어 마흐처럼 원자의 존재를 부정하는 사람이었다. 람파는 놀라서 허겁지겁 빈으로 달려갔다. 아인슈타인도 소문을 들은 듯, 8월에 한 친구에게 이야기를 하면서, 자신이 유대인이라 프라하에서 자리를 얻지 못할 것 같다고 말했다. 하지만 야우만은 "아인슈타인이 더 나은 업적을 올렸다고 믿고 그를 1순위로 택했다면, 나는 현대성만을 쫓으며 진정한 가치를 인정하지 않는 대학과 관계를 맺고 싶지 않다"라며 제의를 거절했다. 아마도 자신이 2순위로 올라온 데 대한 불만이었던 듯하다. 결국 카를대학교의 자리는 아인슈타인에게 돌아가게 되었다.

아인슈타인은 9월 20일에 임용에 관한 문제를 상의하기 위해 빈에 방문해달라는 초청을 받고 24일에 취리히를 떠나 빈으로 향했다. 빈에서 아인슈타인은 두 번째 문제를 맞닥뜨렸다. 제국대학의 교수는 임용되기 위해서 황제에게 충성 서약을 해야 했고, 그러려면 종교를 밝혀야 했다. 교육부 관리는 아인슈타인이 종교가 없다고 했으므로, 그러면 충성 서약을 하는 데 문제가 있다고 말했다. 이에 아인슈타인은 자신이 유대인이라고 답했다. 교육부는 이를 받아들여 아인슈타인의 종교를 "모자이크Mosaic"라고 적었다. 모자이크는 유대교를 가리키는 공식 용어다. 아인슈타인이 자신을 유대교 신자라고 한 것은 아니지만 이로써 이 문제도 해결되었다.

이로써 모든 장애가 해소되었다. 12월 10일에 프라하의 독일어 신문인 《프라하일보》에 아인슈타인이 리피크의 후계자로 결정되었다는 기사가 실렸고, 18일에는 람파가 마흐에게 아인슈타인이 채용되었다고 전했다는 기록이 있다. 프란츠 요제프 황제의 재가는 1911년 1월 6일에 내려졌으며, 교육부 장관 슈튀르크 백작은 1월 12일 자로 임명장에 사인을 했다. 이로써 아인슈타인은 프라하 카를대학교의 이론물리학 정교수가 되었다.

프라하

프란츠 카프카는 친구에게 보낸 편지에서 "프라하는 사람을 놓아주질 않는다. 이 할멈은 맹수의 발톱을 지니고 있다"라고 쓴 적이 있다. 보헤미아 왕국과 신성로마제국의 수도였던 중부유럽의 천년 고도 프라하에서 태어나서, 길지 않은 생애의 대부분을 이 도시에서 보낸 카프카에게, 프라하는 그의 일부이면서 동시에 증오와 저주의 대상인, 애증과 모순의 도시였다. 카를대학교의 졸업생 중에서 가장 유명한 사람에 속할 카프카는, 1901년 카를대학교에 입학해서 처음에는 화학을 공부하려다가 2주 후 법학으로 전공을 바꿨고, 1906년 박사학위를 받았다. 아인슈타인처럼 독일어를 쓰는 유대인이었던 카프카는, 문학에 뜻을 두고 있으면서도 결핵으로 사망하기 전까지 거의 평생을 보험회사에 다녔다. 아인슈타인이 프라하에 도착한 1911년 4월에도 카프카는 보헤미아 왕국 노동자 상해보험 회사의 법률고문 일을 하고 있었을 것이다.

카를대학교의 신학기는 4월 20일에 시작했지만 아인슈타인은 4월 1일 자로 임용되었으므로 4월 초에는 프라하에 도착해 있었다. 이 "100개의 탑이 있는 도시"에서, 밀레바와 일곱 살이 된 한스 알베르트, 그리고 막 태어난 둘째 아들까지 아인슈타인 네 식구는 스미초프구에 속한 레스니카가 7번지에 살았다. 평범한 건물이지만 당시의 프라하 주택으로는 흔치 않게 전기가 들어왔다. 지금도 2층

외벽에 아인슈타인의 집이었음을 알리는 흉상이 붙어 있는 이 집은, 도시 가운데를 흐르는 블타바강 바로 옆 블록의 평범한 주택가에 위치한다. 네 식구 외에 밀레바의 어머니가 와서 함께 지내기도 했고, 집안일을 하는 하녀를 둔 적도 있다.

밀레바는 프라하에 가는 게 탐탁지 않았다. 지금도 그렇지만 스위스는 깨끗하고 잘 정돈된 나라이며, 스위스 시민사회의 공기에는 자유와 젊음이 넘쳤다. 하지만 제국의 도시인 프라하는, 비록 오랜 역사를 보여주는 고딕양식과 바로크양식이 뒤섞인 수많은 탑과 건물이 아름답기는 했지만, 대신 낡고 지저분했다. 또한 중세 이후 중부유럽의 역사와 문화의 중심지였던 고도의 사람들은 세련되면서도, 허세에 넘치거나 거만하거나 비굴한 경우도 많았다. 무엇보다 체코인들은 대부분 독일어를 하지 못했다. 그러나 프라하 사회의 상층부는 독일인들이 차지하고 있었기 때문에, 주민의 95퍼센트를 이루는 체코인들이 오만한 독일인들에게 보내는 눈길은 곱지 않았다.

아인슈타인이야 본인이 선택한 일이므로 프라하를 싫어할 리가 없었고, 사실 프라하의 아름다움에 적지 않게 매료되기도 했다. 베소에게 보낸 1911년 5월 13일 편지에서 그는 "프라하는 훌륭해. 아주 아름다워. 그 자체로 여행할 가치가 있어"라고 찬사를 보냈고, 나중에도 누가 그를 방문했을 때면 시간을 내 관광을 하기도 했다. 하지만 역시 불만도 있었다. 프라하에 도착한 지 얼마 되지 않은 4월 27일에 그로스만에게 보낸 편지에는 이런저런 일을 투덜거리고 있는데, 그중에는 취리히에서 프라하까지 먼 길을 이사하느라 힘들었다는 이야기 외에도 마실 물이 마땅치 않다는 이야기도 있다.

아인슈타인의 연구실은 바인베르크가 3번지(나중에 7번지로 바뀜. 현재의 주소는 비니치나 울리체Vinicna ulice 3번지)에 위치한 과학관의 3층이었다. 집을 나와 강을 따라 걷다가 다리를 건너서 조금 더 걸어가면 연구실에 도착했다. 연구실 창밖으로는 좁은 길 너머로 석벽과 정신병원 건물로 둘러싸여 그늘진 정원이 보였다. 아인슈타인은 이 풍경과 연구실을 마음에 들어 했다. 지금 이 건물에 들어서면 정면에 아인슈타인이 여기서 근무했음을 나타내는 명패가 붙어 있다.

길지 않은 동안 아인슈타인이 프라하에서 가르친 과목들은 "질점역학", "열역학", "열 측정", "연속체 역학", "열의 분자 이론", 그리고 세미나 과목 등이다. 수업의 학생 수는 대체로 열 명 남짓이었다. 당시 과학 분야에서 독일어 대학 쪽의 학생 수는 체코어 대학 쪽의 3분의 1에 불과했기 때문이다. 또한 아인슈타인이 그다지 인기 있는 교수도 아니었다. 아인슈타인은 표준적인 방법으로 학생이 알아듣기 쉽게 강의하기보다는 종종 자기 자신의 영감에 따라 새로운 방법을 시도하곤 했다. 애초에 그는 학생의 성장에 관심이 많은 끈기 있는 선생은 아니었고, 강의의 질도 고르지 않았다. 아무래도 취리히 때보다 강의에 대한 열정이 다소 사그라든 게 아닌가 싶다.

5월 24일에는 보헤미아 독일과학자 및 의사협회의 월간 회합에서 상대성이론에 대해 강연을 했다. 강연은 과학관의 대강당에서 열렸고, 11월에 발간된 협회의 소식지에 강연 기사가 간단히 소개되었다. 이로써 아인슈타인은 프라하 지성계에 데뷔한 셈이다.

카를대학교에 초빙되었다는 사실은 아인슈타인이 이제 국제적인 인물로서 널리 인정을 받고 있음을 말해준다. 그를 찾는 곳이 많았기 때문에 아인슈타인은 전 유럽을 돌아다니며 강연을 했다. 이러한 상황은 가뜩이나 프라하가 불편했던 밀레바를 두 배로 우울하게 했다. 1911년 10월에 아인슈타인이 독일의 카를스루에 갔을 때 보낸 편지는 쓸쓸한 밀레바의 심정을 잘 보여준다. "카를스루헤는 아주 재미있겠네. 나도 강의도 듣고, 그 멋진 사람들도 보았으면." 아마도 이 편지를 쓴 날은 밀레바가 특히 과거를 그리워했던 것으로 보인다. "여기 날씨는 빛나는 가을날이야. 아름다워. 우리는 아직 뭔가를 하고 싶은 걸까? 내가 간다면, 어디에서 당신에게 나를 데리러 오라고 알려야 하는 걸까? 오늘은 여러 가지 덧없는 생각이 들어. 당신의 오랜 D."

솔베이 학회

1911년 10월 29일 일요일, 벨기에 브뤼셀의 중심가에 위치한 메트로폴 호텔의 1895년에 지어진 아르데코풍의 화려한 로비에 당대 유럽 최고의 과학자 열여덟 명이 모였다. 나이는 30대부터 60대까지 다양했고 여성은 한 사람뿐이었으며, 남성은 한 사람을 제외하고는 모두 수염을 기르고 있었다. 이들은 벨기에의 사업가 어니스트 솔베이가 주최한 국제회의에 참석하기 위해서 온 것이었다. 아인슈타인도 그 사람들 속에 있었다.

솔베이는 어려서부터 물리학, 화학 등에 관심이 많았으나, 심한

흉막염을 앓아서 대학에 가지 못하고 일찌감치 학교교육을 마쳤다. 그는 21세부터 친척의 화학 공장에서 일하며 공장의 여러 공정에서 일어나는 화학적 과정을 배우고, 산업박물관 등에서 열리는 강의를 찾아다니며 물리학과 화학을 공부했다. 이렇게 나름의 연구개발 능력을 키운 솔베이는 1861년에 암모니아를 이용해서 탄산나트륨(소다)을 생산하는 방법을 발견해서 특허를 냈다. 그는 자신의 특허를 기반으로, 동생인 알프레트와 함께 1863년 탄산나트륨을 생산하는 솔베이 & 씨Solvay & Cie 회사를 설립했다. 솔베이의 사업은 크게 성공해서, 벨기에는 물론 프랑스, 영국, 독일, 러시아 그리고 미국에까지 공장을 확장했다. 지금도 탄산나트륨을 생산할 때는 기본적으로 솔베이가 발견한 솔베이 공정을 이용한다.

솔베이는 단순히 성공해서 돈을 많이 번 사업가일 뿐이 아니었다. 그는 이상적인 사회를 꿈꾸고, 과학이야말로 인류 진보의 원동력이라고 믿는 진보주의자였다. 솔베이는 자신의 회사에 노동자를 위한 휴양소를 마련했고 1897년에는 8시간 노동을, 1913년에는 유급휴가를 도입했다. 유럽에 8시간 노동제와 사회복지 법안이 법제화되기 전의 일이다. 그는 또한 자선 재단을 만들고, 브뤼셀대학교에 생리학연구소와 사회학연구소를 세우고, 솔베이 경영 학교를 설립하는 등 자선사업과 학문의 진흥에도 적극적으로 힘을 썼다. 나아가서 그는 물리학과 화학 자체에도 관심이 많아서 당대의 중요한 과학 주제였던 방사능이나 중력 등에 대해 알고 싶어 했다.

베를린대학교의 발터 네른스트는 솔베이의 이런 관심사를 부추겨서 그 분야의 전문가들과 직접 이야기해보라고 제안했다. 유럽 최고의 물리학자들이 모이는 자리를 만들면, 거기서 솔베이도 관심 있는 내용을 듣고 직접 질문을 하고 토론할 수 있을 것이었다. 솔깃한 솔베이는 이에 동의해서 자신의 돈으로 학회를 열기로 했다. 오늘날까지 이어지고 있는 솔베이 학회가 탄생하는 순간이었고, 사실상 최초의 국제학회가 생기는 순간이기도 했다.

말을 꺼낸 네른스트가 내친 김에 직접 학회를 준비하게 되었다. 최고의 과학자들만을 고르기 위해 초청을 받은 사람만 참석하게 했다. 솔베이 학회의 이러한 전통은 지금도 이어지고 있다. 1911년 5월에 네른스트가 맨 처음 작성한 리스트에는, 독일에서는 본인을 비롯해서 베를린대학교의 막스 플랑크와 하인리히 루벤스, 뮌헨대학교의 아르놀트 조머펠트, 뷔르츠부르크대학교의 빌헬름 빈, 샤를로텐부르크대학교의 에밀 바르부르크, 영국에서는 맨체스터대학교의 아서 슈스터와 어니스트 러더퍼드, 케임브리지대학교의 레일리 경, 조제프 라머와 제임스 호프우드 진스, 프랑스에서 파리대학교의 마리 퀴리, 마르셀 브릴루앵, 폴 랑주뱅, 장바티스트 페랭, 네덜란드에서 레이든대학교의 헨드릭 안톤 로렌츠와 카멜링 오네스, 암스테르담대학교의 요하네스 디데릭 판데르발스, 그리고 오스트리아에서 빈대학교의 프리츠 하제뇌를과 프라하 카를대학교의 알베르트 아인슈타인 이렇게 스무 명의 이름이 있었다. 누가 앙리 푸앵카레가 빠졌다고 지적해서 푸앵카레를 추가해 모두 스물한 명이 되었다. 6월 15일에 솔베이는 이들에게 다음과 같이 초청장을 보냈다. "분자와 운동 이론의 최신 문제를 해결하고자 하는 국제 과학위원회를 조직하는 첫 번째 회합을 열고자 합니다."

초청을 받은 사람 중에서 슈스터, 레일리 경, 라머, 판데르발스는 사정상 참가하지 못한다고 알려왔으므로, 이들을 대신해서 덴마크 코펜하겐대학교의 마르틴 크누센을 추가해서, 모두 열여덟 명이 되었다. 이 멤버가 메트로폴 호텔에 모였다. 그 밖에도 솔베이의 연구를 돕던 호르헤스 호스텔레와 에두아르두 헤르젠이 불참한 사람들을 대신해서 참가했고, 학회의 운영을 돕기 위해 젊은 세대인 모리스 드브로이, 프레더릭 린데만, 그리고 리하르트 골드스미트가 왔다. 이렇게 해서 참가자는 솔베이를 제외하고 모두 스물세 명이었다. 모든 참가자에게는 여행 경비로 1000프랑이 지급되었다.

20세기에 접어들며 물리학에 새로운 물결이 밀려오고, 다른 한편으로는 물리학의 기초가 바닥부터 흔들리고 있었다. 플랑크는 11년 전에 흑체복사의 식을 내놓았고 아인슈타인은 6년 전에 광양자 개념을 통해 광전효과를 설명했다. 러더퍼드는 막 원자핵이 존재한다는 것을 발견하고 그의 원자모형을 발표한 참이었다. 이러한 물결은 양자Quantum라는 개념으로 요약할 수 있다. 양자 개념이야말로 진정 시대가 마주한 과제였다. 그래서 학회의 주제는 "복사이론과 양자The Theory of Radiation and the Quanta"로 정해졌다. 그러나 이 학회가 이후로도 수십 년 동안 이 문제를 다루게 될 것이라는 사실은 그 당시에는 아무도 알지 못했다. 사실 아직 양자라는 개념이 무슨 뜻인지 알고 있는 사람도 아무도 없었다.

모두의 존경을 받으면서 여러 나라 말을 자유로이 할 수 있는 로렌츠가 회의의 의장을 맡았다. 다음 날인 10월 30일 월요일 아침, 의장인 로렌츠의 보고서를 검토하는 것으로 학회가 시작되었다. 네른스트는 학회를 준비하면서 참가자들에게 학회에서 발표할 내용에 대해 자세한 보고서를 써줄 것을 요청했다. 이 보고서는 초청된 과학자들에게 사전에 배부되었으므로, 참가자들은 학회가 열리는 기간 동안 보고서를 중심으로 깊이 있는 토론을 진행할 수 있었다. 이 보고서들은 나중에 학회의 프러시딩으로 엮어져 출판되었다.

로렌츠가 발표한 내용은 통계물리학의 등분배 법칙을 흑체복사에 적용하는 여러 가지 방법에 대한 것이었다. 고전물리학의 대가답게 로렌츠는 고전 통계물리학의 모든 가능성을 펼쳐놓았다. 다음으로는 진스가 기체운동론으로 비열을 설명하는 방법에 대해, 그리고 바르부르크가 흑체복사에 대한 플랑크의 식에 대해 이야기했다. 이런 식으로 세션은 5일간 이어져서 금요일까지 계속되었다.

32세의 아인슈타인은 초청받은 사람들 중에서 가장 젊은 학자였다. 그리고 어쩌면 아마도 참가자 중에서 가장 고전물리학의 위기를 실감한, 어쩌면 유일하게 양자론을 예감하고 있던 사람이었을 것이다. 그는 가장 마지막 연사로 나와서 '비열 문제의 현재 상태에 관해'라는 제목으로 강연을 했다. 강연에서 아인슈타인은 이상기체와 조화진동자로 이루어진 계에 대해서 플랑크의 복사식과 비열의 관계에 대해서 논하면서, 양자의 개념을 도입했다. 대부분의 참가자들, 특히 나이가 든 축인 로렌츠, 빈, 푸앵카레 등은 아인슈타인의 발표에 격렬한 반응을 보였지만, 아인슈타인은 자신의 의견을 굽히지 않았다.

마지막 날 모든 프로그램이 끝나고 총평이 있었다. 제일 처음 발언한 푸앵카레는 "발표와 토론이 어떤 것은 고전물리학에 기반을 두고 어떤 것은 그와 모순되는 가정에 기반을 두었는데, 모순되는 두 전제를 가지고 증명을 하면 뭐든지 어렵지 않게 증명할 수 있을 겁니다"라고 수학자다운 논평을 남겼다. 한편 네른스트, 랑주뱅, 브릴루앵 등 참가자들의 논평은 대체로 희망 섞인 관측에 가까웠다.

솔베이는 고별사를 통해 그의 독특하고 아마추어다운 견해를 밝혔다. "나는 브라운운동의 에너지와 방사선 에너지의 원천을 찾고 싶습니다. 나는 이 에너지가 브라운운동이 일어나거나 방사성 물체가 놓여 있는 매질이 아니라 그 바깥에 근원을 가지고 있다고 굳게 믿습니다." 모여 있던 과학자들이 솔베이에게 어떻게 답했는지는 알 수 없다.

참가자 중 제일 나이 어린 사람이었으며 훗날 처칠의 과학 보좌관을 지내는 린데만은 회의가 끝난 다음 날 그의 아버지에게 보낸 편지에 이렇게 적었다. "토론은 아주 흥미로웠지만 결과는 우리를 점점 수렁에 빠지게 만든 것 같아요. 모든 면에 모순이 있는 것처럼 보입니다. … 저는 아인슈타인과 가까워졌습니다, 그는 여기서 로렌츠를 제외하고 제가 제일 감명받은 인물입니다. 그런데 외모에는 별로 신경을 쓰지 않아서, 프록코트를 입고 만찬에 가곤 합니다. … 본인 말로는 자기는 수학은 잘 몰라서 일반적인 고찰만 한다는군요."

아인슈타인은 이 회의에 초청받음으로써 정상급 과학자임을 공인받은 셈이 되었고, 그런 의미에서 학회의 최대 수혜자라고 할 수 있다. 그러나 아인슈타인은 건방진 젊은이답게 회의에 초대받았을 때부터 "마녀들의 잔치야!"라며 줄곧 툴툴거렸고, 회의가 끝나고

난 후 베소에게 보낸 편지에서는 "브뤼셀 회의는 예루살렘의 폐허 위에서 통곡하는 것 같았어. 긍정적인 것은 아무것도 없었어"라고 혹평했다. 또 장거에게 보낸 편지에서는 "플랑크는 의심할 바 없이 틀린 선입견을 완고하게 고집"했다고 쓰고 "푸앵카레는 그저 모든 것에 부정적"이라고 표현했다. "그의 통찰력에도 불구하고 푸앵카레는 상황을 전혀 파악하지 못하고 있다는 것을 보여주었다네"라고 말하기도 했다.

하지만 아인슈타인도 긍정적인 평을 하긴 했다. 유창한 언어능력과 풍부하고 깊은 물리학 지식과 탁월한 운영 능력을 보여서 회의를 성공적으로 이끈 로렌츠에게 아인슈타인은 어찌나 감동했던지 장거에게 보낸 편지에서 이렇게 썼다. "로렌츠가 비할 데 없이 세련되고 믿을 수 없을 만큼 훌륭하게 회의를 주재했어. 로렌츠는 세 나라 말을 똑같이 잘하고, 과학적 통찰력이 뛰어나." 여기에서 그치지 않는다. "로렌츠의 지성은 경이롭고 최고로 세련되었어. 살아 있는 예술이야. 내 생각으로는 현존하는 이론과학자 중에 로렌츠가 제일 뛰어난 지성이야!" 로렌츠에 대한 아인슈타인의 사랑과 존경이 드러나는 모습이다.

아인슈타인의 말대로 이 학회에서는 그다지 중요한 결실이라고 할 만한 것은 없었다. 그러나 학회라는 것이 문제의 해결에 직접 기여하는 일이 얼마나 되겠는가. 그런 의미에서 제1회 솔베이 학회는 당대의 최고 과학자들이 다가오는 양자역학이라는 혁명 앞에서 어떤 모습이었는지를 보여주는 것만으로도 충분히 흥미로운 사건이었다고 할 만하다. 특히 다양한 배경의 학자들이 모이는 국제학회의 효시가 되었다는 점에서, 그리고 제2차세계대전 전까지 물리학의 가장 권위 있는 학회 역할을 하게 될 솔베이 학회의 시작이라는 점에서 1911년 가을 브뤼셀에서의 일주일의 의미를 찾을 수 있겠다. 참가자들의 보고서와 토론을 담은 학회의 프러시딩은 모리스 드브로이와 폴 랑주뱅이 편집해서 다음 해에 프랑스어로 발간되었다. 2년 뒤에는 독일어로도 번역되었다.

모리스 드브로이의 동생 루이도 형을 따라와서 비공식적으로 학회를 참관했다. 그는 이 경험을 계기로 과학에 관심을 가지게 되고, 13년 후 박사학위논문으로 물질파라는 놀라운 개념을 내놓는다. 이때 학위논문 지도교수인 폴 랑주뱅은 이 논문에 대해서 아인슈타인의 자문을 요청했고, 아인슈타인은 "우주의 베일 한 자락을 들어 올렸다"는 찬사를 보내게 된다. 루이 드브로이는 이 업적으로 16년 후의 제5회 솔베이 학회에서 떠오르는 신성으로 주목을 받았으며, 1929년 노벨물리학상을 수상했다.

솔베이 학회의 사진은 유명하다. 당대의 지성을 이렇게 모아놓은 자리는 흔하지 않기 때문이다. 1911년의 이 사진은 벨기에의 사진가 벤자민 쿠프리가 찍었다. 이 사진에서 한 가지 재미있는 사건은 앉아 있는 사람 중에 왼쪽에서 세 번째인 솔베이의 모습이다. 원래 이 사진을 찍을 때 솔베이는 자리에 없었다. 이 모습은 나중에 사진에 합성해넣은 것이다. 그래서 솔베이의 머리가 다른 사람들보다 좀 더 크게 보인다.

취리히와의 줄다리기

　브뤼셀에서 초청을 받을 즈음이던 1911년 8월 네덜란드의 위트레흐트대학교의 빌럼 율리우스가 아인슈타인에게 편지를 보냈다. 위트레흐트대학교의 이론물리학 교수 C. H. 빈트가 갑자기 사망해서 후임자를 찾는데, 아인슈타인을 초빙하고 싶다는 내용이었다. 몇 달 전 레이든에서 아인슈타인의 강의를 들었다는 말과 함께, 봉급과 강의 시간 등의 조건을 제시하고 있었다. 이렇게 곧바로 다른 학교에서 접촉해온다는 데서 당시 아인슈타인의 위상을 짐작할 수 있게 한다. 아인슈타인은 아직 프라하에 온 지 4개월밖에 되지 않았다면서 일단 제안을 거절했다. 그런데 한 달쯤 뒤에 위트레흐트대학교의 다른 교수가 아인슈타인을 초빙하고 싶다고 다시 연락을 해왔다. 율리우스도 다시 편지를 보냈다. 아인슈타인은 이번에는 명확하게 대답하지 않고, 대신 취리히의 친구 장거에게 편지를 썼다. 사실 아인슈타인은 모교인 폴리테크니쿰에 자리가 생길 것을 예상하고 예의 주시하고 있었고 장거도 아인슈타인을 취리히로 다시 데려오고 싶어서 방법을 찾고 있던 참이었다.

> 오늘 (위트레흐트의) 교수로부터 두 번째 요청을 받았어. 몹시 나를 밀어붙여서, 지금 나도 위트레흐트의 요청을 진지하게 고려해보고 있네. 전에 약속했던 대로 이렇게 자네에게도 즉시 알리네. … (위트레흐트는) 카멜링 오네스와 로렌츠가 바로 옆에 있고, 율리우스가 같은 과의 동료지. … 취리히에서 뭔가 빨리 결정할 수 있을까? … 운명이 어느 한쪽으로 갈 수밖에 없도록 밀어붙이는 게 나아. 그래야 이 반쯤 야만적인 프라하를 가벼운 마음으로 떠날 테니까.

아인슈타인이 이미 프라하를 떠날 마음을 품고 있다는 것을 알 수 있다. 장거는 물리학자도, 폴리테크니쿰의 교수도 아니었지만 명성이 있는 학자였으므로 스위스연방 평의회의 의원이던 루트비히 포레에게 교섭을 했다. 장거가 1911년 10월 9일에 포레에게 보낸 편지는 아인슈타인에 대한 최대한의 추천서였다.

> 요청하신 정보를 드리며 몇 가지 오해를 바로잡고자 합니다.
> I. 오늘날 연방 폴리테크니쿰과 같은 교사를 위한 대학에는 적절한 이론물리학자가 반드시 필요합니다.

Ⅱ. 아인슈타인은 실험실이 필요 없으며, 조수도 그러합니다.

Ⅲ. 아인슈타인이 강의를 적게 하는 자리를 원한다는 추측은 잘못 알려진 것입니다. … 그는 이렇게 말했습니다. "나는 이론물리학의 어떤 분야든지 가르치는 걸 매우 좋아하고, 학교의 필요를 따를 것이다."

Ⅳ. 아인슈타인은 선생입니다. 나는 취리히에서 그의 강의를 일주일에 여러 시간 들었습니다.

그는 강의 노트나 가득 채우고 시험을 보기 위해서 그것을 암기하는 것만 원하는 지적으로 게으른 사람에게는 좋은 선생이 아닙니다. 그는 달변가가 아닙니다. 하지만 물리학의 아이디어를 깊은 곳으로부터 올바른 방식으로 개발하는 법이나, 신중하게 모든 전제를 검토하는 법, 그리고 모든 장애와 문제를 알아내는 법과 논의의 타당성의 한계를 판단하는 법 등을 배우고 싶어 하는 사람이라면 아인슈타인은 일급의 선생일 것입니다. 그의 강의는 이 모든 것들을 포함한 심오한 표현으로 가득하고, 청중을 그에 따라 생각하게 하며, 문제의 시야를 드러내기 때문입니다.

이중 Ⅲ은 나중에 지나고 보니 꼭 맞는 말은 아니었다. 아무튼 대학의 인사는 역시 그렇게 단순하게 돌아가지 않았다. 폴리테크니쿰에는 아인슈타인의 채용을 반대하는 사람도 있고, 학교 바깥으로부터의 간섭에 불만을 품는 사람도 있었다. 또 한편으로는 그로스만처럼 아인슈타인을 지지하는 교수도 있었다. 장거는 대학과 연방정부가 있는 베른을 오가며 교섭을 벌였고, 아인슈타인도 위트레흐트

대학교와 폴리테크니쿰을 놓고 나름대로 머리를 써가며 줄다리기를 펼쳤다. 효과가 있는 일도 있고, 긁어 부스럼이 된 일도 있었을 것이다. 추천서가 필요하게 되자, 브뤼셀에서 만난 마리 퀴리와 앙리 푸앵카레가 취리히에 추천서를 써주었다. 당대 최고의 지성들이 아인슈타인이 가장 뛰어난 젊은 학자라고 보증한 셈이다. 우리가 아인슈타인의 채용 과정을 다 추적할 수도 없고 알 필요도 없을 것이다. 어쨌든 연말쯤에는 모든 일이 잘 마무리되었다. 아인슈타인은 다음 해 7월에 취리히 폴리테크니쿰에 임용되기로 결정이 났고, 연봉도 충분히 오른 1만 1000스위스프랑을 받게 되었다.

취리히에서 프라하로 옮길 때도 그랬듯이, 아인슈타인이 프라하를 떠나기로 결정하자 프라하에서도 작은 소란이 일었다. 제국의 신하를 다른 나라에 빼앗겼으니, 내용이야 어쨌든 인사관리에 실패한 셈이다. 어떤 신문은 아인슈타인이 유대인이라서 부당한 취급을 받았기 때문일 것이라고 보도하기도 했는데, 이런 논란은 교육부로서는 당혹스러울 수 있는 일이었다. 아인슈타인은 다른 사람을 불편하게 하는 걸 좋아하지 않는 사람이라서, 이런 상황을 무마하기 위해 빈 정부 교육부의 대학 행정 담당 부서의 장에게 편지를 보냈다. 편지에서 아인슈타인은 자신은 프라하에서 매우 즐거운 시간을 보냈으며, 부당한 일을 당한 적은 전혀 없고, 오스트리아 제국에 감사한다고 썼다. 아인슈타인의 후임으로 카를대학교의 이론물리학 교수가 된 필립 프랭크는 임용될 때 빈에 가서 그 부서장을 만났는데, 그는 아인슈타인의 편지를 보여주면서, 아인슈타인 본인이 이런 편지를 해주어서 매우 감사했다고 프랭크에게 말했다.

베를린의 엘자

1912년의 부활절 휴가에 아인슈타인은 베를린에 있었다. 솔베이에서 아인슈타인을 만났던 베를린의 학자들을 만나기 위해서였다. 아인슈타인은 플랑크와 네른스트, 루벤스, 바르부르크와 재회했고, 화학자인 프리츠 하버도 만났다. 아인슈타인으로서야 독일어권의 중심에 있는 주요 인물들을 만날 기회였으니 이들을 만나고 싶어 하는 게 당연하지만, 이들은 아인슈타인을 어떻게 생각하고 있었을까?

베를린에 가기 직전에 아인슈타인은 바르부르크로부터 독일의 제국물리기술연구소Physikalisch-Technische Reichsanstalt, PTR에 초빙하고 싶다는 제의를 받았었다. 아인슈타인은 이 제안을 거절했지만, 당시 독일 과학계에서 아인슈타인을 어떻게 보고 있었는지를 엿볼 수 있다. 프라하에 갈 때 막스 플랑크가 썼던 어마어마한 추천의 말을 생각해보자. 그가 정말 그런 인물이라면, 독일의 최고 대학에서 그를 가지고 싶어 하는 것이 당연하지 않을까?

거물들과의 만남과는 별도로, 아인슈타인의 여러 전기에는 이 베를린 방문에서 아인슈타인이 베를린 근처 왕립천문대의 조수인 에르빈 프로인틀리히를 만났다고 하고 있다. 앞으로 프로인틀리히는 아인슈타인과 중요한 관계를 맺게 되는데, 어떤 책에는 이때 만났다는 증거가 없다고도 한다. 이 장면에서는 아직 프로인틀리히가 중요한 역할을 하지 않으니, 그에 대한 이야기는 다음 장으로 미루기로 하자.

이 베를린 방문에서 일어난 가장 중요한 사건은 사실 과학자들을 만난 일이 아니라, 사촌 엘자Elsa Einstein를 오랜만에 만난 일이다. 앞에서 잠깐 나왔던 대로 엘자의 어머니는 파니 이모이며 아버지는 아인슈타인의 아버지의 사촌인 루돌프 아인슈타인이다. 즉 엘자는 아인슈타인과 이종으로는 사촌이고 고종으로는 육촌인 사이였다. 아인슈타인 집안과 코흐 집안의 밀접한 관계를 잘 느낄 수 있다. 엘자의 가족은 아인슈타인이 뮌헨에서 살던 어린 시절에 자주 찾아와서 함께 놀았으므로 매우 친했다. 엘자는 이후 1896년에 베를린의 직물 상인인 막스 뢰벤탈과 결혼해서 두 딸과 아들 하나를 두었으나, 아들은 어려서 사망했고, 부부는 1908년에 이혼을 했다. 1912년에 아인슈타인과 만났을 때 엘자는 두 딸과 같은 아파트 다른 집에 살고 있었다.

아인슈타인은 친척들 사이에서 편안함을 느꼈다. 밀레바와 결혼한 이후 아인슈타인은 가족들과 다소 소원해졌다. 어머니 파울리네는 여전히 밀레바를 좋아하지 않았고, 왕래도 거의 없었다. 혹시 어머니가 방문하게 되면 집안은 폭탄 위에 있는 것과 같은 분위기가 되곤 했다. 그래서 아인슈타인이 친척들 사이에서 이러한 편안함을 느낀 건 오랜만이었다. 그러한 편안함 때문에 아인슈타인은 엘자에게 가까운 친척 이상의 친근감을 가지게 되었는지도 모른다.

한편 엘자는 아인슈타인에게 더욱 적극적이었다. 아인슈타인이 프라하로 돌아간 후에 아인슈타인의 연구실로 먼저 편지를 보낸 사람도 엘자였다. 아인슈타인은 이에 반갑게 반응했다. "당신 편지를 보고, 당신이 우리가 계속 가까이 지낼 수 있는 방법을 찾아냈다는 데 얼마나 기뻤는지 몰라. … 요 며칠간 당신을 얼마나 좋아하게 됐는지 몰라. 곧 다시 당신을 보러 갈게(학기가 끝날 때쯤). … 같은 도시에 살지 않는다는 게 안타까워. 내가 베를린에서 부름을 받을 기회는 불행히도 별로 없겠지." 놀랍게도 아인슈타인이 베를린으로 옮기는 걸 먼저 언급하고 있다. 아인슈타인의 이런 외도에 가까운 태도에는 어머니와 밀레바와의 관계에서 오는 고통에 일부 원인이 있을 것이다. "어머니 나이에는 사람이 나아지긴 어려워. 내가 어머니를 진정으로 사랑하지 못한다는 사실에 끔찍하게 괴로웠어. 내 아내와 마야, 혹은 어머니 사이의 나쁜 관계를 생각하면, 슬프게도 나 스스로 그 세 사람을 좋아하지 않는다는 걸 인정하게 돼." 다른 한편으로, 이런 문제까지 털어놓고 이야기할 수 있다는 데 엘자의 장점이 있었다고 하겠다. "하지만 나는 사랑할 사람이 있어야 해. 그렇지 않으면 인생이란 너무 비참하거든. 그 사람이 당신이야." 이렇게 문제의 싹이 돋아나 있었다.

프라하에서 만난 사람들

아인슈타인은 언제나 그랬듯이 연구실뿐 아니라 어디에서나 이야기가 통하는 사람들과는 격의 없이 대화를 나누었다. 웅장한 프라하 성이 저 멀리에 올려다보이고, 도시의 한가운데를 흐르는 블타바강을 아름다운 다리들이 가로지르며, 구시가는 구석구석 오래되고 아름다운 건물로 가득한 프라하는 산책을 즐기기에 더없이 좋은 곳이었다. 아인슈타인이 주로 건너다니던 다리는 집과 연구실 사이의 이라슈코프 다리와 팔라츠케호 다리였다. 연구실에서 구시가로 가는 중간에 있는 카페 루브르도 취리히의 카페 메트로폴과 베른의 카페 볼베르크처럼 아인슈타인이 자주 들리던 곳 중 하나였다. 1902년에 문을 열어서 오늘날까지 100년이 넘도록 프라하의 명소로 자리하고 있는 카페 루브르에 들어가면, 오른쪽의 사진처럼 카페를 드나든 유명인들을 자랑하고 있는데, 카페의 역사를 소개하는 홈페이지에도 아인슈타인은 "게오르크 픽과 나중에 카를대학교의 천문학 교수가 되는 블라디미르 하인리히 등과 함께 카페 루브르에서 지내곤 했다"라고 소개되고 있다. 게오르크 픽은 카를대학교가 아인슈타인을 채용할 때 위원회의 장을 맡았던 수학 교수였고, 아인슈타인에게 레비치비타 등의 이탈리아 수학자들을 소개해 준 사람이기도 하다.

대학에서 아인슈타인의 동료로는 우선 그를 초빙하는 데 주요한 역할을 한 람파가 있었다. 람파는 일찍이 카를대학교에서 마흐에게 배운 적이 있고, 빈대학교에서 조수와 강사를 지냈다. 그는 1910년에 카를대학교로 돌아와서 마흐의 뒤를 이어서 실험물리학 교수가 되었다. 람파는 대학의 교육과 연구의 수준을 높이기 위해 뛰어난 인물을 교수로 임명하기 위해 아인슈타인을 택했다. 카페 루브르에서 함께 지내곤 했던 게오르크 픽도 아인슈타인과 친한 동료였는데, 자신이 함께 음악을 연주하던 다른 교수들에게도 아인슈타인을 소개해서, 아인슈타인도 그들과 어울려 바이올린을 연주하곤 했다.

취리히에서 아인슈타인의 조수였던 루트비히 호프는 아인슈타

인을 따라서 프라하로 옮겨왔지만, 공식적으로 아인슈타인의 조수라는 자리를 인정받는 게 곤란해지자 9월이 되기 전에 독일로 돌아갔다. 필립 프랭크는 노헬E. Nohel이라는 사람이 호프의 뒤를 이어 아인슈타인의 조수가 되었다고 했는데, 이 인물에 대해서는 알려진 바가 그다지 없다.

아인슈타인이 과학자로서 본격적인 명성을 얻게 된 것이 바로 프라하에서부터였다. 이를 증명하는 한 가지 사실은, 아인슈타인의 명성을 따라 그의 밑에서 연구하고 싶어서 찾아오는 인물들이 생겨났다는 점이다. 그 첫 번째 인물이자 가장 유명한 사람이 오토 슈테른Otto Stern이다. 슈테른은 당시 프로이센의 영토였던 실레지아에서 태어나서, 1912년 브레슬라우대학교에서 화학자인 오토 자쿠어의 지도로 이산화탄소 농축 용액의 삼투압을 운동 이론으로 다루는 물리화학 분야의 연구로 박사학위를 받았다. 연구 주제나 명성으로 볼 때, 그가 자신을 이끌어줄 사람으로 고를 만한 사람은 베를린의 발터 네른스트나 프리츠 하버였을 것이다. 하지만 슈테른은, 당시 아직 그리 널리 알려지지도 않았고, 연구 분야도 다소 생소한 젊은 교수인 프라하의 아인슈타인에게로 가기를 바랐다. 마침 지도교수인 자쿠어와 아인슈타인을 둘 다 아는 왕립천문학회가 다리를 놓아주었고, 아인슈타인이 쉽게 동의해서 프라하로 오게 되었다. 훗날 슈테른은 아인슈타인을 선택한 이유에 대해 "아인슈타인이라는 위대한 사람을 만나고 싶어서"라고 대답했다. 그리고 아인슈타인의 첫인상에 대해 이렇게 말했다.

> 나는 수염이 길고 아는 것이 매우 많아 보이는 학자를 만날 것으로 생각했지만, 그런 사람은 찾을 수 없었다. 대신 책상 뒤에 넥타이도 매지 않은 채 이탈리아의 도로 수리 인부처럼 보이는 사람이 앉아 있었다. 그가 바로 아인슈타인이었다. 아인슈타인은 엄청나게 친절했다. 오후에는 그가 양복을 입고 면도를 했다. 그러자 나는 그를 거의 알아보지 못했다.

프라하에서 아인슈타인은 현대물리학의 첨단 문제들에 대해서 함께 이야기할 동료가 아무도 없었으므로 조수가 된 슈테른이 그 역할을 맡게 되었다. 슈테른은 공부해온 배경이 다르고 경험이 부족했지만, 볼츠만과 기체운동론을 잘 이해하고 있었고, 원자의 존재를 믿었으므로 다행히도 아인슈타인과 말이 잘 통했다. 슈테른은 훗날 프라하에서의 경험에 대해 "프라하에서 아인슈타인과 함께한 시간은 내 과학적 발전에 결정적인 요소였다. 그때 나는 그 시대의 진정한 문제들에 입문했다"라고 회상했다. 훗날 슈테른은 전자의 스핀이 존재한다는 걸 증명하는, 양자역학의 중요한 실험인 슈테른·게를라흐 실험으로 유명해지고, 양성자의 자기모멘트를 측정하는 등의 업적으로 1943년에 노벨물리학상을 받게 된다.

  역시 프라하 사람은 아니지만, 프라하에서 시작된 중요한 인연 중 하나는 파울 에렌페스트와의 첫 만남이다. 에렌페스트는 빈에서 잡화점을 하던 모라비아 출신의 유대인 집안에서 태어났다. 김나지움에서 수학을 잘하는 평범한 학생이었던 에렌페스트는 빈의 공과대학에서 화학을 전공하면서 빈대학교에서도 강의를 들었는데, 거기서 볼츠만의 열역학 강의를 듣고 이론물리학의 아름다움과 심오함에 깊은 감명을 받아서 이론물리학으로 전공을 바꾸었다. 1901년에는 괴팅겐에서 클라인과 힐베르트 등의 수학 강의를 들었고, 또한 그의 아내가 될 우크라이나 출신 수학자 타티야나를 만난다. 에렌페스트는 빈으로 돌아와 볼츠만의 지도하에 1904년 박사학위를 받고 타티야나와 결혼했다. 1907년 에렌페스트는 아내인 타티야나와 러시아의 상트페테르부르크로 가서 5년간 머물렀다. 유대인이라는 점 때문에 러시아에서 자리를 얻지 못한 에렌페스트는 1912년에 직장을 구하러 독일어권 대학들을 방문하기 시작했다. 그는 베를린에서는 막스 플랑크를, 뮌헨에서는 아르놀트 조머펠트를 만났고, 프라하를 방문해서 아인슈타인도 만난다.

  1911년 봄부터 두 사람은 서신을 주고받고 있었는데, 1912년 2월 23일부터 일주일간 아인슈타인의 초청으로 프라하를 방문해서 아인슈타인의 집에서 묵었다. 이들의 만남에 대해 아인슈타인은 "몇 시간 만에 친구가 되었다"라고 했으며, 에렌페스트도 일요일에 아인슈타인의 집에서 브람스의 바이올린소나타를 함께 연주하고 "끔찍이도 즐거웠다. 우리는 친구가 될 거다"라고 일기에 적었다. 이후 실제로 에렌페스트는 아인슈타인의 가장 가까운 친구 중 한 사람이 된다. 두 사람의 만남에서 정말로 중요했던 것은 물리학에 관한 대화였다. 프라하에 온 후 현대물리학에 관해서 이야기할 사람에 굶주렸던 아인슈타인은 일단 에렌페스트와 물리학 이야기를 시작하자마자 빠져들었다(슈테른이 오기 전이다). 아인슈타인이 에렌페스트와의 대화에 얼마나 열중했는지, 프라하에서 머무는 동안 에렌페스트의 일기를 보면 온통 아인슈타인과 이야기를 나누었다는 말뿐이다.

"마침내 프라하 도착 – 회색빛임. 아인슈타인(입에는 시가)과 부인. 곧장 카페로 감."

"연구소에 가는 길에 모든 것에 관해 이야기함."

"연구소: 강의실 계단을 올라가 이론물리학연구소. 아인슈타인과 계속 이야기함."

"차를 마심. 12시에서 2시 반. 아인슈타인과 이야기함. 매우 늦게 잠듦."

"(아침에 연구소에서) 즉시 이야기를 시작함. 나중에 아인슈타인이 자신의 중력 논문에 대해 말해주었음."

에렌페스트는 훗날 훌륭한 교육자로도 이름을 떨치게 되는 만큼, 이런 대화 상대로서도 매우 훌륭했을 것이라고 짐작할 수 있다. 당시 이미 프라하를 떠나 취리히로 돌아갈 생각을 하고 있던 아인슈타인은 람파에게 자신의 후임으로 에렌페스트를 추천했고, 에렌페스트도 대학에서 강연을 하고 아인슈타인의 세미나에 참가하는 등 노력을 했다. 하지만 아인슈타인도 겪었던 종교 문제에서 에렌페스트는 좀 더 강경해서, 종교가 없다는 입장을 버리지 않았고, 결국 제국의 대학에 임용되는 걸 포기했다.

하지만 에렌페스트에게는 다른 길이 곧 열렸다. 우선 뮌헨의 조머펠트가 에렌페스트를 불렀다. 그런데 그보다 더 좋은 자리가 곧 나타났다. 네덜란드의 레이든대학교였다. 1912년 로렌츠는 은퇴할 생각을 하고 자신의 연구소를 이어받을 사람을 찾았다. 첫 번째 후보는 물론 아인슈타인이었다. 당시 떠오르는 최고의 젊은 이론물리학자일 뿐 아니라 자신과의 친분도 두터웠다. 아마도 평생 아인슈타인이 가장 존경했던 사람을 한 사람만 꼽으라고 하면 로렌츠를 택했을 것이다. 그러나 그런 로렌츠도 아인슈타인이 자신의 고향인 취리히로 돌아가는 걸 막을 수는 없었다. 결국 아인슈타인을 포기한 로렌츠에게, 이번에는 아인슈타인이 에렌페스트를 추천해왔다. 일은 잘 풀려서 1912년 10월 에렌페스트는 레이든 생활을 시작했다. 12월 4일에는 '빛·에테르 가설의 붕괴에 관해 Zur Krise der Lichtaether-Hypothese'라는 제목으로 취임 강연을 했다. 절친한 에렌페스트가 레이든에 자리를 잡은 덕분에, 아인슈타인은 레이든을 제2의 집처럼 여기며 돈독한 관계를 유지할 수 있었다.

프라하에서 아인슈타인의 후임이 된 사람은 앞서도 잠시 나왔지만, 당시 이미 카를대학교에서 가르치고 있던 필립 프랭크였다. 필립 프랭크 역시 유대인이었으며, 다음에 나올 판타 여사의 살롱에 드나들던 사람이었다. 필립 프랭크도 마흐를 좋아했고, 사실 개인적인 친분도 있었다. 마흐의 영향을 받아, 그는 수학자인 한스 한 등과 함께 빈의 커피하우스에서 과학과 마흐의 철학, 인식론 등을 토론하는 모임을 만들었다. 이 모임은 프랭크가 프라하로 옮기기 전까지 계속되었다. 몇 년 후 한은 철학자인 모리스 슐리크가 빈대학교에 임용되는 걸 도왔고, 한과 슐리크는 다시 수학과 물리학, 그리고 논리실증주의 철학을 토론하는 모임을 만들었다. 이것이 빈학파이다. 프랭크도 빈학파에 참여하고 활동했다. 그는 나중에 아인슈타인의 전기를 썼다. 에렌페스트와 필립 프랭크 둘 다 볼츠만에게 배웠다는 공통점이 있다.

프라하의 유대인 사회

20세기 초 프라하의 유대인 사회에서 지식인들이 모이는 구심점은 베르타 판타Berta Fanta가 구시가 광장에 접한 자신의 집에 연 살롱이었다. 판타는 부유한 유대인 집안 출신으로 남편은 약사였다. 그 자신 교양이 풍부한 지식인으로 유대인 지식인들의 중심 역할을 했으나, 특별히 작품이나 저술을 남기거나 한 것은 없다. 이 모임은 판타와 작가인 카프카와 막스 브로트, 철학자 휴고 베르크만, 심리학자 요제프 아이젠마이어, 필립 프랭크 등 젊은 유대인 지식인들이 카페 루브르에 모여서 함께 철학을 공부하던 모임으로 시작했다가, 판타의 살롱에 모여서 철학과 문학을 토론하는 모임으로 자리 잡았고, 강연회나 작은 음악회를 열기도 했다. 아인슈타인은 이 모임에서 크게 환영받았고, 그 자신도 토론을 즐기며 상대성이론을 강의하거나 바이올린을 연주했다.

두 유명인, 카프카와 아인슈타인이 같은 자리에 있었으니, 뭔가 교류했을 것이라고 상상하는 사람들도 있지만, 두 사람이 만났거나 대화를 나누었다는 증거는 남아 있지 않다. 다만 카프카의 친구 막스 브로트는 확실히 이 물리학자에게 관심을 가져서, 그의 소설 『신을 향한 티코 브라헤의 길Tycho Brahes Weg zu Gott』의 등장인물 요하네스 케플러를 묘사할 때 아인슈타인을 모델로 한 것으로 보인다. 지금 구시가 광장 판타 여사의 집 위치에는 이곳이 아인슈타인이 들리던

살롱이었음을 알리는 명패가 붙어 있다.

　철학을 공부했고 당시 카를대학교 도서관에서 일하던 베르크만도 아인슈타인과 가까워져서 함께 산책을 하면서 이야기를 나누기도 했다. 베르크만은 판타 살롱의 중심 역할을 했으며 판타의 딸인 엘제 판타와 결혼했다. 베르크만은 시오니즘의 초기 지지자 중 한 사람으로 1920년에 팔레스타인으로 이주해서 유대국립도서관의 관장을 지내고 예루살렘 히브리대학교의 교수가 되었으며 학장까지 지냈다. 그는 아마 아인슈타인에게도 시오니즘을 소개했겠지만, 이 시기에는 아인슈타인은 시오니즘에 전혀 관심을 갖지 않았다. 하지만 훗날 아인슈타인도 시오니즘에 일정 부분 동조하고 참여하게 된다.

　프라하에서 나중까지 오래 이어진 가느다란 인연의 끈이 하나 있다. 베르타 판타 여사의 며느리였던 요한나 판토바는 1929년 베를린에서 아인슈타인을 처음 만났다. 아인슈타인이 프라하에 있을 때는 그녀가 아직 어린아이라서 판타 여사의 아들과 결혼하기 전이긴 하지만, 아마도 두 사람은 프라하와 판타 여사를 이야기하며 가까워졌으리라. 아인슈타인은 요한나에게 도서관의 일자리를 주선해주었다. 그 후 아인슈타인은 미국의 프린스턴 고등연구소로 옮겼고, 독일의 상황이 어려워져서 요한나도 1939년 미국으로 건너왔다. 아인슈타인이 권해서, 요한나는 노스캐롤라이나대학교에서 정식으로 도서관 사서 공부를 했고, 그 뒤 프린스턴대학교의 도서관에서 근무하게 되었다.

　아인슈타인의 두 번째 부인 엘자가 1936년에 사망해서, 당시 아인슈타인은 홀몸이었다. 두 사람은 종종 함께 식사를 하고, 일주일에 두세 번은 전화로 이런저런 대화를 나누는 사이가 되었다. 요한나가 아인슈타인의 머리를 잘라주기도 했고, 아인슈타인이 그녀에게 시를 써주기도 했다(앞에서 보았듯 종종 있었던 일이기는 하다). 호수에서 같이 배를 타기도 했다. 아인슈타인과 요한나가 함께 배를 타는 사진은 지금 웹에서 쉽게 찾아볼 수 있다. 그래서 요한나는 아인슈타인과 스물두 살이나 차이가 나지만, 프린스턴 주변에서는 아인슈타인의 여자 친구로 알려졌다.

요한나는 아인슈타인과의 대화를 62페이지에 걸쳐 독일어로 기록했다. 그녀는 이를 자신이 죽기 전에 출판하려고 했지만 뜻을 이루지 못했다. 그 기록은 그녀가 1981년에 죽은 뒤 묻혀 있다가 2004년 발견되었다. 아인슈타인의 만년의 모습을 보여주는 좋은 기록이라고 한다.

프라하가 남긴 것

프라하에서 지내던 시절 아인슈타인의 나이는 30대 초반, 지금까지 보았듯 지적 능력으로나 사회적인 활동으로나 한창 상승세를 타고 있었다. 하지만 아인슈타인에게 외적인 활동보다 더욱 중요한 것은 물론 물리학 연구였다. 일반상대성이론의 핵심인 등가원리의 아이디어가 아인슈타인의 머리에 처음 떠오른 것은 베른 특허국의 책상 앞이었지만, 아인슈타인이 본격적으로 중력에 대해 연구하기 시작한 것이 바로 프라하 시절부터다.

  1905년의 특수상대성이론에서 그는 시간과 공간이 고정된 틀이 아니라 물리법칙과 연관되어 변하는 것임을 밝혔다. 이로써 뉴턴의 역학처럼 맥스웰의 전자기 방정식도 모든 관성좌표계에서 성립한다는 것이 확인되었고, 그 대신 시간과 공간의 길이가 움직임에 따라 변한다는 것이 밝혀졌다. 이제 가속운동, 혹은 중력의 효과를 설명하기 위해서 아인슈타인은 또다시 시공간에 대해 대담한 상상력을 발휘했다. 그것은 중력에 의해 시공간이 휘어진다는 것이었다. 프라하에서 쓴 논문에서 중력이 빛에 어떻게 영향을 미치는가 하는 최초의 논의를 발견할 수 있다. 이 논문에 태양 근처를 지나는 빛은 약 0.83초 정도 휘어질 것이라는 예측이 최초로 등장한다. 중력이 빛을 휘게 한다는 생각은 곧 중력이 시간을 휘어지게 한다는 통찰로 이어진다. 즉 특수상대성이론이 시간의 길이가 변할 수 있음을 말하는 것이라면, 일반상대성이론은 시간이 휘어질 수 있음을 말하는 것이다. 아인슈타인은 프라하에 17개월을 머물렀는데, 그동안 열 편의 논문을 썼다. 이중 다섯 편은 양자론과 통계역학에 관한 것이고, 나머지는 중력과 상대성이론에 관한 것이다.

  1916년 12월 아인슈타인은 잘 알려진 저서 『특수상대성이론과 일반상대성이론에 관해』를 출판했다. 이 책은 1923년 체코어로도 번역되었는데, 아인슈타인은 특별히 체코어판에 서문을 쓰면서, 다음과 같이 프라하를 회상했다.

> 이 작은 책이 … 이 나라의 말로 출판되어 기쁩니다. 저는 여기에서

1908년부터 구상했던 일반상대성이론의 기본 아이디어를 발전시키는 데 집중할 수 있었습니다. 비니치나가에 있는 프라하 독일어 대학교 이론물리학연구소의 조용한 방에서, 등가원리가 태양 근처에서 관측 가능한 양만큼 빛의 광선을 굴절시킨다는 것을 발견했던 것입니다.

아인슈타인은 1912년 7월 25일 프라하를 떠났다. 프라하에서 보낸 시간은 17개월이었다. 아인슈타인은 프라하에 그의 이름과 얼굴이 새겨진 명판들 외에도 다른 흔적을 남겼다. 프라하 10구 페트로비체의 한 거리가 그의 이름을 따라 '아인슈타이노바'라고 명명되었다.

프라하에 있는 아인슈타인가

07
ALBERT EINSTEIN

기하:
취리히의 아인슈타인 3

편안함 속에 깃든 어둠

1912년 7월에 아인슈타인은 또 다시 취리히로 돌아왔다. 이번에는 취리히라는 도시뿐 아니라, 그가 다녔던 학교에도 돌아왔다. 그다지 성공적이지 못한 졸업생으로 떠났던 학교에 10여 년 만에 정교수로 돌아온 것이다. 아인슈타인만 달라진 게 아니라, 학교도 앞에서 설명했듯이 폴리테크니쿰에서 박사학위도 수여할 수 있는 정식 대학인 ETH로 바뀌어 있었다. 그러니 앞으로는 이 학교를 말할 때 ETH라고 부르기로 한다(단 아인슈타인은 죽을 때까지 입에 붙은 대로 폴리테크니쿰이라고 불렀다고 한다). 아인슈타인의 연구실은 본관에서 300미터쯤 떨어진 곳에 위치한 물리학과 건물에 위치했다. 이 건물은 현재는 존재하지 않으며, 현재 이 위치에는 정보기술 및 전기공학과 건물이 세워져 있다. 현재 ETH의 물리학과는 대학이 새로 조성한 캠퍼스인 헹거베르크 캠퍼스에 위치한다. 헹거베르크 캠퍼스는 도시 북쪽 근교의 캐퍼베르크 산자락에 위치해서 본관에서 직선

거리로는 5킬로미터쯤 된다. 이 캠퍼스는 1970년대에 건설되었고 2003년까지 조성 및 이전의 주된 단계가 마무리되었다. 취리히시는 2005년에 헹거베르크 캠퍼스를 중심으로 과학도시를 조성할 계획을 발표한 바 있다.

아인슈타인이 돌아오기 직전인 1912년 5월에 ETH 물리학과의 하인리히 베버가 사망했다. 베버와 아인슈타인의 관계는 졸업 이후에 최악으로 치달은 이후 회복되지 않고 남아 있었다. 이를 증거하듯, 아인슈타인은 자신의 예전 조수인 호프에게 보내는 편지에서 "흉악한 베버가 죽어서, 나 개인적인 관점으로는 상쾌하다네"라고 쓰고 있다. 아인슈타인이 이렇게 험하게 말을 하는 사람이 아닌데, 좀 놀랍다. 물리학연구소는 자성 분야의 전문가로서 1902년에 ETH에 부임한 피에르 바이스가 맡고 있었다. 아인슈타인은 바이스와는 좋은 관계를 유지했다. ETH에서 처음 맡은 학기에 아인슈타인은 해석역학과 열역학을 가르쳤고, 다음 학기에는 연속체 역학과 열의 분자 이론에 대해 강의했으며, 매 학기 물리학 세미나를 진행했다.

아인슈타인이 새로 얻은 집은 ETH에서 취리히산 쪽으로 절반쯤 올라간 호프가 116번지에 위치했다. 취리히의 구시가는 시가지 남쪽의 취리히 호수에서 시작해서 도시 한가운데를 남에서 북으로 흐르는 리마트강 주변에 펼쳐져 있다. 비교적 넓은 강 서쪽에는 상업지구가 발달해 있고 기차역이 자리한다. 강의 동쪽은 취리히산이 가까이 위치해서 비교적 급한 경사를 이루는데, 강가를 따라서 상업지구가 형성되고 경사를 따라 올라가면서 주택가가 발전해서 전형적인 다운타운과 업 타운의 모습을 보인다. ETH와 취리히대학교, 취리히 시청, 대성당, 오페라하우스 등은 모두 강 동쪽에 위치하고 있다. 아인슈타인은 취리히에서 학생 때나 교수가 되어서나, 내내 대학들이 위치한 리마트강 동쪽에서 살았다. 업 타운답게 높은 곳으로 가면 고급주택지가 많아지는데, 그래서인지 승진을 거듭한 아인슈타인이 살던 집도 차츰 높은 곳으로 이동하는 경향이 있고, 취리히에서 그가 살았던 집 여섯 곳 중에서 이번에 살게 된 호프가의 집이 가장 높은 곳에 위치한다. 새집은 방이 여섯 개나 되었고 중앙난방에다가 현대식 편의시설이 갖추어져 있었다. 대신 집세도 비싸서, 1년에 2600프랑이나 되었으므로, 2년 치를 선불하자 아인슈타인의 연봉의 절반이 날아갔다.

아인슈타인은 8월 10일에 취리히시에 주민등록을 마쳤다. 이로써 다시 취리히 시민이 된 것이다. 프라하 생활이 짧았으므로, 이번 취리히 생활은 새로운 삶이 아니라 예전 생활을 되살리는 일에 가까웠다. 아인슈타인은 일요일 오후에 후르비츠 집에서 열리는 음악회에도 다시 참석하기 시작했다. 이 모임은 단순한 음악 동호인들의 모임이 아니라 학계 인사들이나 지역 명사들이 오가는 사교 모임에 가까워졌다. 아인슈타인은 보통 가족 동반으로 참석했는데, 시간이 지남에 따라 종종 밀레바가 빠지는 일이 생겼다. 후르비츠는 밀레바의 상태가 그리 좋지 않음을 곧 깨달았다. 모임에서도 사람들과 어울리지 않고 혼자 앉아 있는 일이 많았기 때문이다. 후르비츠는 프라하에서의 힘든 생활 때문일 것이라고 생각하고, 밀레바를 위해 음악회에서 밀레바가 좋아하는 슈만의 곡을 자주 연주했다. 하지만 효과는 미미했다.

  가을이 지나면서 밀레바는 류머티즘에 따른 다리 통증으로 고통을 받았다. 바깥출입을 잘 못 해서 건강도 나빠졌고, 우울증도 심해졌다. 1913년 2월 후르비츠 가족은 밀레바를 위해 슈만 음악회를 열었다. 밀레바는 초대에 응해 참석했지만, 누가 보기에도 상태가 그리 좋지 않아 보였다. 이렇게 세 번째 취리히 생활은, 겉보기에는 화려하고 평온해 보였지만, 그 안에 어둠이 깃들어 있었다.

중력과 기하학

  프라하 시절에 일반상대성이론의 연구가 본격적으로 시작되었다고는 하지만, 일반상대성이론을 향한 연구의 방향이 정말로 본궤도에 들어선 것은 바로 이 시기, ETH 교수로서 취리히에서 지내던 시절의 일이다. 여기에서 비유클리드기하학이라는 방법론을 통한 일반상대성이론 연구가 본격적으로 시작하기 때문이다. 일반상대성이론을 완성하고 검증받는 1919년경까지는 아인슈타인의 삶의 중심이 일반상대성이론을 건설하는 일에 바쳐져 있다고 해도 좋다. 그러므로 여기서 일반상대성이론의 내용을 간단히 스케치하고, 앞으로는 아인슈타인이 어떤 문제에 골몰했는지, 어떤 식으로 이론을 발전시켜 나갔는지를 보도록 하자.

  1905년에 특수상대성이론을 설명할 때 말했듯이, 특수상대성이론의 진정한 의미는 4차원 시공간의 진짜 구조를 발견한 일이다. 일반상대성이론은 시공간을 더욱 깊이 이해해서, 시공간과 물질 사이의 관계를 밝힌 일이라고 할 수 있다. 두 이론의 관계에 대해 아인슈타인은 1915년 11월 4일 프로시아 아카데미에 발표한 논문에서 이렇게 말한다.

> 특수상대성이론이 "모든 방정식은 선형 직교 변환linear orthogonal transformations에 대해서 공변covariant"이라는 공준 위에 수립되었듯이, 여기에 소개하는 이론은 일반적인 변환에 대한 공변성covariance이라는 공준 위에 있다.

여기서 선형 직교 변환이란 특수상대성이론을 기술하는 로렌츠변환을 말한다. 이때 "선형linear"이라는 말은 1차 함수라는 뜻이다. 그러니까 로렌츠변환을 하고 나면 시간과 공간에 숫자를 곱하거나, 더하고 빼는 형태가 된다는 말이다. 한편 일반적인 변환이라는 말은 변환하는 식이 선형함수보다 더 일반적인 함수로 표현된다는 뜻이다. 그러니까 시간과 공간이 복잡한 함수가 된다.

선형 직교 변환인 로렌츠변환은 두 관찰자가 서로에 대해 일정한 속도로 움직이는 특수한 관계를 연결해준다. 일반적인 변환이란 더 일반적인 관계, 즉 어느 한쪽의 관찰자나, 혹은 두 관찰자 모두가 일정한 속도가 아니라 속력이 변하거나, 방향을 바꾸거나, 심지어 빙글빙글 돌거나, 깡충깡충 뛰는 어떤 운동 상태에 있어도 두 관찰자 사이를 연결해주는 변환이다. 즉 어떻게 움직이든 상관없이, 임의의 두 기준틀 사이의 관계에서 성립하는 가장 일반적인 상대성을 기술하려는 것이다. 그래서 이 이론의 이름이 '일반'상대성이론인 것이다.

위에서 공변covariant이라는 말은, 함께(共, co-) 변한다(變, -variant)는 뜻으로서 주어진 수학적 관계를 유지하기 위해 방정식의 양쪽 변이 함께 변하는 것을 의미하는 수학의 용어다. 물리학자들은 어떤 변환을 했을 때 좌변과 우변이 함께 변해서, 방정식의 형태가 원래의 모습을 그대로 유지하는 경우에 주로 쓴다. 방정식의 형태가 그대로라는 말은 물리법칙이 변하지 않았음을 의미한다. 반면 변환에 의해 방정식의 각 항 자체는 변했으므로 각 항이 가리키는 물리량의 값은 변했을 수도 있다. 만약 변환을 한 뒤에도 어떤 물리량의 값 자체가 변하지 않는다면, 그 물리량은 불변invariant이라고 한다.

개념만 이야기하면 추상적으로 들리니, 구체적인 예를 들어보자. 아인슈타인이 1905년의 논문에서 든 예처럼, 전기장과 자기장을 다른 속력으로 움직이는 관찰자가 보면, 즉 로렌츠변환을 하면 전기장과 자기장 자체는 변한다. 하지만 이들 사이의 관계를 나타내는 맥스웰의 전자기 방정식은 변하지 않고 똑같은 모양이며, 따라서 로렌츠변환에 대해 공변이다. 즉 다른 관성계에서 보아도 맥스웰방정식은 변하지 않는다. 한편 전하량은 어떤 관찰자가 보아도 값 자체가 변하지 않으므로 로렌츠변환에 대해 불변이다. 또 다른 예를 들자면, 멈춰 있는 상태와 일정한 속력으로 움직이는 상태는 로렌츠변환으로 연결되며, 뉴턴의 운동법칙이 똑같이 적용된다. 즉 뉴턴 방정식은 로렌츠변환에 대해 공변이다. 그런데 일정한 속력으로 움직이는 상태는 운동에너지를 가지고 있으므로 당연히 멈춰 있는 상태와 에너지가 다르다. 하지만 두 경우의 질량은 같다. 즉 로렌츠변환에 대해서 질량은 불변이고, 에너지는 변하며, 뉴턴 방정식은 공변한다(운동에 따라 에너지에 비례해서 변하는 소위 '상대론적 질량'을 정의할 수 있긴 하다. 하지만 현대에는 상대론적 질량 개념은 사용하지 않으며, 질량이라고 할 때는 로렌츠변환에 대해서 불변인 양을 말한다).

이제 위의 아인슈타인의 말을 풀어 써보면, 특수상대성이론이 말하는 바는 서로에 대해 일정한 속도로 움직이는 두 관찰자 사이에서는 물리법칙이 똑같으므로, 두 관찰자의 관계를 정해주는 로렌츠변환을 해도 물리법칙을 나타내는 방정식은 변하지 않는다는 것이다. 한편 여기 소개하는 이론은 임의의 두 관찰자 사이의 물리법칙을 나타내는 방정식이 변하지 않으려면, 어떻게 기술해야 하는지 말해준다. 방정식이 변하지 않는다는 말을 여기서 굳이 공변이라는 수학의 용어로 표현하는 이유는, 이 개념이 앞으로 아인슈타인이 고민하는 데 중요한 역할을 하기 때문이다.

물리학자들이 복잡한 세상의 다양한 현상들을 일관되게 표현하기 위해서는, 단순히 현상을 기술하는 수식뿐 아니라, 그 수식들 뒤에 숨어 있는 진짜 원리를 발견하고 이를 다루는 방법을 알아내야 한다. 많은 물리학자와 수학자들이 일반상대성이론을 아름답다고 하는 이유가 그러한 진짜 원리를 담아내고 있기 때문이고, 아인슈타인이 위대한 물리학자인 이유는 그런 원리를 찾아냈기 때문이다. 그리고 그 원리가 바로 "일반적인 변환에 대한 공변성 general covariance"이다.

이 문제에 대한 돌파구를 아인슈타인은 중력의 역할에서 찾았다.

일반적인 변환이란 일정한 속력으로 직선운동을 하는 기준틀이 아닌, 빨라지거나 느려지거나 방향이 바뀌는 등의 가속 변환을 의미한다. 아인슈타인이 베른에서 착안한 것은, 역학에서 일정한 중력장 속에 있는 상태는 일정하게 가속되는 상태와 완전히 동등하다는 점이었다. 이것을 등가원리라 한다. 등가원리에 따르면 가속되는 기준틀에서 일어나는 일은 중력장 속에서 일어나는 일로 바꾸어서 다룰 수 있다. 결국 일반적인 상대성이란 임의의 물리량과 중력의 관계를 올바르게 기술하는 일로 환원될 수 있다.

그렇다면 중력이란 무엇인가? 당시 중력이란 곧 뉴턴의 중력이론을 말했다. 뉴턴의 중력은 천체의 모든 운행을 정확하게 알려주며 200년 이상 절대적인 권위를 지닌 이론이었다. 그런데 뉴턴의 중력 법칙 방정식을 보면 바로 알 수 있듯 뉴턴의 중력이론을 나타내는 방정식은 로렌츠변환에 대해서 공변하지 않는다. 사실 뉴턴의 중력이론이 특수상대성이론과 맞지 않는다는 것은 아인슈타인이 특수상대성이론을 처음 내놓았을 때부터 물리학자들이 이미 깨달은 일이었다. 공변성뿐 아니라, 뉴턴의 중력이론은 멀리 떨어져 있는 물체에 즉시 힘이 전달된다고 생각하는 원거리 작용이므로 빛의 속도가 속력의 한계인 상대성이론과 맞지 않는다. 그래서 푸앵카레, 로렌츠, 조머펠트, 민코프스키 등 당대의 석학들은 뉴턴의 중력이론을 특수상대성이론에 맞도록 수정하려고 노력했으나 해결을 보지 못하고 있었다.

학계의 떠오르는 별이었던 아인슈타인은 이 문제를 완전히 다른 방향에서 바라보았다. 그러자 특수상대성이론에 맞는 중력이론이라는 문제와 일반적인 상대성의 문제가 하나의 문제가 된 것이다. 어려운 문제를 풀어내는 것도 훌륭한 일이지만, 이렇게 새로운 문제를 제대로 만드는 것이야말로 진정한 창조력을 보여주는 일이다. 그리고 아인슈타인은 이 문제를 스스로 해결하기까지 했다.

아인슈타인이 생각해낸 방법은 중력을 휘어진 시공간의 기하학으로 나타내는 것이었다. 그러면 이제 일반적인 상대성을 나타내는 변환은 임의로 휘어진 공간에서의 변환에 대한 문제가 된다. 그러면 아인슈타인은 언제, 어떻게 휘어진 시공간의 기하학이라는 해답에 도달한 것일까? 1912년 6월, 취리히에 돌아오기 직전에 친구들에게 보낸 편지를 보면 기하학에 대한 언급은 없으며, 일반 이론을 만들기가 아주 어렵다는 푸념이나, "빛의 속도가 일정하다는 원리를 포기하면 어떨까"와 같은 과격한 아이디어만 이야기하고 있다. 하지만 취리히에 오자마자 비유클리드기하학의 전문가인 친구 그로스만에게 달려가서 "그로스만, 날 도와줘야 해, 그렇지 않으면 난 미쳐버릴 거야!"라고 했다는 걸 보면 이때는 이미 휘어진 시공간의 기하학을 염두에 두고 있었다는 걸 알 수 있다(이 말은 그들의 동창인 루이 콜로스가 말년에 회고한 내용이다). 나중에 교토에서 했던 강연에서 아인슈타인은 이렇게 말한다.

> … 가속되는 계에서 유클리드기하학은 적용될 수 없다. 기하학을 생각하지 않고 물리법칙을 기술하는 것은 말이 없이 우리 생각을 기술하는 것과 비슷하다. … 이 문제는 해결되지 않고 있다가, 1912년에 가우스의 면 이론이 수수께끼의 열쇠가 될 수 있다는 생

각이 떠올랐다. … 그때까지는 베르나르트 리만이 기하학의 기초에 대해 깊이 논의했음을 알지 못했다.

아인슈타인은 유클리드기하학으로는 안 되고 더 일반적인 기하학이 필요하다는 생각에 도달했음을 알 수 있다. 사실 아인슈타인은 "학생 때 카를 프리드리히 가이저가 기하학 시간에 가우스이론에 대해서 강의했던 걸 기억해냈다". 가이저의 기하학 강의는 바로 미분기하학이라는 분야였다.

아인슈타인이 휘어진 시공간의 기하학이라는 생각을 어떻게 착안했는지에 대해, 일반상대성이론으로 학위를 받은 물리학자이자 과학철학자이며, 아인슈타인의 논문 모음집의 첫 번째 편집자였던 존 스타첼은 아인슈타인이 회전하는 원반 문제에서 영감을 얻었을 것이라고 주장한다.

마르셀 그로스만

휘어진 공간에서 기하학을 사용해야 한다는 생각을 떠올린 것만으로는 해답을 얻었다고 할 수 없다. 왜냐하면 휘어진 공간의 기하학은 대단히 어려운 주제이며, 수학자 중에서도 여기에 대해 잘 아는 사람은 많지 않았기 때문이다. 아인슈타인도 휘어진 공간과 관련이 있는 비유클리드기하학이라는 것이 존재한다는 정도는 학창 시절부터 이미 알고 있었지만, 이런 수학을 제대로 구사할 수는 없었다. 그러나 운명은 마치 아인슈타인이 이 문제를 다루도록 준비되어 있는 것 같았다. ETH에는 아인슈타인의 절친한 동창 친구 마르셀 그로스만이 있었기 때문이다.

그로스만은 지금까지도 아인슈타인의 인생에 커다란 도움을, 거의 결정적인 도움을 준 사람이었다. 아인슈타인이 가장 어렵던 시절에 그로스만의 아버지가 특허청의 자리에 줄을 대주었기 때문이다. 아인슈타인도 평생 이 일을 가장 고맙게 생각했다. 한편 학창 시절에도 아인슈타인은 그로스만에게 신세를 톡톡히 지고 살았다. 강의를 종종 빼먹었던 아인슈타인은 모범생이었던 그로스만의 강의 노트를 빌려서 매번 시험공부를 했다. 그로스만은 앞서도 언급했지만 학창 시절부터 아인슈타인을 좋아했고 대단히 높이 평가했다. 아마 그래서 기회가 될 때마다 아인슈타인을 돕는 데 적극적이었을 것이다.

대학 졸업 후 피들러 교수의 조수가 되었던 그로스만은 프라우엔펠트의 중등학교에서 자리를 잡고 가르쳤고 나중에는 바젤에서도 가르쳤다. 그로스만이 프라우엔펠트에 임용된 직후인 1901년 9월에 아인슈타인이 그로스만에게 편지를 보내서 축하하고, 자신도 지원했지만 떨어졌다면서 비통해했던 편지가 남아 있다. 그로스만은 프라우엔펠트에 있을 때 「공선구조에서 거리의 성질에 관해Über die metrischen Eigenschaften kollinearer Gebilde」라는 제목의 학위논문을 취리히대학교에 제출하고 박사학위를 받았다. 그로스만은 1907년 피들러 교수가 은퇴하자 후임으로 폴리테크니쿰의 교수가 되었다.

그로스만은 1910년에 스위스 수학회가 만들어지는 데 기여하고 창립 멤버가 되었으며, 1911년에는 수학물리학부의 학부장이 되었다. 아인슈타인을 높이 평가하고 있던 그로스만이었으니 만큼, 그로스만은 학부장이 되면서부터 곧 아인슈타인을 ETH에 데려올 방법을 모색했다. 아인슈타인이 일찌감치부터 취리히로 돌아갈 가능성을 염두에 두고 있었던 것은 그로스만으로부터 언질을 받았기 때문이다. 또한 분야도, 학교도 달랐던 장거가 아인슈타인 영입 운동을 할 수 있었던 데도 그로스만의 지원이 있었기에 가능했을 것이다.

중등학교에서 가르칠 때, 그로스만은 비유클리드기하학에 대해서 세 편의 논문을 발표해서 좋은 평가를 받았다. 1910년에서 1912년 사이에 그로스만은 다시 비유클리드기하학에 관한 네 편의 논문을 발표했고, 1912년 8월에는 영국 케임브리지에서 열린 세계수학자대회에서 그중 한 편을 발표했다. 즉 그로스만은 휘어진 공간의 기하학인 비유클리드기하학의 세계적인 전문가였던 셈이다.

1912년 8월 10일에서 16일 사이에 그로스만과 아인슈타인은 리만Georg Friedrich Bernhard Riemann의 기하학이 아인슈타인이 원하는 수학적 도구라는 걸 확신하게 되었다. 그로스만이 리만기하학을 아인슈타인에게 가르치는 것을 시작으로 두 사람은 공동연구를 시작했다. 이렇게 존 스타첼의 일반상대성이론 제2막이 열린다.

공동연구는 1914년 아인슈타인이 베를린으로 떠날 때까지 계속되었다. 이후에도 두 사람의 우정은 계속되었지만, 그로스만은 다발성경화증으로 1936년에 때 이르게 사망했다. 아인슈타인은 그로스만의 부인에게 애도의 편지를 보내서, 학창 시절의 추억을 회상하고 특허청에 취직하게 해준 데 대해 감사를 표했다. "그는 모범생이었고 나는 삐딱한 학생이었지만, 우리는 좋은 친구였고, 메트로폴에서 커피를 마시며 대화하던 일은 가장 행복한 추억입니다. … 제가 모든 사람에게 버림받고 방황하던 시절에 그는 제 곁을 지켜주었고, 그의 도움으로 저는 특허청에 취직할 수 있었습니다. 그것은 제게 구원이었습니다." 상대성이론을 연구하는 학자들의 네트워크인 ICRANet_{International Center for Relativistic Astrophysics Network}은 그로스만의 업적을 기려서, 3년마다 "마르셀그로스만 회의_{Marcel Grossmann meeting, MG}"를 열고 있다.

취리히 노트

1913년 봄, 아인슈타인과 그로스만은 「상대성의 일반 이론과 중력이론의 개요_{Entwurf einer verallgemeinerten Relativitätstheorie und einer Theorie der gravitation}」라는 제목의 논문을 썼다. 이 논문은 1913년에 발표되었지만, 학술지에는 짧은 첨부 논평을 붙여서 다음 해에 출판되었다. 제목의 앞 단어를 따서 흔히 「엔트워프_{Entwurf}」, 우리말로는 「개요」라고 부르는 이 논문은 나중에 완성된 일반상대성이론의 모든 면을 갖추고 있는, 진정한 의미에서 첫 일반상대성이론 논문이라고 할 수 있다.

논문은 두 부분으로 나뉘어 있는데 물리학 부분인 1부는 아인슈타인이, 수학 부분인 2부는 그로스만이 썼다고 표시되어 있다. 아인슈타인의 등가원리는 이 논문의 출발점 역할을 한다. 첫 문장에서부터 "여기서 설명하는 이론은 관성질량과 중력질량 사이의 비례관계는 자연에서 정확히 성립하는 법칙이라는 확신으로부터 유도되었다"라고 명시하고 있다. 아인슈타인은 이 논문에서 중력장 속에서 움직이는 물체의 운동방정식을 유도하고, 시공간을 기술하는 계량텐서metric tensor 의 물리적인 중요성에 대해 논한 후 중력장의 방정식을 설명했다. 이 논문에서 제시한 이론은 에너지보존법칙과 운동량보존법칙을 만족하며, 중력이 아주 약할 때에는 뉴턴의 중력이론처럼 보이는 등, 기본적인 물리적 조건을 만족한다.

계량텐서 $g_{\mu\nu}$는 시공간의 거리를 결정하는 데 사용되는 물리량으로서, 이 양을 통해서 공간이 휘어진 정도를 알 수 있다. 공간이 휘어지는 일과 거리가 무슨 관계가 있을까? 우리는 평평한 공간에서의 거리를 정하는 방법은 잘 알고 있지만, 공간이 휘어지게 되면 거리를 정하는 일이 더 이상 단순하지 않다. 공간의 성질과 거리의 관계를 보여주는 간단한 예를 들어보자. 아인슈타인이 이 문제를 고민하던 취리히에서 서울까지, 보통 말하는 거리는 약 8765킬로미터다. 그런데 이 숫자는 지구 표면의 거리, 즉 휘어진 2차원 면에서 정의된 거리다. 만약 지구를 잊고 우주공간에서 서울과 취리히라는 두 점만 생각해서 그 사이의 거리를 측정하면 지구 속을 통해서 거리를 측정하게 되니 저 값보다 훨씬 짧을 것이다. 이 거리는, 우리 우주의 공간이 평평하다고 가정하면, 평평한 3차원 공간에서의 거리다(최근의 관측에 의하면 우리 우주의 공간은 거의 평평하다). 이렇게 공간에 따라 거리는 다르게 정의된다. 이때 휘어진 공간에서의 거리를 정해주는 데 사용되는 양이 계량텐서이며, 따라서 계량텐서에는 공간이 얼마나, 어떻게 휘어져 있는지에 대한 정보가 담겨 있다(사실 지구 표면에서 거리를 정의하려면, 일단 지구를 완전한 공이라고 가정하더라도, 공 위에서의 직선을 먼저 정의해야 하므로 간단한 일이 아니다. 예를 들어 경도를 나타내는 경선은 공 위에서 직선이지만, 위도를 나타내는 위선은 직선이 아니다). 1916년 3월 20일에 《물리학 연보Annael der Physik》에 제출된 논문 「일반상대성이론의 기초」에서 아인슈타인은 이렇게 말한다.

> … 새로운 기준틀에서 $g_{\mu\nu}$는 더 이상 상수가 아니라 시공간의 함수다. 동시에 자유로이 움직이는 질점의 운동은 이 기준틀에서 일정하지 않고 휘어지게 되는데, 그에 따라 운동법칙은 움직이는 질점의 성질과는 무관하게 된다. 우리는 그러한 운동을 중력장의 영향에 의해 일어난 것으로 해석할 것이다. 중력장이 나타나는 것과 시공간에 따라 $g_{\mu\nu}$가 변하는 것은 서로 관련이 있다. … 일반상대성이론에서 중력은 다른 힘들, 특히 전자기력에 비해서 특별한 역할을 맡는다. 그 이유는 중력장을 나타내는 열 개의 함수 $g_{\mu\nu}$가 4차원 시공간의 일반적인 의미에서 거리에 관한 성질metrical properties을 결정하기 때문이다.

그러면 계량텐서 $g_{\mu\nu}$를 사용해서 어떻게 공간의 휘어짐을 표현할 것인가? 여기에 대해서는 리만 이후에 그레고리오 리치, 레비치비타 등이 리만 다양체 위에서 텐서의 미적분을 이용해서 기하학을 기술하는 미분기하학을 발전시켜놓았다. 아인슈타인도 이들의 이름 정도는 프라하에서 게오르크 픽으로부터 들어서 알고 있었다. 이 분야의 전문가였던 그로스만은 이들의 작업을 검토하고, 리치텐서 $R_{\mu\nu}$가 중력이론에 사용될 수 있으리라고 생각했다. 하지만 리치텐서로 쓴 식은 아인슈타인이 생각한 물리적 조건에 맞지 않았다. 그래서 이 논문에서는 임의의 선형변환에 해당하는 텐서 $\Gamma_{\mu\nu}$를 쓰고 있다. 이 부분이 문제라는 게 나중에 밝혀진다.

이 논문을 완성하고 아인슈타인은 일단 만족한 것으로 보인다. 3월 23일 자로 엘자에게(밀레바가 아니다!) 보낸 편지를 보면 "지난 반년 동안은, 내 인생에서 이전의 어떤 시간보다도 열심히, 미친 듯이 일했어. 마침내 몇 주 전에 문제를 해결했어. 상대성이론을 중력과 함께 대담하게 확장한 이론이야. 이제 좀 쉬려고 해. 그러지 않으면 얼마 지나지 않아 쓰러질 거야"라고 말하고 있기 때문이다.

하지만 논문의 제목이 「개요」인 데서 알 수 있듯 아직 아인슈타인과 그로스만은 완전한 이론을 만들었다고는 생각하지 않고 있었다. 사실 이 논문의 방정식은 선형변환 텐서 $\Gamma_{\mu\nu}$로 되어 있으므로, 일반적인 변환에 대한 공변성을 만족시키지 못했다. 앞에서 아인슈타인이 일반적인 변환에 대한 공변성을 공준으로 삼는다고 하지 않았던가? 그 내용은 이론을 완성시키고 나서야 비로소 내릴 수 있었던 결론이다. 1913년의 아인슈타인은 아직 일반적인 공변성이 진정한 기본 원리라는 확신을 가지지 못하고 있었다. 그래서 일단 「개요」 논문에서 제시한 대로 제한적인 공변성에 만족하기로 하고, 오히려 다른 관점에서, 일반적으로 공변인 중력장 방정식이란 물리적으로 불가능하다는 것을 증명하려고 시도하기도 했다.

아인슈타인과 그로스만이 함께 쓴 두 번째 논문「상대성의 일반 이론에 기초한 중력이론 장방정식의 공변성Kovarianzeigenschaften der Feldgleichungen der auf die verallgemeinerte Relativitätstheorie gegründeten Gravitationstheorie」에서는 임의의 휘어진 공간으로 변환할 때 입자의 운동방정식이 일반적인 공변성을 얻도록 하는 데 성공했다. 물론 아직 갈 길은 많이 남아 있었다. 중력장의 방정식은 여전히 일반적인 공변성을 만족하지 못했기 때문이다. 그러나 뛰어난 물리학자들은 올바른 답 근처에 가면, 내가 지금 답 근처에 가고 있다는 냄새를 잘 맡는다. 그리고 그러한 물리학적 직관이 아인슈타인보다 뛰어난 사람은 없다. 아인슈타인은 완전하지는 않지만 '거의 올바른 답'을 찾았다고 확신했다.

이 시기 아인슈타인이 연구하며 시도했던 여러 계산과 고심의 흔적은 아인슈타인 연구자들이 '취리히 노트'라고 부르는 문서에 담겨 있다. 파란색으로 제본된 이 노트는 일반상대성이론 연구만을 담은 게 아니라 여러 주제에 대해 쓴 노트다. 그중에서도 중력에 대한 연구가 가장 많아서 57페이지에 이르고, 그 밖에도 전기역학(14페이지), 양자론(12페이지), 열역학 등에 대한 내용이 있다. 두 장은 찢은 흔적이 있고 45장이 남아 있는데, 3장은 빈 페이지이므로 노트는 총 84페이지다. 이 노트에 담긴 내용은 1912년에서 1913년에 걸쳐서 기록되었다. 이 노트는 위르겐 렌이 편집한『일반상대성이론의 기원The Genesis of General Relativity』1권에, 노트의 사진과 문서로 옮긴 전문이 수록되어 있다. 아인슈타인 연구자들에게 이 노트는 아인슈타인이 일반상대성이론을 어떻게 발전시켜 나갔는지를 이해하는 데 엄청나게 중요한 자료다.

일반적인 공변성 대신 물리학적으로 이론의 타당성을 검증하기 위해, 아인슈타인은 보다 야심적인 시도를 했다. 그때까지 해결되지 못한 문제를 자신의 이론으로 설명하고자 한 것이다. 그 문제란 정밀한 수성 궤도 문제였다. 이 문제를 연구하기 위해 아인슈타인은 베소를 취리히로 부르기까지 했다.

수성의 궤도

수성은 태양계의 여덟 행성 중에서 태양과 가장 가까운 행성으로, 태양과의 거리는 평균 약 5800만 킬로미터이고 햇빛이 수성에 도달하는 데는 약 3분 13초가 걸린다. 비교해보자면 지구와 태양 사이의 거리는 약 1억 5000만 킬로미터이고, 햇빛이 지구에 도달하는 데는 약 8분 19초가 걸린다. 수성은 태양계의 행성 중 가장 작은 행성인데, 지름이 약 4900킬로미터 정도로, 지구의 3분의 1보다 조금 큰 정도다.

밤하늘의 별 대부분은 아득히 멀리 있기 때문에 늘 똑같은 자리에서 보이고, 다만 지구의 자전에 따라 하루에 한 바퀴 일정한 궤도를 움직이는 걸로 보인다. 하지만 태양계의 다섯 행성인 수성, 금성, 화성, 목성, 토성은 날짜에 따라 나타나는 위치가 제멋대로 달라지며, 그래서 떠돌이별이라 불렸고, 지금은 움직이는 별, 즉 행성行星

이라고 부르는 것이다(다른 두 행성인 천왕성과 해왕성은 맨눈으로는 보이지 않아서 나중에 발견되었다).

간단한 역학원리에 따르면 행성의 회전속도는 태양과의 거리가 가까울수록 빠르다. 그래서 수성의 속력은 행성 중에서 가장 빨라서 초속 48킬로미터에 달하고 (지구의 속력은 초속 약 30킬로미터다) 지구 시간으로 88일 만에 태양을 한 바퀴 돈다. 한편 수성의 궤도가 태양과 가깝기 때문에, 지구에서 보기에 수성은 태양 근처에만 위치해서, 새벽이나 해가 진 직후에만 볼 수 있다. 이러한 특징 때문에 신들의 이름을 별들에 붙이던 고대 그리스에서는 수성에 전령 역할을 하는 신인 헤르메스의 이름을 붙였고, 로마에서는 수성을 그에 해당하는 신인 메르쿠리우스Mercurius라고 불렀으며, 이로부터 현대의 영어 이름인 머큐리Mercury가 나왔다. 수성은 맨눈으로 보이기 때문에 대부분의 고대 문화권에서 고유의 이름을 가지고 있었다. 예를 들어 고대 중국에서는 다섯 행성에 오행에 따른 이름을 붙였고, 그래서 우리는 이 행성을 수성水星이라고 부르고 있다.

수성을 관측한 역사는 매우 오래되었지만, 해가 뜨기 전과 지고 난 직후에만 관측할 수 있다는 한계 때문에 수성은 천문학자들이 관측하기 어려운 행성으로 유명했다. 18세기까지도 수성의 궤도에 대해서는 정확한 데이터와 궤도 방정식이 알려지지 않았다. 19세기 프랑스의 천문학자 르베리에Urbain Jean Joseph Le Verrier는 일찍부터 수성에 관심을 가지고 연구했다. 1843년 그 자신의 수성 궤도 방정식을 처음 발표한 르베리에는 자신의 이론을 발전시키면서 수성의 궤도를 정밀하게 관측한 데이터를 연구한 결과, 둘 사이에 해결할 수 없는 불일치가 있다는 걸 발견하고 1859년 이 결과를 발표했다.

르베리에가 발견한 수성 궤도 문제를 이해하려면 설명이 조금 필요하다. 일반적으로 뉴턴의 중력이론에 따르면 태양 주위를 도는 행성의 공전 궤도는 원이거나 타원 모양이다. 신성로마제국의 제국수학자였던 케플러가 방대한 천문 데이터로부터 이 궤도가 단순한 원이 아니라 사실은 타원궤도라는 걸 처음 알아냈고, 뉴턴은 역학 이론으로 자신의 중력 법칙에 따르면 행성의 궤도가 타원이 된다는 걸 증명했다.

만약 태양과 행성 둘만 있다면 매우 정확한 타원궤도를 보일 것이지만, 실제로는 다른 행성들도 중력을 미치고, 그 밖에도 여러 요인 때문에 타원궤도는 조금씩 변하게 되어, 행성이 태양에 가장 가까워지는 위치가 고정되지 않고 태양 주위를 천천히 이동한다. 즉 오른쪽 그림과 같이 궤도 자체가 다시 회전하게 된다. 이렇게 물체의 회전 자체가 다시 회전하는 걸 세차운동이라고 부른다. 이러한 행성궤도의 세차운동은 당연히 모든 행성에서 관측되는데, 행성마다 태양으로부터의 거리, 타원궤도의 이심률, 행성의 질량, 다른 행성의 위치 등이 모두 다르므로 세차운동의 정도는 제각각 다르다. 하지만 모든 경우에 태양의 중력에 비해 다른 행성의 중력 효과는 극히 작으므로, 뒤에 보듯 세차운동은 매우 천천히 일어나서, 평범한 관측으로 금방 알아챌 정도는 아니다. 즉 이 그림은 엄청나게 과장해서 그린 것이다. 이러한 세차운동 역시 뉴턴의 중력 법칙과 역학 이론으로부터 계산할 수 있으며, 수성을 제외한 모든 행성에서 관측값과 이론의 예측값은 잘 맞았다.

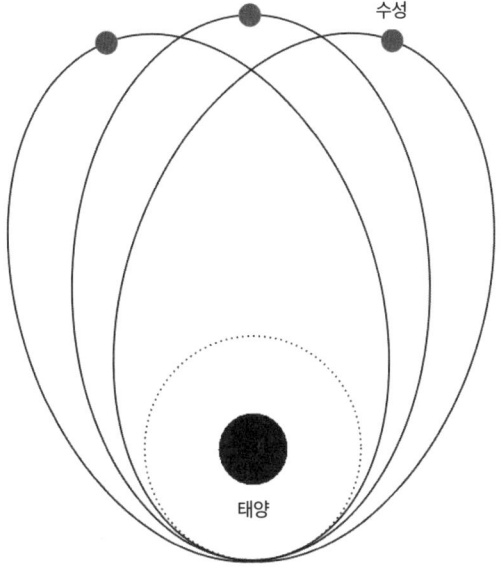

수성 근일점의 세차운동

르베리에는 파리 천문대에서 1801년부터 1842년까지 측정한 수성의 자오선 관측 결과와 수성이 태양을 가로질러가는 현상을 관측한 데이터를 기반으로 수성 궤도의 세차운동을 산출했다. 그리고 다른 행성의 중력효과를 포함해서 뉴턴의 중력이론을 가지고 수성 궤도의 세차운동을 계산했다. 관측값과 이론의 예측값을 비교한 결과, 르베리에는 수성이 태양과 가장 가까이 접근하는 위치를 기준으로 두 값이 100년에 38초만큼 어긋난다는 걸 발견했다(여기서 1초는 각도로 3600분의 1도를 말한다. 따라서 세차운동이 얼마나 작은 효과인지 느낄 수 있다).

르베리에는 1959년의 논문에서 이러한 관측값의 불일치를 해결하는 방법도 제안하고 있다. 만약 수성의 궤도 안쪽, 태양 가까이에 아직 발견되지 않은 행성이 하나 더 있다면, 이 행성의 중력의 영향으로 수성의 움직임이 달라져서 그러한 관측 결과를 줄 수 있다는 것이다. 이 이론은 그의 성공의 경험으로부터 나온 자연스러운 결과였다. 르베리에는 파리 천문대 소장이던 1846년에, 관측된 천왕성의 궤도가 뉴턴의 중력 법칙으로 예측한 궤도와 차이를 보이자, 천왕성의 궤도 바깥에 새로운 행성이 존재한다고 가정하면 새로운 행성의 중력에 의해 이론적인 예측과 관측 결과를 일치하도록 만들 수 있음을 보인 적이 있다. 르베리에의 예측은, 베를린 천문대의 요한 갈레가 르베리에가 예측한 위치에서 각도로 1도도 채 떨어지지 않은 곳에서 새로운 행성을 발견함으로써 증명되었다. 이 행성이 해왕성이다. 해왕성의 존재를 예측한 일로 르베리에의 명성은 드높아졌다. 그래서 르베리에는 수성 문제를 같은 방법으로 해결하려고 한 것이다. 그는 새로운 행성의 이름까지 벌컨Vulcan이라고 지어놓았다. 하지만 벌컨은 발견되지 않았고, 수성의 세차운동은 뉴턴 중력법칙이 관측과 일치하지 않은 채로 남아 있었다.

캐나다 출신의 미국 천문학자인 뉴컴Simon Newcomb은 1882년 더욱 정확한 측정을 수행해서 조금 더 커진 값인 100년에 43초를 얻었다. 어긋나는 정도가 르베리에의 관측 결과보다 조금 더 커졌다.

그러면 이론적으로 수성 궤도의 세차운동을 어떻게 구할 것인가? 물리학자들이 워낙 자주 이용해서, 이제는 거의 이론의 일부처럼 여겨지는 방법론이 있다. 분석하는 대상을 효과가 큰 부분과 작은 부분으로 나누어서, 큰 부분을 먼저 해결하고 작은 부분의 효과를 보정하는 방법이다. 이때 작은 부분의 효과를 섭동perturbation이라고 한다. 섭동 방법으로는 완전한 답을 얻기는 어렵지만, 섭동을 고려하는 정도에 따라 근사적인 답이라고 해도 필요한 정밀도만큼을 체계적으로 구할 수 있으므로, 매우 유용하다. 주된 효과를 먼저 다루고, 부수적인 효과를 차츰 고려해나가는 섭동은, 물리학에서뿐 아니라, 물리학의 정신을 기반으로 하는 근대과학에서 아주 자연스럽고, 매우 흔히 사용하는 방법론이다.

앞에서 르베리에 등이 수성의 세차운동을 계산하는 과정이 바로 전형적인 섭동 방법이었다. 먼저 가장 영향이 큰 부분인 태양의 중력만 있다고 생각하고 수성의 궤도를 구한다. 이 결과는 정확히 계산할 수 있다. 다음으로는, 태양 다음으로 영향이 큰 목성의 중력효과를 넣어서 결과를 보정한다. 여기서부터는 정확한 답을 얻을 수는 없고, 흔히 정밀도를 나타낼 수 있는 양의 급수로 적절히 전개해서 결과를 나타낸다. 다른 효과들도 이와 같은 방법으로 결과를 정밀도의 급수로 쓰면 된다. 만약 새로운 효과가 원하는 정밀도보다 (즉 실험 오차보다) 충분히 작으면 더 이상의 섭동 효과를 고려하지 않아도 된다.

일반상대성이론을 검증하는 방법도 이와 같다. 일반상대성이론으로 검증하고자 하는 현상을 바로 계산하는 것이 아니라, 먼저 일반상대성이론으로 계산한 중력퍼텐셜을 적절한 급수로 표현해서 뉴턴의 중력 법칙에 따른 중력퍼텐셜과 나머지 급수 부분으로 표현되도록 만든다. 이 나머지 부분이 곧 일반상대성이론의 새로운 효과다. 거의 모든 중력 현상은 뉴턴의 중력 법칙으로 매우 정확히 설명할 수 있으므로, 대부분의 경우에는 뉴턴 법칙의 결과를 제외한 나머지 부분의 효과가 실험 오차보다 작아야 한다. 그러면 일반상대성이론이 뉴턴의 중력 법칙과 같은 결과를 주는 셈이다. 그리고 나머지 부분의 효과가 실험 오차보다 충분히 큰 현상이 있다면, 이 현상에 대해서는 일반상대성이론이 뉴턴의 중력 법칙과 다른 결과를 보여주는 것이다. 즉 수성 궤도의 세차운동이 바로 뉴턴의 중력 법칙과 다른 관측 결과이므로, 일반상대성이론의 나머지 부분의 효과가 세차운동을 설명할 수 있어야 한다.

아인슈타인은 지금 새로운 중력이론을 만들어내고 있는 중이었으므로, 당시까지 알려진 가장 중요한 뉴턴 중력 법칙의 불일치 사례인 수성의 세차운동을 일반상대성이론으로 설명할 수 있다면 새로운 중력이론의 강력한 증거가 될 수 있다고 생각했다. 이러한 생각은 사실 아인슈타인이 새로운 중력이론을 만들겠다고 처음 마음먹은 1907년의 베른에서부터 가지고 있던 생각이었다. 기록에 나타난 바로는, 1907년 12월 24일 하비히트에게 보낸 편지에서 그러한 일을 하고 있다고 언급하고 있다. "현재 나는 중력 법칙을 상대론적으로 분석하는 일을 하고 있어. 그걸 이용해서 수성의 세차운동에 나타나는, 아직 설명되지 않은 장기적인 변화를 설명하려는 희망을 품고 있지." 물론 1907년에는 아직 일반상대성이론이 제대로 모습을 갖추었을 때는 아니니 결실은 없었을 것이다.

그해 아인슈타인은 베소와 함께 「개요」 논문을 가지고 수성 궤도의 세차운동을 계산하기 위해 애썼다. 그들의 계산 결과는 처음에는 1821초가 나왔다. 관측 결과와 너무 크게 어긋나는, 말도 되지 않는 숫자라서 이들은 잠시 당황했으나, 곧 베소가 오류를 찾아내어 100배로 크게 나왔음을 발견했다. 하지만 그러면 18초가 되어 관측값인 43초와는 여전히 상당한 차이가 난다. 이 차이를 해결하지 못한 채 아인슈타인이 1914년 봄에 베를린으로 떠나버려서 두 사람의 공동연구는 중단되었다. 수성 궤도의 세차운동 문제는 계속 남아 있다가, 아인슈타인이 올바른 일반상대성이론을 만들고 나서야 비로소 해결이 된다.

아인슈타인과 베소의 결과는 논문으로 출판되지는 않았으나, 아인슈타인이 베소에게 보낸 계산 결과를 적은 문서를 베소가 평생 간직해두어서 그들의 사후에 세상에 알려졌다. 약 50페이지에 이르는 이 문서를 베소의 아들이 아인슈타인과 베소의 서한집을 출판하는 편집자에게 넘겨주었고, 덕분에 사본이 아인슈타인 문헌을 모으는 사업에 포함될 수 있었다. 문서의 원본은 편집자의 딸이 1996년에 경매에 내놓아서 36만 불에 낙찰되었고, 2002년에는 한 프랑스 회사가 이를 50만 불에 사들였다. 이 문서는 다시 경매에 나와서 2021년 파리 경매장에서 홍콩의 리카싱이라는 사람이 무려 1160만 유로에 낙찰을 받았다.

휘어지는 빛과 개기일식

독일 비브리히 출신인 프로인틀리히Erwin Finlay Freundlich의 아버지는 독일인이고 어머니는 영국인이었다. 그는 괴팅겐대학교에서 펠릭스 클라인에게 수학을 배웠고, 카를 슈바르츠실트의 천문학 강의를 들었으며, 1910년에 수학자 쾨베를 지도교수로 해서 함수해석학 논문으로 박사학위를 받았다. 박사학위를 받은 후 그는 클라인의 소개로 베를린에 위치한 왕립천문대의 조수가 되었다. 그는 "저는 천문학은 실제로 어떻게 하는지 전혀 모르는데요"라고 불만을 표했지만 클라인은 "대학은 모든 것을 배우는 곳이 아니라, 모든 것을 배우려면 어떻게 해야 하는지 배우는 곳이라네. 베를린으로 가도록 해"라고 했다고 한다. 프로인틀리히는 천문대 근무를 시작했고, 곧 천문대에는 사진 정리 및 측정, 별들의 목록 정리 등, 매일매일 해야 할 틀에 박힌 일이 어마어마하게 많다는 걸 깨달았다. 못 할 거야 없었지만, 하나도 재미가 없어서 젊은 프로인틀리히는 좀 풀이 죽었다.

프라하에서 아인슈타인이 쓴 중력장 속에서 빛이 휘어진다는 논문에 대해 앞 장에서 이야기했다. 논문의 논의는 이렇게 이어진다. 태양에 의해 별빛이 휘어진다면 아래 그림과 같이 우리 눈에는 태양이 있을 때와 없을 때, 별의 위치가 변한 것으로 보일 것이다. 태양이 있을 때는 밝아서 별을 관찰할 수 없으므로, 이런 현상은 개기일식이 일어나서 태양이 가려질 때 태양 주위의 별을 관측하면 확인할 수 있다. 아직 일반상대성이론이 발표된 것도 아니었으므로 이러한 논의는 뜬금없는 것으로 보여서 이 논문에 관심을 가지는 사람은 거의 없었다.

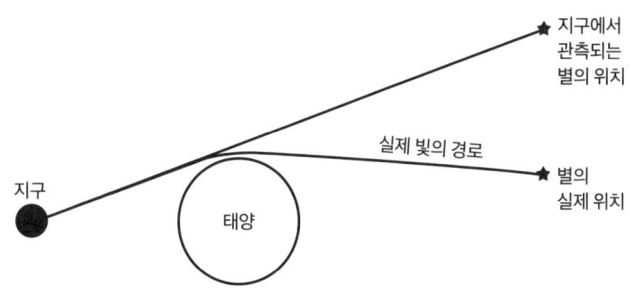

별빛 휘어짐

프라하의 젊은 물리학자 폴락Leo Wenzel Pollak은 카를대학교에서 물리학을 공부하고 박사학위를 받은 후, 프라하 지구물리학연구소에 재직하면서 아인슈타인과 가까워졌다. 폴락은 아인슈타인이 중력장 속에서 빛이 휘어진다는 논문을 발표하자, 이 논문에 감명을 받고 논문에 나오는 대로 개기일식을 관측해서 빛의 휘어짐을 관측할 것을 요청하는 편지를 여러 천문대에 보냈다. 천문대의 판에 박힌 일에 지겨워하던 프로인틀리히는 폴락의 편지를 받고 신선하고 파격적인 아이디어에 곧바로 매료되었다.

프로인틀리히는 곧 논문을 구해서 읽어보고, 아인슈타인과 이 문제에 대해서 편지를 주고받으며 논의하기 시작했다. 프로인틀리히가 처음 보낸 편지는 지금은 찾을 수 없고, 아인슈타인이 1911년 9월 1일 자로 보낸 편지가 현재 남아 있는 첫 번째 교신 기록이다.

> 편지 주셔서 감사합니다. 물론 매우 흥미가 있습니다. 당신이 이 재미있는 문제에 도전한다면 매우 기쁠 것입니다. 태양대기에 의한 굴절도 영향을 줄 수 있으므로 실험으로 답하기 어려우리라는 건 아주 잘 압니다. 그럼에도 불구하고 확실하게 말할 수 있는 게 하나 있습니다. 그러한 휘어짐이 없다면 이론의 가정은 옳지 않은 것입니다. 목성보다 훨씬 큰 행성이 있다면 좋을 텐데! 하지만 자연이 자신의 법칙을 우리가 발견하기 쉽게 해주어야 할 이유는 없지요.

여기서 목성 이야기를 하는 걸 보면, 프로인틀리히가 앞선 편지에서, 태양에서는 관측이 어려우니 지구 주변에서 태양 다음으로 큰 질량을 가지는 목성을 이용해서 관측을 하는 문제에 대해서 논의를 한 모양이다. 물론 목성으로 그러한 관측은 불가능하다. 대충 어림을 해보면, 목성은 태양의 10분의 1 크기이므로 질량은 10분의 1의 세제곱인 약 1000분의 1에 불과하고, 따라서 중력의 효과도 그 정도로 작을 것이기 때문이다. 여기서 불가능하다는 건 물론 아인슈타인의 시대에 그랬다는 말이고, 현재는 목성의 중력에 의한 빛의 휘어짐도 관측하고 있다. 목성 중력에 의해서 빛이 휘어지는 정도를 일반상대성이론으로 계산하면 약 1200마이크로초인데 (지구-목성간 거리에 따라 다르다), 1마이크로초는 100만분의 1초이므로 1200마이크로초는 약 1000분의 1초 정도로 본문의 어림과 맞다는 걸 알 수 있다. 이들 문헌에서는 단순히 빛의 휘어짐만을 관측하는 게 아니라 목성 운동의 효과, 중력의 전달 속도 등 여러 관측을 종합해서 일반상대성이론의 예측이 잘 맞는다고 보고하고 있다. 이렇게 편지를 주고받고 있었으므로, 1912년에 아인슈타인이 베를린에 갔을 때 프로인틀리히를 만났을 가능성도 충분히 있지만, 확인할 기록은 없다.

일식은 지구의 주위를 도는 달이 태양을 가리는 현상으로, 일상적으로도 쉽게 관측이 되므로 일반인들이 많은 관심을 가지는 천문현상 중 하나다. 그래서 일식을 관측했다는 기록은 약 2500년 전 바빌론을 비롯해서, 이집트, 중국, 잉카 등 고대문명들에서 많이 찾을 수 있다. 특히 달이 태양을 완전히 가리는 개기일식은 대낮에 세상이 완전히 어두워지고 별이 보이게 되므로, 고대에는 과학적인 의미보다는 주술적인 의미로 받아들여졌다. 뉴턴의 중력 법칙을 적용해서 일식을 이해하고 예측하게 되면서, 개기일식의 주술적인 의미는 퇴색했지만, 오늘날도 개기일식을 직접 체험하면 매우 신비한 감정을 느낀다고 한다.

개기일식이 일어나는 이유는 사실 우연에 따른 것이다. 태양의 지름은 달의 지름보다 약 400배 큰데, 지구에서의 거리도 달까지의 거리보다 태양까지의 거리가 약 400배 멀기 때문에, 지구에서 보는 크기는 태양과 달이 거의 같게 되고, 꼭 맞춘 것처럼 달이 태양을 가릴 수 있는 것이다. 예를 들어 화성에서는, 위성인 포보스의 크기가 지름 22킬로미터 정도로 매우 작아서 태양의 6만 분의 1도 채 되지 않고, 화성과의 거리는 9400킬로미터 정도로 가깝긴 하지만 태양과의 거리의 2만 분의 1 정도라서, 태양을 완전히 가리는 게 불가능하다. 따라서 개기일식이 일어나지 않는다.

이렇게 일식 그 자체는 천문학적으로는 특별할 게 없지만, 일식 때에는 태양의 외곽에 해당하는 코로나처럼 평소에는 관찰하기 어려운 태양의 여러 성질을 관찰할 수 있으므로, 일식 관측은 원래 천문대의 중요한 업무 중 하나였다. 문제는 개기일식을 실제로 관측할 수 있느냐 하는 점이다. 일식이 일어나는 시간과 위치는 우리가 택할 수 없기 때문이다. 지구 표면에 달의 정확한 그림자가 생기는 부분은 아주 작은 영역인데, 그 작은 위치가 편리하게도 런던이나 파리나 베를린이거나, 아니면 천문대가 있는 바로 그 자리일 가능성은 거의 없다. 러시아나 티베트의 외딴곳일 수도 있고, 아프리카의 정글 속 어딘가일 수도 있으며, 더욱 곤란하게는 대서양이나 태평양 바다 위 어딘가일 수도 있다. 그러니 시간과 위치를 안다고 반드시 관측할 수 있는 것도 아니다. 관측이 가능한 장소라 해도 개기일식을 관측하기 위한 정밀한 장비를, 시간에 맞추어서 정확히 그 자리에 가 있게 하는 일은 많은 돈과 인력이 필요한 일이다. 심지어 많은 돈을 들여서 관측 팀을 조직해서 개기일식이 일어나는 정확한 시간에 정확한 위치에 가 있는다 해도, 날이 흐리거나 비가 온다면 일식 관측은 불가능하다. 그러니 전 세계에 식민지를 가지고 있는 대영제국에조차 개기일식을 관측하는 일은 거대한 사업이었다.

그렇게 거대한 사업이기에, 다르게 보면 개기일식 관측을 위한 원정은 그 자체로 제국의 위엄과 힘을 과시하는 일이 될 수 있었다. 과학이라는 새로운 교양과 지적 우월성을 위해 많은 돈을 들여서 먼 곳까지 과학자들과 천문 관측 장비를 보낸다는 건 그만한 힘을 보유하고 있다는 걸 나타내는 일이었기 때문이다.

그러한 거대한 사업을 천문대의 신참 조수가 수행하는 일은 당연히 불가능했다. 그래서 프로인틀리히는 당장 할 수 있는 일을 하기로 했다. 지난 일식 기록을 뒤져서 아인슈타인의 예측을 확인할 수 있는지 확인하려 한 것이다. 프로인틀리히의 열정에 아인슈타인도 기뻐하며, "빛이 휘어지는 문제에 그렇게 열정을 기울이다니 정말 기쁩니다. 현재의 사진을 검증해서 결과를 얻을 수 있을지 매우 궁금하군요"라고 말하고 "태양 근처에서 항성을 대낮에 관측하는 데 성공하면 곧 확실하게 알게 되겠지요"라고 기대를 표했다.

하지만 포츠담의 천문대가 보유하고 있던 개기일식 사진으로는 원하는 결과를 얻을 수 없었다. 이에 프로인틀리히는 당대 가장 중요한 천문대였던 미국 캘리포니아 해밀턴산에 위치한 릭 천문대의 캠벨William Wallace Campbell에게 개기일식 사진을 요청하는 편지를 썼다. 릭 천문대의 사진은 포츠담보다는 나았으나, 역시 태양 주변 별들의 위치까지 확인하는 건 무리였다.

프로인틀리히는 사진 분석에는 비록 실패했지만, 자신의 예전 개기일식 사진 연구를 출판했고, 또 다른 방법을 모색했다. 이런 노력 덕분에 천문학자들 사이에도 조금씩 아인슈타인의 이론이 알려지기 시작했다. 프로인틀리히는 천문학자들에게 아인슈타인의 대변인 노릇을 톡톡히 한 셈이다. 한편 아인슈타인은 프로인틀리히에게 관측해야 할 내용을 설명하면서, 일반상대성이론과 빛의 휘어짐을 계산하는 식을 이해하기 쉽게 만들기 위해 애쓰게 되었다. 왜냐하면 클라인의 제자도 (즉 프로인틀리히도) 이해하기 어려운 수식을 대체 누가 이해할 수 있겠느냐고 생각했기 때문이다. 그래서 프로인틀리히는, 일반상대성이론이 완성되기도 전에 이 이론을 자세히 이해한 (물론 아인슈타인은 제외하고) 첫 번째 사람이 되었다. 프로인틀리히는 그 밖에도 쌍성의 움직임을 분석해서 빛의 속력이 일정한지 확인하고, 태양의 프라운호퍼선을 분석해서 중력에 의한 적색편이를 찾으려 시도하기도 했다.

결국 문제는 개기일식을 직접 관측하는 일이었다. 1914년 7월에 러시아의 크림반도에서 개기일식이 예정되어 있었다. 이런 위치에서 개기일식을 관측한다는 건 아주 좋은 기회였다. 프로인틀리히는 프로이센 아카데미에 개기일식에 필요한 원정을 요청했고, 다음 장에서 보듯, 마침 이때 이미 베를린으로 초빙되었던 아인슈타인은 플랑크에게 지원해줄 것을 개인적으로 요청하고, 아인슈타인은 자신도 개인적으로 돈을 보태겠다는 말을 했다.

> 당신의 지난번 편지를 받고 즉시 플랑크에게 편지를 썼습니다. … 만약 아카데미가 돈을 내지 않겠다면, 우리는 개인 후원자로부터 맘몬을 얻어봅시다. 아카데미가 부정적인 결정을 내리면 하버에게 말해서 내 아카데미 월급을 주는 코펠을 꾀어보겠습니다. … 다 안 되면 내가 저금한 돈이라도 내겠습니다. 적어도 2000마르크는 낼 수 있습니다.

다행히 플랑크와 네른스트 등의 도움으로 아카데미가 장비 등을 준비하는 데 2000마르크를 지원하기로 해서, 아인슈타인이 저금을 털지 않아도 되었다. 거기에, 지성이면 감천이라고 해야 할지, 새로운 후원이 생겼다. 프로인틀리히는 친구로부터 구스타프 크루프 폰 볼렌 운트 할바흐Gustav Georg Friedrich Maria Krupp von Bohlen und Halbach라는 외교관을 소개받았는데, 그가 프로인틀리히와 그의 프로젝트에 관심을 가진 것이다. 폰 볼렌 운트 할바흐는 재벌인 크루프사의 유일한 상속녀인 베르타 크루프와 결혼해서 기업을 물려받은 사람이었다. 크루프사가 아카데미와 같은 정도의 후원을 약속해서, 마침내 프로인틀리히는 러시아 원정을 할 수 있게 되었다. 이 원정은 다음 해에 아인슈타인이 베를린으로 옮긴 뒤의 일이므로 다음 장에서 보도록 하자.

원정에 돈을 댔던 기업인 크루프에 대해 간단히 적어보자. 크루프는 19세기 중반 철강을 중심으로 시작한 기업으로, 자연스럽게 무기 생산과 결부되어 성장했다. 보불전쟁에서 프로이센이 승리를 거둔 원인 중 하나가 크루프의 강철 대포였다고 할 정도다. 철강과 군수산업을 비롯해서, 철도, 광산 등을 소유한 크루프는 20세기 초 유럽에서 가장 큰 민간기업 집단이었다. 이런 중요한 기업이었으므로, 프로이센 왕의 칙령으로 회사에 지분이 있는 사람은 이름에 크루프를 넣도록 했다. 구스타프 크루프 폰 볼렌 운트 할바흐의 이름에 크루프가 들어가는 이유가 그래서다(구스타프의 아들 중에는 회사에 관여하고 안 하고에 따라 이름에 크루프가 들어가는 아들이 있고, 들어가지 않는 아들도 있다). 크루프의 회사는 제1차세계대전이 일어나자 군수산업에 전념해서 더욱 급성장했으나, 그 바람에 전쟁이 끝나고 독일이 무장을 금지당하자 경영에 어려움을 겪기도 했다. 1930년대에 구스타프 폰 볼렌 운트 할바흐는 처음에는 나치에 동조하지 않았으나, 재무장을 시작한 독일에서 군수업체가 나치의 말을 듣지 않을 수는 없었으므로 결국 협력 관계가 되었고, 나중에는 나치당에 입당하고, 전쟁 수행에 중요한 역할을 담당했다. 티거 전차를 생산한 회사가 바로 크루프이며, 티거 전차를 개발했을 때, 히틀러는 자신이 받은 최고의 생일 선물이라고 했다고 한다. 전쟁이 끝난 후 구스타프는 전범으로 뉘른베르크 재판에 기소되었으나, 노쇠해 있었기 때문에 재판은 중단되었고, 1946년에 사망했다. 크루프는 1999년 주요 경쟁사인 티센과 합병해서 티센크루프ThyssenKrupp가 되었다. 이 회사는 현재 철강, 엘리베이터 및 산업 장비, 그리고 기술 서비스의 세 가지 주요 분야를 운영하는 세계적인 기업이다. 우리는 오늘날 엘리베이터에서 이 회사의 이름을 흔히 볼 수 있다.

프로인틀리히는 1913년 8월에 케이트 히르슈베르크와 결혼했다. 그는 아인슈타인을 만날 기회라고 생각해서 신혼여행을 취리히 근처의 알프스로 가기로 하고 아인슈타인에게 알렸다. 아인슈타인은 반가워하며 프로인틀리히 부부를 초청했다. 신혼부부가 취리히역에 도착하자 밀짚모자를 쓴 아인슈타인이 마침 취리히를 방문하고 있던 하버와 함께 그들을 맞았다. 아인슈타인은 신혼부부를 마침 학회가 열리고 있던 프라우엔펠트로 데려갔다. 아인슈타인은 학회에서 중력에 대해 강연하면서, 프로인틀리히를 일으켜 세워서 "내년에 이 이론을 검증할 사람"이라고 소개했다. 한편 거기서 아인슈타인은 프로인틀리히를 포함한 일행에게 점심을 샀는데, 돈을 안 가져왔다는 걸 깨달았다. 돈은 결국 오토 슈테른이 냈다고 한다. 프라하에서 아인슈타인의 조수가 되었던 슈테른은 취리히로 옮길 때 같이 와서 계속 조수로 지내고 있었다. 이날 프로인틀리히는 하루 종일 아인슈타인과 함께 중력과 빛의 휘어짐에 대해 이야기했다. 이런 신혼여행을 새 신부가 어떻게 생각했는지는 알 수 없다.

ETH 교수 시절의 아인슈타인과 동료들

왼쪽에서 오른쪽순으로: 1. 카를 페르디난트 헤르츠펠트, 2. 오토 슈테른, 3. 알베르트 아인슈타인, 4. 미스 프랑캄프, 5. 오귀스트 피카르, 6. 파울 에렌페스트, 7. 르네 포르트라, 8. 미스 브루인스, 9. 미스 기르고리에프, 10. 가브리엘 포엑스, 11. 볼퍼스 (조수)
(1913년 6월 30일 촬영)

ALBERT EINSTEIN

08
ALBERT EINSTEIN

영광:
베를린의 아인슈타인 1

카이저빌헬름연구소

1911년 1월 11일 독일제국에 카이저빌헬름협회가 설립되었다. 여기서 협회는 독일어로 게젤샤프트Gesellschaft, 영어로는 흔히 소사이어티society로 번역되는 말이다. 황제의 이름을 사용하지만 사실 카이저빌헬름협회는 민간 조직으로서, 대학과 보완적인 역할을 맡아서 독립적으로 전문적인 기초연구를 수행해 과학 발전을 진흥시키는 것을 목표로 하는 기구였다. 협회를 창설하는 데 주요한 역할을 한 사람은 황제의 자문역인 아돌프 하르낙이었다. 루터교 신학자인 하르낙은 프러시아 과학아카데미의 회원이자 왕립도서관 관장이었으며 당대 학계의 가장 혁신적이고 영향력 있는 인물 중 한 사람이었다. 하르낙은 산업화가 급속도로 이루어지는 상황에서 독일의 국제적인 경쟁력을 증진하기 위해서는 물리학과 화학, 생물학 등의 기초과학에 대한 더 많은 지식이 반드시 필요하며, 이를 위해서 새로운 형태의 연구 조직이 필요하다고 생각했고, 이를 위해 새로운 조직을 만들 것을 카이저 빌헬름 2세에게 건의해서 이를 관철해냈다. 물론 카이저의 이름만 빌린 것이 아니라 카이저 자신이 협회의 주요 후원자가 되었으며, 협회 산하에 연구 기관을 수립하기 위해 재계 인사들에게 설립 위원을 맡기고 후원과 기부를 요청했다. 카이저빌헬름협회는 제2차세계대전 후에 막스플랑크협회로 이름을 바꾸어 현재에 이른다.

레오폴트 코펠은 오스람 전구를 개발한 독일 굴지의 대기업인 DGA(독일 가스등 회사)의 창립자로서 은행가이자 사업가인 대부호였다. 코펠은 1905년 과학 연구 진흥을 위한 코펠 재단을 설립해서 과학과 기술의 연구 및 개발을 후원했으며, 산업계와 학계의 연결을 꾀했다. 독일 과학의 발전은 다시 독일 산업의 발전으로 돌아오리라는 확신을 가지고 있었기 때문이다.

황제의 요청을 받은 코펠은 카이저빌헬름협회에 100만 마르크를 기부해서 베를린에 카이저빌헬름 물리화학 및 전기화학연구소를 설립하는 데 주요한 역할을 했다. 1911년 10월 28일 베를린에서 코펠 재단과 프로이센 과학 및 교육부 장관 대표가 기부 협약에 서명했다. 협약에 의하면 프로이센 정부는 연구소 부지를 제공하고 코펠의 돈으로 건물과 장비를 마련했다. 운영비는 양측이 10년간 분담하기로 했다. 1912년 10월 23일, 첫 번째 연구 건물이 완공되어 개소식을 가졌다. 연구소의 소장은 아레니우스Svante August Arrhenius가 추천한 프리츠 하버가 맡았다.

카를스루에대학의 교수였던 하버는 공기 중의 질소로부터 암모니아를 만드는 방법인 하버 · 보슈Haber-Bosch 공정을 발명한 사람으로 유명하다. 암모니아는 질소비료의 핵심 성분으로서, 오늘날에도 세계 식량 생산의 약 3분의 1은 하버·보슈 공정으로 얻은 암모니아를 사용하고 있으며 인구의 절반 이상이 이렇게 얻은 식량을 먹고 있다. 실용적인 의미에서 하버에 견줄 만한 업적을 남긴 과학자는 거의 없을 것이다. 이러한 업적으로 하버가 카이저빌헬름연구소의 소장으로 초빙된 것이다. 훗날 하버는 이 업적으로 노벨화학상을 받게 된다. 하지만 과학자로서의 하버는 또한 어두운 면도 가지고 있다. 유대인이면서 독일에 동화되기를 열망하고 독일제국에 충성을 바치던 그는 제1차세계대전 중에 전쟁에서 사용할 수 있는 독가스를 발명해서 실전에서 사용했다. 그래서 그의 이름에는 천사와 악마의 이미지가 교차한다. 연구소는 제2차세계대전 후 1953년에 프리츠하버연구소로 이름을 바꾸게 된다.

물리화학 및 전기화학연구소와 함께 독일화학협회가 지원한 카이저빌헬름 화학연구소도 함께 문을 열었다. 화학연구소의 현재 이름은 막스플랑크 화학연구소이며, 별칭은 오토한연구소Otto Hahn Institut다. 1928년부터 18년간 화학연구소의 소장을 맡았던 오토 한은 리제 마이트너, 프리츠 슈트라스만과 함께 1938년 핵분열을 발견했다. 이 두 연구소가 카이저빌헬름협회의 첫 연구소들이다.

코펠 재단은 1913년 새로운 돈을 기부했다. 이 돈은 카이저빌헬름 물리학연구소를 설립하는 데 쓰일 것이었다. 그러기 위해서는 물리학연구소를 맡을 사람이 필요했다. 플랑크는 이 기회를 아인슈타인을 베를린으로 데려오는 데 사용하기로 했다. 그러기 위해서 플랑크는 대학과 프러시아 과학아카데미에 아인슈타인을 위한 자리를 만들었다. 동시에 그는 베를린대학교의 교수 자리도 마련했다. 아인슈타인을 반드시 데려오기 위해서, 대학에서 강의할 의무는 없애고, 봉급은 법으로 허용되는 최대치인 1만 2000마르크로 책정했다. 이 돈은 아카데미와 코펠이 반반씩 부담하기로 했다. 그리고 아인슈타인이 오면, 그에게 카이저빌헬름 물리학연구소를 맡길 것이었다. 이 정도면 가히 물리학자를 위한 독일어권 최고의 자리라고 할 만했다. 아인슈타인과 가까운 친구 사이였던 프리츠 하버 역시 아인슈타인을 초빙한다는 플랑크의 계획을 적극 지지해주었다.

플랑크, 네른스트, 루벤스, 바르부르크 네 사람이 아카데미에 아인슈타인을 추천하면서 올린 보고서는, 이 단계에서 내릴 수 있는 아인슈타인에 대한 가장 정확한 평가를 보여준다.

> 종합해서, 현대물리학의 많은 중요한 문제 중에서 아인슈타인이 두각을 나타내지 않은 문제는 거의 없다고 말할 수 있습니다. 빛의 양자 가설처럼, 그가 때때로 사변적으로 도를 넘는 주장을 할 때도 있다는 사실로 그를 너무 깎아내려서는 안 됩니다. 가끔 위험을 감수하지 않으면, 가장 정밀한 자연과학에서도 진정한 혁신을 이루는 것은 불가능합니다. 현재 그는 중력에 관한 새로운 이론을 집중적으로 연구하고 있는데, 어떤 성공을 거둘 것인지는 미래만이 우리에게 알려줄 수 있을 것입니다.

보고서의 앞부분에는 아인슈타인이 상대성이론으로 세계적인 명성을 얻었고, 물리학 전반뿐 아니라 인식론에도 깊이 영향을 주었다고 하면서 자세하고도 매우 정확하게 상대성이론을 소개하고 있다. 한편으로 위의 인용 중에서, 빛의 양자 가설이 도를 넘는 사변적인 주장이라고 하는 걸 보면 1913년 당시에는 아직 양자론이 제대로 꽃피고 있지 못하다는 걸 엿볼 수 있다.

플랑크는 아카데미의 동의를 얻어 아인슈타인과 교섭하기 위해 네른스트와 함께 1913년 7월 11일에 취리히행 열차에 올랐다.

빨간 장미, 흰 장미

아인슈타인은 플랑크와 네른스트의 방문을 받고 분명 놀랐을 것이다. 당대 학문의 중심지 중 하나인 베를린에서 자신을 원한다는 것도 기쁜 일이지만, 제안이 파격적인 데도 놀랐을 것이다. 그래서 아인슈타인은 베를린의 사절들에게 잠시만 생각할 시간을 달라고 부탁하면서, 어이없을 만큼 감상적인 이야기를 했다. "저녁에 기차역에서 다시 만나기로 하죠. 제안을 수락하기로 하면 가슴에 빨간 장미를 꽂고, 거절한다면 흰 장미를 꽂고 있겠습니다." 물리학자답지도 않고, 아인슈타인답지도 않은 이야기다. 억측을 하자면, 좋은 제안을 받고 아인슈타인은 조금 들떴던 것이 아닐까?

하지만 베를린의 제안을 받아들이는 것이 당연하기만 한 일은 아니었다. 당시 아인슈타인은 취리히에서 매우 잘 지내고 있었기 때문이다. 평생 나그네의 마음을 가지고 살았던 아인슈타인에게 취리히는 가장 고향에 가까운 곳이었다. 그와 그의 아내가 함께 대학 시절을 보냈으므로 도시의 분위기에 익숙했으며, 친구와 지인도 많이 살고 있었다. 좋은 대우를 받으며 모교에 교수로 재직하고 있으니 경제적으로도 나쁘지 않았고 사회적 신분도 안정되어 있었다. 또한 스위스는 열강이 아니었고, 그중에서도 취리히는 국제도시의 면모를 갖고 있었으므로, 유대인인 그와 슬라브인인 아내가 그나마 인종과 민족 문제에 덜 구애받으며 가장 마음 편히 살 수 있는 곳이었다. 아인슈타인은 이러한 스위스의 독립적인 분위기를 특히 좋아해서, 죽을 때까지 스위스 국적을 포기하지 않고 유지했을 정도다. 한편 독일에 대해서는 두 사람 다 그다지 좋지 않은 기억이 조금씩 있었고, 프로이센의 딱딱하고 엄격함을 요구하는 사회는 그가 가장 싫어하는 분위기였다. 그래서 아인슈타인의 취리히 친구들은 대부분 베를린으로 간다는 아인슈타인의 결정을 뜻밖이라고 생각했고, 그다지 반기는 분위기가 아니었다.

그렇더라도 당시 독일어권의 중심 대학이자 세계 물리학의 중심지 중 하나에서 최고의 대우로 자신을 모셔간다는 것은 아인슈타인에게도 특별한 매력을 주는 일이었다. 아인슈타인이 세속적인 명성을 추구하는 사람은 물론 아니었지만, 그런 것에 완전히 둔감하지도 않았다. 베를린의 제의는 학문의 세계에서 생각할 수 있는 가장 영광스러운 기회라고 할 수 있었다. 게다가 실질적인 장점도 많았다. 보수도 좋은 데다, 가르칠 의무가 없다는 점이 특히 매력적이었다. 일반상대성이론에 열중하고 있던 이즈음의 아인슈타인은 가르치는 의무를 버겁게 생각하고 있었기 때문이다. 그가 에렌페스트나 로렌츠에게 보낸 편지에는 이 장점을 특히 강조하고 있다. 또한 베를린에는 그를 매우 높이 평가하는 플랑크를 비롯해서, 하버, 네른스트, 폰 라우에 등 친구들이 있었다. 제국대학의 위압적인 분위기와는 별개로, 이 정도로 최고 학자들의 공동체에 함께할 수 있는 곳은 달리 없었다.

여기에 더해서, 당시에는 극히 제한된 사람들만 알고 있던 이유가 하나 더 있었다. 그건 엘자였다. 아인슈타인은 이미 엘자 때문에 프라하에서 취리히가 아니라 베를린으로 옮기고 싶다고 했던 적이 있다. 그 마음이 얼마나 지속되었는지는 모르지만, 이렇게 베를린으로부터 초빙이 온 만큼, 엘자를 다시 만나는 일이 아인슈타인을 유혹하지 않았을 리는 없다. 그러므로 플랑크와 네른스트가 돌아간 직후, 그는 곧바로 엘자에게 편지를 썼다. "며칠 선에 플랑크와 네른스트가 방문해서 나를 아카데미에 초빙한다고 제인했어. 늦어도 내년 봄에는 베를린에 갈 거야!"

플랑크와 네른스트는 파격적인 제안을 들고 직접 찾아온 만큼, 반드시 아인슈타인의 승낙을 받아들고 베를린으로 돌아가기를 바랐다. 그래서 그들은 아인슈타인이 요청한 대로 하루 동안 생각할 시간을 주고, 추크 호수 옆 리기산으로 여행을 갔다. 저녁에 취리히역으로 돌아온 두 사람은 빨간 장미를 꽂고 있는 아인슈타인을 발견했다. 플랑크와 네른스트는 돌아가서 아인슈타인의 수락을 알렸고, 1913년 7월 24일에 아카데미는 전체 회의에서 아인슈타인을 임명한다는 안을 승인해서 교육부를 통해 독일 황제이자 프로이센 왕인 카이저 빌헬름 2세에게 제출했다. 아인슈타인의 베를린행이 결정되었다.

기쁨 속에 결정을 하고 나서도 아인슈타인의 마음속에는 한 가닥 의구심이 남아 있었다. 베를린행을 결정하고 나서 그가 베소에게 쓴 편지에서 "베를린 모험이 다가오니 어떤 불안감이 없지는 않아"라고 쓰고 있다. 하지만 가족은 새로운 생활을 준비하기 시작했다. 크리스마스 직후 밀레바는 베를린에 가서 살 집을 알아보았다. 리스베트 후르비츠는 1914년 3월 16일 일요일의 일기에 "오늘 아인슈타인 교수가 와서 마지막으로 바이올린을 연주했다"라고 적었다. 둘째 테테가 몹시 아파서 의사가 요양을 권했기 때문에 밀레바는 3월 말 로카르노로 아이들을 데려갔고, 베를린에서 합류하기로 했다.

끝과 시작

영국의 외교관 아서 니컬슨은 1914년 5월 초에 "외무부에서 근무한 이래 나는 이토록 잔잔한 수면을 본 적이 없다"라고 썼다. 1914년 유럽은 익을 대로 익어서 터져버리기 직전인 과일처럼 난숙해 있었다. 순조로운 번영이 자연스럽게 받아들여졌고, 국제질서는 노련한 국제 체제가 잘 관리하고 있었으며, 산업 생산이 확대되고 신제품과 신물질이 발견되어 세계를 대상으로 하는 상업 활동은 가속되었다. 각국의 인구는 증가하고 제국들은 팽창을 거듭했다. 그것은 '좋은 시절'의 절정이었고, 벨에포크의 끝이었다.

위험 요소가 없는 것은 아니었다. 경제적 성장은 군비도 확대하는 결과를 가져왔고, 각국은 군사적인 경쟁에 치달렸다. 영국과 독일은 해군력을 증강하는 레이스에 돌입해서, 1906년에는 영국이 초거대 전함 HMS 드레드노트를 진수했다. 프랑스는 독일과 같은 수준의 육군을 보유하기 위해 병역법을 개정해서 복무 기간을 늘렸다. 독일은 카이저의 지휘 아래 군부가 민간을 압도하고 있었다. 하지만 국제적인 상호 의존과 협력체제는 전쟁을 막거나, 벌어진다 해도 신속히 종결시킬 것이라고 여겨졌다. 영국은 러시아와 1907년 협약을 체결했고 1912년 여름에는 독일의 카이저와 러시아의 차르가 발트항에서 만나 비공식 대화를 나누었다. 곳곳에서 데탕트가 실현되는 것처럼 보였다.

1914년 4월 아인슈타인 가족은 베를린으로 이사했다. 새집은 베를린 남서쪽 달렘Dahlem 지역인 에렌베르크가 33번지의 공동주택이었다. 이 지역은 베를린 자유대학교 남쪽에 위치한, 조용하면서도 비교적 부유한 주택가였다. 오늘날 이 집의 입구에는 아인슈타인이 살았다는 팻말이 붙어 있다.

아인슈타인과 그의 가족은 이 집에서 행복했을까? 새로운 생활에의 기대로 설레었을까? 남아 있는 기록에 의하면 그렇지 못했던 것으로 보인다. 혹은 그랬던 기간은 아주 짧았다. 모든 것이 밀레바의 마음에 들지 않았다. 낯선 곳에서 적응하는 일도 버거웠고, 슬라브인인 그녀에게 예상되는 불친절함도 두려웠다. 아인슈타인이 물리학의 세계로 빠져들수록 자신으로부터 멀어진다고 생각하던 밀레바에게는 남편의 출세도 매력이 되지 못했다. 거기에 더해서, 베를린에는 자신을 좋아하지 않는 시집 식구들까지 가까이 있었다. 취리히에 있을 때조차 불안정했던 밀레바는 새로운 도시에서 더욱 우울해졌고, 새로운 직장에 적응하면서 일반상대성이론과 씨름하던 아인슈타인은 밀레바를 돌봐주지 않았다. 아마 그럴 생각도 전혀 하지 않았을 것이다. 나중에 한스 알베르트가 기억하기를 "아버지는 가족이 자신의 시간을 너무 많이 잡아먹고 있고, 자신은 자기 일에 더 몰두해야 한다고 느끼고 있었다". 불만을 가지고 우울해하는 부인과, 감정적인 문제를 회피하고 일에 빠져드는 남편 사이의 거리는 점점 더 멀어지기만 했다.

적어도 처음에는 밀레바도 새로운 생활에 적응하려고 노력했다. 새집도 크리스마스 휴가 기간에 밀레바가 베를린에 직접 와서 구해놓았을 정도다. 하지만 베를린은 낯설었고, 그녀를 적대시하는 시집 사람들만 가득했다. 지인도 친구도 없이 남편만 바라봐야 하는 외로운 생활은, 안 그래도 불안정한 밀레바를 더욱더 몰아붙였고, 그녀의 집착이 심해질수록 아인슈타인은 더 아내를 피하게 되었다. 이러한 악순환은 오래지 않아 터져나올 수밖에 없었다.

6월 28일 일요일 오스트리아·헝가리제국의 제위 계승자인 프란츠 페르디난트 대공과 그의 아내가 사라예보에 도착해서 지붕 없는 차를 타고 가두 행렬을 하다가, 세르비아 지하조직으로부터 무기를 비롯한 지원을 받은 보스니아 출신 세르비아 민족주의자 청년이 쏜 총에 암살당했다. 이 사건이 스위치를 올린 듯, 이때부터 세계가 다르게 돌기 시작했다. 암살자들은 암살에 성공한 후 대부분 체포되었다. 비록 암살 사건과 세르비아 정부와의 연결이 뚜렷하지는 않았으나 오스트리아는 이 기회에 슬라브 민족주의를 억누르는 방법으로 세르비아를 응징하려 했다. 그러나 세르비아 뒤에는 러시아가 있었으므로 오스트리아가 러시아를 견제하기 위해서는 동맹국인 독일의 도움이 필요했다. 그런데 독일로서도 답하기 쉽지 않은 문제였다. 러시아와 프랑스는 동맹관계였으므로 독일이 러시아와 전쟁을 벌이게 된다면 프랑스도 참전할 수 있고, 그 경우 독일은 러시아와 프랑스를 동서로 상대해야 한다. 더구나 프랑스·러시아와 삼국협상 관계인 영국도 참전할지 모른다. 러시아로서도 세르비아가 공격을 받는다면 그냥 있을 수는 없다. 하지만 오스트리아는 몰라도 독일과 전면전을 벌이는 일은 피하고 싶었다. 프랑스와 영국 역시 자신들과 직접 관계가 없는 사안에 연루되고 싶지는 않았다. 하지만 일단 전쟁이 벌어지면 동맹도 동맹이지만 전쟁의 승패에 따라 어느 한쪽으로 힘의 균형이 쏠릴지 모르고, 그런 상황은 더욱 바람직하지 않을 수 있다. 이렇게 얽히고설킨 명분과 실리, 속셈과 계산, 동맹과 대립이, 그동안 안정을 가져온다고 믿었던 국제적 상호의존과 협력체제를 빠르게 대치했다. 모두가 전쟁을 원하지 않았지만, 모두가 상대방이 양보하기만을 바랐다. 그리고 그 결과는 파국이었다.

7월 23일 오스트리아는 세르비아에 최후통첩을 보내고, 28일 선전포고를 했다. 러시아는 7월 29일 부분 동원을, 30일에는 총동원령을 내렸다. 8월 1일 독일이 총동원령을 내리고 러시아에 선전포고를 했으며, 프랑스를 향해서 병력을 진격시켰고 3일에는 프랑스에 선전포고를 했다. 8월 4일 아침 독일군이 벨기에 국경을 통과했으며, 벨기에의 중립을 침해받자 영국은 독일과의 전쟁을 선포했다. 제1차세계대전이 발발했다.

에렌베르크가 33번지의 긴장 속 생활도 오래가지 못했다. 7월에 마침내 갈등이 폭발하고, 격렬한 다툼 끝에 아인슈타인은 집을 뛰쳐나와 삼촌 집으로 갔다. 밀레바는 아이들을 데리고 프리츠 하버의 집으로 일단 옮겨갔다. 아직 물리학연구소는 완성되지 않았으므로 아인슈타인의 연구실도 하버의 연구소 건물 안에 있었다. 저절로 하버가 부부 사이의 중재를 하게 되었다. 하버와 아인슈타인이 가까운 사이라고 해도 기본적으로 직업상의 동료일 뿐인데, 그가 밀레바와 아인슈타인의 아이들을 자신의 집에서 맡아주는 성의까지 보인 것이 좀 놀라운 일이긴 하다. 뒤에 보게 되지만 밀레바와 아이들이 취리히로 돌아간 뒤에는 베소와 장거가 그들에게 많은 도움을 주게 되는데, 베소와 장거는 아인슈타인의 가족을 자기 가족처럼 생각할 만큼 가까운 친구들이므로 충분히 가능한 일이었다. 하지만 하버는 아인슈타인과 그리 오랜 친구도 아니고, 더구나 밀레바와 특별한 관계가 있는 것도 아니었다. 추측하기로는, 밀레바와 비슷하게 일에 빠진 남편으로부터 소외되어 절망과 우울함에 빠져 있던 하버의 부인 클라라가 밀레바에게 크게 공감해준 것이 아닐까 싶다. 이 시기에 밀레바가 베를린에서 자신의 속마음을 털어놓을 수 있는 상대는 클라라 하버뿐이었을 것이다. 이후 한동안 아인슈타인과 밀레바는 하버가 중간에서 전달해주는 짧은 서신 외에는 대화를 나누지 않았다.

이때쯤부터 아인슈타인의 입장에서 밀레바를 더 이상 견딜 수 없게 된 듯하다. 다만 아이들을 향한 애정은 변함이 없었으므로, 아직 밀레바와 헤어질 생각까지는 하지 못했다. 결국은 다시 함께 살아야 할 것이고, 그러려면 밀레바와도 일정한 관계, 가족이라기보다 계약관계를 유지해야 할 것이었다. 그런 생각에서 아인슈타인은 하버 부부를 통해 밀레바에게 자신의 조건을 담은 메모를 보냈다. 이 메모는 오늘날까지 남아서, 아인슈타인의 인간성 한쪽 극단을 보여주는 문서가 되었다. 충격적인 내용이긴 하지만, 여기에 전체 내용을 옮겨놓는다.

조건

A. 당신이 지켜야 할 것
1) 내 옷과 빨래를 잘 유지하고 수선한다.
2) 내 세 끼 식사를 규칙적으로 내 방에서 받는다.
3) 내 침실과 서재는 항상 깨끗하게 유지한다. 특히 책상은 나만 사용한다.

B. 당신은 사회적인 이유로 절대적으로 필요한 경우가 아니면 나와의 모든 개인적인 관계를 포기한다. 특히 다음을 하지 않는다.
1) 집에서 함께 앉아 있는 일
2) 함께 외출하거나 여행하는 일

C. 당신은 나와의 관계에서 다음 사항을 명심하고 행한다.
1) 당신은 나로부터 친밀함을 기대하지 말고, 어떤 식으로든 내 체면을 손상하지 않는다.
2) 당신은 내가 요청하면 즉시 내게 말 거는 걸 중단한다.
3) 당신은 내가 요청하면 저항하지 않고 즉시 내 침실이나 서재를 떠난다.

D. 당신은 우리 아이들 앞에서 말로나 행동으로 나를 비방하지 않는다.

하지만 밀레바도 두 사람의 결별에 직면해서 두려움을 느끼고 있었던 모양으로, 놀랍게도 이 메모의 내용을 받아들이겠다고 답했던 모양이다. 이에 대해 아인슈타인은 다시 편지를 보내 이렇게 말하고 있다.

> 하버가 전해준 편지에서 당신이 내 조건을 받아들이고 싶다는 걸 알았소. … 나는 우리 아파트로 돌아갈 준비가 되었소. 아이들을 잃고 싶지도 않고, 아이들이 나를 잃게 하고 싶지도 않은 오직 그 이

유 때문이오. 결국 그런 일이 일어난다면 당신과의 우애적인 관계는 생각도 할 수 없는 일이오. 우리 관계는 충실한 계약관계여야 해요. … 그 대신 나도 적절한 처신을 할 것을 약속하오. 어떤 여자라도 타인으로 대하도록 하겠소. … 당신이 계속 이렇게 살 수 없다고 한다면, 결별할 수밖에 없소.

하버를 중간에 두고 논의가 오간 뒤에, 결국 밀레바는 아이들과 함께 취리히로 돌아가기로 했다. 공식적인 별거가 시작된 것이다.

7월 24일에 하버의 집에 아인슈타인이 찾아와서 의논을 하고 계약서를 작성했다. 아인슈타인은 1년에 5600마르크를 밀레바에게 보내고, 아이는 밀레바가 맡으며, 아인슈타인의 친척에게는 보내지 않을 것을 명시했다. 생명보험에 대한 이야기까지 나왔을 정도로 상세한 논의였다. 며칠 뒤인 7월 26일 자로 엘자에게 보낸 편지에서 아인슈타인은 비교적 소상하게 상황을 적고 있다. "아내가 떠나기 전에 마지막 만남을 요청했어. 여기서 미자Miza는(밀레바를 줄여서 부르는 이름이다) 아이들과 취리히에 남기로 하고, 구체적인 조건은 문서로 남기기로 했소. 세 시간이 걸렸지. 이혼으로 가는 길이 좀 더 평탄해졌어." 이렇게 쓴 것만 보면 아인슈타인이 이혼을 하기 위해 주도면밀하게 행동하는 것처럼 보이지만, 다른 편지를 보면 꼭 그렇지도 않다. 며칠 뒤에 곧 이혼을 하지 않겠다고 말하는 등 혼란스러워하고, 망설이는 모습도 보이기 때문이다. 당연한 일이지만, 이런 문제에 있어서 아인슈타인 역시 전혀 특별한 사람은 아니었다.

이 편지를 쓴 며칠 후 밀레바와 아이들은 취리히로 돌아갔다. 베소가 와서 이들과 동행해주었다. 아인슈타인도 하버와 함께 기차역에 나와서 아이들에게 작별을 고했다. 밀레바와는 어쨌든, 아이들과 이제 함께 있지 못한다는 것은 아인슈타인에게도 상당한 타격이었다. 며칠 후에 엘자에게 보낸 편지에서도 그러한 심정이 드러난다.

> 내가 아이들과 떨어지게 되어 타격을 받았다고 놀라는 거야? 다른 식으로 느낀다면 나는 진짜 괴물일 걸. 나는 밤이고 낮이고 셀 수 없이 많은 날을 이 아이들을 데리고 다녔어. 유모차에 태워서 산책하고, 같이 놀고, 장난을 치고, 농담하고. 내가 오면 애들은 기뻐서 소리를 지르곤 했지. 작은 애는 지금도 만세를 불러. 아직 어려서 상황을 잘 모르니까. 이제 애들은 영원히 떠났어. 그리고 그 애들의 아버지에 대한 생각은 차근차근 망가지겠지! 하지만 아주 그러지는 않으리라고 믿어. 그 애들이 어떤 것도 부족함 없이 충분한 보살핌을 받을 수 있도록 세심한 주의를 기울였으니까.

가족이 떠나자 아인슈타인은 달렘의 집을 유지하기가 버거워져서, 비텔스바허가 13번지의 아파트로 이사했다. 빌머스도르프의 페어벨리너 광장 근처의 주택가에 위치한 이 집은 베를린 중심가에 더 가까운 위치였다. 이곳에서 아인슈타인은 전형적인 독신자, 혹은 학생과 같은 생활을 하면서, 일반상대성이론의 수식과 계산에 파묻혀 지냈다. 그리고 바로 이 집에서 아인슈타인은 일반상대성이론을 완성했다. 하지만 꽤 오랜 기간 머물렀음에도 지금 이 아파트에서는 아인슈타인의 흔적을 찾기 어렵다.

프로인틀리히와 1914년 개기일식

1914년의 개기일식은 8월 21일에 이란에서 흑해를 거쳐 러시아와 우크라이나, 스칸디나비아를 지나 북극에 이르는 지역에 일어났다. 프러시아 아카데미와 크루프의 지원을 받은 프로인틀리히는 천문대의 추르헬렌W. Zurhellen과 장비를 맡은 차이스사의 기술자 메카우R. Mechau, 두 사람과 함께 7월 19일에 베를린을 떠났다. 프로인틀리히 외에 다른 천문대도 러시아에 일식 관측을 위해 원정대를 보냈다. 아르헨티나 국립천문대에서는 찰스 딜런 페린이, 캘리포니아 릭 천문대에서는 윌리엄 월러스 캠벨이 왔다. 사실 프로인틀리히는 1913년부터 이들과 접촉하며 함께 원정대를 꾸리는 일을 논의했다. 이중 페린은 2년 전인 1912년 일식 때 브라질에서 일반상대성이론을 검증하기 위해 개기일식을 관측하려고 한 첫 번째 사람이기도 하다. 하지만 그때는 비가 내려서 일식을 관측하는 데 실패했다. 이들은 모두 아인슈타인의 일반상대성이론을 검증하는 목표를 관측의 주요 목적 중 하나로 삼았다.

하지만 일은 쉽게 돌아가지 않았다. 8월 1일에 독일이 러시아에 선전포고를 했고, 독일과 러시아는 적성국이 되었다. 러시아 관리는 망원경 등의 장비를 가지고 있는 적국 국민 프로인틀리히를 그냥 두지 않았다. 장비는 몰수되고 원정대원들은 포로수용소로 보내졌다. 반면 당시에는 전쟁 당사국이 아니었던 아르헨티나와 미국 원정대는 개기일식 관측을 계속할 수 있도록 허가받았다. 프로인틀리히로서는 운명이 자신을 조롱하고 있다고 느꼈을지도 모른다.

운명은 프로인틀리히만 조롱한 것이 아니었다. 페린과 캠벨이 관측을 하려고 했지만 일식이 일어나는 순간 그 지역에는 구름이 덮이고 말았다. 그래도 페린은 어떻게든 사진을 찍는 데는 성공했다. 하지만 구름에 가려서 주변 별들까지는 확인할 수 없었다. 결국 1914년의 개기일식으로는 일반상대성이론을 검증할 수 없었다. 그런데 이 이야기의 의미는 그리 간단치가 않다. 앞에서 프라하에서 쓴 논문에 나온 아인슈타인이 예측한 별들의 위치 변화가 약 0.8초라고 말했다. 이 값은 그로스만과 함께「개요」이론을 만든 뒤에도 달라지지 않는다. 그런데 이 어림은 틀린 것이었다. 나중에 일반상대성이론이 완성된 후에 제대로 계산한 결과는 그 두 배인 약 1.7초다. 그러므로 만약 1914년에 페린과 캠벨이 관측을 하고 제대로 별의 위치를 측정했으면, 아인슈타인은 자신이 틀렸다는 결과를 받아들었을 것이다. 그랬을 경우 어떻게 되었을지는 알 수 없다. 이렇게, 운명의 장난은 사람이 이해하기에는 너무 어렵다.

아인슈타인은 일식도 일식이지만 프로인틀리히가 걱정이었다. 8월에 에렌페스트에게 보낸 편지에서 "나의 훌륭하고 오래된 천문학자 프로인틀리히는 러시아에서 일식이 아니라 포로 생활을 겪게 됐어. 걱정하고 있네"라고 염려를 표했다. 다행히 오래지 않아 프로인틀리히는 포로 교환을 통해 무사히 귀국할 수 있었다.

프로인틀리히는 그 뒤에도 일반상대성이론을 증명하기 위해 노력했으나, 결국은 잘 알려진 대로 5년 뒤 영국 일식 원정대가 먼저 일식을 관측하게 된다. 그는 더 이상 상대성이론 역사의 앞자리에 나오지 않으므로 여기서 그의 나머지 인생을 요약하자. 프로인틀리히는 1916년 일반상대성이론과 빛의 휘어짐을 설명하는 첫 번째 책을 썼다. 영어로 번역되었으며, 구텐베르크 프로젝트에도 포함되어 있기 때문에 웹에서 쉽게 찾을 수 있다. 그는 1917년 아인슈타인의 카이저빌헬름 물리학연구소가 마침내 정식으로 문을 열자, 첫 전임 연구원이 되었으며, 1920년 연구소가 포츠담에 천문대를 설립하자 천문대를 맡게 되었다. 이 천문대는 아인슈타인타워라는 이름으로 지금도 유명하다. 그는 천문대 교수로서 다시 일식 때 빛의 휘어짐 관측을 시도했고, 1929년에 수마트라에 가서 마침내 관측에 성공했다. 그러나 프로인틀리히의 관측값은 일반상대성이론의 예측과는 많이 차이가 났다.

히틀러가 정권을 잡자, 아내가 유대인의 혈통을 가지고 있었던 프로인틀리히는 독일을 떠나야 했다. 프로인틀리히는 투르키에의 이스탄불대학교와 프라하의 카를대학교를 거쳐 영국으로 건너갔고, 에딩턴의 추천으로 스코틀랜드 세인트앤드루스대학교에 천문학과를 설립해서 은퇴할 때까지 지냈다. 1957년 그는 독일로 돌아와 마인츠대학교의 명예교수로 지냈다. 프로인틀리히는 개인적인 성품도, 과학자로서의 능력도, 조직을 관리 감독하는 일에도 뛰어났던 탁월한 사람으로서 많은 존경을 받았다고 한다.

괴팅겐의 힐베르트

1914년 독일은 처음에 벨기에를 거쳐 우세함 속에서 파리를 향해 진격했으나, 파리를 30마일 앞두고 마른강 전투에서 패하고 밀려났다. 이후 연말까지 프랑스·영국군과 독일군은 공방을 거듭하다가 겨울로 접어들며 소강상태에 들어갔다. 양측은 벌써 수십만에 달하는 사망자를 비롯해서 엄청난 손실을 보았다. 그동안 발전한 기술에 힘입은 가공할 화력은 압도적인 위력을 과시했고, 양 병사들은 참호를 파고 숨어야 했다. 동부전선은 훨씬 광활하고 복잡했다. 동프로이센과, 폴란드, 오스트리아·헝가리제국에 걸쳐 전선이 펼쳐졌고, 서부전선보다도 훨씬 많은 인명이 희생되었다. 참호를 중심으로 고착된 서부전선과 달리 동부전선에서는 수백 킬로미터를 전진하고 후퇴하는 일이 수시로 일어났다.

하지만 제1차세계대전 중에도 후방에서는 일상생활이 그대로 이어지고 있었다. 1915년 6월에 아인슈타인은 여행을 준비했다. 괴팅겐대학교에서 그를 초청했기 때문이다. 강연의 주제로 아인슈타인은 물론 일반상대성이론을 택했다. 강연의 제목은 '중력에 관해 On Gravitation'로 정했다.

이 강연은 수학의 역사에서 가장 유명한 정리와 관계가 있다. 17세기 프랑스의 수학자였던 페르마는 "n이 3보다 큰 정수일 때, $a^n+b^n=c^n$을 만족하는 양의 정수 a, b, c는 존재하지 않는다"라는 정리를 제시하고 증명은 하지 않았다. 이 정리는 피타고라스의 법칙과 비슷하게 생겼고 내용도 누구나 그 의미를 쉽게 알 수 있을 만큼 간단하지만, 증명은 매우 어려워서 300년이 넘도록 아무도 증명하지 못하고, '페르마의정리'라는 이름으로 유명해졌다. 이 페르마의정리를 증명한 사람에게 주어지는 상이 파울 볼프스켈의 유산으로 만든 볼프스켈상이다. 독일의 부유한 유대인 은행가 집안의 둘째 아들이었던 파울 볼프스켈은 원래 의학을 공부해서 박사학위까지 받았으나 다발성경화증에 걸려서 의사를 포기해야 했다. 그는 불편한 몸으로 할 수 있는 일로 수학을 택해서 본과 베를린 등에서 수학을 공부했고, 박사학위를 받지는 않았지만 다름슈타트의 공업학교에서 수학 강의를 하기도 했다. 볼프스켈은 수학 공부를 하면서 페르마의정리에 관심을 가지게 되어 평생 이를 스스로 증명하려고 애썼고, 1906년 사망할 때 유산 10만 마르크를 괴팅겐 아카데미에 기부해서 페르마의정리를 증명한 사람에게 상금을 주도록 유언을 남겼던 것이다. 영국의 수학자 앤드루 와일스가 1995년 페르마의정리를 증명하는 데 성공해서, 1997년에 이 상을 수상했다. 상이 생긴 지 90년 만이었다.

    괴팅겐 아카데미의 기부금과 여기서 나오는 이자를 운용하는 일은 괴팅겐대학교의 학자들로 구성된 위원회에 맡겨졌는데, 특히 당대 수학의 지도자였던 힐베르트David Hilbert가 주도적인 역할을 했다. 힐베르트는 기금을 이용해서 중요한 수학자와 물리학자들을 괴팅겐대학교에 초청해 강연하도록 하는 프로그램을 진행했다. 1909년 첫 강연자로 푸앵카레가 초청되어 '새로운 역학La mecanique nuovelle'이라는 제목으로 강의했고, 다음 해에는 로렌츠가 초청되어 '물리학의 옛 문제와 새로운 문제들Old and new problems in physics'이라는 제목의 강의를 했다. 이 프로그램은 볼프스켈 강의Wolfskehl-Stiftung라고 불렸고 비정기적으로 진행되었다. 아인슈타인을 초대한 것도 이 볼프스켈 강의였다.

사실 이러한 학술 활동은 페르마의정리와는 무관했으므로 기금을 이렇게 사용한 것은 기부자의 의도와는 거리가 있다고 할 수 있다. 하지만 어차피 페르마의정리와 관련된 지출을 할 기회는 그리 많지 않았다. 첫해에 뮌스터의 수학자를 조금 지원했고, 10년 후에 페르마의정리에 관한 책을 하나 출판한 게 전부일 정도다. 반면 기금을 이용해서 수행된 연구소의 학술 활동은 과학의 역사에 길이 남을 정도의 뛰어난 것이었다. 아인슈타인 이후에도 1922년 6월에는 덴마크의 닐스 보어가 초청되어, 원자물리학과 초기 양자 이론에 대한 볼프스켈 강의를 했다. 아인슈타인의 볼프스켈 강의가 상대성이론에 그랬듯이, 보어의 강연도 양자역학의 발전에 있어서 중요한 사건이었다.

아인슈타인은 괴팅겐의 게브하르트 호텔에 머물면서, 1915년 6월 28일부터 7월 5일까지 괴팅겐의 수학자와 물리학자들을 대상으로 일반상대성이론을 강의했다. 1854년에 문을 연 이 호텔은 아인슈타인 외에도 영국의 조지 5세 등이 머물렀던, 괴팅겐에서 가장 오래되고 유명한 호텔 중 하나다. 강연은 2시간씩 6회로 진행되었다. 앞서 전체적인 모습을 보였듯이 일반상대성이론은 물리학 이론치고도 대단히 수학적인 이론이며, 수학 중에서도 특히 기하학을 기반으로 하는 이론이다. 그러므로 기하학의 중심지였던 괴팅겐의 수학자들이 이 문제에 깊은 관심을 보인 것은 자연스러운 일이었다.

아마도 20세기에 수학 분야에서 아인슈타인에 비견되기에 가장 적합한 인물일 힐베르트는, 괴팅겐의 수학 전통에 따라 수학을 모든 이론과학에 활용하는 데 관심이 많았다. 더구나 아인슈타인의 이론은 수학자에게도 아주 매력적인 대상이었다. 아인슈타인의 선생이었던 민코프스키가 아인슈타인의 특수상대성이론을 기하학적인 관점에서 새로 구축하는 작업을 하게 된 것도 친구인 힐베르트가 불러 괴팅겐에 와서였다. 이제 아인슈타인이 민코프스키 이론의 더욱 일반화된 모습을 가져왔으니 힐베르트가 관심을 가지는 건 당연했다.

아인슈타인도 힐베르트를 만나서 크게 감명받았다. 괴팅겐에 다녀온 후 조머펠트에게 보낸 편지를 보면 "괴팅겐에서 (내 이론이) 완전히 세부까지 이해받는 걸 보는 기쁨을 누렸습니다. 힐베르트에게 엄청나게 매료되었습니다. 정말 중요한 인물입니다. 당신의 의견이 궁금합니다"라며 힐베르트를 만나서 받은 감명을 적고 있다. 또한 장거에게 보낸 편지에서도 "힐베르트를 아주 좋아하게 되었어"라고 쓰고 있다. 20세기 물리학과 수학의 거장이라는 점뿐 아니라, 독일의 군국주의적인 면을 싫어한다거나, 사회 여러 면에 대한 진보적인 자세, 국제적인 평화주의를 지지한다는 점 등, 두 사람 사이에는 공통점이 많다. 한편 힐베르트가 평생을 괴팅겐에 머물면서 강력한 왕국을 구축한 데 비해 아인슈타인은 세계시민으로서 평생을 떠돌았으므로 두 사람의 인생사는 정반대였다고 해도 좋겠다.

물리학 대 수학

괴팅겐에서 돌아온 후 아인슈타인은 자신의 이론이 여러 면에서 잘못되었음을 알아차렸다. 정확히 언제 어디서부터 잘못을 알아차렸는지는 모르지만, 위에 언급한, 장거나 뮌헨의 조머펠트에게 7월에 보낸 편지를 보면, 이때까지는 당시 자신이 가지고 있던 이론이 거의 올바른 상대성의 일반 이론이라고 믿고 있었던 듯하다. 하지만 10월 12일 자로 로렌츠에게 보낸 편지에는 "논문에서 부주의하게도 해밀토니언이 선형변환에 대해 불변이라고 가정해버렸습니다"라고 쓰고 있고, 11월 7일에 힐베르트에게 보낸 편지에는 "4주 쯤 전에 지금까지 사용했던 증명 방법이 믿을 수 없는 거라는 걸 깨달았습니다"라고도 썼다. 그러므로 10월 초에는 잘못이 있다는 걸 확실히 알게 되었던 모양이다. 그리고 10월 말부터 아인슈타인은 문제를 해결하기 위해 11월 한 달 동안 엄청난 노력을 기울였고 끝내 성공을 거뒀다.

아인슈타인이 발견한 그 이론의 문제점들은 대략 다음의 세 가지로 요약된다.

1) 공변성이 제한되어 있으므로 등속원운동에 적용되지 않는다.
2) 수성 근일점 세차운동의 계산값이 관측값의 절반 이하로 작아서 관측 결과를 설명하지 못한다.
3) 중력 라그랑지안의 유일성에 대한 증명이 틀렸다.

그러면 아인슈타인은 이러한 문제에 어떻게 대응했을까?

1915년의 프루시아 아카데미는 매주 목요일에 열려서 아카데미의 회원들이 돌아가면서 강연을 하고, 이를 묶어서 발표하기로 되어 있었다. 아인슈타인은 11월의 아카데미에서 4회에 걸쳐서 발표하도록 예정되어 있었다. 11월 4일 아인슈타인은 자기 이론의 현재 상태를 솔직하게 밝히는 것으로 첫 번째 발표를 시작한다.

> 근년에 제가 노력해온 연구의 방향은, 상대성의 가정 위에서 일정하지 않은 움직임에 대한 상대성의 일반 이론을 구축하는 일을 향해왔습니다. 저는 올바르게 형식화된 일반상대성이론의 공준을 따르는 유일한 중력 법칙을 발견했다고 정말로 믿었고, 지난해에 이를 발표했습니다. 하지만 거듭된 비판을 고려해보니, 제가 제시한 방법으로는 그러한 법칙이 절대적으로 불가능하다는 게 증명되었습니다. … 제가 유도한 장방정식을 더 이상 믿을 수 없게 되었습니다.

그리고 그는 새로이 이론을 구축하고 있음을 밝힌다. 아인슈타인의 해결책은 오로지 일반적인 변환에 대한 공변성을 절대적으로 지키는 것이었다. 위의 문제점 중 1번과 3번은 바로 일반적인 공변성을 만족하지 못해서 생긴 문제였기 때문이다.

> … 그래서 자연스러운 방법으로 가능성의 한계를 탐구했습니다. 그 결과 일반적인 공변성이 필요하다는 데 이르렀습니다. 이는 3년

전에 제 친구인 그로스만과 함께 연구할 때 내려놓았던 것입니다. 사실 당시에 우리는 문제의 해답에 가까이 다가가 있었습니다.

드디어 일반적인 공변성이라는 원칙으로 돌아온 것이다.

아인슈타인을 20세기의 가장 위대한 물리학자로 만들어준 것은, 그의 수학적 능력이 아니라 강력한 물리학적 직관이었다. 이론물리학자로서 아인슈타인의 수학적 능력이 모자람이 있었다고는 하기 어려우나, 그 정도의, 혹은 그 이상의 능력을 가진 물리학자는 20세기에 얼마든지 있었다. 하지만 정말 중요한 문제가 무엇이고, 그것을 어떻게 해결해야 하는지 파악하는 능력에 있어서 아인슈타인 위에 놓을 수 있는 사람은 아무도 없다. 사실 1905년의 업적은 거의 전적으로 그의 물리학에 대한 직관에 의해 이루어졌다고 해도 좋을 정도다. 앞서 대학 시절에도 그랬고, 민코프스키의 특수상대성이론의 시공간 접근을 접했을 때도 그랬듯이 (물론 나중에는 받아들였지만), 아인슈타인은 수학보다는 물리학의 관점에서 문제를 대하고 해결하는 것을 선호했고, 너무 어려운 수학을 사용하는 걸 꺼렸다.

하지만 일반상대성이론을 구축하는 과정에서 아인슈타인은 수학의 커다란 도움을 받았다. 휘어지는 시공간이라는 생각을 구현하기 위해서는 리만기하학을 새로 배우고 적용해야 했던 것이다. 이 과정에서의 아인슈타인의 탐구 과정을 설명하면서, 미헬 얀센과 위르겐 렌은 취리히 노트에서의 아인슈타인의 연구 방법을 '물리학적 전략physical strategy'과 '수학적 전략mathematical strategy'이라는 말로 표현했다. 물리학적 전략이란, 방정식이 만족해야 할 물리학적 조건인, 에너지운동량보존과 중력장이 약할 때는 뉴턴 중력이론의 형태가 되도록 하는 등의 요구로부터 중력장 방정식을 구축하는 걸 의미하고, 수학적 전략이란, 수학적 원리 및 공준에 맞는 방정식을 먼저 찾은 다음에 그중에서 물리학에 사용할 수 있는 방정식을 고르는 방법을 말한다. 물론 두 가지 방법이 다 필요하지만, 1913년에 그로스만과 함께 「개요」 논문을 쓰면서 아인슈타인은 물리학적 전략에 주로 의지했다. 그 이유는 먼저 수학적 전략에 따라서, 일반적인 공변성을 가지는 방정식을 구했더니, 물리학의 조건을 만족하지 않는 것처럼 보였기 때문이다. 그래서 적절한 물리학적 요구에 따르는 방정식을 구해서 「개요」 논문을 쓰게 된 것이다.

이제 다시 앞으로 돌아가서, 아인슈타인은 당시에 내려놓았던 철저한 수학적 요구를 다시 받아들였다. 여기서 수학의 역할에 대해서는 아인슈타인 연구자들 사이에서도 의견의 차이가 있다. 존 노턴 같은 이는, 아인슈타인이 수학적인 원리를 따른 것이 성공의 핵심이라며, "아인슈타인은 의식적으로 미분학의 자연스러운 수학적 구조만을 따르는 걸 선택했고, 그러한 선택은 아인슈타인을 빠르게 최종 결과로 인도했다. 아인슈타인의 과학 인생에서 가장 기쁜 성취였다. 이렇게 빠르고 쉽게 일이 진전된 것은 아인슈타인에게 잊을 수 없는 경험이 되었다"라고 했다. 반면 미헬 얀센과 위르겐 렌은 "예전의 장방정식을 유도하는 데 들어갔던 물리적 추론을 조정함으로써, 아인슈타인은 수학적인 전략을 따라 유도되는 새로운 장방정식을 발견했다. 이렇게 물리적 고찰과 수학적 고찰이 정확히 결합하는 일이 취리히 노트북과 예전 이론에서는 아인슈타인을 비겨갔었다"라고 평가했다. 이런 부분은 너무 세부적인 일이기도 하고, 판단하기도 어려운 일이니 이 정도로만 이야기하고 넘어가도록 하자. 아무튼 노턴의 말대로 아인슈타인은 여기서 수학의 힘에 매우 깊은 감명을 받은 것은 분명하다.

    하지만 종착점에 도달하는 일은 그리 간단하지 않았다. 게다가 예상하지 못했던 문제가 나타나서 일은 더욱 복잡해졌다. 이제 그 불꽃 같은 아인슈타인의 1915년 11월로 가보자. 여기가 바로 존 스타첼이 말한 일반상대성이론 제3막이다.

2015년 11월

    1915년 11월 4일의 발표를 시작으로, 아카데미에서 발표할 원고를 준비하면서 아인슈타인은 자신의 이론을 완성해나갔다. 이 무렵 아인슈타인은 조머펠트로부터 편지를 받았는데, 거기에는 힐베르트가 자신의 이론에서 문제를 찾아냈다는 말이 쓰여 있었던 모양이다. 이 조머펠트의 편지는 남아 있지 않지만, 바로 다음에 힐베르트에게 보내는 편지에서 아인슈타인이 언급하고 있으며, 11월 28일자로 조머펠트에게 편지를 보내며 "친절하고 흥미로운 당신의 편지에 오늘에야 답하는 것에 언짢아하지 마시기 바랍니다. 지난 한 달 동안 내 인생에서 가장 자극이 넘치고 힘겨운, 그래도 가장 성공적인 시간을 보냈습니다. 편지를 쓸 생각을 할 수 없었습니다"라고 답을 하는 데서 편지의 존재를 짐작할 수 있다. 이 편지에서 새로운 문제가 시작되었다.

조머펠트의 편지를 받고, 아인슈타인은 힐베르트에게 자신이 11월 4일에 발표한 논문을 보내며 물어보았다. "중력장 방정식을 수정한 제 논문의 수정본을 보냅니다. … 조머펠트가 제게, 당신도 제 수프에서 머리카락을 발견했다고 알려 왔습니다. … 새로운 답에 대해서 알려주실 수 있습니까?"

힐베르트는 답을 한 모양이지만, 답장은 남아 있지 않다. 일주일 후인 11월 11일, 아인슈타인은 두 번째 논문을 발표하고 다시 힐베르트에게 편지를 했다. "문제에 그럭저럭 한 단계 더 진전이 있었습니다. 즉 $\sqrt{-g} = 1$이라는 공준으로부터 일반적인 공변성을 요구하는 게 가능합니다. 그러면 리만 텐서는 그대로 중력 방정식을 줍니다. 이번에 내가 수정한 (방정식을 바꾸지 않는) 식이 정당하다면, 중력은 물질의 구성에 근본적인 역할을 해야만 합니다."

힐베르트는 다음 날인 13일에 답장을 보내왔다.

> 사실 저는 당신의 위대한 문제에 대한 제 공리적 해답을 보여주기 전에, 먼저 물리학자를 위한 실제적인 적용, 즉 물리상수들 사이의 믿을 만한 관계를 생각하려고 했습니다. 하지만 당신이 그렇게 관심이 있으니 내 이론을 오는 화요일의 수학 모임에서 상세히 소개하고 싶습니다. 내 생각에 이 이론은 명료하지 않은 계산은 나타나지 않을 정도로 수학적으로 더할 나위 없이 멋지고 공리적 방법에 비추어 보아 절대적으로 감탄할 만합니다. 그러므로 사실성에 기초합니다. … 화요일에 오시는 게 어떻습니까. 여기에 3시나 5시 반

에 도착하실 수 있겠군요. 수학 모임은 강당 건물에서 6시에 시작합니다. 우리 집에 묵으신다면 아내와 나는 매우 기쁠 겁니다. 월요일에 오는 게 더 좋으시면, 물리학 콜로퀴엄은 물리학연구소에서 월요일 6시에 시작합니다.

그리고 추신에 이렇게 적고 있다. "내가 당신의 새로운 논문을 이해한 바에 따르면 당신 답은 제 것과 완전히 다릅니다. 특히 내 e_s는 반드시 전기 퍼텐셜을 포함하고 있습니다."

상황이 이상해졌다. 힐베르트가 자신보다 먼저 올바른 이론을 만들었다는 말인가? 하지만 아인슈타인은 괴팅겐까지 갈 상황은 아니었다. "당신의 연구가 엄청나게 궁금하군요. 중력과 전자기학 사이를 연결하는 다리를 건설하는 건 종종 제 두뇌를 괴롭히는 일이었기 때문입니다. … 그렇지만 지치기도 했고 위장도 아파서 괴팅겐에 가는 건 현재로선 무리입니다. 제 초조함을 달래도록 원고를 하나 보내주시겠습니까?"

세 번째 발표를 앞두고 아인슈타인은 중력장 방정식을 완성하기에 앞서, 자신의 이론을 가지고 이전에 베소와 함께 연구했던 수성 궤도의 세차운동을 다시 계산해보았다. 결과는 놀라웠다. 예전에 아인슈타인은 베소와 함께 「개요」 논문을 가지고 계산해서 100년에 18초라는 값을 얻었는데, 이 값은 관측된 43초보다 훨씬 작다. 그런데 이제 새로운 이론으로 계산했더니, 일반상대성이론의 효과가 놀랍게도 관측 결과와 같은 100년에 43초였다. 이론의 기본 원리와 완전히 무관한 곳에서 이론이 올바른 값을 주는 것이다. 아브라함 파이스는 이 발견이, 이때까지의 아인슈타인의 과학 인생에서 가장 강렬한 감정적 경험이었을 것이라고 믿는다고 말했다. 이로써 아인슈타인은 자신이 옳은 이론을 얻었다는 데 확신을 가질 수 있었다.

아인슈타인이 수성의 세차운동을 계산한 결과는 1915년 11월 18일 프로이센 아카데미의 세 번째 강연에서 발표되었으며, 11월 25일 자 프로이센 왕립과학아카데미에 출판되었다. 아인슈타인은 이 결과를 아카데미에 발표하기 전날에는 얻었던 듯하다. 발표 전날인 11월 17일에 베소에게 쓴 편지에서 이렇게 말하고 있기 때문이다.

> 이번 달에 내 연구는 대성공을 거뒀네. 일반적으로 공변인 중력 방정식. 정확히 설명된 근일점의 움직임. 물질의 구조에서 중력의 역할. 깜짝 놀랄 거야. 무시무시하게 집중해서 일했어. 그렇게 계속할 수 있었다는 게 신기해(미켈레 베소에게 보낸 1915년 11월 17일 자 편지, 강조는 원문).

아카데미에서 발표한 날인 18일에는 힐베르트에게도 편지를 썼다. 이 편지의 말미에 아인슈타인은 이렇게 썼다.

> 오늘 저는 아카데미에서 논문을 하나 발표할 텐데, 이 논문에서 저는 아무런 가정 없이 일반상대성이론으로부터 르베리에가 발견한 수성 근일점의 움직임을 정확히 유도했습니다. 어떤 중력이론도 지금까지 해내지 못한 일입니다(힐베르트에게 보낸 1915년 11월

18일 자 편지).

"어떤 중력이론도 지금까지 해내지 못한 일입니다"라는 말이 당당한 선언처럼 들린다.

그러면 수성 말고 다른 행성의 경우에는 어떨까? 아인슈타인의 계산에 따르면 세차운동의 관측값과 뉴턴 중력의 예측값의 차이는 금성의 경우 일반상대성이론의 효과가 100년에 8.6초이고, 지구의 경우에는 100년에 약 3.8초다. 이들 값은 수성의 경우보다 매우 작으므로, 예전에는 관측되지 않아서 문제가 되지 않았다. 최근의 관측 결과에 따르면 이 값은 금성의 경우 8.6247초이고, 지구는 3.8387초다(물론 일반상대성이론 계산도 지금은 더욱 정확하게 되어 있다). 이 역시 놀랍도록 일치한다.

한편 힐베르트는 편지에 쓴 대로 화요일인 16일에 괴팅겐에서 강연을 하고, 강연 내용을 아인슈타인에게 보냈다. 아인슈타인은 아카데미에서 세 번째 강연을 한 18일 이전에 힐베르트의 논문을 받아보았음에 틀림없다. 이 18일 자 힐베르트에게 보낸 편지에는 매우 민감하고도 놀라운 내용이 담겨 있기 때문이다. 우선 편지를 보자.

당신이 보내주신 식들은, 제가 보건대 지난 몇 주간 제가 발견해서 아카데미에 발표한 것과 정확하게 일치합니다. 어려움은 $g_{\mu\nu}$들에 대해 일반적으로 공변인 방정식을 찾는 데 있는 게 아니었습니다. 이건 리만 텐서의 도움으로 쉽게 얻습니다. 그보다는 이 방정식들

> 이 일반적임을, 즉 뉴턴 법칙의 단순하고 자연스러운 일반화인지를 알아내는 일이 힘들었습니다. 지난 몇 주간 애쓴 끝에 저는 성공했습니다(첫 번째 논문은 보내드렸습니다). 3년 전에 제 친구 그로스만과 함께 유일하게 가능한 일반적인 공변 방정식을 생각했었는데, 이제 그 식이 옳다는 걸 증명했습니다.

힐베르트가 아인슈타인의 결과를 똑같이 얻었다는 것이다! 그런데 아인슈타인은 이에 대해, 일반적인 공변성을 갖는 방정식을 찾는 건 어려운 일이 아니고, 자신도 이미 3년 전에 생각한 것이라고 말하고 있다. 이때 아인슈타인이 받아 본 힐베르트의 논문은 남아 있지 않다. 이 논문이 남아 있지 않다는 사실이 결국 문제가 된다.

아인슈타인의 편지에 대해, 힐베르트는 다음 날 우아한 답장을 보내왔다. "보내주신 엽서에 감사하고, 근일점 운동을 정복한 데 진심으로 축하를 드립니다. 내가 당신만큼 빨리 계산할 수 있었으면 내 방정식에서 전자는 항복을 해야 하고 동시에 수소 원자는 왜 복사를 내지 않는지 사죄의 문서를 내놓아야 할 겁니다." 그리고 다음 날인 11월 20일, 힐베르트는 괴팅겐 학회에 자신의 논문을 제출했다. 이 논문은 다음 해인 1916년 3월에 출판되었는데, 다음과 같이 첫머리에서 아인슈타인에게 공을 돌리며 시작한다. "아인슈타인은 심오한 생각과 독창적인 개념을 내놓았고, 이를 다루는 정교한 방법을 발명했다." 힐베르트는 이 논문에서 일반적인 공변성을 만족하는 중력장 방정식을 변분법으로 유도했다. 다음 해에 괴팅겐 학회지에 출판된 논문을 보면, 이 방정식은 아인슈타인이 제시한 것과 완전히 같다. 이 논문에는 아인슈타인의 아카데미 강연 논문 네 편을 모두 인용하고 있다.

아인슈타인은 네 번째 강연인 11월 25일의 강연에서 마침내 그의 중력장 방정식을 제시했다. 방금 말한 대로 이 방정식은 힐베르트의 논문에 있는 식과 완전히 같다. 아인슈타인은 이 강연을 출판할 때 힐베르트의 이름을 전혀 언급하지 않았다.

이렇게 일반상대성이론의 완성에 이르는 아인슈타인과 힐베르트의 불꽃 같은 1915년 11월을 따라가보았다. 아인슈타인은 10월까지 기존의「개요」논문의 문제점을 깨닫고,「개요」논문을 쓰기 전에 얻었던 일반적인 공변성을 가지는 방정식을 다시 꺼내들었다. 이 방정식을 면밀히 검토하면서 아인슈타인은 17일에는 수성 근일점의 세차운동을 정확하게 계산할 수 있었고, 마침내 일반적인 공변성이라는 수학적 요구를 유지하면서 물리적인 조건을 만족시키는 방정식에 도달해서 25일에 발표했다. 한편 힐베르트는 6월에 아인슈타인으로부터 중력을 휘어진 기하학으로 나타낸다는 일반상대성이론을 배우고, 그가 관심을 두고 연구하던 구스타프 미에의 전자기이론과 결합하는 방법을 연구하기 시작했다. 힐베르트 역시 11월 초에 중력장 방정식을 완성하고, 16일에 괴팅겐의 세미나에서 발표했으며, 20일에 논문을 학회지에 제출했다.

아인슈타인 대 힐베르트

물리학자들이나 과학사가들은 위와 같은 사실에 기반해서, 아인슈타인과 힐베르트가 각각 독립적으로 중력장 방정식에 도달했다고 보았다. 사실 거기에 도달한 길도 매우 다르다. 힐베르트는 작용량을 정의하고 변분법으로 운동방정식을 구해서 중력장 방정식을 유도했지만, 아인슈타인은 물리적 조건과 수학적 요구를 모두 만족하도록 방정식을 만들어 나갔다.

문제는 힐베르트가 방정식을 먼저 내놓았다는 데 있다. 힐베르트는 11월 16일, 늦어도 20일에 논문을 제출했고, 아인슈타인은 25일에 아카데미에서 발표를 했으므로 5일의 차이가 난다. 물론 이 정도 차이는 흔히 있는 일이고, 아인슈타인은 수성의 세차운동까지 계산을 했으므로, 이 정도면 두 사람이 모두 공적을 인정받는 데는 별문제가 없을 것이다. 만약 이 업적으로 노벨상을 준다면 두 사람에게 모두 줄 가능성이 높다는 말이다. 하지만 그래도 힐베르트가 논문을 먼저 내놓았다는 데에는 변함이 없다. 이름을 붙일 때에도 힐베르트의 이름이 앞에 올 수 있고, 노벨상을 힐베르트에게만 줄 수도 있다는 말이다(노벨상은 실감 나는 예를 들기 위해 내가 쓴 것이고, 아인슈타인이나 힐베르트가 정말로 노벨상을 의식했다는 말은 아니다).

아인슈타인은 분명 힐베르트가 앞서 논문을 제출했다는 사실을 불쾌하게 생각했다. 18일에 힐베르트에게 보낸 편지에 "어려움은 일반적으로 공변인 방정식을 찾는 데 있는 게 아니었습니다. 그보다는 이 방정식들이 뉴턴 법칙의 일반화인지를 알아내는 일이 힘들었습니다"라고 말하는 데서 그러한 심정이 느껴진다. 왜 아니겠는가. 자신이 만든 문제고, 8년을 붙잡고 있던 문제를 누군가가 가로채는 느낌이었을 테니 말이다. 아카데미의 발표를 끝내고 장거에게 보낸 편지에는 이런 생각이 더 분명히 표현되었다.

> 이론은 비할 데 없이 아름답네. 그런데 오직 한 친구만이 이 이론을 진정으로 이해하고 있고, 그가 이론을 솜씨 좋게 가로채려고 해. 개인적으로, 이 이론과 관련된 모든 것보다 더 인간의 비열함을 느낀 적은 없어. 하지만 그게 나를 괴롭히진 않네.

여기서 말한 '한 친구'가 힐베르트를 가리킨다는 데는 이론의 여지가 없다. 내용 중에 '가로챈다'는 말로 아인슈타인이 사용한 단어는 nostrifizieren인데 이 말은 자격증이나 학위를 인정받는 데에 쓰이는 말이니, '자기 것으로 하려고 한다'는 의미로 쓴 말이다. '가로챈다'는 말은 조금 강하게 번역해본 것이다.

사실 개인적인 불쾌함보다 더 심각한 문제가 있다. 앞에서 보았듯 힐베르트는 아인슈타인의 세 번째 강연이 있던 18일 이전에 아인슈타인에게 자신의 논문을 보냈다. 그런데 이때까지는 아인슈타인은 방정식을 완성하지 못하고 있었다. 그렇다면 아인슈타인은 힐베르트의 결과를 보고 방정식을 완성한 것이 아닌가? 물론 말했듯이 두 사람이 방정식을 얻은 방식이 다르기 때문에 이것을 표절이라고 말할 수는 없다. 하지만 답을 알고 찾는 것과 완전히 모르고 찾는 것은 하늘과 땅 차이다. 아인슈타인이 실제로 어쨌든 간에 다른 사람이 그렇게 생각할 여지가 있다는 말이다. 실제로 아인슈타인의 중요한 전기를 쓴 알브레호트 푈싱은 그가 쓴 아인슈타인의 전기에서 "힐베르트의 논문을 보고 아인슈타인이 자신의 방정식의 약점을 깨달았을 가능성을 완전히 배제할 수는 없다"라고 쓰고 있다. 물론 그다음에 "그렇지만 아인슈타인이 방정식을 얻은 과정은 그의 이전 연구의 논리적 연장선상에 있고, 힐베르트와는 완전히 다르므로, 그의 업적은 폄하될 수 없다"라고는 하고 있다.

상황의 미묘함을 실감하기 위해서 문제의 방정식을 살짝 보기로 하자. 리치텐서를 가지고 아인슈타인과 그로스만이 처음 생각한 방정식은 다음과 같다.

$$R_{\mu\nu} = \kappa T_{\mu\nu}$$

여기서 왼쪽의 $R_{\mu\nu}$는 앞 장에서 언급한 리치텐서로서, 계량텐서 $g_{\mu\nu}$로부터 얻어지는 양이며 공간의 휘어진 정도, 즉 중력을 나타내는 양이다. 오른쪽에서 κ는 적절한 상수고, $T_{\mu\nu}$는 에너지운동량텐서로, 말 그대로 어떤 물질의 에너지와 운동량의 밀도와 흐름을 일반적인 공간에서 나타낸 양이다. 아인슈타인은 이 식이 에너지운동량보존법칙이라는 물리적 조건을 만족하지 못한다고 생각해서 폐기하고, 「개요」 논문에는 중력장 방정식을 $\tau_{\mu\nu} = \kappa T_{\mu\nu}$로 썼다. 이때 중력을 나타내는 왼쪽의 $\tau_{\mu\nu}$는 역시 계량텐서 $g_{\mu\nu}$로부터 얻어지는 양이지만, 어떤 모양인지는 아직 모른다. 아인슈타인은 「개요」 논문에서 이 텐서를 물리적 조건으로부터 만들어가는데, 선형변환이라고 가정했다. 그 바람에 일반적인 비선형변환에 대해서는 공변성을 갖지 못한다.

11월 4일 아카데미에서 첫 발표를 하면서 아인슈타인은「개요」 논문의 $R_{\mu\nu} = \kappa T_{\mu\nu}$로 돌아간다. 자신의 잘못을 깨달은 것이다. 그리고 수성 근일점의 세차운동을 계산할 때도, 18일의 세 번째 발표까지도 이 식을 생각하고 있었다. 하지만 아인슈타인이 11월 25일에 제시한, 그리고 힐베르트의 논문에 나오는 최종적인 식은 다음과 같다.

$$R_{\mu\nu} - \tfrac{1}{4} g_{\mu\nu} R = \kappa T_{\mu\nu}$$

두 식을 비교하면 쉽게 알 수 있듯이, 좌변의 두 번째 항이 추가되었다. 바로 이 차이인 것이다. 그러므로 아인슈타인이 힐베르트의 논문에서 이런 형태를 보았다면 결정적인 힌트가 될 수 있었을 것이다(사실 아인슈타인의 논문에서는 좌변이 아니라 우변을 수정했지만, 그 경우도 이 식과 동등하다. 이 형태가 현재 보통 사용하는 식이다). 이런 상황이었으므로 사람에 따라서는 아인슈타인이 힐베르트로부터 영향을 받았다고 주장해도 이상하지 않다.

이러한 상황은 1996년, 당시 막스플랑크 과학사연구소의 연구원이던 칠레 출신의 과학사학자 레오 코리가 힐베르트의 논문의 교정쇄를 발견하면서 극적으로 바뀐다. 이 교정쇄는 출판된 논문과 마찬가지로 힐베르트가 1915년 11월 20일 제출했다고 쓰여 있으며, 인쇄 날짜는 12월 6일로 되어 있다. 그런데 놀랍게도 이 교정쇄의 내용이 최종적으로 출판된 내용과 상당히 달랐다.

지금까지의 아인슈타인에게 불리한 내용은, 18일에 아인슈타인이 받아본 논문이 힐베르트의 출판된 논문이라는 걸 전제로 하고 있다. 그런데 그 전제가 무너진 것이다. 이 교정쇄가 출판된 논문보다 아인슈타인이 11월 18일 즈음에 읽은 내용에 더 가까우리라는 건 당연하다. 코리는 이 교정쇄의 내용을, 아인슈타인의 가장 중요한 연구가들인 위르겐 렌과 존 스타첼과 공동으로 분석해서 발표했다. 이들의 분석에서 밝힌 바에 따르면 근본적으로 중요한 차이는 두 가지다. 하나는 교정쇄에서 힐베르트가 자신의 이론이 일반적으로 공변이 아니라고 말한다는 점이다. 실제로 힐베르트는 공변인 열 개의 방정식과 함께 네 개의 공변이 아닌 (즉 특별한 좌표계를 전제로 하는) 방정식을 더 쓰고 있다. 두 번째의, 더 중요한 차이는, 교정쇄에는 위의 중력장 방정식이 없다! 라그랑지안 함수만 주어져 있어서 변분법으로 계산을 해야 얻을 수 있다. 즉 아인슈타인이 힐베르트의 논문에서 새로운 항의 힌트를 얻었을 가능성은 별로 없다. 이에 대해 위의 저자들은 이렇게 말한다.

> 요약하자면, 처음에 힐베르트는 장방정식의 명시적인 형태를 제시하지 않았다. 아인슈타인이 자신의 장방정식을 발표하자 힐베르트는 계산이 필요 없다고 주장했으나, 최종적으로는 계산이 필요하다는 것을 인정했다. 이 일련의 과정을 종합해보면, 아인슈타인의 결과에 대한 지식이 힐베르트가 자신의 장방정식에 트레이스항을 도입하는 데 결정적인 역할을 했을 수 있음을 시사한다.

심지어 존 스타첼은 다른 강연에서 "실로 상황은 정반대다. 이제 의문은 힐베르트가 아인슈타인의 11월 25일 논문에서 영향을 받았는지다"라고까지 말한다. 사실 출판된 논문에는 아인슈타인의 아카데미 강연 논문들 네 편이 모두 인용되어 있으므로, 힐베르트가 출판된 버전을 손질하면서 아인슈타인의 논문을 참조한 건 분명하다. 하지만 교정쇄에도 라그랑지안 함수가 주어져 있으므로, 힐베르트가 나중에 추가 항을 넣은 건 아니다.

이상으로 중력장 방정식을 둘러싼 아인슈타인과 힐베르트 사이의 묘한 사건을 살펴보았다. 사실 위의 코리·렌·스타첼 논문으로 상황이 종결된 것은 아니고 여전히 논란이 더 있긴 하지만, 여기서 우리가 더 이상의 자세한 사정을 파고들 필요는 없겠다. 그 당시로 돌아가보면, 아인슈타인은 마음이 풀린 듯 12월 20일에 힐베르트에게 화해의 편지를 보냈다.

> 이 기회에 당신께 무언가를 말해야겠다고 느낍니다. 그렇게 하는 게 내게 더욱 중요합니다. 우리 사이에 나쁜 감정이 있었는데, 그 원인을 분석하고 싶지는 않습니다. 나는 그에 따르는 비통함의 감정과 싸워왔고 이제 완전히 해소했습니다. 이제 나는 당신을 다시 순수한 우정으로 생각할 수 있게 됐고, 당신께도 그렇게 해달라고 요청합니다. 이 초라한 세상에서 서로에게 구원이 되었던 두 친구가 서로에게 기쁨이 되지 못한다면 명백히 부끄러운 일입니다.

사건 전후에 두 사람 사이에 다른 서신이 더 오갔는지는 모르지만, 이 이후 두 사람은 다시 서로의 우정을 회복했다. 적어도 남아 있는 기록으로 보면 힐베르트는 아인슈타인의 우선권을 인정하는 데 인색하지 않았고, 기회가 있을 때마다 일반상대성이론을 아인슈타인의 업적으로 돌렸다. 스타첼은 위의 논문에서 이렇게 말했다. "힐베르트의 출판된 논문에, 이 논문이 (11월 20일에 제출된 원본이 아니라) 아마도 12월 6일 이후의 어느 날엔가 수정된 개정판이라는 말만 언급되어 있었어도 훗날 이 모든 우선권 논쟁은 피할 수 있었을 것이다." 아니, 애초에 아인슈타인이 11월 17일이나 18일에 받은 힐베르트의 논문을 보관하기만 했으면 모든 상황이 명쾌했을 것이다.

어떤 중력이론도 해내지 못한 일

일반상대성이론은 뉴턴의 중력이론을 이어받아 발전시킨 이론이 아니다. 일반상대성이론은 역학의 가장 기초적인 원리인 상대성을 형식적으로 일반화한다는 목표로부터 시작했으며, 시공간의 변화가 곧 중력이라는 대담한 가정을 도입해서 구축한 "새로운 시공간의 이론"이다. 즉 뉴턴의 중력이론과는 완전히 별개의 새로운 이론이며, 따라서 뉴턴의 중력이론은 완전히 일반상대성이론으로 대치된다.

물리학은 자연과학 중에서도 가장 강력한 과학hard science이다. 여기서 강력하다는 말의 의미는 주로 정량적으로 예측하고 검증된다는 면을 통해 얻어지는 엄밀성과, 모든 자연현상에 적용된다는 보편성을 말한다. 물리학 이론의 이러한 엄밀성과 보편성은 주로 수학과 결합해서 얻어졌다. 뉴턴의 역학과 중력 법칙이 이러한 엄밀성과 보편성을 잘 보여주는 예다. 새로운 물리학 이론이 기존의 이론을 대치하려면, 기존의 이론보다 더 엄밀하고 더 보편적이어야 한다. 그러려면 적어도 기존 이론만큼의 검증을 통과해야 한다. 즉 일반상대성이론은 최소한 뉴턴의 중력이론이 설명하는 자연현상은 모두 설명할 수 있어야 하고, 나아가서 뉴턴 이론이 설명하지 못하는 현상도 설명할 수 있어야 새로운 이론으로서의 가치가 있는 것이다. 그렇다면 다시 300년 동안 검증을 해야 할까? 물론 그럴 필요는 없다.

아인슈타인은 일반상대성이론을 검증하는 방법으로 세 가지의 실험을 제안했다. 수성 근일점의 세차운동 속력 보정, 태양에 의해서 휘어지는 빛 관측, 그리고 중력 적색편이의 관측, 이렇게 세 가지 현상이다. 수성 근일점의 세차운동과 태양에 의해서 빛이 휘어지는 현상은 앞에 나왔으므로, 여기서는 중력 적색편이를 간단히 소개해 보자. 우리가 보는 빛은 빨간색 쪽으로 갈수록 진동수가 낮고, 보라색 쪽으로 갈수록 진동수가 높으므로, 빛을 포함해서, 전자기파의 진동수가 낮아지는 걸로 보이는 현상을 일반적으로 적색편이$_{redshift}$라고 부른다. 적색편이는 여러 가지 이유로 일어날 수 있는데, 가장 쉽게 적색편이를 관찰할 수 있는 상황은 두 물체가 서로 멀어지는 경우다. 이 경우 상대편이 내는 빛이 진동수가 낮아지는 걸로 보이는데, 이를 빛의 도플러효과라고 부른다. 중력 적색편이는 중력이 원인이 되어 일어나는 적색편이다. 중력은 시간을 지연시키는 효과를 준다. 따라서 중력이 강한 곳에서 나오는 빛을 보면 시간은 지연되었는데 빛의 속력은 그대로이므로 진동수가 줄어든 것으로 보이는 것이다. 이 현상은 아인슈타인이 빛의 휘어짐을 논의한 1911년의 논문에 같이 나온다.

아인슈타인은 이중 첫 번째인 수성의 세차운동을 계산하고, 관측 결과와 뉴턴 이론과의 차이를 일반상대성이론으로 설명할 수 있음을 보임으로써 천문학의 오랜 문제를 해결했다. 아인슈타인이 힐베르트에게 말한 대로 "어떤 중력이론도 해내지 못한 일"이었다. 아인슈타인이 특히 강조한 것은 일반상대성이론의 결과는 우리가 적당히 조절할 수 있는 게 아니라는 점이었다. 즉 임의로 결괏값을 조정할 수 있는 선택의 여지는 거의 없고, 모든 결과는 필연적으로 도출된다. 따라서 실험이나 관측을 통해 얻은 결과가 상대성이론과 어긋난다면, 상대성이론은 물리학 이론으로서는 틀린 이론인 것이다. 이렇게 매우 강력한 검증이 가능하다는 면에서 상대성이론은 매우 '좋은' 과학 이론의 모범이 된다.

이론물리학자로서 아인슈타인에게는 '일반적으로 공변인 방정식'과 이를 통한 '수성 근일점의 움직임 설명'으로 충분했을지 모른다. 천문학자들에게도 수성 근일점의 설명은 충분히 감명 깊은 일이었던 모양이다. 하지만 모든 사람에게 그렇지는 않았다. 폰 라우에 같은 사람에게도 수성 근일점 문제는 "두 개의 숫자가 일치한 것뿐"이며 물리학의 토대를 바꿔놓을 만한 일이라고는 여겨지지 않았다. 무언가가 더 필요했다. 예를 들어 빛이 휘어진다는 것과 같은. 그래서 일반상대성이론을 증명하기 위한 거대한 모험이 이루어진다.

에딩턴

에딩턴Sir Arthur Stanley Eddington은 어려서부터 수학과 문학에 모두 뛰어난 학생이었다. 그는 맨체스터의 오웬스칼리지에서 물리학을 전공하고 우등으로 졸업했으며, 다시 케임브리지의 트리니티칼리지에서 장학금을 받고 공부했다. 1905년에 학위를 받은 에딩턴은 캐번디시연구소에서 일하다가, 1906년에 왕립 그리니치 천문대의 왕립천문학자의 수석 조수가 되어 천문학 분야에서 일하기 시작했다. 1907년에는 천문 데이터를 다루는 새로운 통계학적 방법을 개발해서, 수학 및 이론물리학 분야의 케임브리지 졸업생에게 주는 스미스상을 받았고, 상의 효과로 케임브리지의 트리니티칼리지의 펠로가 되었다. 1913년에는 전해에 사망한 조지 다윈의 후임으로 '천문학 및 실험철학의 플루미언 교수Plumian Professor of Astronomy and Experimental Philosophy'가 되었으며, 그해 로버트 볼이 사망하자 다음 해인 1914년에는 케임브리지 천문대의 소장이 되었다. 또한 그해 5월에는 왕립학회 회원으로도 선출되었다. 한마디로 에딩턴은 뛰어난 재능과 성실한 성품을 타고나서 자신의 능력을 충분히 발휘하고 있었고, 주위에서는 그를 인정하는 데 모자람이 없었으며, 운도 잘 따라주어서, 빛나는 경력을 쌓아 올리고 있던 젊은 학자였다.

에딩턴은 또한 탁월한 수학적 능력을 갖춘 물리학자였다. 케임브리지대학교는 연말에 트라이포스라고 부르는 수학 시험을 치르고 합격생을 공개하는 전통이 있다. 1909년까지는 학생 개개인의 성적까지 공개했지만 1910년 이후에는 합격생과 등급만을 알려주는 데, 현재 네 개의 등급이 있다. 합격한 학생을 랭글러wrangler라고 부르며, 1등을 시니어 랭글러, 2등을 세컨드 랭글러라고 부른다. 현재는 성적을 공개하지 않으므로 공식적으로는 시니어 랭글러란 존재하지 않지만, 시니어 랭글러에게는 비공식적으로 티를 내서 알려준다고 한다. 전통을 만들고 유지하는 데 뛰어난 영국인답게, 랭글러는 공식적인 제도는 아니지만 수상자에게는 상당한 영예가 되는 일이라서, 케임브리지 출신의 유명인들을 소개할 때 종종 랭글러라는 타이틀을 언급한다. 예를 들어 물리학자로는 제임스 맥스웰, 전자를 발견한 업적으로 노벨상을 받은 J. J. 톰슨, 절대온도의 단위에 이름을 남긴 켈빈 경 등이 세컨드 랭글러 출신이다. 한동안 영국 주요 대학의 수학 교수는 대부분이 상위 등급 랭글러였다고 한다. 전통이라는 게 흔히 그렇듯 명과 실이 반드시 상부하는 것은 아니어서 트라이포스가 반드시 최고로 뛰어난 수학적 두뇌를 선발하는 시험인 것은 아니지만, 어쨌든 랭글러가 되었다는 사실은 해당 학생이 수학에 뛰어나다는 하나의 추천서라고 볼 수 있다. 에딩턴은 1904년의 시니어 랭글러였는데, 역사상 최초로 2학년인 시니어 랭글러였다. 같은 의미라고는 할 수 없지만, 굳이 비유하자면 최초로 고교 2학년이 대입 수석을 했다는 느낌과 비슷하다. 이럴 정도로 에딩턴은 수학적 능력이 뛰어났으며, 또한 랭글러를 여럿 배출한 허먼의 지도를 받고 그가 매년 진행하던 미분기하학 수업을 들었다. 흔치 않게도, 곧바로 일반상대성이론을 이해할 수 있는 수학적 배경을 갖춘 물리학자였던 것이다.

    전쟁은 전쟁 발발 후에 세상에 등장한 일반상대성이론이 독일 바깥으로 알려지는 걸 어렵게 했다. 학술지의 교류도 중단되었다. 적국인 독일의 학술지에 독일어로 발표된 아인슈타인의 논문을 읽어본 사람이 1916년의 영국에 한 사람도 없다고 해도 이상한 일은 아니었다. 사실 과학자들이 연구에 종사하고 있을 수 있다는 것만 해도 다행이라고 해야 했다. 이미 많은 과학자가 징집되어 전장에 나갔고, 엑스선분광학에 탁월한 업적을 내고 있던 헨리 모즐리 같은 이는 시신이 되어 돌아왔다. 에딩턴은 케임브리지대학교의 보호로 징집 면제를 받아서 남아 있었다. 천문대를 유지하기 위해서 그가 필요하기도 했고, 퀘이커 교도인 그가 병역 거부를 공개적으로 신청하지 않도록 대학이 미리 손을 쓴 셈이기도 했다. 그래도 인간의 문명은 어떻게든 확산해나간다. 중립국인 네덜란드가 통로가 되어주었다.

빌럼 더시터르Willem de Sitter는 흐로닝언대학교에서 수학을 공부한 후 흐로닝언 천문학연구소와 남아프리카공화국의 케이프 천문대에서 일했다. 더시터르는 1908년 레이든대학교의 천문학과의 장이 되었고, 1919년부터는 레이든 천문대 소장도 맡아서 평생 유지했다. 1915년에서 1916년으로 넘어갈 무렵, 아인슈타인이 레이든대학교에 로렌츠와 에렌페스트를 찾아가서 일반상대성이론을 열심히 토론할 때 천문학자인 더시터르도 자연스럽게 그들과 합류하게 되었다. 더시터르는 훗날 일반상대성이론을 기반으로 하는 중요한 우주론 모형을 만드는 등 일반상대성이론과 우주론에 중요한 기여를 한다.

더시터르는 1916년 레이든 천문대 소장으로서 케임브리지 천문대 소장인 에딩턴과 교류하며 상대성이론을 소개했다. 에딩턴의 권유로 더시터르는 왕립천문학회의 '월간 공지Monthly Notices'에 일반상대성이론을 설명하는 논문을 연재했다. 드디어 포연 건너편으로부터 영국에도 상대성이론이 전달된 것이다.

 일반상대성이론은 텐서와 비유클리드기하학이라는, 이론물리학자에게도 친숙하지 않은 수학적 기법을 사용하기 때문에, 훌륭한 물리학자라 하더라도 처음 접하면 이해하기가 쉽지 않다. 아인슈타인도 수학자인 친구 그로스만의 도움을 받았으며, 오히려 괴팅겐에서 수학자들로부터 쉽게 찬사를 받았음을 기억하자. 하지만 위와 같이 수학적 배경을 갖추었기 때문에, 에딩턴은 일반상대성이론을 접했을 때, 도와주는 사람 없이도 비교적 큰 어려움 없이 이론을 이해할 수 있었고, 이론 자체에 매료되었으며, 천문학자로서 이론이 의미하는 바의 중요성도 깊이 이해했다. 상대성이론은 완전히 새롭고 참신한 생각이면서, 물리학의 가장 깊은 곳에 있는 원리와 정합적으로 관계지어지는, 철학적으로도 매력적인 이론이었다. 더구나 그렇게 심오하고 추상적으로 보이는 이론임에도 아주 구체적인 문제에 대해 새로운 예측을 내놓았으므로, 관측을 통해서 직접 증명할 수도 있었다.

 일반상대성이론이 수성 문제를 해결한다는 사실도 훌륭한 부분이었다. 하지만 이걸로는 충분하지 않다는 것도 역시 사실이었다. 우선 문제가 너무 어려웠다. 이 분야를 잘 아는 사람이라면 충분히 감명 깊게 받아들이겠지만, 그렇지 않은 사람들이라면 그렇게 작은 숫자를 설명하는 일이 뭐가 그리 대단한가 하고 충분히 생각할 수 있다. 또한 이 문제는 원래 아인슈타인의 문제가 아니었다. 즉 아인슈타인은 수성 문제를 예측한 게 아니라, 이미 43초라는 답을 알고 있던 기존의 문제를 사후에 설명한 것이다. 역시 새로운 이론을 검증하려면, 누구나 이해할 만한 개념을 설명할 수 있으면서도 새로운 예측을 보여줄 수 있어야 한다. 바로 빛의 휘어짐을 관측하는 일이다. 그리고 그러려면 개기일식을 관측해야 한다.

전쟁과 상대성이론

1917년이 시작될 때, 유럽은 여전히 똑같은 모습으로 전쟁 중이었다. 벨기에의 니우포르트에서 프라이부르크 근처의 스위스 국경까지 약 700킬로미터에 달하는 참호로 이루어진 서부전선과 발트해에서 흑해까지 이어진 동부전선의 고착 상태는 언제 끝날지 기약이 없는 상태로 이어지고 있었다. 참호를 따라서, 참호선 양쪽으로 약 3킬로미터가량은 풀도 나무도 사라져서 불모의 땅이 되었고, 그 뒤로 다시 수 킬로미터의 건물들의 폐허가 이어지는, 기나긴 폐허의 선이 생겨났다. 이런 폐허의 선이 수백 킬로미터나 이어져 있는 것이다. 사실 곧 여러 변화가 생길 것이었다. 독일은 곧 무제한 U보트 공격을 시작하게 되고, 그로 인해 4월에는 마침내 미국이 참전하게 된다. 그리고 11월에는 러시아에서 혁명이 일어나서 차르가 물러나고 제국이 붕괴할 것이었다. 이러한 변화로 인해 1917년 이후 전쟁의 양상이 크게 바뀐다. 하지만 1917년의 전장은 끝도 없이 지루하고, 매 순간이 고통스러웠다.

전장에서의 상황만큼은 아니겠지만, 후방에서의 삶도 처절해지고 있었다. 1917년을 맞는 독일의 겨울은 매우 혹독했다. 작황은 매우 좋지 않았고, 해상 봉쇄로 식량의 수입도 크게 줄었다. 하지만 전쟁은 계속되어야 했으므로, 그나마 부족한 식량도 군대에 우선적으로 보급되었다. 식량문제로 곳곳에서 폭동이 일어났고, 영양부족으로 사망률도 크게 올랐다. 베를린도 예외가 아니었고, 사회적 지위가 높은 교수라 할지라도 마찬가지였다.

아인슈타인은 1917년 초부터 아팠다. 위장병이었다. 여러 차례 병원을 찾았으나 뚜렷한 병명을 진단받지는 못했다. 그저 기진맥진해서 침대에 누워 있어야 했고, 식사를 조심해야 했다. 병의 원인을 일반상대성이론과의 기나긴 고투가 끝나서 긴장이 풀린 탓이라고 해석하는 전기작가도 있지만, 무엇보다 전쟁으로 식량 사정이 나빠진 독일에서, 혼자 살면서 불규칙하고 부실한 식사를 계속했다는 것이 중요한 원인일 것이다. 의사는 적절한 식사를 할 것을 당부했으나, 전쟁 중의 독일에서는 가능한 일이 아니었다. 아인슈타인은 스위스의 친구들에게 식품을 좀 보내달라고 부탁했고, 의사인 장거가 적절한 식료품을 보내주었다. 하지만 혼자 살면서 불규칙한 식사를 하는 그의 상태는 좋아지지 않았고, 체중이 20킬로그램 이상이나 줄었다.

엘자는 도저히 안 되겠다고 생각했던지, 자신이 사는 건물에 방을 추가로 임대해서 아인슈타인이 이사해오도록 했다. 그의 식사를 비롯한 생활을 돌봐주기 위해서였다. 아인슈타인은 여름에 이사했다. 쉰베르크 지구의 하버란트가 5번지가 새로운 집의 주소였다. 아인슈타인은 이곳에서 베를린의 나머지 기간을 보내게 된다. 엘자는 주부로서 역할에 아주 만족했으며, 전쟁 중에도 필요한 식료품을 구해올 만큼 수완도 있었다. 엘자의 보살핌 아래 아인슈타인은 그럭저럭 몸을 추스릴 수 있었다. 그러나 그 후로도 상당 기간 아인슈타인은 툭하면 아팠고, 위장병은 거의 평생 그를 괴롭혔다.

1917년 10월에 마침내 카이저빌헬름연구소가 공식적으로 문을 열었다. 플랑크가 처음에 약속한 세 가지 자리, 베를린대학교의 교수, 프로이센 아카데미의 회원, 그리고 카이저빌헬름 물리학연구소의 소장이라는 자리가 이제 다 만족이 된 것이다. 아인슈타인은 첫 전임 연구원으로서 그의 이론을 위해 애쓰고 있는 프로인틀리히를 고용했다. 몇 년 뒤에는 그의 친구인 막스 폰 라우에가 부소장이 되어 그를 돕게 된다.

에딩턴은 상대성이론을 이해할수록 더 깊이 매료되었다. 완전히 다른 방식으로 물리학을 바라보는 진정 새로운 이론, 사실 물리학자의 평생에 이런 이론을 만나 볼 기회란 그리 흔하지 않다. 이 이론을 자기 손으로 검증할 기회가 온다면 그런 행운을 놓치고 싶지 않았다. 게다가 마침 그런 기회가 눈앞에 있었다. 개기일식이 1919년 5월 29일로 예측된 것이다.

1919년의 일식이 특히 좋은 기회인 이유는, 마침 일식 시간에 태양의 위치가, 잘 알려진 히아데스성단 앞에 있게 되기 때문이다. 앞에서 설명한 대로, 우리가 빛의 휘어짐을 관찰한다고 할 때 휘어짐의 정도는 태양과 가까울수록 크다. 따라서 관측하기 좋은 밝은 별들이, 그 시간에 가능한 한 태양 가까이에 있어야 했다. 바로 이번 일식에서 히아데스성단이 그런 위치에 있는 것이다. 히아데스성단은 태양에서 약 153광년 떨어져서 위치한, 가장 가까운 산개성단이며 가장 많이 연구된 성단 중 하나이다. 이 성단은 거의 같은 근원에서 생성된 수백 개의 별들이 구형으로 모여 있는 성단으로, 황소자리에 위치한다. 또한 개기일식을 관찰할 수 있는 곳이 아프리카와 남미였다. 적어도 바다 위나 지금 전쟁 중인 지역이 아니라서 어쨌든 관측은 가능한 지역이었다. 다만 문제점은 개기일식이 일어나는 1919년까지 전쟁이 끝날지 알 수 없어서, 과연 일식 원정대를 보낼 수 있을지 알 수 없다는 점이었다.

에딩턴은 11월 10일 일식 관측을 주관하는 공동 상설 일식위원회Joint Permanent Eclipse Committee, JPEC의 회의에 참가해서 왕립천문학자이자 위원장인 프랭크 다이슨에게 1919년 일식을 관측하기 위한 원정대를 조직할 것을 제안했다. 그러기 위해서는 우선 일반상대성이론을 설명해야 했다. 다이슨은 왕립천문학자였지만 아직 일반상대성이론에 대해서는 들어본 적이 없었기 때문이다. 다이슨 뿐 아니라 과학계 전반 및 일식 원정에 영향을 미칠 수 있는 모든 사람에게, 에딩턴은 일반상대성이론이 왜 중요하고, 얼마나 중요한지를 이해시켜야만 했다. 앞에서 보았듯, 그리고 에딩턴 자신이 경험했듯이 개기일식의 관측은 실패할 가능성이 상존하는 모험이었기 때문이다. 영향력과 결정권이 있는 사람들에게, 전쟁이라는 어려운 상황을 무릅쓰고 이렇게 리스크가 있는 과제를 수행해야 한다고 설득하기 위한 논거로는, 일반상대성이론이 그만큼 중요하다는 걸 보여주는 길밖에 없었다.

1918년 2월 1일 에딩턴은 왕립학회에서 상대성이론에 관한 강연을 했다. 왕립학회의 대중 강연은 말 그대로 모든 직업과 교육 수준을 아우르는 일반 대중을 위한 강연이다. 당시 영국에는 일반상대성이론은커녕, 특수상대성이론도 그다지 알려져 있지 않았다. 심지어 물리학자에게조차 그랬다. 그래서 에딩턴의 강연은 시간과 공간, 질량과 에너지가 뉴턴과는 전혀 다른 의미를 가지는 새로운 물리학을 설명하는 것이었다. 특히 에딩턴은 강연 말미에, 아인슈타인의 이론을 테스트할 수 있는 방법을 설명하고, 그 자신이 다음 해에 그 실험을 수행할 수 있다고 강조했다. "빛의 속도가 엄청나게 빠르기 때문에, 태양만이 우리가 관측할 만한 효과를 줄 수 있습니다. 별빛이 태양 근처에서 살짝 비끼게 됩니다. 이러한 현상은 내년에 밝은 별들 속에 있는 태양에 개기일식이 일어날 때 검증될 수 있습니다."

에딩턴의 강연은 크게 인기를 끌었고, 여기에 힘입어 에딩턴은 이 강연을 기초로, 논문이라기보다 소책자에 가까운 「중력의 상대성이론에 대한 보고서Report on the Relativity of Gravitation」를 발표했다. 영어로 상대성이론을 소개하는 최초의 문헌이었다. 이것은 아인슈타인의 논문을 번역하거나 단순히 소개한 것이라기보다 에딩턴이 이해하고 재구성한 상대성이론이었다. 에딩턴의 강연과 논문은 대성공을 거두었다. 상대성이론이 비로소 영국에 상륙한 것이다.

러시아의 차르 정부가 무너짐에 따라 1917년 말에는 러시아가 사실상 전쟁을 중지한 상태가 되었고, 해가 바뀌는 시점에 독일군은 동부전선의 병력을 서부전선으로 이동시켰다. 그리하여 1918년 독일군의 서부전선 대공세가 이루어지자, 연합국 측은 병력 문제가 심각해졌다. 영국 역시 마찬가지여서, 추가로 신병 모집이 필요하다는 여론이 일었다. 이에 따라 영국 정부는 직업 관련 면제를 취소하기로 하고, 한편으로는 입대 나이를 51세로 올렸다. 에딩턴은 천문대에서의 연구를 위해 면제를 받았으므로, 이는 직업 관련 면제의 범주에 들었다. 그래서 에딩턴의 면제 처분은 1918년 4월 30일에 종료될 것이라고 통보되었다. 대학은 일단 천문대의 조수 두 사람이 전사한 것을 이유로 에딩턴의 병역면제를 다시 요청했다. 병역 심사국은 이를 받아들여 에딩턴의 징병을 3개월 더 유예했다. 그러자 이번에는 전쟁부 측에서 항소했다. 항소 심사 청문회는 6월 14일에 열렸다.

에딩턴은 이제 퀘이커 교도로서 양심적병역거부를 선언하기로 마음먹었다. 원래부터 마음속에 가지고 있던 생각이었고, 동료 퀘이커 교도들이 고난을 받는 데 대한 미안함도 작용했다. 정부가 직업에 의한 병역면제는 없앴지만, 양심적병역거부는 인정하고 있었기에 확실하게 병역을 면하기 위해서라고 할 수도 있다. 하지만 후자가 주된 이유는 아니었을 것이다. 양심적병역거부자는 종종 박해를 받았고, 전투 임무를 맡지는 않았지만 비전투 병과에서 일하거나, 매우 힘들고 보통 천하게 여겨지는 일을 해야 하는 경우도 흔했기 때문이다.

에딩턴은 14일의 청문회에서 본인이 양심적병역거부자임을 선언하고, 27일의 청문회에서는 평화주의에 대한 성명을 발표했다.

"제가 전쟁에 반대하는 것은 종교적 배경에 근거합니다. 저는 하느님께서 제게 나가서 사람들을 학살하라고 명령하신다고 믿지 않습니다." 하지만 병역 심사국은 에딩턴의 주장을 일축했다. 그는 이미 직업적 문제로 면제를 받았으므로, 종교적 이유는 고려할 수 없다고 했다. 그 바람에 일이 더욱 복잡해졌다. 결국 문제를 해결해준 것은 다이슨이었다. 7월에 다시 열린 청문회에서 다이슨은 서면 진술에서 왕립천문학자로서의 권위와, 아마도 존재했을 해군성을 통한 청탁과, 애국심과 호소력 있는 명분을 통해 심사위원들을 설득했다. 그 명분은 바로 에딩턴이 제안한, 다음 해 5월에 있을 개기일식이었다. 다이슨은 이 일식을 관측하는 일이 이례적으로 중요하며, 에딩턴은 이 일식을 관측할 만한 매우 드문 사람이므로 병역을 면제해줄 것을 요청했다. 심사국은 이 주장에 관심을 가졌다. 이 일식을 관측하는 일이 얼마나 중요한지를 논의한 끝에, 심사국은 에딩턴이 1919년의 일식을 관측할 수 있도록 12개월간의 면제를 허락했다.

청문회가 진행되던 시기에, 독일의 공세가 주춤해졌다. 전투에서 입은 손실은 양측이 마찬가지였지만 독일군은 사상자를 대체할 수 없는 반면, 연합군 측에는 한 달에 25만 명의 미군이 추가로 투입되고 있었다. 거기에 더해 스페인독감이 유행하면서 약 50만 명의 독일군이 쓰러져버렸다. 보급이 부족한 독일군은 영양 상태가 나빠서 독감에 훨씬 더 취약했기 때문이다. 1918년 7월 15일 독일군의 루덴도르프 장군은 전 병력을 동원해서 파리를 향해 공격을 시도했지만, 프랑스군과 연합군의 반격으로 사흘 만에 도로 후퇴해야 했다.

8월에 접어들자 전황은 분명해졌다. 독일의 서부전선이 무너지고 있었다. 9월에는 동맹국 불가리아가 영국과 휴전협정을 체결했고, 10월이 되자 독일군의 방어선인 힌덴부르크 선도 무너지기 시작했다. 동맹국인 오스만제국과 오스트리아·헝가리제국도 차례로 연합국과 정전협정을 맺었다. 11월 초 독일의 킬 군항에서 해군이 폭동을 일으키며 독일에 혁명이 시작되었다. 카이저는 벨기에로 피신했다가 퇴위하고 네덜란드에 머물렀으며, 독일의 지방 군주들도 자리를 내놓았다. 이로써 독일제국은 무너지고, 공화국이 선포되었다. 공화국 정부는 곧 휴전협정에 조인했다. 전쟁이 끝났다.

에딩턴은 더 이상 징집을 염려할 필요 없이 상대론과 일식에 집중할 수 있게 되었다.

이혼과 결혼

이 장에서는 일반상대성이론에 집중하기 위해서, 밀레바와 아이들이 취리히로 돌아간 후 벌어진 가족 간의 이야기는 별로 하지 않았다. 하지만 당연하게도 가족의 문제는 언제나 아인슈타인의 삶의 커다란 부분을 차지하고 있었다. 아들 한스 알베르트와는 끊임없이 편지를 주고받았고, 아들로부터 편지가 뜸해지면 조바심을 냈다. 심지어 그 긴박했던 1915년 11월에도 한스 알베르트와 주고받은 편지가 네 통이나 남아 있다. 힐베르트와 만큼이나 아들과도 편지를 주고받은 셈이다. 편지의 내용은, 한스 알베르트가 피아노를 배운다는 걸 기뻐하고, 자신이 스위스에 가서 만나자는 약속을 잡는 등 어디까지나 아버지다운 편지들이다. 밀레바와도 편지를 한 통씩 주고받았다. 밀레바와의 편지 내용은 돈 문제, 그리고 아이들에 관한 내용들이다.

아인슈타인은 밀레바와 다시 함께 살게 된다는 생각은 조금도 하지 않았다. 하지만 이혼할 생각도 없었다. 아이들과의 관계가 어떻게 될지 모르기 때문이다. 사실 엘자와 결혼하겠다는 생각도 그다지 없었다. 그저 이대로 친밀하게 지내면 충분하다는 생각이었다. 1915년 11월에 장거에게 보낸 편지에서 그는 "나에게 결혼을 강요하는 것은 사촌의 부모이고 … 허영심 때문이다. … 무엇보다 아이들에게 큰 충격이 될 수도 있다"라고 쓰고 있다. 장거와 베소도 이혼을 말리고 있었다. 베소는 아이들 및 밀레바와의 관계를 중재하면서 "자네가 밀레바를 이해하는 것보다 밀레바가 자네를 이해하는 게 더 어렵네. 항상 어려웠을 거야. 천재의 아내로서 역할은 절대 쉽지 않아"라고 아인슈타인의 이해를 구했다.

베를린에서 취리히로 돌아온 직후 밀레바와 아이들은 일단 반호프가 59번지의 하숙집에서 지냈다. 당시 열 살이던 한스 알베르트는 이 시기를 그의 인생에서 가장 어두웠던 시간으로 기억한다. 왜 아니겠는가. 아버지로부터 버림받은 느낌이었을 테고, 돈은 없고, 취리히에 달리 기댈 곳이 있는 것도 아니었으니. 아마 밀레바도 처음에는 자신의 상황을 잘 이해하기 어려웠을 것이다. 10월에 아인슈타인으로부터 돈이 오자, 밀레바는 겨우 취리히대학교 북쪽의 볼타가에 아파트를 얻었다. 아인슈타인에게 받는 돈만으로는 부족해서 밀레바는 음악과 수학 개인교습을 시작했다. 후르비치 가족과의 교류도 다시 시작했다.

하지만 일반상대성이론이 일단 마무리된 1916년 초, 아인슈타인은 드디어 정식으로 이혼 이야기를 꺼냈다. 2월 6일 자 편지에서 그는, "현재의 시험적인 별거를 이혼으로 바꿀 것을 제안한다"라고 말하며, 그래야 "나머지 우리 인생을 상황이 허락하는 한 독립적으로 꾸려나갈 수 있다"라고 한다. 밀레바가 동의한다면 그녀가 만족할 만하게 세부 사항을 정할 것이며, 아이들을 위해 충분히 저축해놓는 게 자신의 제일가는 의무라고 하고, 지난 1년 반 동안 8000마르크를 저축했다고 했다. 하지만 이것이 아인슈타인 본인의 심경 변화라기보다는, 아마도 엘자와 친척들의 압력이 계속되었던 것이 아닐까 싶다. 3월 12일의 편지에서 좀 어이없는 이유를 대고 있기 때문이다.

> 당신으로부터 편지를 받지 못했소. … 당신은 걱정할 필요 없소. 당신에게는 그저 형식적인 일일 뿐이지만 내게는 꼭 필요한 의무요. 내 입장에서 한번 생각해봐요. 엘자에게는 두 딸이 있고 큰애가 18세라서 결혼할 나이가 되었소. 자기 어머니와 나와의 관계로 소문이 나면 이 아이가 괴로움을 받을 게 틀림없소. 이 점을 고려하면 형식적이라도 (나와 엘자가) 결혼을 할 수밖에 없소.

과연 이것이 이혼을 요구하면서 할 말인가 싶은데, 시대와 사회적 분위기를 실감할 수 없으니 더 이상의 판단은 내리지 않겠다. 물론 같은 편지에서 이 말에 덧붙여 아인슈타인은 구체적인 조건도 제시하고 있다.

1) 당신이 쓸 돈 매년 5600마르크
2) 프라하에서 번 돈 600마르크를 아이들을 위해 우리 둘이 동의하는 곳에 예치
3) 최소한 매년 3000마르크를 이전에 계획한 자금으로 예치

아인슈타인이 베를린에 올 때 연봉이 1만 2000마르크였으므로, 밀레바의 생활비로 5600마르크, 아이들의 장래를 위해 3000마르크라면 아인슈타인으로서는 최선을 다하고 있다고 볼 수 있다. 실제로 그는 "나 자신을 위해서는 소박한 밀짚 침대만 남긴 것으로, 내게 아이들의 행복이 이 세상 그 무엇보다 더 중요하다는 걸 증명하고 있다"라고 말하고, "우리의 이혼은 나와 아이들의 관계와는 전혀 아무 관련이 없다"라고 덧붙인다.

아인슈타인은 또한 이러한 내용을 덧붙였다.

4) 내가 죽을 경우, 집은 당신이 받도록 권리를 주장할 수 있다.
5) 재혼을 하더라도 위의 재산은 별도로 관리될 것이며 당신에게 손해가 가지 않도록 한다.

하지만 밀레바는 이혼할 생각이 조금도 없었고, 자신의 유일한 무기, 혹은 방패인 아이들을 내세워 아인슈타인을 상대했다. 밀레

바로서는 그럴 수밖에 없었을 것이다.

 4월 초 부활절 휴가 때, 아인슈타인은 취리히에 가서 장거의 집에서 아들들을 만났다. 이 만남은 즐거웠고 아이들도 아버지에게 다정하게 굴었다. 큰아들을 데리고는 루체른 근방으로 여행을 다녀오기도 했다. 밀레바에게도 아이들을 잘 키워주어서 고맙다고 편지를 했다. 하지만 다시 편지로 이혼에 대해서 묻고, 밀레바와 직접 만나는 것은 거부했다. 얼마 후에는 한스 알베르트와도 다툼을 했다. 상황은 곧 나빠졌다. 결국 별다른 진전 없이 아인슈타인은 베를린으로 돌아가야 했다.

 아인슈타인이 돌아간 후 밀레바의 상태는 더욱 나빠져서, 그해 여름에는 몇 차례 심장발작을 일으키고 병원에 입원해야 했다. 아이들은 베소 부부가 맡았다가, 로잔에 살고 있던 헬레나 부부에게로 보내졌다. 밀레바의 병에 대해서 어머니 파울리네는 꾀병일 거라고 매몰찬 모습을 보였고, 아인슈타인도 '심리적인 문제일 것'이라며 대수롭지 않게 여겼으나, 장거는 밀레바를 진찰하고 나서 뇌결핵일 수도 있다고 했다. 그 바람에 아인슈타인은 최악의 경우까지 고려해보게 되었다. 하지만 장거의 진단도 옳지 않았는지, 밀레바는 서서히 회복했다. 이런 여러 상황을 겪으며 아인슈타인은 이혼 생각을 내려놓고, 적어도 당분간은 생각하지 않기로 했다. 아인슈타인이 밀레바와의 삶을 어떻게 생각하는지는 이즈음에 헬레나에게 보낸 편지에 잘 드러나 있다.

> 미자와의 별거는 내게 삶과 죽음의 문제였습니다. 우리가 함께 사

는 것은 불가능해졌고, 왜인지 말하지는 못하겠지만, 정말로 (나를) 우울하게 했습니다. 그래서 나는 아이들과 떨어지는 쪽을 택했습니다. 아직 사랑하고 있는 아이들을. 우리가 떨어져 사는 2년 동안 아이들을 두 번 보았습니다. … 그녀는 지금도, 그리고 항상 언제까지나 내게 잘라낸 팔다리로 남을 것입니다. 다시는 그녀를 가까이하지 않을 것이며, 그녀와 멀리 떨어진 곳에서 인생을 마칠 것입니다. 절대적으로 그래야 한다고 느낍니다.

1917년을 병과 함께 보내고 나서, 아인슈타인의 건강은 엘자가 식사를 돌봐주면서 차츰 좋아졌지만, 엘자와 같은 건물에 살게 되자 부부의 문제를 더 이상 막연한 별거 상태로 놓아두기가 어렵게 되었다. 마침내 아인슈타인은 이혼 문제를 마무리 짓기로 마음먹고, 1918년 초 밀레바와 이혼에 대해서 다시 논의하기 시작했다.

1918년 1월 31일의 편지에서, 아인슈타인은 돈 문제에 대해 더욱 양보했다. 당시 아인슈타인은 밀레바에게 생활비로 매년 6000마르크를 보내고 있었는데, 이를 9000마르크로 올리겠다고 하고, 아이들의 미래를 위해 매년 2000마르크를 예치하겠다고 했다. 이 시기에 아인슈타인의 연봉은 세후 1만 3000마르크 정도였다고 하니, 이 정도면 재정적으로는 아인슈타인이 최선을 다했다고 할 만하다. 하지만 당시 독일 마르크는 전쟁의 여파로 약세를 면치 못했기 때문에, 스위스에 있는 밀레바에게는 이러한 아인슈타인의 제안이 넉넉하게 느껴지지 않았다. 그래서인지 몰라도, 여기에 더해 아인슈타인은 새롭고 특별한 제안을 추가했다. 이혼을 한 뒤에 그가 노벨상을 받게 되면, 노벨상 상금 전액을 밀레바에게 주겠다는 제안이었다. 상금 액수를 떠나서, 보통 사람이라면 의미도 없을 대단히 파격적인 제안이었다. 아인슈타인이기 때문에 할 수 있었던 제안이라고 하겠다. 밀레바와 아인슈타인 양측이 모두, 아인슈타인이 노벨상을 받을 가능성을 충분히 긍정적으로 보고 있을 때만 의미가 있는 제안이기 때문이다. 상금으로 보아도 노벨상의 상금은 1918년 당시 약 22만 마르크에 달했으므로, 충분히 큰 액수였다. 또한 노벨상은 스웨덴 크로나로 지급되므로 독일 마르크의 가치가 하락해도 문제가 없다.

밀레바도 지쳤던 것인지, 이제 충분하다고 생각한 것인지, 2월 6일의 답장에서 "당신이 나의 족쇄에서 벗어난 미래를 원한다는 걸 알겠어요. 그게 당신에게, 그리고 당신의 연구에 필요한지는 모르겠지만, 당신의 길을 막고 싶지 않고 당신의 행복을 방해하고 싶지도 않아요"라고 하면서, 취르허 박사에게 절차에 대해 문의했다는 말을 덧붙였다. 하지만 다음번 답장에서 밀레바는 참았던 말을 쏟아놓는다.

> 정확히 2년 전에 당신은 나를, 이런 편지로 나를 아직도 사라지지 않는 비참 속에 빠뜨렸지요. … 오늘은 예스라고도 노라고도 하지 못하겠어요. … 알베르트, 당신은 왜 나를 이렇게 끝없이 괴롭히는가요? 나는, 어떻게 자신에게 사랑과 젊음을 바치고 아이들이라는 선물을 준 여자에게 이렇게 고통스러운 일을 할 수 있는지 도저히 모르겠어요. 지난 2년간 내가 얼마나 괴로웠는지 당신은 상상도 하

지 못하겠지요. … 나는 정말로 당신으로부터 이런 취급을 받을 순 없어요.

밀레바의 비통한 심정이 전해져온다. 사실 당시 밀레바는 정말로 심한 괴로움 속에 있었다. 여동생 조르카는 밀레바처럼 선천적으로 다리를 절었고, 결혼하지 않은 채 정신질환에 시달리다 죽었고, 남동생 미로스는 프랑스에서 의학을 공부하고 프랑스 여자와 결혼했다가, 전쟁이 벌어지자 군의관이 되어 전선에 나갔다. 그는 1914년에 러시아군의 포로가 되어 있었던 것이다. 미로스는 그대로 소련에 남아서 의사로 활동했으며 나중에는 볼가강의 항구도시인 사라토프 의과대학의 교수가 되어 평생을 살았다. 그는 프랑스의 아내에게 자신을 잊고 새로운 삶을 찾으라고 했다고 한다.

결국 밀레바가 이혼에 동의해서 절차가 시작되었다. 이런 논의는 늘 그렇듯이 소모적이고, 늘어지고, 피곤하지만 나아가기는 어려웠다. 양측의 변호사 사이에 많은 편지가 오갔다. 노벨상 상금의 지불 방법, 만약 노벨상을 받지 못하면 어떻게 할 것인지, 아이들을 어떻게 만날 것인지 등이 논의되었다. 밀레바는 아이들을 베를린에 데려가는 문제에는 초지일관 반대했고, 결국 여기에는 아인슈타인이 굴복했다(하지만 나중에는 아이들이 베를린에 찾아와서 아인슈타인과 시간을 보내기도 했다). 1918년 봄, 유럽은 전쟁에 지쳐 있었고, 아인슈타인 부부의 결혼 생활 역시 그러했다. 실제로 아인슈타인은 밀레바에게 전쟁과 그들의 이혼 절차 중에서 어느 쪽이 먼저 끝날 것 같냐고 농담을 한 적이 있을 정도다.

4월 말 협상이 완성되었고, 그해 여름은 오랜만에 가족 간의 긴장이 다소 완화되었다. 아인슈타인은 발트해에 휴양지로 엘자와 휴가를 떠나서 정말 오랜만에 진정한 평화를 누리며 휴식을 취했다. 휴양지인 아렌슈프에서 베소에게 보낸 편지에 이렇게 썼을 정도다. "밀레바가 내 아내가 아니라면, 나도 그녀를 꽤 좋아할 수 있네. 밀레바는 내게나 아이들의 엄마로서 잘했으니까. 다만 그녀와 함께 살 수 없을 뿐이지."

1919년 초 아인슈타인은 이제 법적인 절차를 마무리 짓기 위해 베를린을 떠나 취리히로 향했다. 2월 14일 취리히 법정은 아인슈타인의 간통을 인정하고, 여기에 성격 차이를 이유로 아인슈타인과 밀레바의 이혼을 인정했다. 아들들의 양육권은 밀레바에게 주어졌고, 아인슈타인은 앞으로 2년 동안 스위스에서 결혼하는 일이 금지되었다. 결국 전쟁보다 이혼 소송이 더 늦게 끝난 셈이다.

개기일식 원정, 1919

앞에서도 살짝 보았듯이, 개기일식을 관측하는 일은 험난한 원정이다. 에딩턴은 개기일식 관측 원정을 직접 다녀온 경험이 있었다. 1912년 남미였다. 에딩턴의 경험을 보면 개기일식 관측 원정이 어떤 일인지 조금 더 실감이 날 듯하다. 이해의 일식은 에콰도르, 콜롬비아, 페루, 그리고 브라질에서 볼 수 있었고, 영국 원정대는 브라질을 목표로 삼았다. 일식 관측대는 천문대의 수석 조수인 에딩턴을 책임자로 하고, 조수로 찰스 데이비드슨과 J. J. 앳킨슨이 함께했다. 세 사람은 정밀한 관측 기기들을 싣고 8월 30일에 사우샘프턴을 출발해서 리스본을 거쳐 9월 16일 리우에 도착했다. 다행히 브라질에는 내륙으로 막 철도가 깔리고 있어서, 그들은 기차로 리우에서 약 270킬로미터 떨어진 파사 콰트로라는 마을까지 갈 수 있었다. 기차가 있다고 해도 여러 차례 갈아타야 해서 6일이나 걸렸고, 매번 관측 기기와 짐들을 챙겨야 했다. 관측대는 기차에서 내린 후, 소달구지를 수배해서 장비를 싣고, 브라질 천문학자들이 미리 확보해놓은 관측 장소로 이동했다. 철로에서 약 2킬로미터 떨어진 위치였다.

이제 관측 기지를 설치해야 했다. 무겁고 거대한 장비로 정밀한 관측을 수행해야 했으므로 현지에서 일꾼을 고용해서 벽돌을 쌓아 기초를 만들었다. 기초 위에 망원경과 분광기를 설치하고, 방수 텐트로 막사를 지었다. 막사는 관측 기지, 숙소, 암실까지 세 개가 지어졌다. 기지를 설치하는 데만 2주 가까이 소요되었다. 기지를 설치하고 나서 관측 팀은 다시 장비를 점검하고 수행 연습을 반복했다. 일식은 짧은 시간 동안 일어나고, 그 안에 정확하게, 실수 없이 관측을 수행해야 하므로, 작업의 모든 과정과 기계의 작동 상태가 완벽하게 준비되어야 했기 때문이다.

마침내 일식 날이 다가왔는데, 그제야 그들은 브라질 천문학자들의 예측에 오차가 있어서, 현재의 위치는 개기일식을 볼 수 있는 경로에서 약 10킬로미터 이상 벗어나 있다는 걸 알게 된다. 하지만 이제 와서 관측 기지를 옮기는 건 불가능했으므로, 그들은 부분일식 관측에 만족하기로 했다.

이 모든 고생과 수고에도 불구하고, 개기일식 원정이 성공하느냐는 전적으로 그날 그 시간의 날씨에 달렸다. 이번 원정에서는 일식 전날부터 비가 내리기 시작했다. 관측 팀은 잠시라도 비가 갤 것을 기대하며 대기했다. 일식 당일에 브라질 대통령과 외무부 장관 등 귀빈들이 관측 팀을 방문했다. 하지만 안타깝게도 여전히 비가 내리고 태양은 보이지 않았다. 일식이 시작되자 주변이 어두워지기 시작했으나, 역시 태양은 볼 수 없었다. 오래 준비하고 애써온 일식 원정이 완전히 실패한 것이다. 그래도 귀빈들은 축하 행사를 치르고 연설을 했고, 관측대는 빗속에서 알아듣지 못하는 포르투갈어 연설을 들으며 망연자실 앉아 있었다.

1919년의 개기일식은 5월 29일에 다음 쪽의 그림과 같이 아프리카에서 남미에 걸쳐 일어날 예정이었다. 브라질 국립천문대는 1919년의 일식에 대해, 그 전해에 일찌감치 브라질에서는 북서부 세아라주의 소브라우가 일식을 관측하기에 가장 좋은 위치라고 결론을 내리고 전 세계의 천문대에 보고서를 보냈다. 한편 아프리카에서는 아프리카 서쪽 기니만에 위치한 포르투갈의 식민지 프린시페섬이 적절한 후보지로 선정되었다. 이곳은 대규모 코코아 생산지로 유명했으므로 교통편이 확보되어 있었고 기본적인 인프라를 갖추었기 때문이다.

영국의 일식 위원회는 두 군데에 원정대를 파견하기로 하고 당시 돈으로 1000파운드의 지원금을 확보했다. 현재 가치로는 약 7만 5000달러, 우리나라 돈으로는 1억 원 정도에 해당한다. 비용 면에서 이와 같은 결정은 쉽지 않은 일이었지만, 대신 성공할 가능성을

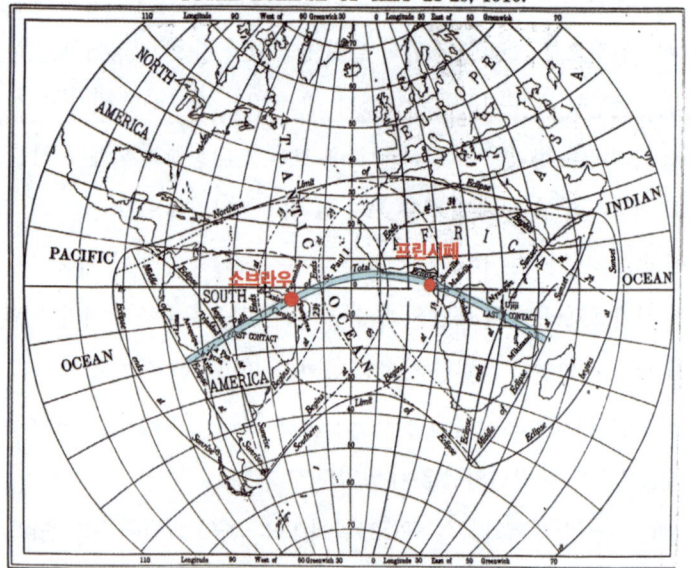

1919년의 개기일식 지도

크게 높일 수 있다. 에딩턴의 원정에서 보듯이 일식 관측에는 인간이 어쩔 수 없는 요소가 너무나 중요하게 작용하기 때문에 과감한 결정을 내린 것이다. 사실 전해인 1918년에도 일반상대성이론을 검증하기 위한 개기일식 관측이 있었다. 1918년의 개기일식은 미국을 가로질러서 일어났으므로 관측이 상대적으로 쉬웠다. 미국 해군 천문대가 조직한 관측 팀은 원정대장인 천문학자 존 C. 해먼드와, 1900년부터 미국 해군 천문대의 후원으로 일식을 관측하고 사진을 찍어온 일식 전문가 새뮤얼 앨프리드 미첼, 그리고 물리학자이자 화가인 하워드 러셀 버틀러 등이었는데, 미국 땅에서 일식 지속시간이 가장 길어지는 오리건주 베이커시에서 만반의 준비를 갖추고 일식을 관측했다. 일식 당일 날씨도 좋았다. 그러나 일식이 시작하고 하늘이 어두워지기 직전에 많지 않은 구름이 태양을 가리기 시작했고, 일식이 진행되는 15분 동안 내내 구름이 태양을 가볍게 덮고 있었다. 사진에 태양 주변의 별은 하나도 찍히지 않았다. 일식이 끝나고 5분도 되지 않아서 구름은 멀어지고 다시 태양이 쨍쨍해졌다. 이런 경험을 하고 나면, 무리를 해서라도 두 군데에 원정팀을 보내기로 한 결정을 조금은 더 이해할 수 있을 것이다. 사실 오늘날 실험을 설계하는 물리학자들은 늘 이런 상황을 만나고, 어디까지 실험할 것인지를 결정하기 위해 고심한다.

일식 위원회는 소브라우에 왕립 그리니치 천문대의 원정대를 보내고, 프린시페섬에는 케임브리지 천문대의 원정팀을 파견하기로 했다. 그리니치 천문대의 원정팀은 천문대의 조수였으며 일식 관측 경험이 풍부한 앤드루 크로멜린을 책임자로 하고 천문대의 장비 담당 기술자였던 찰스 데이비드슨(에딩턴의 1912년 일식 원정에 함께 갔었던 바로 그 인물)이 함께했으며, 케임브리지 원정대는 천문대 소장인 에딩턴이 책임자가 되고 시계 담당 기술자인 에드윈 코팅엄이 동행했다.

원정대는 3월 8일 영국을 떠나 포르투갈의 리스본을 거쳐 3월 15일에 마데이라제도에 도착했다. 여기서 원정대는 갈라져서 크로벨린 팀은 브라질로 가는 배를 탔고, 에딩턴 팀은 프린시페로 가는 배를 기다렸다. 에딩턴이 프린시페에 가는 배에 오른 것은 4월 두 번째 주에 이르러서였다. 4월 26일에 마침내 프린시페의 항구에 도착한 에딩턴과 코팅엄은 식민지 관리들로부터 좋은 대우를 받으며 관측 장소를 물색했다. 현지인들의 도움으로 에딩턴은 섬 북서쪽의 한 농장을 관측 장소로 택하고, 농장주의 도움으로 농장 일꾼들의 손을 빌려 장비를 나르고 막사를 지었다. 5월 16일에 망원경 설치가 완료되어 에딩턴과 코팅엄은 연습 겸해서 대조용 사진을 찍고 현상을 테스트했다. 한편 크로벨린 팀도 3월 23일에 브라질에 도착해서 기차와 증기선을 여러 차례 갈아타며 4월 30일에 소브라우에 도착했다. 이들 역시 브라질 당국의 많은 도움을 받아 장비를 설치했다. 이들은 시내에서 관측을 실시할 것이었으므로 소브라우 부시장의 집을 이용할 수 있었다. 이 관측을 기념하기 위해 소브라우시에는 일식박물관Museu do Eclipse이 1999년 문을 열었다. 박물관에는 당시 소브라우시의 지도와 사진, 당시 사용하던 망원경 중 하나, 원정대 및 일식을 관찰하기 위해 온 외부 인사들의 사진 등이 전시되어 있고, 그 밖에도 우주에 관한 자료들이 전시되어, 브라질 북동부 지역의 역사적 유물이자 과학 보급의 산실 역할을 하고 있다.

 1919년 1월 13일 런던의 《타임스》에, 개기일식 원정에 관한 기사가 처음으로 실렸다. 「다가오는 일식Coming eclipse of the Sun」이라는 제목의 이 기사에는 왕립천문학자 다이슨 경이 5월의 일식 관측을 위해 브라질로 파견될 그리니치 천문대 원정팀을 준비한다는 내용이었다. 4월에는 좀 더 본격적인 기사가 나왔다. 기사의 제목은 "다음 달 일식: 영국 원정대 브라질과 프린시페로Solar eclipse next month. British expeditions to Brazil and Principe"였고, 원정의 전체 내용이 소개되었으며, 일식 관측의 목적도 설명되었다. "세 가지 가능성이 있다. (별들의 위치에) 이동이 없거나, 절반만 이동하거나, 아인슈타인이 예측한 만큼 이동할 것이다. 이 셋 중 어느 하나가 진실인 것으로 입증된다면 우리의 물리학 지식에 커다란 진보가 될 것이다." 역사학자 앨리스터 스폰설은 천문학자들이 《타임스》에 일식 원정이 계속 보도되도록 보도자료를 적절히 준비했다는 걸 밝히며 "《타임스》 독자들은 탐험이 진행되는 동안 상황 변화에 대한 최신 정보를 계속 접했다"라고 말했다. 《타임스》는 일식 당일에도 「오늘 일식Eclipse of the Sun today」이라는 제목의 기사에서 '영국 관측자들의 작업'이라는 주제를 다루며, 프린시페와 소브라우에서 JPEC의 관측과 일식이 일어나는 동안 무선전신 신호의 강도를 관측하는 계획에 대해 보도했고, 6월 4일과 5일에는 연거푸 다이슨의 말을 빌려 관측 결과를 보도했다. 각각 "다이슨 경은 에딩턴 교수로부터 아프리카 프린시페섬에서 보낸 전보를 받았는데, 구름 사이로 일식을 관측했고 결과가 좋기를 희망한다고 말했다"(「일식The eclipse」, 6월 4일), "브라질에서 보낸 전보에 따르면, 브라질 소브라우에서 촬영된 사진은 매우 성공적이었으며 현상된 네거티브 필름에는 예상했던 모든 별이 나타났다"(「일식The eclipse of the sun」, 6월 5일). 자 그럼 현장으로 가보자.

국제표준시UTC 기준으로, 1919년 5월 28일 18시 9분부터 일식이 시작되었다. 태양의 한쪽이 조금씩 이지러지기 시작하더니 이지러진 부분이 천천히 늘어났다. 하지만 에딩턴은 일식이 시작된 모습을 볼 수 없었다. 29일 아침에 에딩턴이 눈을 떴을 때, 바깥에는 비바람이 불고 있었기 때문이다. 에딩턴은 절망에 빠졌다. 일식이 처음 시작되고 19시간이 지났을 때 달이 태양을 완전히 가렸다. 그런데 개기일식의 순간이 가까워졌을 때, 기적처럼 구름이 걷히고 해가 반짝 났다. 개기일식에 가까운 상황이라 반짝이라는 말이 이상하게 들리긴 한다. 에딩턴은 기회를 놓치지 않고 열심히 사진을 찍었다.

소브라우의 데이비드슨은 화창한 날씨에서 개기일식을 관측할 수 있었다. 문제는 장비에 있었다. 별들의 사진을 찍기 위한 주장비인 천체사진기가 문제였다. 다행히 예비로 가져간 4인치 망원경으로 그럭저럭 사진을 찍을 수는 있었다. 하지만 천체사진기는 하늘의 넓은 영역을 커버할 수 있어서 많은 별을 담을 수 있었을 텐데, 4인치 망원경은 시야가 좁아서 그리 많은 별을 찍지는 못했다.

이로써 1919년의 일식 원정대는 개기일식 사진을 찍는 데 성공했다. 이제 그들의 사진 건판에 무엇이 담겼는지만이 문제였다.

데이터

별빛의 휘어짐을 보기 위해서는 일식 때 찍은 사진만 가지고는 안되고, 태양이 없을 때 같은 사진을 찍어서 별들의 위치를 비교해 보아야 한다. 빛이 휘어지지 않았다면 별들의 위치가 변하지 않았 겠지만, 만약 태양의 중력으로 별빛이 휘어졌다면, 별이 태양에서 멀어진 것으로 보일 것이다. 멀어진 정도는 태양에 가까울수록 커서, 태양의 가장자리 정도일 때 1.7초 정도의 각도 차이가 날 것이라는 게 아인슈타인의 예측이었다.

정확한 데이터 분석을 위해서는 일식 사진과 대조용 사진을 가능한 한 같은 상황에서 찍어야 할 것이다. 소브라우의 경우에는 일식이 아침 무렵에 일어나기 때문에, 같은 사진을 밤에 찍으려면 두어 달만 기다리면 되었다. 그래서 소브라우의 데이비드슨과 크로멜린은 현지에서 기다려서 대조용 사진을 찍고 8월 25일에 귀국했다. 한편 프린시페의 일식은 한낮에 나타났으므로 밤에 다시 찍으려면 반년을 기다려야 했다. 에딩턴의 형편이나 현지의 사정 모두 그렇게 기다릴 수는 없었으므로 에딩턴은 사전에 영국에서 옥스퍼드대학교의 망원경으로 대조용 사진을 찍어두었다. 두 사진은 날짜도 다르고 위치도 다르며, 찍을 때의 망원경의 상태, 날씨, 온도, 습도 등 많은 조건이 다르다. 따라서 이렇게 영국에서 찍은 사진을 아프리카에서 찍은 사진과 대조하기 위해서는 여러 가지 복잡한 조건의 차이들을 모두 고려해서 보정해주어야 한다. 특히 사진 전체적으로 단순히 스케일이 달라지면 별의 위치도 이동한 것으로 보이는데,

이렇게 스케일이 달라질 경우의 별의 이동을 빛의 휘어질 경우와 구별하는 일이 중요하다. 그래서 소브라우 팀이 돌아올 때까지 에딩턴은 케임브리지에서 사진 데이터를 분석하느라 애쓰고 있었다.

프린시페의 사진과 옥스퍼드의 사진을 보정하기 위해서, 에딩턴은 원하는 히아데스성단의 사진 말고도 대조 연구용으로 다른 사진들도 양쪽에서 찍어두었다. 그러면 대조 연구용 사진을 비교해서 두 경우에 어떤 차이가 생기는지를 보고 일식 사진을 보정하면 된다. 그런데 프린시페에서 찍은 대조 연구용 사진은 밤에 찍은 것이지만, 일식 사진은 낮에 찍은 것이었다. 그러면 낮과 밤의 온도 차이 때문에 건판이 수축해서 전체적으로 스케일이 달라질 수 있다. 이 문제는 애초에 대조용 사진을 프린시페에서 찍었어도 마찬가지로 나타났을 문제고, 사실상 완전히 해결하기는 불가능한 문제였다. 이 문제에 대해 에딩턴은, 아프리카의 습한 열대기후에서는 밤과 낮의 온도 차이가 그리 크지 않아서 큰 차이를 가져오지 않는다고 생각하기로 했다.

에딩턴을 특히 괴롭힌 것은, 여러 장의 사진에 아주 조금이지만 구름이 있었기 때문에 밝은 별 말고는 사진에 나타나지 않았다는 점이었다. 한 개의 밝은 별만 가지고는, 위치의 변화가 빛이 휘어져서인지 두 사진의 스케일이 달라서인지 알아낼 수 없다. 하지만 별들이 여럿이면 태양으로부터의 거리와 위치 변화의 정도에서 빛이 휘어진 것인지를 확인할 수 있다. 태양에 가까울수록 별빛이 많이 휘어질 것이므로 위치가 많이 변하게 되기 때문이다. 결국 에딩턴이 가져온 열여섯 장의 건판으로부터 데이터로 쓸 만한 사진은 두

장뿐이었고, 사진에 담긴 별은 모두 다섯 개였다. 이 사진으로부터 에딩턴은 약 1.61초만큼 별빛이 휘어졌음을 확인할 수 있었다.

소브라우 팀이 돌아오자 다이슨은 데이비드슨과, 그리니치 천문대의 다른 조수 퍼너와 함께 사진 분석에 들어갔다. 천체사진기로 찍은 열아홉 장의 사진 건판은 문제가 있었고, 4인치 망원경으로 찍은 8장의 건판은 쓸 만했다. 각 사진마다 최소한 일곱 개의 별이 찍혀 있었다. 4인치 망원경 건판들로부터 다이슨과 데이비드슨은 별빛이 약 1.98초 휘어졌음을 확인했다. 두 관측 모두 아인슈타인이 예측한 값인 1.74초가 오차 범위 안에서 맞았음을 확인해주었다. 정말로 별빛은 태양의 중력에 의해서 휘어진 것이다!

10월 22일 에딩턴과 다이슨은 케임브리지에서 물리학자들을 모아놓고 비공식적인 세미나를 열었다. 그들의 결과를 검증받기 위해서 연, 일종의 모의 발표였다. 논란이 오갔지만, 에딩턴과 다이슨이 만족할 정도는 되었던 모양이다. 세미나 다음 날 다이슨은 왕립천문학회와 왕립학회에 일식 보고회를 열어달라고 신청했다. 드디어 일식 데이터가 세상에 나올 준비가 끝났다.

일식 보고회, 1919. 11. 6

보고회는 11월 6일에 왕립천문학회와 왕립학회의 합동 회의로 열렸다. JPEC의 일식 보고회를 이렇게 합동 회의로 갖는 것은 일종의 전통이었다. 1900년 6월 28일, 1901년 10월 31일, 그리고 1905년

10월 19일에도 일식 관측 결과를 보고하는 합동 회의가 열렸고, 이러한 회의는 모두 1899년에 수립된 규정과 절차에 따랐다. 1919년 이날의 회의도 마찬가지였다. 회의 장소는 벌링턴 하우스의 왕립학회 회의실이었다. 벌링턴 하우스는 런던 메이페어의 피카딜리가에 있는 건물로서, 원래 벌링턴 백작이 소유했으나 19세기 중반 영국 정부가 매입해 왕립학회를 비롯한 학술 단체들이 입주하게 해서, 당시 왕립학회와 왕립천문학회는 모두 벌링턴 하우스에 자리 잡고 있었다(현재는 왕립학회가 칼턴 하우스 테라스Carlton House Terrace의 새로운 건물로 이전하고, 왕립천문학회, 왕립화학회, 런던지질학회, 런던린네협회, 런던골동품협회의 다섯 학회만이 벌링턴 하우스를 사용하고 있다. 이 학회들은 벌링턴 하우스를 2024년부터 999년 임대하기로 계약했으므로, 사실상 영구히 임대한 셈이다).

이날의 보고회에는 예외적으로 많은 청중이 참석했다. 진작부터 《타임스》에 기사를 연재해온 다이슨의 준비 덕분이었다. 회의실의 좌석은 가득 찼고, 뒤에는 서 있는 사람들도 많았다. 왕립학회와 왕립천문학회는 참석자에 대해 공식적인 기록을 하지 않아서 참석자에 대해서 많은 것을 알 수는 없다. 스폰설은 벌링턴 하우스의 방의 크기와 사진으로부터 대략 100명에서 150명 정도가 참석했을 것으로 추측했다.

참석한 사람 중에는 당시 런던대학교의 과학 학장이던 철학자이자 수학자인 화이트헤드도 있었다. 화이트헤드는 그 경험을 "과학과 근대세계"에서 그리스비극에 비유한 적이 있다.

나는 운 좋게도 런던에서 열린 왕립학회의 회의에 참석해서, 영국 왕립천문학자가 그리니치 천문대의 동료들이 측정한 유명한 일식 사진을 판독한 결과, 빛이 태양 주변을 지나갈 때 휘어진다는 아인슈타인의 예측이 입증되었다고 발표하는 순간을 직접 목격했다. 관심이 집중된 회의장의 분위기는 마치 그리스비극 그대로였다. 우리는 숭고한 사건이 전개되면서 드러난 운명의 섭리를 말해주는 합창단이었다. 무대 자체도 극적인 면이 있었다. 전통적인 의식을 배경으로, 뉴턴의 초상화는 가장 위대한 과학적 일반화가 이제, 두 세기 만에 처음으로 수정된다는 걸 우리에게 일깨워주었다. 개인적인 흥미로도 더 바랄 것이 없었다. 위대한 사고의 모험이 마침내 무사히 해안에 도달한 것이다.

다이슨이 원정의 개요와 배경에 대해 설명하고 전체적인 결과를 다음과 같이 보고했다.

사진 건판을 면밀히 검토한 결과, 저는 아인슈타인의 예측을 확인했다는 데 의심의 여지가 없다고 말할 수 있습니다. 빛이 아인슈타인의 중력 법칙에 따라 휘어졌다는 매우 명확한 결과가 얻어졌습니다.

다이슨에 이어 크로멜린과 에딩턴이 차례로 발표를 이어갔다. 그들은 소브라우 관측값으로 1.98초를, 프린시페 관측값으로 1.61초를 각각 발표했다. 에딩턴은 발표한 결과에 대해 확신에 넘쳐서 아인슈타인의 승리를 강조했다. "관측된 효과 전체를 설명하기 위해서는, 중력이 아인슈타인이 제안한 새로운 법칙을 따른다고 생각해야 합니다. 이것은 뉴턴의 법칙과 새로운 법칙 중 어느 쪽이 옳은가를 판정하는 결정적인 실험 중 하나입니다." 그는 심지어 관측과 데이터 분석을 어렵게 했던 프린시페의 구름이 "태양 광선이 거울을 가열해 심각한 영향을 주지 않도록" 했으므로 전화위복이라고까지 말했다.

회의의 의장이었던 톰슨은 "이것은 뉴턴 시대 이후 중력이론과 관련해 얻어진 가장 중요한 결과입니다"라고 선언했다. 화이트헤드의 말대로 뉴턴의 초상화 앞에서 이런 선언을 한다는 것은 회의의 참석자들에게 특별한 의식에 참가하고 있다는 느낌을 주었을 것이다.

일식 보고가 끝나고 토론 시간이 되었다. 보고 결과를 긍정적이고 감명 깊게 받아들이는 의견이 다수를 이루는 가운데, 몇몇 반론과 질문도 나왔다. 폴란드 출신의 물리학자 루트비히 실버슈타인은 일찍이 상대성이론에 대한 교과서를 썼고, 후일에도 상대성이론을 수학적으로 다루는 방법에 대해 몇 가지 업적을 남긴 사람이다. 그는 "의장님의 말씀과 달리, 저는 이 결과가 본질적으로 하나의 동떨어진 사건이라고 생각합니다(일반상대성이론을 완전히 증명하는 건 아니라는 뜻이다). … 우리는 (뉴턴의 초상화를 가리키며) 저 위대한 분에게 그의 중력 법칙을 수정하거나 손보는 데 매우 신중하게 임해야 할 의무가 있습니다"라고 말했다. 그러나 실버슈타인의 발언은 별 반향을 일으키지 못했다. 실버슈타인은 그보다 에딩턴의 농담에 연루

되어 유명해졌다. 회의가 끝난 후 실버슈타인이 에딩턴에게 와서 이렇게 말했다. "에딩턴 교수님, 당신은 이 세상에서 일반상대성이론을 이해하는 세 사람 중 한 사람일 겁니다." 이 말의 뜻은 그 세 사람이 아인슈타인과, 자신과 에딩턴이라는 뜻이다. 에딩턴이 대답을 하지 않고 머뭇거리자, 실버슈타인은 "아니, 겸손해하지 않으셔도 됩니다"라고 덧붙였다. 그러자 에딩턴은, "아닙니다. 반대로 저는 지금 세 번째 사람이 누구인가 생각하고 있었어요"라고 답했다고 한다. 이 이야기는 에딩턴이 직접 회고한 일이라고 찬드라세카르가 전했다.

이렇게 회의가 끝나고, 드디어 일반상대성이론과 아인슈타인이 옳으며, 세상에 대단한 것을 내놓았다는 게 공식적으로 선포되었다. 《타임스》도 이제 그동안 연재해온 연재 기사의 열매를 수확할 시간이 되었다. 다음 날인 11월 7일, 아인슈타인의 승리를 보도한 《타임스》의 타이틀은「과학에 혁명이 일어나다 – 우주의 새 이론 – 뉴턴 이론 무너지다Revolution in Science – New Theory of the Universe – Newtonian Ideas Overthrown」였다.

소식이 대서양을 건너는 데는 시간이 조금 걸렸다. 《뉴욕타임스》는 11월 10일 자에 개기일식 관측 기사를 실었다. 「하늘의 빛들이 모두 비뚤어져 있다Lights All Askew in the Heavens」이라는 제목 밑에 다소 수다스런 부제들이 달려 있다. 눈에 띄는 건 "열두 현자를 위한 책A Book for 12 Wise Men"이라는 대목이다. 세상에서 열두 사람만이 일반상대성이론을 이해한다는 말은 여기에서 비롯된 건지도 모른다. 이 기사는 《뉴욕타임스》의 지면에 아인슈타인이 등장한 첫 번째 기사였다. 그리고 아브라함 파이스에 따르면, 그해부터 아인슈타인이 죽을 때까지 그가 《뉴욕타임스》의 지면에 등장하지 않은 해는 단 한 해도 없었다고 한다.

에딩턴은 이후에도 일반상대성이론을 기반으로 하는 현대적인 천문학을 발전시키는 데 크게 공헌했고, 상대론을 대중적으로 소개하는 책과 엄밀하게 수학적으로 설명하는 책을 모두 집필해서 일반상대성이론을 널리 소개하는 데 선구적으로 기여했다. 에딩턴은 영국의 전통적인 교육 시스템에서 최우수 학생이었던 사람으로, 어려서부터 수학을 잘하는 만큼이나 글도 잘 쓰는 사람이었다. 그는 또한 대중 강연에도 능했고 활발히 활동했다. 영국식 재치 있는 유머와 문학성 높은 언어를 모두 뛰어나게 잘 구사하는 그의 강연에는 이상한 나라의 앨리스와 셰익스피어, 걸리버와 초서가 공존해서 사람들을 사로잡았다.

지금 우리가 실감하기는 조금 어렵지만, 당시 영국에서 아인슈타인이 갑자기 크게 부상한 일은 매우 놀랍고도 여러 가지 복잡한 맥락이 얽혀 있는 사건이다. 우선 당시는 전쟁이 끝난 직후였으므로, 적국이었던 독일인을 칭송하는 건 보통은 매우 조심스러운 일이었다. 그것이 가능했던 이유는 그나마 가치중립적이고 객관적인 업적이라고 사람들이 믿는 과학 분야였기 때문이었을 것이다. 과학자들은 이러한 상황을 긍정적으로 생각했고, 전쟁으로 붕괴된 과학 공동체를 부활시키는 첫 단계로 받아들였다. 평화주의자였던 에딩턴은 확실히 그런 의도를 가지고 있었다. 마침 아인슈타인이 독일의 군국주의에 반대하고 평화주의를 지지하는 인물이었기에 그러한 목적에 더욱 어울렸다고 할 수 있다. 평소에 존경을 받던 독일의 과학자 상당수가 악명 높은 93인 선언에 참가해서 과학계도 분위기가 좋지 않았기 때문이다. 한마디로 이 사건은 전쟁을 반대하는 영국인 퀘이커 교도가, 역시 전쟁에 반대하는 독일 유대인의 이론이 옳다는 것을 입증한 사건이었으므로, 진보적인 사고방식의 소유자라면 아주 만족스러워 할 장면이었다.

여기에 또 하나의 미묘한 문제가 있는데, 방금 본 11월 6일의 회의 장면에서도 여러 번 언급되었듯이, 아인슈타인의 이 업적은 뉴턴을 넘어서는 것으로 보인다는 점이었다. 뉴턴은 바로 지금 우리가 과학이라고 부르는 인간 활동을 상징하는 인물이며, 과학에 있어서 영국의 자존심을 대표하는 존재다. 그런데 적국인 독일인이 뉴턴을 틀렸다고 말한다? 물론 과학을 아는 사람이라면 그렇게 생각하지 않겠지만, 일반 대중에게는 그런 식으로 받아들여질 수 있고, 어떤 반발을 살지 모르는 일이었다. 하지만 다른 한편으로는, 그렇기 때문에 상대성이론이야말로 진정 새로운 사상이며, 복잡하고 이해하기 어렵긴 하지만 그래서 더욱 심오한 진리라고 받아들인 면도 있다. 과거의 일들이 온통 얽혀서 일어난 전쟁이 끝나고 난 뒤, 사람들은 이제 옛날의 잘못을 잊고 싶었으며, 그를 대신하는 신선한 것을 원했다. 상대성이론은 낡은 것들을 밀어내고 무언가 새로운 세상이 열린다는 신호로 여겨질 수 있었다. 덧붙이자면, 상대성이론은 시간과 공간의 문제였기에 비록 이론의 내용은 모르더라도 매우 심오한 그 무엇으로 여겨지면서 일반 대중에게 쉽게 다가갈 수 있었다. 이런 면은 얼마 후에 발전하게 될 양자역학의 경우와 대조된다. 양자역학은 익숙하지 않은 원자의 문제였기에, 대중에게는 별로 와닿지 않았고 상대성이론과 같은 폭발적인 반응은 전혀 일어나지 않았다.

이 소식을 아인슈타인은 어떻게 받아들였을까? 사실 아인슈타인은 이 공식 발표 이전에 이미 소식을 듣고 있었다. 에딩턴은 9월 12일 본머스에서 열린 영국과학진흥협회의 회의에 참석했다. 물론 공식 발표 전이므로, 에딩턴은 일식 관측의 결과에 대해서는 말하지 않았고, 이론적 배경과 관측의 어려움 및 결과를 얻었다는 말만 했다. 그런데 이 회의에 참석한 사람 중에는 레이든대학교의 발타자르 반 데르폴이 있었다. 그리고 9월 27일 아인슈타인은 어머니에게 보낸 편지에서 "오늘 좋은 소식을 받았어요. H. A. 로렌츠가 전보를 보냈는데, 영국 원정대가 태양에 의해 빛이 휘어졌음을 알아냈다고 해요"라고 말하고 있다. 이 정도면 에딩턴이 반데르폴을 통해서 소식을 전했다고 해도 좋지 않을까?

로렌츠의 전보를 받았을 때 아인슈타인은 일제 로젠탈슈나이더라는 대학원생과 같이 있었다고 전해진다. 일제는 이 순간에 대한 기록을 남겼는데 다음과 같다. "그는 갑자기 이야기를 멈추더니 창문틀에 놓인 전보를 집어 들어 '혹시 관심이 있을지 모르겠는데…'라며 내게 건네주었다. 나는 기뻐서 흥분했지만 아인슈타인은 차분했고, '나는 이론이 옳다는 걸 알고 있었다'라고 말했다." 이런 이야기는 쉽게 전설이 되는 법이니 적당히 듣도록 하자. 이렇게 해서 비공식적으로는 네덜란드와 독일, 스위스의 친구들은 이미 소식을 알고 있었다. 다만 공식적인 발표가 나지 않아서 언론이나 지면에 등장하지 않았을 뿐이다.

이로써 아인슈타인은 그의 일생일대의 업적을 완성하고 검증까지 완료했다. 그의 나이 만 40세였다.

정말로 빛이 휘어졌는가?

지금까지는 다소 직선적으로 일반상대성이론이 완성되고, 개기일식 관측을 통해서 빛의 휘어짐을 인정받는 과정을 묘사했다. 현실에서는 이 과정에서 파생된 무수한 문제들과 직간접적으로 영향을 주고받은 사건들이 많이 있었지만, 너무 상세한 사실들까지 여기에 소개할 필요는 없을 것이다. 다만 1919년 관측 데이터의 신뢰성에 대해서는, 이후에도 많은 논의가 있었고 과학적 사실이 확립되어가는 과정을 이해하는 데도 좋은 예가 되므로 조금 더 자세히 살펴보도록 하자.

1919년 일식 관측 결과의 신뢰도에 대해서 그 후로도 오랫동안 많은 논란이 있었다. 가장 문제가 된 것은 에딩턴 본인이 상대성이론에 강하게 경도되어 있다는 점이었다. 에딩턴은 자신이 일반상대성이론에 매료되어 있음을 숨기지 않았고, 따라서 일식에서 아인슈타인이 예측한 만큼의 휘어짐을 관측할 것으로 기대하고 있었다. 에딩턴은 다음과 같은 다이슨의 일화를 즐겨 이야기하곤 했다. 출발하기 전에 다이슨은 코팅엄에게 관측해야 할 내용을 설명하면서, 이론적으로 가능한 결과가 세 가지 있다고 말했다. 휘어짐이 없는 경우, 뉴턴의 중력이론을 입증하는 결과인 (아인슈타인 예측의) 절반만큼 휘어지는 경우, 그리고 아인슈타인 예측만큼 휘어지는 경우를 말한다. 그리고 다이슨은 휘어짐이 클수록 이론적으로 더 흥미로운 결과라서 더 좋다고 덧붙였다. 그러자 코팅엄은, 만약 아인슈타인 예측의 두 배만큼 휘어지면 어떻게 되느냐고 물었다. "그러면", 다이슨이 대답했다. "에딩턴이 미쳐버릴 테니 자네는 혼자 돌아와야 할 거야."

과학 결과를 보고하는 논문은 분석 과정에 대해서 상세하게 설명할 것을 요구하므로 이런 논란에서 데이터 분석이 잘못되거나 하는 일은 별로 없다. 이런 종류의 일에서 신뢰도의 문제란, 주로 데이터 선택의 문제다. 별빛이 휘어지기를 바라는 사람의 눈에는 별빛이 휘어졌음을 말해주는 데이터만이 옳아 보이고, 휘어지지 않았음을 의미하는 데이터는 잘못된 것으로 보이지 않을까? 앞에서 에딩턴이 16장의 건판에서 2장의 건판만을 데이터로 택했다고 했는데, 그 선택의 기준은 무엇인가? 더구나 에딩턴은 선택 과정의 결과를 제대로 남겨놓지 않았기 때문에, 선택되지 않은 건판에 대해서는 다른 사람들이 확인할 방법이 없다.

한편 그리니치 천문대의 분석에 대해서는, 선택되지 않은 건판과 선택 과정 자체에 관한 문서가 남아 있어서 이러한 논란의 여지는 적다. 더구나 이 분석 과정에는 에딩턴은 참가하지 않고 다이슨이 주도했기 때문에, 선입견의 문제에서도 더 자유롭다. 대신 그리니치 데이터는 장비의 문제가 있었다. 그리니치 팀의 주 장비인 천체사진기는 시야각이 넓어서 많은 별을 찍을 수 있는 장점이 있으나,

아직 일식 사진을 찍는 데는 사용해본 적이 없는 장비였으므로 어떤 문제가 생길지 몰라서 비상용으로 4인치 망원경을 가져갔다. 이 망원경으로 찍은 사진이 보고회에서 발표한 결과를 준 것이다.

그러면 앞에서 말한 천체사진기로 촬영한 사진의 문제는 무엇이었을까? 그 문제란, 일식 사진을 찍을 때 렌즈의 초점이 맞지 않았고, 별들이 눈에 띄게 줄무늬 모양으로 나타난 두 가지였다. 별들이 줄무늬 모양으로 나타나는 문제는 사전에 다이슨도 알고 있던 문제였다. 하지만 초점의 문제는 현장에서 벌어진 문제다. 정확한 이유는 모르지만 두 달 후에 대조용 사진 건판을 촬영했을 때는 다시 초점이 잘 맞았다. 이러한 이유로 사진의 이미지가 부정확해서, 다이슨은 별의 위치를 확인하기 위해 고심해야 했고, 많은 건판을 버려야 했다. 이렇게 사진에 많은 문제가 있긴 했지만, 어쨌든 다이슨과 그리니치 팀은 먼저 천체사진기 건판을 가지고 분석해서 처음에 0.93초라는 값을 얻었다. 이것은 아인슈타인의 결과보다 뉴턴 중력의 결과인 약 0.8초에 가까운 값이다. 그리고 나서 4인치 망원경 사진을 분석하고 나자 이들은 앞서 언급한 1.98초라는 결과를 얻었다. 소브라우의 데이터는 천체사진기와 4인치 망원경의 두 결과가 매우 다르게 나온 것이다. 이 상황은 아인슈타인이 옳은가가 문제가 아니라, 그 자체로 큰 문제였다. 즉 과연 소브라우의 관측 자체를 믿을 만한가의 문제다.

이런 상황에서 그리니치 팀은 천체사진기 건판을 다른 방식으로 분석해보았다. 그리고 0.93초 대신 1.52초의 값을 얻었다. 나중에 1921년에 나온 논문에는 이 값이 1.56초로 다시 조금 바뀐다. 논문에서 다이슨은 이렇게 말했다.

> 만약 스케일이 변했다고 가정하면, (천체사진기) 건판에서 얻은 아인슈타인 휘어짐은 0.90초다. 만약 초점의 실제 변화가 없었고 단순히 이미지가 흐려지기만 했다면, 결과는 1.56초다. 그러나 이 사진에는 큰 비중을 두지 않는다.

이 값이 1.56초(혹은 1.52초)라면 이 값은 아인슈타인의 값인 1.75초에 가깝고, 전체적으로 모든 데이터가 일관성이 있다. 하지만 분석 방법 그 자체로는 어느 쪽이 옳은지 말할 수 없다. 그래서 다이슨과 에딩턴은 천체사진기의 데이터를 보고의 정식 결과로 채택하지 않은 것이다.

이 역시 데이터의 선택 문제라는 걸 알 수 있다. 천체사진기의 데이터를 제외하는 선택이 잘못되었다고는 할 수 없다. 사실 결과가 1.56초라면 넣어도 아인슈타인이 옳다는 결론은 바뀌지 않는다. 그러나 정말로 천체사진기의 0.93초가 맞고 에딩턴과 4인치 망원경이 틀릴 가능성은 없는가? 이 숫자들은 어마어마하게 작은 값이라 아주 조금의 실수나 착오로도 값이 크게 차이가 날 수 있다. 그래서 이 문제는 그 후에도 계속 논란의 대상이 되어왔다.

그리니치 천문대는 1979년 현대의 기술을 가지고 1919년 소브라우의 건판을 다시 한번 분석했다. 소장이던 프랜시스 그레이엄스미스와 앤드루 머리 교수, 천문대의 관측 전문가인 하비와 글레먼츠 등은 최신 건판 측정기를 사용해서 건판으로부터 별의 위치를 측정했고, 그로부터 빛의 휘어진 정도를 재산출했다. 1919년 0.93초였던 천체사진기의 결과를 새로 분석하자 1.55±0.34가 얻어졌다. 다이슨의 두 번째 분석과 거의 일치하는 것이다! 연구팀은 4인치 망원경의 건판도 분석했는데, 이 건판으로부터는 1.90±0.11초를 얻었다. 1919년에 얻은 결과와 잘 맞는 값이다. 이로써 논란은 더 이상 나오지 않게 되었다. 이 문제에 대해서 더 자세한 것은 미국 물리학회지에 실린 기사인 「1919 일식으로 상대성이론 검증하기 – 편향의 문제 Testing relativity from the 1919 eclipse -a question of bias」를 읽어보기 바란다.

이렇게 일식을 관측해서 빛의 휘어짐을 직접 관측하는 일은, 엄청난 노력과 끈기와, 무엇보다도 대단한 운을 필요로 하는 일이었다. 다시 프로인틀리히를 언급하자면, 그는 1919년 에딩턴의 관측 후에 자신도 직접 빛의 휘어짐을 관측하기 위해 1922년, 1923년, 1926년, 1929년에 각각 인도양의 크리스마스섬, 멕시코, 남수마트라, 북수마트라에 일식 원정을 갔다. 하지만 날씨의 도움을 받아서 실제로 일식을 관측한 건 1929년 단 한 번뿐이었고, 그나마도 관측값이 너무 크게 나와서 인정받지 못했다.

09
ALBERT EINSTEIN

명성:
베를린의 아인슈타인 2

아인슈타인은 베를린에 1914년에 와서 1932년 12월에 떠났다. 19년을 살았으니 그때까지 아인슈타인이 살았던 도시 중에서 가장 긴 시간을 보낸 도시였다. 1919년 세계적인 명성을 얻은 후에도 아직 베를린 시절은 13년이나 남아 있는 것이다.

베를린의 직위가 워낙 좋은 자리였고, 독일의 물리학이 세계를 선도하던 시절의 중심지였던 만큼, 주변에 훌륭한 과학자들이 가득했으므로 과학적인 면에서는 아주 만족스러웠다. 아인슈타인은 베를린에서 일반상대성이론을 완성하고, 이론이 극적으로 증명되는 것을 경험하고, 세계적인 명성을 얻었으며, 노벨상을 받았다. 그의 모든 영광은 베를린 시절에 이루어졌다고 해도 좋다. 하지만 다른 한편으로는, 베를린에서 그는 이혼과 재혼을 경험하고, 아들들과의 관계로 고통받았으며, 반유대주의의 표적이 되어 신변의 위협까지 느껴야 했고, 결국 독일을 떠나게 된다. 이렇게 그의 베를린 시절은 영광과 고통, 빛과 어둠이 교차하는 시절이었다.

지금까지 우리는 대체로 시간 순서에 맞춰 아인슈타인의 삶을 따라왔다. 이제 아인슈타인의 인생의 절정을 보았으니, 이제부터는 방식을 조금 바꿔서 주제에 따라서 그의 남은 삶을 살펴보도록 하자. 이번 장에서는 주로 아인슈타인의 명성에 따라온 베를린 생활의 밝은 면을 보고, 다음 장에서는 시대에 따라 빚어진, 그리고 개인사로 인한 어두운 면을 이야기하겠다.

레이든의 아인슈타인

전쟁으로 독일과 영국과의 교류가 막혀 있던 시기에, 중립국인 네덜란드의 레이든대학교가 두 나라 사이의 통로 역할을 하는 걸 앞 장에서 보았다. 네덜란드의 레이든대학교는 네덜란드에서 가장 역사가 긴 대학이다. 네덜란드는 1568년 스페인으로부터의 독립을 주장하며 네덜란드공화국을 선포하고, 기나긴 전쟁을 치른다. 전쟁 초기 네덜란드군 지도자였던 오라녜 공 빌럼 1세는 새로운 공화국의 미래를 위해, 그리고 전해에 스페인의 포위 공격을 버티어낸 레이든 시민에 대한 감사의 뜻으로 1575년에 암스테르담에서 남쪽으로 약 40킬로미터 떨어진 레이든에 네덜란드 최초의 대학을 세웠다. 대학은 처음에는 성 바르바라 수도원에서 시작했다가 곧 지금 대학 박물관 자리의 교회로 옮겨졌고, 1581년부터는 화이트닌스 수녀원으로 다시 이전했다. 이후 대학은 점차 성장해서 유럽의 주요 대학으로서 명성을 유지해왔다. 오늘날 레이든 시내 곳곳에는 대학 건물이 있어서 도시 전체가 캠퍼스 같은 분위기다. 레이든대학교의 모토는 'Praesidium Libertatis', 즉 '자유의 요새'라는 뜻이다.

레이든대학교는 19세기 말에 오네스의 저온물리학 실험실과 위대한 로렌츠에 힘입어 물리학 분야에서 이름을 높였다. 두 사람은 각각 1913년과 1902년에 노벨물리학상을 받았으며, 오네스는 저온물리학 분야에서, 로렌츠는 이론물리학 분야에서 유럽의 지도적인 위치를 차지했다. 로렌츠를 각별히 존경했던 아인슈타인은 1911년 프라하에 가기 직전에 레이든을 방문해서 로렌츠를 처음으로 만났는데, 가장 존경하는 로렌츠를 만난다는 사실에 흥분했었다고 한다. 아인슈타인은 평소 주변 사람들에게도 로렌츠에 대한 존경심과 애정을 숨기지 않았으며, 로렌츠의 사후 "내게 로렌츠는 인생의 여정에서 만난 그 어떤 사람보다도 더 중요한 사람이었다"라고 말했다. 권위를 대체로 혐오하고 거부했던 아인슈타인에게 로렌츠는 정신적 아버지에 해당하는 인물이었다.

그런 로렌츠의 후계자가 될 기회가 있었지만, 이미 전 유럽이 원하는 거물이 된 아인슈타인은 레이든보다 고향이라고 할 취리히를 택했다. 그런데 마침 에렌페스트라는 좋은 후보자가 생겨서 아인슈타인은 로렌츠에게 그를 추천했다. 더욱 다행히도 뮌헨의 조머펠트도 에렌페스트를 추천했다. 인생에서 이렇게 운이 맞아떨어지는 때도 있는 법이다. 에렌페스트는 레이든의 이론물리학 교수가 되었다.

1912년 10월에 레이든에 도착한 에렌페스트는 1933년까지 레이든에 재직하며 통계역학과 상대성이론, 그리고 초기 양자역학의 여러 아이디어에 대해 중요한 업적을 남겼다. 오늘날 양자역학과 고전역학 사이의 대응 원리를 표현하는 에렌페스트 정리, 회전하는 강체와 특수상대성이론 사이의 문제를 지적한 에렌페스트 역설 등에 그의 이름이 남아 있다. 또한 에렌페스트는 조머펠트가 추천한 대로 좋은 선생이었다. 많은 젊은이가 에렌페스트로부터 배우고 격려를 받아서 뛰어난 물리학자로 성장했다. 아인슈타인은 에렌페스트를 두고 "단순히 내가 아는 중에 최고의 선생 정도가 아니라 인간의, 특히 자기 학생의 발전과 운명에 정열적으로 온 마음을 다하는 사람"이라고 말했을 정도다.

연구소뿐 아니라 에렌페스트의 집에도 늘 학생들과 레이든대학교를 방문한 물리학자들이 드나들었다. 집에서 이런 모습을 보면서, 학자들과 어울리며 성장한 에렌페스트의 아이들은 돌아가며 강의를 하는 콜로퀴엄 놀이를 하며 놀았다. 아인슈타인은 존경하는 로렌츠와 절친한 에렌페스트가 있는 레이든대학교를 사랑했고, 자주 방문했다. 아인슈타인이 방문하기 편하도록, 에렌페스트는 1920년부터 아인슈타인에게 레이든대학교의 특별초빙교수 자격을 부여했고, 아인슈타인은 매년 몇 주가량을 레이든에서 보냈다. 레이든에서 아인슈타인은 에렌페스트와 물리학을 토론하고, 학생들에게 물리학을 강의하고, 에렌페스트의 집에서 함께 음악을 연주하기도 했다.

1921년 네덜란드 최초의 이론물리학연구소가 문을 열었다. 로렌츠가 개소 기념으로 대중 강연을 했다. 연구소의 이름은 로렌츠연구소가 되었고 에렌페스트가 소장이 되었다. 에렌페스트에 의해서 레이든대학교는 이론물리학의 주요 거점 중 하나가 되었다. 에렌페스트가 레이든에 와서 맨 처음 한 일 중 하나는 이론물리학 그룹이 정기적으로 만나서 물리학을 토론하는 콜로퀴엄을 만든 일이다. 세미나에서 질문을 잘하기로 유명했던 에렌페스트는 콜로퀴엄을 통해 교수와 학생과 연구원이 함께 모여 진정으로 물리학을 즐길 수 있도록 만들었다. 이론물리학부의 이 콜로퀴엄은 에렌페스트 콜로퀴엄the Colloquium Ehrenfestii이라는 이름으로 지금도 계속 이어지고 있다. 콜로퀴엄에 초빙된 연사들은 에렌페스트가 마련한 강사의 벽에 사인을 남겼다. 현재 연구소 건물 0층에 전시되고 있는 강사의 벽에는 아인슈타인은 물론이고, 파울리, 디랙, 양전닝, 휠러, 앤더슨, 긴츠버그, 다이슨 등 최근까지 레이든에서 콜로퀴엄을 했던 수많은 위대한 물리학자의 사인이 남아 있으며 계속 추가되고 있다.

1998년 카멜링 오네스 실험실과 로렌츠연구소는 중앙역 서쪽의 닐스 보어가에 위치한 현재의 건물로 옮겨졌다. 약 7도가량 기울어진 외관이 눈에 띄는 오르트 빌딩Oort Building 2층이(유럽은 0층부터 시작하므로 우리 식으로는 3층) 현재의 로렌츠연구소다. 뒷장의 그림은 로렌츠연구소에 걸려 있는 아인슈타인과 에렌페스트, 로렌츠의 초상화다. 이 그림들은 오네스의 조카 함Harm Kamerlingh Onnes이 그린 것이다.

로렌츠 연구소의 아인슈타인, 에른페스트, 로렌츠 초상화

미국, 1921 – 수퍼스타의 탄생

쿠르트 블루멘펠트Kurt Blumenfeld는 독일 출신의 시오니스트였다. 그는 1909년부터 1911년까지 독일 시온주의연맹의 서기였고, 1911년부터 1914년까지는 세계 시온주의기구The World Zionist Organization, WZO의 사무총장을 지냈다. 그는 1918년에 아인슈타인을 만나서 시오니즘을 전했다. 아인슈타인이 시오니즘에 동조하게 된 데 가장 큰 영향을 미친 사람이다.

블루멘펠트는 1921년 초 아인슈타인을 방문해서 미국 방문을 요청했다. 이 미국 방문은, 훗날 이스라엘의 초대 대통령을 지냈으며, 당시 WZO의 회장이었던 차임 바이츠만의 훈령에 따른 것이었다. 훈령의 내용은 유대인의 팔레스타인 정착과, 특히 예루살렘에 히브리대학교를 설립할 기금을 모으기 위한 바이츠만의 미국 여행에 아인슈타인이 동행해서 모금을 도와달라는 것이었다. 예전의 아인슈타인이라면 도무지 관심을 보이지 않을 일이었지만, 이 시기에 아인슈타인은 시오니즘에 관심을 가지고, 유대인 공동체에 동질감을 느끼기 시작하고 있었다. 그래서 놀랍게도 아인슈타인은 이런 명분을 가진 미국 여행에 동행하는 데 동의했다. 물론 바이츠만과의 공동 일정 외에도 아인슈타인은 여러 미국 대학을 방문하고 과학 강연을 할 예정이었다.

1921년 3월 21일 아인슈타인은 미국행 배에 올랐다. 아인슈타인은 소박한 그의 기질대로 3등실이면 충분하다고 했으나, 무시당하고 특등실로 안내되었다. 한편으로는 일을 할 수 있도록 엘자와 다른 방을 쓰겠다고 했다. 이 요청은 수락되었다. 대서양을 건너는 동안 아인슈타인은 항해를 즐겼고, 바이츠만에게 상대성이론을 설명해주기도 했다. 바이츠만은 상대성이론을 이해하게 되었느냐는 질문에 "이제 나는 아인슈타인이 상대성이론을 정말로 이해하고 있다는 것을 안다"라고 재치 있게 말했다.

아인슈타인이 미국을 방문한다는 사실에 미국이 오히려 더욱 큰 관심과 환영의 뜻을 보였다. 미국의 1920년대는 피츠제럴드의 표현에 따르면 '재즈 시대'였다. 재즈 음악이 유행했고 온 세상에 돈이 넘쳐났다. 대중 전체가 즐거움을 추구해서 문화산업이 번성했으며, 쾌락의 추구와 성적인 자유가 더 이상 부끄러운 일이 아니었다. 번화해가는 시대에 취해가던 대중은 화려한 스타를 원했고, 아인슈타인은 이제까지 보지 못했던 매우 특별하고 이색적인 스타였다. 미국은 이 새롭고 흥미로운 인물에 열광할 준비가 되어 있었다.

4월 2일 배가 맨해튼에 도착했다. 기자들과 사진사들이 배 위로 올라왔다. 30여 분 동안 아인슈타인과 엘자는 사진사들이 시키는 대로 포즈를 취하고 사진을 찍었다. 사진사들은 이 인물이 '사진을 잘 받는다'라는 걸 알아차리지 않았을까 싶다. 사진을 찍고 난 후에는 선장실에서 기자회견이 진행되었다. 분위기는 화기애애했고, 아인슈타인은 간결하면서도 재치 있는 답변으로 기자들을 만족시켜주었다. 통역을 두고 진행된 회견에서 아인슈타인은 공식적으로 예루살렘의 히브리대학교를 지원해달라고 말했다. 기자들의 질문은 주로 상대성이론에 관한 내용이었다. 엘자도 질문을 받았다. 상대성이론을 이해하느냐는 질문이었다. 앞으로 아인슈타인 주변에 있는 모든 사람이 받게 되는 질문이다. 엘자는 "아니요, 상대론은 내 행복에 필요한 게 아닙니다"라고 답했다.

이날의 일정은 따로 없었고 일행은 호텔로 갈 예정이었으나, 따로 준비하지 않은 환영 인파가 기다리고 있어서, 그들이 탄 차는 밤늦게까지 유대인 구역을 돌아다니며 가두 행렬을 펼치게 되었다. 군중들은 깃발을 흔들었고 자동차들은 경적을 울려댔다. 이것은 시작에 불과했다.

3주일 동안 아인슈타인은 뉴욕에서의 일정을 소화했다. 바이츠만과 함께 시청에서 열린 공식 환영 행사에 참석하고 메트로폴리탄 오페라하우스와 공원 등을 돌며 모금 행사, 강연, 환영회 등을 치렀다. 가는 곳마다 수만 명의 인파가 몰려들었다. 뉴욕시립대학교에는 다섯 번이나 방문해서 다른 교수의 상대론 강의를 들었고, 본인이 직접 4회의 연속 강의를 했다. 다음 일정은 워싱턴 DC였다. 4월 25일에 백악관을 방문했고, 미국 아카데미에서 환영회를 열었다. 하딩 대통령도 아인슈타인을 만난 후에 상대성이론을 이해하느냐는 질문을 받아야 했다. 시카고에서는 개기일식 보도에서 《뉴욕타임스》가 표제로 썼던 '12명의 현인'에 대한 질문을 받았다. 아인슈타인은 이 이론을 공부한 물리학자라면 대부분 이론을 이해한다고 답했다.

프린스턴에서 아인슈타인은 1주일에 걸친 강의를 하고 명예학위를 받았다. 여기서 인상적인 장면이 하나 있다. 강의 중의 어느 날, 강의가 끝나고 만찬을 하던 중에 누군가가, 클리블랜드 케이스 공대의 데이턴 밀러 교수가 마이컬슨·몰리 실험을 더 큰 규모로 수행한 새로운 실험에서 지구의 자전에 의해 빛의 속도가 달라졌음을 관측했다는 소식을 전했다. 그렇다면 이는 에테르가 존재한다는 증거이며 상대성이론의 기본 전제가 무너지는 것이다. 아인슈타인은 이 말을 듣고 실험 자체에 대해 언급하는 대신 "신은 난해하지만 심술궂지는 않다"라고 답했다. 이 실험은 잘못되었음이 밝혀져서 오늘날에 더 이상 언급되지 않는다. 프린스턴의 수학 교수 오즈월드 베블런은 아인슈타인 옆에서 그가 한 말을 들었다. 1930년 수학과의 새 건물을 지을 때, 베블런은 아인슈타인에게 그 말을 사용할 수 있도록 허락해달라고 요청했고 승낙을 받았다. 이 말은 교수 휴게실의 벽난로에 있는 돌 장식에 독일어로 새겨졌다. 새겨진 글귀는 "Raffiniert ist der Herr Gott, aber boshaft ist er nicht"다. 생전의 아인슈타인과 친분이 있었던 물리학자 아브라함 파이스는 나중에 아인슈타인의 가장 중요한 전기 중 하나를 쓰면서 이 문장의 첫머리를 영어로 번역해서 제목으로 삼았다. 그 책이 『신은 난해하다』다. 이 건물은 파인 홀이라고 불렸으며, 프린스턴 고등연구소가 잠시 입주해 있기도 했다. 이후 다시 새 수학과 건물이 지어지면서 파인 홀이라는 이름은 새 건물로 넘겨주었고 지금은 존스 홀로 불린다. 아인슈타인의 말이 새겨진 벽난로는 그대로 있으며, 벽난로의 지금 위치는 존스 홀 202호다.

보스턴에서는 하버드대학교를 방문했고, 바이츠만과 함께 집회와 유대교회 등에서 열린 여러 행사와 만찬을 가졌다. 그 밖에 코네티컷과 클리블랜드 등을 돌며 미국에서의 일정이 진행되었다. 어디서나 군중이 몰려들었고, 행진을 하면 자동차들은 경적을 울려댔다.

'Subtle is the Lord'가 새겨진 프린스턴대학교 파인 홀의 벽난로

이 여행에서 아인슈타인 부부는 매우 반가운 옛 인연을 만났다. 바로 막스 탈무트였다. 미국으로 건너온 그는 이름을 막스 탈메이로 바꾸고 안과 분야의 의사로 일하고 있었다. 재회하는 순간, 아인슈타인은 "선생, 당신은 영원히 젊은, 특별한 사람입니다!"라고 외쳤다고 한다. 한편 엘자 역시 탈무트를 알고 있었다. 뮌헨에서 탈무트 형제는 아인슈타인 집안 전체와 가까운 사이였기 때문이다. 엘자는 한창 심리학에 관심이 있을 때 탈무트의 정신의학 및 심리학 노트를 빌렸던 일을 회상했다. 그들은 몇 차례나 다시 만났고, 아인슈타인 부부가 탈무트의 집을 방문하기도 했다.

미국 여행을 마치고 돌아오면서 아인슈타인은 영국과 프랑스도 방문했다. 모두 첫 방문이었다. 아인슈타인은 영어를 거의 하지 못했기 때문에, 그는 프로인틀리히를 불러서 통역 역할을 부탁했다. 프로인틀리히는 어머니가 영국인이었기 때문이다. 급히 달려온 프로인틀리히는 아인슈타인이 6월 8일 셀틱호를 타고 리버풀에 도착하면서부터 아인슈타인을 보좌했다. 아인슈타인은 예루살렘의 히브리대학교에 대한 지원을 호소하며 유대인학생협회에서 연설하는 것으로 영국에서의 일정을 시작했다. 오후에는 맨체스터대학교에서 강연하고 명예학위를 받았다. 런던에 도착해서는 벌링턴 하우스로 가서 왕립천문학회의 회의에서 연설했다. 그가 도착하자 에딩턴이 그를 맞이했다. 두 사람의 첫 만남이었다. 아인슈타인은 다이슨과 에딩턴이 일식 결과를 발표한 방에 가서 뉴턴의 초상화도 보았다. 만찬은 캔터베리대주교와 버나드 쇼, 화이트헤드, 에딩턴 등과 함께했다. 다음 날은 웨스트민스터 사원에 가서 뉴턴의 묘에 꽃을 바치고, 킹스칼리지에서 대중 강연을 했다. 강연의 수익은 모두 제국전쟁 구호기금에 기부했다. 비록 독일어로 한 강연이었지만, 강연이 끝나자 기립박수가 쏟아졌다. 아인슈타인은 프랑스에서는 프랑스어로 강연을 해서 청중을 기쁘게 했다.

노벨상

오늘날 노벨상을 받는 일은 분명 개인에게 가장 영예로운 일 중 하나일 것이다. 노벨상 수상자는 많은 상금과 함께 학문의 전당에서 불멸의 명성을 얻는다. 개인뿐 아니라 대학이나 연구소에도 노벨상 수상자를 보유하거나 배출하는 일은 기관의 수준을 보여주는 최상의 지표이자 최고의 명예다.

아인슈타인도 물론 노벨상을 받았다. 1922년의 노벨물리학상이다. 그런데 대부분의 다른 수상자들에 비하면, 상대적으로 아인슈타인에게는 노벨상이 주는 의미가 그렇게까지 크지 않다. 이렇게 생각해보자. 아무리 뛰어난 물리학자라고 하더라도 일반인에게 그 물리학자를 소개할 때는 보통 노벨상 수상자 누구누구라고 소개할 것이다. 하지만 아인슈타인을 소개할 때 노벨상 수상자 아인슈타인이라고 소개하는 걸 들어본 일이 있는가? 아인슈타인은 그가 아인슈타인이라는 사실이 노벨상보다 더 중요하다. 노벨상이 주는 광휘보다 아인슈타인이라는 빛이 더 눈부신 것이다.

아인슈타인의 노벨상 수상 이유는 "이론물리학에 대한 기여, 특히 광전효과 법칙의 발견에 대해for his services to Theoretical Physics, and especially for his discovery of the law of the photoelectric effect"라고 명시되었다. "이론물리학에 대한 기여" 속에 포함되어 있다고 할 수는 있지만, 수상 이유로 상대성이론을 명시하지 않은 것이 눈에 띌 수밖에 없다. 어떤 사람은 이에 대해 원래 노벨상은 상대성이론과 같이 이론적인 업적에는 주지 않는 법이라고 친절하게 해설하기도 한다. 사실 아인슈타인에게 노벨상이 주어진 경과는 그리 간단치가 않다. 아인슈타인의 수상은 노벨상의 역사에서도 매우 특이한 경우라고 할 수 있다. 자 그럼 아인슈타인의 노벨상에 정말로 무슨 일이 있었는지, 조금 자세히 들여다보도록 하자.

노벨상은 기존의 노벨상 수상자나 저명한 학자들이 전해 9월부터 해당 연도 1월까지 추천을 하고, 추천된 후보자들을 심사해서 10월에 수상자를 발표한 후 노벨의 사망일인 12월 10일에 상을 수여하는 일정으로 이루어진다. 수상자 외의 후보자에 관한 내용은 50년이 지난 후에 공개하도록 되어 있다.

아인슈타인은 1910년 처음 노벨상 후보로 추천되었다. 아인슈타인을 처음으로 추천한 사람은 화학자 오스트발트였고 추천 이유는 특수상대성이론 연구였다. 오스트발트는 1909년에 노벨화학상을 받은 인물이고, 1901년에 아인슈타인이 조수로 지원했을 때 거절했던 (정확히는 응답도 하지 않았던) 사람이기도 하다. 오스트발트가 아인슈타인을 노벨상 후보로 추천했을 때, 예전에 자신이 아인슈타인의 조수 지원을 거절했다는 걸 기억하고 있었는지는 알 수 없다.

이후 아인슈타인은 한 해를 건너서 1912년과 1913년, 1914년에 다시 추천되었고, 다시 1915년 한 해를 건너뛰어 1916년부터는 매년 계속 노벨상 후보로 추천받았다. 1910년에 아인슈타인을 후보로 추천한 사람은 오스트발트 한 사람이었지만, 1912년부터 추천인은 점점 늘어났다. 오스트발트는 1912년에도 아인슈타인을 추천하면서 아인슈타인을 코페르니쿠스나 다윈에 비교했다. 같은 해 역시 아인슈타인을 추천한 독일의 프링스하임은 "노벨 위원회가 이만큼 중요한 업적에 대해 상을 줄 수 있는 기회는 흔치 않을 것"이라고 했다. 아인슈타인을 추천하는 사람은 점점 증가해서, 1918년에는 6명, 1919년에는 5명이 아인슈타인을 추천했다. 아인슈타인을 발굴한 사람이라고도 할 수 있는 막스 플랑크는 1919년에야 추천인에 등장하는데, 아마 그전에는 추천 자격이 없다가, 1918년에 노벨상을 수상해서 추천 자격이 생겼기 때문이 아닌가 한다.

오스트발트가 아인슈타인을 노벨상 후보로 추천했던 이유는 모두 특수상대성이론이었고, 이후에도 아인슈타인의 노벨상 추천 이유에서 상대성이론이 빠진 해는 단 한 번도 없었다. 양자론과 통계물리를 언급한 사람도 있었지만, 모든 추천인의 추천 이유에는 거의 반드시 상대성이론이 들어 있었고, 상대성이론을 언급하지 않은 사람을 찾기가 쉽지 않을 정도다. 하지만 특수상대성이론이 실험적으로 근거를 갖기 시작한 것은 1916년이나 되어서였다. 실제로 이때까지 노벨 위원회의 보고서에는 특수상대성이론의 확증이 부족하다고 언급하고 있다.

1915년에 아인슈타인이 일반상대성이론을 발표하였으므로, 1916년부터는 일반상대성이론도 추천 이유로 등장한다. 그러자 이제는 노벨 위원회의 보고서에 일반상대성이론의 근거가 부족하다는 언급이 등장한다. 주로 일반상대성이론이 예측한 태양 주변에서 빛이 휘어지는 효과와 태양의 중력에 의한 적색편이가 관측되지 않았다는 이유였다.

1919년 추천인의 한 사람인 스웨덴의 물리화학자 아레니우스는 아인슈타인을 브라운운동 연구 업적만으로 추천했는데, 그래서 이해의 보고서에는 아인슈타인의 통계물리에 대한 업적이 논의되었다. 하지만 보고서는 아인슈타인의 통계물리학 연구는 상대성이론이나 양자론 연구만큼 뛰어난 것이 아니라고 하면서 "만일 아인슈타인이 그의 다른 연구에 의해서가 아니라 통계물리학 연구로 노벨상을 수상한다면 이것은 학계에 기이한 일로 남게 될 것이다"라고 언급하고 있다.

1920년에는 로렌츠와 보어를 비롯해서 8명이 아인슈타인을 추천했다. 이해부터는 추천의 양상과 밀도가 달라진다. 1919년 에딩턴이 개기일식에서 태양에 의해 별빛이 휘어지는 효과를 관측했기 때문이다. 즉 일반상대성이론도 실험적인 근거를 얻은 것이다. 따라서 1920년의 추천서에는 이제 "아인슈타인은 전 시대에 걸쳐서 최상의 물리학자의 반열에 든다"라는 언급까지 나온다.

한편 아인슈타인에 대한 반대도 노골화되고 있었다. 아이작슨에 의하면 1920년의 노벨 위원회의 내부 보고서에는 당시 아인슈타인의 비판자들의 목소리가 그대로 기록되어 있다고 한다. 다음 장에 좀 더 자세한 이야기가 나오겠지만, 반유대주의를 노골적으로 표방하던 필리프 레나르트는 대놓고 아인슈타인을 반대하는 로비를 스웨덴 아카데미에 했다. 1921년에는 아인슈타인에 대항해서 게리케를 노벨상 후보로 추천하기까지 했다. 그러한 움직임이 영향을 주었는지는 모르지만, 아인슈타인이 전례를 찾기 어려울 정도로 강력한 추천을 받았음에도 불구하고, 1920년의 노벨물리학상은 아인슈타인처럼 ETH 졸업생이면서, 어쩌면 아인슈타인과 가장 거리가 먼 스타일의 과학자라고 할 수 있을 만한 샤를 기욤 Charles Édouard Guillaume이 수상했다. 기욤은 국제 도량형국의 장이었고, 수상 이유는 "니켈강 합금의 비정상성을 발견해 정밀 측정에 기여한 공로in recognition of the service he has rendered to precision measurements in Physics by his discovery of anomalies in nickel steel alloys"다.

1921년에는 무려 14명이 아인슈타인을 추천했다. 에딩턴은 "뉴턴처럼 아인슈타인도 동시대 물리학자들 가운데 우뚝 서 있다"라고 말했다. 뉴턴에 비교한다는 건 아마도 영국 왕립학회 회원이 독일인 물리학자에게 보낼 수 있는 최대의 찬사가 아닐까 싶다. 이해 노벨 위원회는 상대성이론에 대한 보고서를 노벨 위원회의 '빛의 전문가'인 알바르 굴스트란드에게 맡겼다. 여기서 운명의 바늘이 결정적으로 휘어진다.

알바르 굴스트란드는 스웨덴 웁살라대학교의 저명한 안과학 교수였다. 그는 웁살라대학교와 빈, 스톡홀름에서 공부했고, 1894년부터 웁살라대학교에 재직했다. 그는 광학 이론을 적용해서 인간의 눈에서 일어나는 물리현상을 자세하게 설명하는 데 공헌했다. 당시 이 분야는 굴스트란드가 거의 독자적으로 쌓아 올린 것이나 다름없었고, 그 결과 그는 1911년 노벨물리학상(기하광학)과 생리의학상

(눈의 굴절광학dioptrics)에 동시에 추천되는 기염을 토했다. 두 개 분야의 노벨상에 동시에 추천되는 영예를 받은 사람이 얼마나 되겠는가. 그해 굴스트란드는 노벨물리학상을 사절하고 생리의학상을 수상했고, 노벨물리학상은 빌헬름 빈에게 돌아갔다. 따라서 그는 노벨상을 사절하기도 하고 수상하기도 한 유일한 인물이다. 이런 저명한 학자였으므로 그는 1911년부터 1929년까지 스웨덴 아카데미의 노벨 위원회 위원이었고, 1922년부터는 의장이기도 했다. 그런데 생리의학상으로 노벨상을 수상했지만 그가 속한 위원회는 생리의학이 아니라 물리학위원회였다. 그래서 상대성이론에 대한 보고서가 굴스트란드에게 요청된 것이다.

굴스트란드가 제출한 보고서는 상대론을 인정할 수 없다는 것을 보여주려는 듯한 보고서였다. 보고서는 빛의 휘어짐은 결정적인 증거가 될 수 없고, 고전역학으로도 설명할 수 있으며, 수성 궤도의 세차운동은 실험 결과가 더 필요하고, 특수상대성의 효과는 실험 오차보다 작은 수준이라서 확인할 수 없다고 했다. 아인슈타인 전기의 여러 저자, 예컨대 아이작슨은 이에 대해 "어떤 방법으로든지 아인슈타인을 음해하려고 결심했던 것이 분명"하다고 표현했고, 아브라함 파이스는 "그가 일반상대성이론을 오해했을 것이라는 생각은 더 이상 저자만의 생각이 아니다"라고 썼다. 물론 굴스트란드가 정말로 어떤 생각이었는지를 알 방법은 없다. 어쨌든 노벨 위원회의 손에 들린 것은 굴스트란드의 보고서였고, 그 결과 놀랍게도 1921년의 노벨물리학상은 수상자를 내지 않았다.

이제 문제는 스캔들에 가까워졌다. 1922년에는 조머펠트, 막스 폰 라우에, 랑주뱅 등이 가세해서 17명이 아인슈타인을 추천했다. 브릴루앵은 "아인슈타인의 이름이 노벨상 수상자 명단에 없다면 50년 후에 사람들이 뭐라고 할지 생각해보자"라고까지 했다. 하지만 그해에도 굴스트란드는 자신의 보고서를 철회하지 않았고, 오히려 추가 내용을 첨부하기까지 했다. 그러니 노벨 위원회가 스웨덴에서 최고의 저명한 학자인 그의 보고서를 무시할 수는 없었다.

다른 한편, 위원회는 새로 위원회에 합류한 웁살라대학교의 오센Carl Wilhelm Oseen에게 광전효과에 대한 보고서를 요청했다. 위원회의 숨통을 틔워준 것이 오센의 보고서였다. 오센은 드물게도, 1921년에 상대성이론을 언급하지 않고 광전효과에 관한 업적만으로 아인슈타인을 추천했던 사람이었고, 오센의 보고서는 당연히 매우 긍정적이었다. 아인슈타인에게 노벨상을 수여할 근거가 생긴 것이다. 굴스트란드의 보고서와 오센의 보고서를 받은 후, 위원회는 투표를 거쳐 아인슈타인에게 노벨상을 수여할 것을 결정하고, 수상 이유를 앞서 적은 바와 같이 결정했다. 아인슈타인에게 노벨상을 수여하지 않는 경우의 부담과 굴스트란드의 반대 사이에서 줄타기를 한 셈이다.

아카데미는 아인슈타인에게 보낸 노벨상 수상을 알리는 공식 서한에 "당신의 상대성과 중력이론이 앞으로 확인된 후에 주어지게 될 가치를 고려하지 않고" 수상이 결정되었다고 명시하고 있다고 한다. 앞으로도 상대성이론을 수상 이유에 추가하지 않을 것이라는 말이다. 훗날에라도 논란을 피하기 위한 방편이라고 할 수밖에 없다.

잘 알려져 있다시피 노벨상은 수상자를 내지 않으면 다음 해로 넘겨서 수상자를 뽑을 수 있다. 미뤄두었던 1921년의 상을 아인슈타인에게, 1922년의 상은 보어에게 수여한다는 발상을 두고, 파이스는 이것이 플랑크의 제안이었다고 하는데 아이작슨은 오센의 제안이었다고 한다(플랑크가 노벨상 수여에 직접 관련될 리는 없으므로, 아마도 아이작슨이 옳지 않을까 싶다). 어느 쪽이든, 이렇게 해서 아인슈타인은 1921년의 노벨상을 1922년에 수상하게 되었다.

아인슈타인은 그해 겨울에 아시아 여행 계획이 예정되어 있었다. 노벨상 시상식과 해외 방문 일정이 겹치게 되면 여러분은 어느 쪽을 택할 것인가? 아인슈타인은 아시아행을 택했고, 수상식에 불참했다. 노벨 위원회에 반감을 표시하려던 것은 아니었고, 당시 독일 국내 분위기가 흉흉했던 게 중요한 이유였다. 아인슈타인은 스위스 국적과 독일 국적 둘 다 가지고 있었기 때문에, 누가 시상식에 참석할 것인지에 대해 조금 논란이 있었지만, 결국 상은 독일 대사가 참석해서 대신 받았고, 만찬에서의 연설도 대신했다. 아인슈타인은 다음 해 7월 11일에 스칸디나비아 과학 학회에 참가해서 기념 강연을 하는 것으로 노벨 강연을 대신했다. 강연에서 아인슈타인은 광전효과에 대해서는 언급하지 않고, 오로지 상대성이론에 대해서만 이야기했다. 노벨상 공식 페이지에 나와 있는 이 강연에는 다음과 같은 각주가 달려 있다. "이 강의는 노벨상 시상식 때 행해진 것이 아니며, 그러므로 광전효과의 발견에 대한 것이 아니다."

이렇게 사건의 전말을 살펴보았다. 세상일이 자주 그러듯이, 아인슈타인의 노벨상에도 우연과 숙명과 인간적인 드라마가 뒤얽혀 있다. 상대성이론은 자연법칙이지만, 상대성이론에 노벨상을 주지 않은 건 법칙에 따른 자연스러운 결과가 아니다. 하나 더, 아무도 의도치 않은 아이러니를 덧붙이자면, 아인슈타인의 공식적인 수상 이유인 광전효과는, 아인슈타인의 수상을 방해했던 레나르트가 실험적으로 확립해놓은 분야였다. 당연히 레나르트는 아인슈타인의 수상에 분개했으며, 아마도 두 배로 분노했을 것이다.

이로써 아인슈타인은 지상에서 얻을 수 있는 명성은 모두 얻었고, 그 어떤 과학자보다도 더 유명한 사람이 되었다. 앞으로 그의 인생에는 언제나 그 명성이 따라다니게 될 것이다. 좋건 싫건, 그가 원하든, 원치 않든.

일본, 1922

노벨상이 수여될 때 아인슈타인은 일본에 있었다. 다음 장에서 보겠지만, 1922년 독일의 국내 상황은 매우 험악해져서, 아인슈타인은 신변의 위협을 걱정해야 했다. 계속 머무를 것인지, 아예 베를린 혹은 독일을 떠날 것인지, 당분간만이라도 자리를 피할 것인지를 고민해야 했는데, 마침 이런 상황과 무관하게 일본에 방문할 기회가 생긴 것이다.

이 여행은 일본의 한 출판사에서 일종의 홍보 투어로 기획했다. 카이조샤改造社는 1919년 설립된 출판사로서 문학과 사회문제에 대한 책을 주로 내는 진보적인 출판사였다. 이 출판사는 1921년에 북경대학교 객원 교수로 있던 버트런드 러셀을 일본으로 초청해서 강연 및 지식인들과의 대담을 진행했다. 출판사는 이어서 러셀에게, 생존하는 사람 중 가장 중요한 세 사람을 말해달라고 하자 러셀은 아인슈타인과 레닌을 지목했다. 레닌은 당시 일본을 방문할 수 없었으므로 출판사는 아인슈타인을 초청하기로 결정했다. 당시 유럽 여행 중이던 이 회사의 직원이 즉시 베를린으로 파견되어 하버란트가를 방문해서, 세 차례의 대화 끝에 1922년 9월 아인슈타인은 이 제안을 받아들였다.

아인슈타인 부부는 취리히와 베른을 거쳐 마르세유에서 일본 증기선 기타노마루호에 탑승했다. 6주간의 항해 동안 그는 위장병으로 고생했다. 배는 콜롬보, 싱가포르, 홍콩, 상하이에 기항했고, 아인슈타인은 이국적인 매력을 흠뻑 느꼈다. 다만 제국에서 온 그는 처음으로 식민지의 모습을 보고 충격을 받았고, 실론에서 남자가 끄는 인력거를 타는 것이 괴로웠다. "나는 인간에 대한 그런 끔찍한 대우에 아무것도 할 수 없어서 매우 부끄러웠다. 거지들은 낯선 사람만 보면 떼로 달려든다. 그들은 간청하고 구걸하는 방법을 알고 있어서 사람들의 마음을 아프게 한다." 홍콩에서 그는 120명의 작은 유대인 공동체에 감명을 받았다. 아인슈타인은 그들에게 강한 유대감을 느꼈기 때문이다.

아인슈타인은 11월 17일 고베에, 다음 날 도쿄에 도착했다. 군중의 열광은 미국에서보다 더했다. 첫 강연에 2000명이 넘는 청중이 운집했다. 네 시간 동안 이어진 강연에도 청중은 자리를 지켰다. 아인슈타인은 독일어로 말했고 통역은 이시와라 준石原純이 맡았다.

그는 1910년에 일본 최초로 상대성이론 논문을 썼고 1912년에서 1914년까지 유럽에 와서 뮌헨, 취리히, 레이든 등에서 공부하며 조머펠트 및 아인슈타인과도 함께 연구했던 사람이다. 도쿄에서 아인슈타인은 여섯 차례 강연을 했다. 강연의 입장료는 상당히 비싸서 3엔이었는데, 대략 식사 열 번쯤 할 수 있는 돈이었다고 한다. 따라서 출판사는 거액을 투자했지만 톡톡히 이득을 보고 있었다. 게다가 출판사의 대표 시사잡지인 『카이조改造』는 아인슈타인 특별호를 발매했고, 역시 날개 돋친 듯 팔려나갔다.

2주간의 도쿄 일정을 마친 후에는 4주간의 전국 투어가 계획되어 있었다. 북쪽의 센다이, 남쪽으로 나고야, 교토, 후쿠오카로 이어졌다. 아인슈타인은 10회 강연을 하도록 계약이 되어 있었는데, 출판사는 아인슈타인을 설득해서 두 차례의 강연을 추가했다. 더구나 교토대학교에서는 12월 17일 즉흥적인 강연도 한 차례 했다. "나는 어떻게 상대성이론을 만들었는가 How I created the theory of relativity"라는 제목의 이 강연은 특히 중요하다. 아인슈타인이 직접 상대성이론을 만들 때 겪었던 일들과 그 배경을 대략적으로나마 설명한 소중한 기록이기 때문이다. 이시와라 준은 이 강의를 받아 적었고, 이시와라의 원고는 나중에 영어로 번역되어서 미국 물리학회지에 수록되었다. 후쿠오카에서 마지막 강연을 마치고 아인슈타인은 며칠을 쉰 후 12월 29일 열렬한 환송을 받으며 일본을 떠났다.

돌아가는 길에 아인슈타인은 팔레스타인에 들러서 텔아비브와 예루살렘 등을 둘러보았다. 그는 이론물리학자가 아니라 거의 국가 원수와 같은 대접을 받았고 축포가 울리기도 했다. 그는 여러 곳을 방문했으나 특히 감명을 받은 것은 새로운 나라를 건설하려 애쓰는 유대인의 모습이었다.

아인슈타인과 양자역학 I

아인슈타인하면 상대성이론을 떠올리게 되고, 사실 그의 삶이 상대성이론을 발전시켜나가는 과정과 연동되는 면이 있으므로 이 책에서도 상대성이론에 대한 이야기를 주로 해왔다. 하지만 아인슈타인은 양자역학의 발전에서도 빼놓을 수 없는 사람이다. 아인슈타인은 현대적인 의미에서의 '양자'라는 말을 제일 처음 쓴 사람이고, 널리 알려지지는 않았지만 '양자역학'이라는 말도 제일 처음 기록에 남긴 사람이다. 말뿐 아니라 실제로도, 아인슈타인은 20세기가 시작했을 때 물질의 저 깊은 곳에는 양자 이론이라는 무언가 새로운 체계가 존재한다는 걸 처음으로 느끼고, 생각하고, 고민하고, 연구했던 첫 번째 사람이었다.

아브라함 파이스는 그의 탁월한 아인슈타인 전기 『신은 난해하다』에서 양자론에 대한 아인슈타인의 업적을 다섯 가지로 나누어서 설명했다. 하나는 플랑크와 함께 빛의 양자 개념을 창안한 일, 두 번째는 비열에 대한 연구, 세 번째는 광자 개념의 발전에 기여한 일, 네 번째는 보스와 함께 양자통계역학을 발전시킨 일, 그리고 마지막 드브로이·슈뢰딩거의 파동역학으로 가는 길을 닦아놓은 것 등이다. 이 중에서 광자 개념은 빛의 양자 개념과 이어지는 내용이므로, 여기서는 하나로 묶어서 네 가지로 나누어서 다루도록 한다.

빛의 양자 개념은 앞에서 아인슈타인의 광전효과 논문을 소개하면서 설명했다. 빛의 양자 개념을 처음 생각해낸 사람은 막스 플랑크지만, 플랑크는 이 개념을 계산을 위한 편의적인 생각으로만 도입했다. 아인슈타인은 좀 더 의식적으로, 빛과 물질의 상호작용에서 빛이 입자처럼 행동한다고 명시했다. 그래서 이를 '빛의 양자'라고 처음 부른 사람도 아인슈타인인 것이다. 이후의 양자론의 모든 발전에는 이 생각이 바탕이 되어 있다. 빛의 양자 개념이 더욱 발전한 것은 1920년대에 미국의 콤프턴Arthur Holly Compton이 엑스선을 탄소 표적에 쏘았을 때 방향에 따라 나오는 엑스선의 파장이 달라지는 걸 관측하면서다. 이 현상은 엑스선이 마치 입자처럼 원자 속의 전자와 충돌하는 것으로 해석하면 정확하게 설명이 되었으므로, 광전효과보다 더 분명하게 빛이 입자처럼 행동한다는 걸 보여준다. 광전효과는 빛이 특정 에너지를 가진 입자처럼 행동하는 것이라면, 콤프턴 효과는 에너지뿐 아니라 그 에너지에 해당하는 운동량까지 가진 입자처럼 행동하는 현상이기 때문이다.

이렇게 빛을 입자로 생각해서 부르는 이름이 광자photon다. photon은 그리스어로 빛을 뜻하는 포스φῶς(phôs)에서 온 말로서, 누가 처음 만든 말인지는 확실하지 않지만 1910년대부터 사용되기 시작했다. 처음에는 광자보다 아인슈타인이 사용한 빛의 양자라는 이름이 더 많이 사용되었으나, 1926년 미국의 화학자 길버트 루이스가 학술지《네이처》에 보낸 1926년 12월 18일 자 편지에서 이 말을 사용한 이후 차츰 광자라는 말이 더 많이 쓰이게 되었고, 특히 1927년 솔베이 학회에서 여러 사람이 광자라는 말을 쓰면서 널리 퍼지게 되었다.

비열은 물체가 열을 얼마나 많이 내부에너지로 바꾸어서 가지고 있을 수 있느냐를 말해주는 양이다. 그래서 흔히 열을 주었을 때 온도가 얼마나 쉽게 변하느냐를 가지고 측정한다. 그런데 비열은 어떤 원소 비열은 물질의 원자나 분자 수준의 구조에 의해 결정되는 양이므로 본질적으로 양자역학적인 양이다. 그래서 19세기까지 발전했던 비열에 관한 이론들은 모두 한계에 부딪혔다. 아인슈타인은 1906년의 논문 「플랑크의 복사이론과 비열 이론Die Plancksche Theorie der Strahlung und die Theorie der spezifischen Wärme」에서 처음으로 양자이론을 물질에 적용하고 비열 등에 대해서 논했다. 이 논문은 물질에 대한 최초의 현대적인 논문이라고 할 수 있다. 1911년 제1회 솔베이 학회에서 아인슈타인의 발표 주제가 '비열 문제의 현재 상태에 관해'였음을 기억하자.

세 번째의 양자통계역학 관련 연구는 인도 물리학자 사티엔드라 보스와 함께 기여한 일이다. 방글라데시 다카대학교의 물리학 교수였던 보스는 1924년 6월에 아인슈타인에게 다음과 같은 편지를 보냈다.

> 선생님이 꼭 읽어주시고 의견을 말씀해주시기 바라며 논문을 동봉합니다. … 제가 고전 전기역학과는 상관없이, 위상공간에서 궁극적인 공간의 단위가 h^3이라고 가정하는 것만으로 플랑크 법칙에서 계수가 $8\pi\nu^2/c^3$임을 유도하려고 했다는 것을 아실 겁니다. 저

는 독일어를 잘 몰라서 논문을 독일어로 번역할 수가 없습니다. 이 논문이 출판할 가치가 있다고 생각하시면《물리학 저널Zeitschrift fur Physik》에 게재될 수 있도록 주선해주시면 감사하겠습니다. 저는 선생님께 생판 남이지만 주저하지 않고 이렇게 부탁드립니다. 우리는 선생님의 논문을 통해서만 가르침을 받았지만 모두 선생님의 제자이기 때문입니다.

이 편지에는 논문이 한 편 동봉되어 있었다. 보스는 인도 콜카타 출신으로 상대성이론을 비롯한 현대물리학에 관심이 많았고, 일반상대성이론 논문이 포함된 독일어 책을 번역하기도 했다. 그러면서 보스는 아인슈타인에게 직접 편지를 보내 허락을 구한 적이 있었으므로, 아인슈타인과 전혀 모르는 사이는 아니었다. 보스는 동봉한 논문을 전해에 영국 학술지《왕립학회 철학저널Philosophical Magazine of the Royal Society》에 투고했다가 심사에서 거부되어서 게재되지 못하자, 아인슈타인에게 보낸 것이다.

아인슈타인은 보스의 논문을 읽고 크게 감명을 받고, 직접 논문을 독일어로 번역해서 1924년 7월에《물리학 저널》에 게재했다. 보스의 이 논문에서 중요한 요소는 모든 빛의 양자들이 서로 구별할 수 없는 입자라는 것이었고, 아인슈타인이 주목한 것도 바로 그 부분이었다. 아인슈타인은 곧바로 보스의 논문을 지지하는 논문을 써서, 보스의 논문과 같이《물리학 저널》에 게재했다. 이로써 보스의 논문은 금방 중요한 논문으로 인정받을 수 있었다. 이 업적은 양자역학적 통계역학이라는 분야를 새로 열었다. 이후 아인슈타인은 이 개념을 발전시켜서 분자들이 외부의 힘이 없이도 응축되어 있을 가능성에 대해서 논했다. 보스·아인슈타인 응축이라고 부르는 이 현상은 1995년에 미국 콜로라도대학교의 에릭 코넬과 칼 위먼 등이 루비듐 원자로, 그리고 같은 해 미국 MIT의 볼프강 케테를레가 소듐 원자를 가지고 각각 만들어서 관측하는 데 성공함으로써 확인되었다. 세 사람은 이 업적으로 2001년 노벨물리학상을 공동 수상했다. 이 분야의 업적은 최초의 아이디어도 아인슈타인의 것이 아니고, 그다지 많은 논문을 쓴 것도 아니므로 아인슈타인의 업적 중에서는 비교적 소소한 것이라고 할 만하다. 그렇지만 그러한 정도의 업적만으로도 아인슈타인의 이름은 영원히 기억될 것이다.

여기까지의 업적은 본격적인 양자역학이 아닌, 소위 옛 양자론old quantum theory라고 부르는 시대의 업적들이다. 아인슈타인이 진짜 양자역학과 연결되는 부분은 프랑스의 드브로이Louis de Broglie를 통해서다. 드브로이는 아인슈타인의 양자 복사이론을 연구하면서 이를 물질에 적용하는 방법을 개발했고 이 물질파matter wave라는 개념은, 다시 아인슈타인에 의해 슈뢰딩거Erwin Rudolf Josef Alexander Schrödinger에게 소개되었으며, 슈뢰딩거는 이 이론을 발전시켜 양자역학의 기초가 되는 파동방정식을 만들어냈다. 슈뢰딩거는 자신의 논문에서 아인슈타인과 드브로이의 영향에 대해서 감사를 표했다.

1911년에 영국의 러더퍼드가 원자 속에는 원자핵이 존재한다는 걸 발견했다. 덴마크의 닐스 보어는 무거운 원자핵 주변에 가벼운 전자가 있을 때 원자의 성질을 설명하는 성공적인 이론적 모형을 최초로 만들었다. 보어의 성공은 아인슈타인에게 흔치 않은 감명을 주었고, 두 사람은 가까운 친구가 되었다. 아인슈타인은 보어에게 보낸 편지에서 "내 인생에서 당신처럼 그저 함께 있는 것만으로도 나에게 즐거움을 주었던 사람은 흔치 않았습니다"라고 말했다. 아인슈타인이 코펜하겐에 들렀을 때, 마중을 나온 보어와 전차에서 얼마나 열심히 토론을 했는지, 내릴 곳을 지나쳐버려서 반대편 전차로 갈아탔는데, 또다시 내려야 할 곳을 지나쳤다고 한다.

1925년, 슈뢰딩거가 파동방정식을 만들기 조금 전에 괴팅겐의 막스 보른의 조수로 있던 베르너 하이젠베르크가 보어의 원자모형과 원자의 분광학 데이터를 다루는 계산법을 만들었고, 막스 보른과 함께 이를 체계화했다. 영국의 폴 디랙이라는 젊은이도 하이젠베르크의 말을 듣고 자신만의 방식으로 새로운 이론을 구축했다. 이들의 이론은 물리학의 너무나 근본적인 부분을 건드리는 내용이라서, 이론을 만든 본인들조차도 정확한 의미를 말하기 어려웠다. 이들은 보어의 지도력에 힘입어 원자의 이론을 구축해나갔다. 슈뢰딩거가 만든 파동방정식은 매우 뛰어난 도구로 이들의 이론에 편입되었다. 이들의 이론은 물질과 그 성질을 설명하는 데 그치지 않고, 물리적 실재와 그 존재 방식까지 새로 정의하려 했다. 이것이 양자역학이다.

양자역학에 대한 선구적인 많은 기여에도 불구하고, 막상 양자역학이 탄생하자 아인슈타인과 양자역학의 관계는 아이러니하게도 처음부터 긴장감이 맴돌았다. 아인슈타인은 하이젠베르크의 접근 방법에, 처음부터 그다지 동의하지 않았다. 하이젠베르크의 이론이 처음 나왔을 때부터 에렌페스트에게 보낸 편지에 "괴팅겐에서는 그걸 믿나 봐 (난 안 믿네)"라고 쓰고 있는 걸 볼 수 있다. 이때는 아직, 나중에 아인슈타인이 문제 삼는 통계적 해석이나 실재에 대한 독특한 관점이 나오기도 전인데 말이다. 보어, 하이젠베르크, 보른, 파울리 등이 확률 개념을 도입하고 우리가 아는 형태의 양자역학을 차츰 확립해나가자 아인슈타인은 막스 보른에게 보낸 편지에서 아래와 같이 썼다.

> 양자역학은 확실히 주목할 만합니다. 그러나 제 안의 목소리가 양자역학은 확실한 것이 아니라고 제게 말하고 있습니다. 이 이론은 많은 것을 말하고 있지만, '과거의 이론'이 가진 비밀의 근처로 우리를 인도해주진 않습니다. 어쨌든 저는 신이 주사위 게임을 하지 않는다고 믿습니다.

아인슈타인과 양자역학 진영의 대결이 본격적으로 펼쳐진 것은 유명한 1927년의 솔베이 학회에서였다. 20세기를 대표하는 물리학자들이 대거 등장하는 단체 사진으로 널리 알려진 이 회의는 보어를 중심으로 하는 소위 코펜하겐 그룹이 양자역학을 선포하는 자리에 가까웠다. 닐스 보어와 막스 보른뿐 아니라, 어린 나이에도 불구하고 코펜하겐의 주요 인물들인 베르너 하이젠베르크, 볼프강 파울리, 폴 디랙이 모두 참석했다. 보어의 연구소를 중심으로 활동했기 때문에 코펜하겐 학파라는 이름이 붙게 되는 이들은 거의 오늘날 우리가 알고 있는 형태의 양자역학을 개념적으로 완성해놓고 있었다. 이들에게 정면으로 맞서는 사람은 아인슈타인이 유일했다.

아인슈타인은 이들에게 집요하게 파고들면서 양자역학의 문제점을 찾아내기 위해 진력했다. 보어를 대표로 하는 코펜하겐 진영은 아인슈타인의 지적을 받아서, 하나하나 논파해나갔다. 이 치열한 대결은 결국 아인슈타인이 승기를 잡지 못한 상태로 끝났다. 보어는 젊은이들의 도움을 받으며 아인슈타인의 날카로운 문제 제기에 모두 다 대답해낸 것이다. 결국 1927년의 솔베이 학회는 양자역학 진영의 방어가 성공한 데서 마무리 지어졌다. 그러나 그렇다고 아인슈타인이 수긍한 것은 아니었다. 아인슈타인은 평생 양자역학 문제를 두고 고심했으며, 미국에 간 후인 1935년에, 당시까지 아무도 인식하지 못했던 양자역학의 매우 미묘한 점을 파헤치는 논문을 발표하게 된다. 이 논문과, 아인슈타인이 양자역학에 대해서 생각하는 문제점에 대해서는 미국 편에서 다시 이야기하기로 하자.

아인슈타인의 우주

일반상대성이론은 아이디어의 독창성과 구상의 장대함에서 그 예를 찾기 힘든 물리학 이론이며 이론물리학의 위대한 승리라고 할 만한 업적이다. 순수하게 이론적인 방법으로 만들어진 일반상대성이론을 구체적인 문제에 적용하자, 놀랍게도 수백 년 동안 해결하지 못했던 수성 궤도의 세차운동이 설명되었고, 태양 주변에서 빛의 휘어짐을 예측해냈다. 일반적인 좌표변환에 대한 공변성이라는 수학적인 기준을 가지고 방정식을 만들었을 뿐인데, 저절로 이전의 이론보다 더 강력한 중력이론이 탄생한 것이다. 그야말로 물리학 이론의 힘을 가장 잘 보여주는 장면이 아닐 수 없다. 그래서인지 20세기의 위대한 물리학자 중 한 사람인 란다우는 그의 책에서 일반상대성이론은 모든 이론 중에서도 가장 아름다운 이론이라고 말했다. 그렇게 생각한 사람이 란다우만은 아니다. 실질적으로 표준모형을 완성한 사람인 스티븐 와인버그에 따르면, 일반상대성이론이 유명해진 것은 1919년 빛의 휘어짐을 관측한 영국 탐사대의 보고 덕분이지만, 물리학자들 사이에서는 거의 처음부터 바로 인정을 받고 많은 관심을 끌었는데, 그 이유는 오로지 이론의 아름다운 구조 때문이었다.

일반상대성이론을 자세하게 탐구하는 일은 이 책의 목적이 아니다. 하지만 일반상대성이론이 말해주는 바는 조금 더 소개할 가치가 있을 것이다. 먼저 일반상대성이론의 중력장 방정식을 풀면 어떤 답이 나오는지를 보자. 중력이 아주 약할 때는 방정식을 근사적으로 풀 수 있고, 그러면 뉴턴의 중력이론과 비슷하게 된다는 것을 앞에서 설명했다. 그런데 근사적인 답이 아니라 정확한 답을 구할 수 있을까?

아인슈타인의 방정식뿐 아니라 물리학의 법칙을 나타내는 방정식들은 많은 경우 미분방정식이라는 수학적인 형태로 되어 있어서, 주어진 조건에 맞추어 방정식을 풀면 원하는 물리량을 나타내는 함수를 구하게 된다. 일반상대성이론의 중력장 방정식도 마찬가지로 방정식을 풀면 계량함수를 얻게 된다. 그런데 계량함수는 모두 열 개다. 결국 서로 얽혀 있는 열 개의 방정식을 풀어야 하는 것이다.

게다가 이 방정식은 그냥 미분방정식이 아니라 공간 3차원과 시간에 대한 편미분방정식이고, 편미분방정식은 풀기가 훨씬 더 어렵다. 마지막으로 이 방정식들은 앞에서 잠깐 언급했듯이 선형함수가 아니라 비선형함수, 즉 일차식이 아니라 더 복잡한 함수로 되어 있다. 이런 상황이라서 정확한 답은 물론 존재하겠지만, 이를 실제로 구하는 일은 아인슈타인도 먼 미래의 일이라고 생각했다.

하지만 아인슈타인이 중력장 방정식을 발표하고 나서 채 두 달도 되지 않았을 때, 아인슈타인에게 방정식의 정확한 답을 구했다는 편지가 날아들었다. 편지를 쓴 사람은 바로 포츠담 천문대의 소장이던 카를 슈바르츠실트Karl Schwarzschild였다. 슈바르츠실트는 어릴 때부터 천문학에 관심을 가지고 김나지움에 다닐 때 천체역학에 대한 논문을 썼을 만큼 신동이었다. 스트라스부르대학교와 뮌헨대학교에서 천문학, 물리학, 수학 등을 공부한 그는 1896년 푸앵카레의 이론에 대한 연구로 박사학위를 받았다. 이후 그는 비엔나의 쿠프너 천문대에서 일하고 1901년부터는 괴팅겐대학교의 천문대에서 일했다. 이때 그는 프로인틀리히에게 천문학을 가르쳤고, 힐베르트와 민코프스키 등과도 알게 되었다. 1909년에는 독일에서 가장 권위 있는 자리인 포츠담의 천체물리학 천문대의 소장이 되었고, 1912년에는 프로이센 아카데미의 회원이 되었다.

전쟁이 일어나자 그는 40세가 넘은 나이에도 자원입대해 서부전선과 동부전선에서 모두 복무했다. 그는 주로 탄도 계산을 맡았고 포병 중위가 되었다. 그러나 슈바르츠실트는 전선에서 자가면역질환인 천포창이 발발해서 침상에 누워 있게 되었다. 그는 그곳에서 아인슈타인의 일반상대성이론 논문이 실린 회보를 구해 읽었다(어떻게 그런 일이 가능한지 잘 상상이 되지 않는다). 며칠 만에 그는 가장 간단한 형태인 구 대칭성이 있는 경우에 아인슈타인 방정식을 풀어서 정확한 답을 얻는 데 성공했고, 결과를 아인슈타인에게 보낸 것이다. 아인슈타인 본인조차도 이렇게 방정식이 쉽게 풀렸다는 사실에 놀라워했다. 슈바르츠실트의 논문은 1916년 1월 13일 프러시아 과학아카데미에 제출되었다.

구 대칭성이 있는 경우라는 것은 간단히 말해서 구 모양의 별이 하나만 있는 경우를 말한다. 그러면 별을 중심으로 볼 때, 모든 방향은 완전히 동등하며 대칭적인데, 이렇게 모든 방향에 대해 대칭적인 경우를 구 대칭성이라고 한다. 슈바르츠실트의 첫 번째 논문은 별 바깥에서 보았을 때의 별에 의한 중력을 구한 것이었다. 몇 주 후 이번에는 별 안쪽에서의 중력을 구한 두 번째 논문이 도착했다. 그러나 슈바르츠실트는 3월에 제대를 하고 투병하다가 결국 5월에 사망하고 말았다. 겨우 42세의 나이였다.

오늘날도 일반상대성이론을 공부하는 대학원생은 슈바르츠실트의 답을 계산해보는 것으로 시작한다. 슈바르츠실트가 구한 답은 구 모양의 물질이 (즉 별이) 하나 있을 때, 별의 내부와 외부의 시공간이 어떻게 생겼는지를 기술하는 것이다. 별의 표면에서는 시간이 가장 느리게 흐르고 별에서 나온 빛은 파장이 조금 길어진다. 지구와 같이 중력이 그리 강하지 않을 경우에는 슈바르츠실트의 답이 뉴턴의 중력 법칙을 준다는 걸 쉽게 확인할 수 있다. 슈바르츠실트의 답은 또한 아인슈타인 장방정식의 가장 특수한 답인 블랙홀에 대해서도 실마리를 보여주고 있는데, 여기서는 블랙홀 이야기는 더 하지 않겠다.

동부전선의 서쪽에서 슈바르츠실트가 아인슈타인의 방정식을 풀고 있을 때, 전선의 반대편에도 일반상대성이론의 또 다른 중요한 답을 구하게 될 물리학자가 러시아 군인으로 복무하고 있었다. 알렉산드르 프리드만Alexander Alexandrovich Friedman은 상트페테르부르크대학교에서 공부하고, 이후 이 학교가 레닌그라드대학교라는 이름으로 바뀌었을 때 교수로 재직했으며 나중에 빅뱅이론을 만들어내는 가모프George Gamow를 가르치게 된다. 프리드만도 전선에서 아인슈타인의 방정식을 풀었던 것은 물론 아니다. 프리드만은 전쟁이 끝난 후 학교로 돌아와서 다시 교수로 재직하다가, 1922년에 아인슈타인의 장방정식을 풀어서 슈바르츠실트보다 조금 더 복잡한 답을 구했다. 프리드만이 1924년에 발표한 논문 "공간이 일정한 음의 곡률을 가지는 세계의 가능성에 대해"는 우주공간의 곡률이 각각 +, -, 0일 경우의 장방정식의 답을 제시했다. 슈바르츠실트의 답은 가장 간단한 경우이므로 공간의 곡률은 0이었다.

프리드만의 답은 새로운 의미에서 매우 흥미로운 결과였는데, 그 이유는 공간이 일정한 음의 곡률을 가지면 공간 자체가 시간에 따라 팽창했기 때문이다. 공간 자체가 팽창한다는 말은 우주가 팽창한다는 의미다. 이것은 우주공간 자체가 우리가 탐구해야 할 대상이며 우주가 어떻게 생겼는지를 논할 수 있다는 것을 말해주는 것이었다. 그런데 그때까지 사람들에게 우주란 영원불멸하며 절대 고정된 배경인 것, 언제나 그대로, 끝없이 펼쳐져 있는 무한하고 정적인 것이었다. 그래서 프리드만의 답은 처음에는 잘 이해되지 않았다. 아인슈타인마저도 프리드만의 답은 물리적인 해가 아닐 것이라고 생각했다.

하지만 프리드만은 물리학자라기보다는 수학자에 가까운 사람이었기 때문에 그 답의 의미를 물리적으로 깊게 파고들지 않았다. 무엇보다 프리드만에게는 팽창 우주론을 더 발전시킬 시간이 거의 남아 있지 않았다. 그는 얼마 지나지 않아, 1925년에 불과 37세의 나이에 장티푸스로 사망했기 때문이다. 10여 년 후 미국의 로버트슨과 영국의 워커가 더욱 상세하게 일반상대성이론이 제시하는 우주의 형태를 연구해 오늘날 우리가 우주론을 논할 때 사용하는 기본적인 답을 내놓게 된다. 세 사람의 이름을 따서 우리는 이를 흔히 프리드만·로버트슨·워커의 답Friedman-Robertson-Walker solution, FRW이라고 부른다.

일반상대성이론의 수학적인 해답으로서 팽창하는 우주를 처음으로 논한 것이 프리드만이라면 물리학의 우주론으로서 한 점에서 시작해서 팽창하는 우주, 즉 오늘날 우리가 빅뱅이론이라고 부르는 형태의 우주론을 처음 논한 사람은 벨기에의 가톨릭 신부였던 르메트르Georges Henri Joseph Édouard Lemaitre였다. 르메트르가 신부로서 우주론을 제안한 것은 물론 아니다. 그는 신부일 뿐 아니라 루뱅대학교의 물리학과 교수였고 천문학자이자 천체물리학자였다. 벨기에의 루뱅대학교에서 물리학과 수학을 공부한 르메트르는 1920년에는 학위를, 1923년에는 사제 서품을 받고 영국으로 건너가서 케임브리지대학교 세인트에드먼즈칼리지에서 에딩턴으로부터 현대 우주론과 천문학을 배웠다. 르메트르는 이어서 미국 하버드대학교의 천문대에서 새플리와 같이 일하면서 MIT의 박사학위 과정에서 공부했다. 벨기에로 돌아가서 루뱅대학교의 강사가 된 르메트르는 1927년 《브뤼셀 과학학회 연보Annales de la Société Scientifique de Bruxelles》라는 학술지에 "은하 바깥의 성운들이 서로 멀어지는 속도를 설명하는, 일정한 질량을 가지고 팽창하는 균질한 우주Un Univers homogène de masse constante et de rayon croissant rendant compte de la vitesse radiale des nébuleuses extragalactiques"라는 논문을 발표했다. 이 논문에서 르메트르는 '시작'이 있는 '팽창'하는 우주에 대해 논했다. 이것이 처음으로 제시된 빅뱅이론의 아이디어다. 그러나 안타깝게도 르메트르가 논문을 발표한 학술지는 벨기에에서 발행되는 프랑스어 학술지였으므로 그 논문을 읽은 사람은 거의 없었고, 르메트르가 직접 논문을 보내주었던 에딩턴도 논문을 받고는 곧 잊어버렸다.

1912년 미국 아리조나주의 로웰 천문대에서 일하던 슬라이퍼Vesto Melvin Slipher는 성운들의 스펙트럼을 관찰하다가 대부분의 성운이 상당히 큰 적색편이를 보인다는 것을 발견했다. 윌슨산 천문대에서 당대 최대의 망원경을 이용할 수 있었던 허블은 이 문제에 관심을 가지고, 1929년까지 조수인 휴메이슨과 함께 100인치 구경의 후커 망원경으로 46개의 은하를 조사했다. 그 결과 모든 은하가 적색편이를 보이는 걸로 확인되었고, 적색편이의 크기가 은하까지의 거리에 따라 달라진다는 것을 발견했다. 적색편이의 크기는 은하가 지구로부터 멀어지는 속도에 의해 결정되므로 허블의 발견은 은하의 속도와 거리 사이의 관계로 표현될 수 있다. 허블은 데이터를 정리해서 은하가 지구로부터 멀어지는 속도는 지구에서 은하까지의 거리와 비례한다는 것을 확인했다. 이 관계를 허블의 법칙이라고 하고, 비례상수를 허블 상수라고 부른다.

모든 별이 지구로부터 멀어지고 있으며 멀리 있는 별들이 더 빨리 멀어진다는 현상을 가장 자연스럽게 해석하는 방법은 우주가 전체적으로 팽창한다고 생각하는 것이다. 나아가서 우주가 팽창하고 있다면, 거꾸로 거슬러 올라가면 우주는 축소될 것이며 궁극적으로는 다시 한 점으로 환원됨을 의미하고, 따라서 우주의 시작이 있음을 의미한다. 그동안 사람들은 우주란 언제나 그 자리에 그대로 무한한 공간에 걸쳐 펼쳐져 있는 배경이라고 생각해왔으므로, 허블의 발견은 우리가 사는 우주에 대해 알게 된 가장 획기적인 사실이라고 할 수 있다. 그리고 아인슈타인의 일반상대성이론이 이미 그러한 우주를 예측하고 있었다는 사실은 더욱 놀라운 일이다. 이렇게 일반상대성이론은 우주 그 자체를 다루는 도구가 되었고, 오늘날까지 우주론 연구의 필수적이며 가장 중요한 지식이다.

헬렌 두카스

1928년 초 아인슈타인은 심장 부근에 통증을 느꼈다. 결국 넉 달 넘게 침대에서 요양을 하며 지내야 했고, 그해 내내 건강을 조심해야 했다. 그 때문이었는지는 알 수 없지만 엘자는 4월 11일에 자신이 명예회장으로 있던 유대인 고아후원회의 사무 간사인 로자 두카스에게 아인슈타인의 개인 비서를 구해달라고 부탁했다. 엘자는 로자의 어머니 한첸과 같이 헤힝겐 출신으로 서로 알았고, 그래서 로자와는 개인적으로 매우 친하게 지내는 사이였다. 로자는 마침 베를린에 와 있던, 터울이 많이 지는 동생인 헬렌Helen Dukas을 추천했고, 엘자도 좋은 생각이라고 동의했다. 헬렌은 로자의 심부름으로 엘자의 집으로 찾아온 적이 있었으므로 엘자도 얼굴 정도는 알고 있었다. 헬렌은 베를린에서 작은 출판사에 다녔는데, 마침 당시에는 그 출판사가 폐업해서 실직 중이었다.

헬렌은 로자로부터 아인슈타인의 개인 비서가 되어보라는 말을 듣고 처음에는 "언니 미쳤어!"라고 반응했지만, 다음 날 결국 엘자를 찾아가기는 했다. 헬렌을 면담한 엘자는 헬렌에게 정식으로 개인 비서가 되어 달라고 부탁했고, 헬렌은 다음 날 아인슈타인을 만나보는 데 동의했다.

4월 13일 헬렌은 하버란트가 5번지에 다시 찾아왔다. 아인슈타인은 침대에서 친절한 미소와 함께 헬렌을 맞았다. 헬렌이 들은 첫 번째 아인슈타인의 목소리는 자신에게 하는 농담이었다. "여기 아주 늙은 어린아이의 시체가 있다오." 그리고 아인슈타인은 헬렌에게 교육부에 가서 몇 가지 업무를 처리해줄 것을 부탁했다. 교육부라니, 평범한 젊은 여성이 처음 맡기에는 매우 긴장되는 일이었다. 하지만 그날 헬렌은 관청에서 아인슈타인이라는 이름이 가지는 마술과 같은 효과를 체험했다. 돌아온 헬렌은 아인슈타인의 구술을 받아 몇 통의 편지를 타이핑했다. 이로써 헬렌은 아인슈타인의 비서가 되었다.

이후에 헬렌 두카스는 1930년 미국 방문에도 같이 갔을 정도로 아인슈타인과, 때로는 부부와 늘 동행했다. 하지만 독일에 있을 때는 엘자도 있었고, 대학에는 대학의 직원이 있었기 때문에 헬렌의 역할이 그다지 두드러질 것이 없었다. 헬렌 두카스가 아인슈타인의 모든 것을 맡게 된 것은 1936년 엘자가 사망한 뒤부터다. 그 이후 헬렌은 아인슈타인의 개인적인 사무뿐 아니라 집안 살림까지 모든 일을 맡아서 하는, 비서이자 관리인이자 가정부와 같은 존재가 되었다(물론 시간제로 오는 가정부는 있었다). 예를 들어 아인슈타인의 여동생 마야도 전쟁 후 아인슈타인의 집에서 함께 살았는데, 마야가 죽기 전 병석에 있을 때 간병하는 일도 모두 헬렌의 일이었다. 따라서 아인슈타인의 모든 것에 대해서 헬렌만큼 잘 아는 사람은 없었고, 아인슈타인 사후에 헬렌이 유산의 관리인으로 지정된 것은 당연하다면 당연한 일이다.

카푸트

1929년 3월 14일에 아인슈타인은 50세 생일을 맞았다. 전 세계에서 축하와 선물이 날아들었고 수많은 축하 행사가 기획되었다. 선물과 축전 중에는 미국으로 이주한, 예전 뮌헨 시절의 인연이던 막스 탈무트가 보낸 편지와 같이 반가운 것도 있었으나, 아인슈타인이 전혀 모르는 사람들이 보낸 것도 많았다. 게다가 기자와 파파라치들도 평소보다 훨씬 많이 모여들었다. 그러나 이런 반응에 대응하는 데 익숙해진 아인슈타인은, 이미 가족과 함께 몰래 베를린을 떠나, 의사이자 친구인 야노시 플레시의 별장에서 조용한 시간을 보냈다. 이 별장은 베를린 남서쪽의 작은 마을인 가토에 위치해 있었다.

  베를린 시장 구스타프 뵈스는 아인슈타인의 50세 생일을 기념해서 베를린 근교 호숫가에 별장을 선물하겠다고 발표했다. 이러한 제안을 한 배경은 아인슈타인이 호숫가 별장에 로망을 가지고 있었기 때문일 것이다. 아인슈타인은 1920년대 초에 엘자에게 별장과 요트를 사자고 조른 적이 있고, 실제로 베를린 남서쪽 스판다우의 분할 대여 주택인 복스펠데Boxfelde에 작은 집을 임대해서 지내기도 했다(분할 대여 주택이란 도시에 사는 사람이 주말이나 휴가에 전원생활을 즐기도록 도시 근처의 땅에 정원이 딸린 작은 집을 지어서 임대하는 주택단지다. 일종의 주말농장과 같은 개념이라고 할 수 있다. 오늘날도 유럽의 도시 외곽에는 이러한 단지를 종종 볼 수 있다). 이 집은 하펠강이 작은 만을 이루는 샤페 랑케Scharfe Lanke에 가까워서 아인슈타인은 종종 하펠강에서 배를 타기도 했다. 아인슈타인은 애정을 담아 이 집을 "나의 스판다우 궁전"이라고 불렀고, 밀레바에게 보낸 1921년 8월 28일 자 편지에도 "최근에 스판다우의 물가에 오두막집을 마련했소. 따뜻할 때 거기서 다른 가족은 아무도 없이 아이들과 함께 보낼 수 있어"라고 언급했을 정도다(밀레바에게 보낸 1921년 8월 28일 자 편지). 실제로 1922년에는 한스 알베르트와 에두아르도가 와서 아인슈타인과 함께 지냈다. 하지만 아인슈타인은 대여 주택에 딸린 정원을 제대로 가꾸지 않아서 지역 행정부로부터 경고를 받았고 1923년 6월에 계약은

해지되었다.

  시의 선물 계획은 그다지 잘 진행되지 않아서, 적어도 열두 개 이상의 주택이 검토되었는데 위치가 나쁘거나, 땅 주인과 제대로 협의가 이루어지지 않았거나 아인슈타인이 세입자를 강제로 내보내는 걸 원치 않는 등의 문제가 계속되었다. 마땅한 집을 찾지 못하자, 아인슈타인이 마음대로 집을 지을 수 있도록 땅을 주자는 제안이 나왔다. 그러나 이 과정도 질질 끌어서, "베를린시의 실패한 선물"은 언론에서 일종의 스캔들이 되었다. 엘자는 마침내 1929년 포츠담 남쪽, 슈비엘로흐제 호수와 템플린 호수의 중간쯤에 위치한 카푸트Caputh 라는 마을의, 호수에서 멀지 않은 발트가 7번지의 땅을 골랐다. 시장은 구입을 승인했으나, 이번에는 베를린 시의회에서 민족주의 정당이 반대해서 정치적 논쟁이 일어났다. 넌더리가 난 아인슈타인은 선물을 포기하기로 결정하고, 직접 땅을 사서 집을 짓기로 했다. 시장은 만류했으나, 아인슈타인 부부는 저금을 털어서 땅을 사고 집을 지었다.

  집의 설계는 유대인 건축가 바흐스만Konrad Wachsmann이 맡았다. 바흐스만은, 지금은 폴란드지만 당시는 독일에 속했던 니더실레지아의 니스키에 위치한 유명 목조주택 건축회사 크리스토프 운마크의 젊은 건축가였다. 그는 아인슈타인이 목조주택을 원한다는 이야기를 듣고 아인슈타인의 집을 직접 찾아가서 아인슈타인 부부와 쉽게 친해졌다. 일을 맡게 된 바흐스만은 아인슈타인과 집의 설계를 놓고 여러 제안을 검토했다. 우선 바우하우스 양식의 현대적인 건물은 아인슈타인에게 거부당했다. 아인슈타인은 예술에서 충격과 감동보다는 마음의 편안함을 주로 원했기 때문이다. 바흐스만은 아인슈타인의 요구 사항들을 감안해서 설계를 마쳤다. 특히 아인슈타인의 연구실은 이중벽으로 분리해서 다른 공간과 차단했다. 바흐스만은 자신이 설계한 카푸트의 집을 종종 방문했고, 내내 환영받았다.

훗날 아인슈타인이 독일을 떠나 프린스턴에 자리를 잡은 후, 아인슈타인은 루스벨트 대통령에게 편지를 써서 유대인인 바흐스만이 미국에 입국할 수 있도록 허가를 얻어줬다. 덕분에 바흐스만은 1941년 미국으로 건너갈 수 있었다. 바흐스만은 미국에서 바우하우스의 창립자 중 한 명인 발터 그로피우스와 함께 조립식주택인 패키지 하우스 시스템을 개발했다. 바흐스만은 1949년부터 1964년까지 시카고의 일리노이 공과대학에서, 1964년부터 1979년까지 로스앤젤레스의 서던캘리포니아대학교에서 강의했다. 그는 죽은 후에 고향인 독일 오데르주 프랑크푸르트에 묻혔다.

집은 템플린 호수에서 약 300미터 정도 떨어져서, 호수의 전망을 감상할 수 있는 숲 가장자리의 경사면에 위치했다. 주로 오레곤 소나무와 갈리시아 전나무가 기둥과 벽재를 이루었고, 흰색 창문 새시로 된 커다란 프랑스식 창문이 달렸으며, 지붕에는 기와를 덮었다. 집을 짓는 동안 친구들이 선물한 '돌고래Tummler'라는 이름의 요트도 도착했다. 베를린 시내의 아파트는 여전히 그의 본 집이었지만, 이곳은 그의 별장이자 천국이었다. 이곳에서 아인슈타인은 편하게 아무 옷이나 입고 맨발로 돌아다니며 자연과 여유를 만끽했고, 많은 전설과 일화를 만들었다. 여기서 지낸 시간이 그의 인생에서 가장 행복한 시간이었을지도 모른다.

아인슈타인은 매년 봄부터 늦가을까지 카푸트에서 많은 시간을 보냈고, 겨울에는 베를린의 아파트로 돌아갔다. 한때는 베를린의 집을 없애고 카푸트로 완전히 이사할 생각도 했던 모양이지만 현실적으로 그건 무리였다. 대학과 연구소도 나가보아야 했고, 음악회를 다니기도 했기 때문이다. 가족들 외에 헤르타 시펠바인이 이 집에서 그들과 함께 살며 가사를 돌보아주었다. 아인슈타인의 비서이자 훗날 아인슈타인의 재산 관리인이 된 헬렌 두카스는 베를린과 카푸트를 오가며 일을 보았다. 아인슈타인의 조수이며, 적나라하게 말하자면 그의 '계산기'였던 발터 마이어 박사도 카푸트에 자주 들렀다.

카푸트는 아인슈타인이 세상으로부터 떨어져서 조용히 지내기 위한 곳이었으므로, 전화도 설치하지 않았다. 긴급한 연락이 오게 되면 이웃집에서 연락해주기로 했다. 이제는 그저 호기심에 찾아오는 손님은 거의 없었다. 하지만 그래도 찾아오는 손님은 있었다. 카푸트를 찾아오는 손님들은 우선 아인슈타인의 과학자 동료들과 친구가 여럿 있었고, 아인슈타인을 만나기 위해 특별히 찾아오는 명사들도 있었다. 아인슈타인을 찾아온 사람으로는 베를린에 있는 가까운 친구인 폰 라우에, 발터 네른스트, 프리츠 하버, 플랑크의 뒤를 이어 베를린대학교의 교수가 된 슈뢰딩거 등이 있었고, 그 밖에도 괴팅겐의 막스 보른, 레이든의 에렌페스트, 프라하의 필립 프랭크, 뮌헨의 아르놀트 조머펠트 등 독일과 유럽 여러 대학의 친구들도 카푸트를 방문했다. 다른 분야의 명사들도 아인슈타인을 만나러 찾아왔다. 화가인 케테 콜비츠, 작가 하인리히 만, 지휘자인 에리히 클라이버, 극작가인 게르하르트 하우프트만 등도 카푸트를 찾았다는 기록이 있다.

1930년 7월 14일 카푸트는 특별한 손님을 맞았다. 인도의 시인 타고르였다. 타고르는 인도 콜카타의 브라만 계급인 명문 가문 출신으로, 그의 아버지는 힌두교의 근대적 종교 개혁 운동의 하나인 브라흐모 사마지Brahmo Samaj의 지도자격인 인물 중 한 사람이었다. 타고르는 어려서부터 인도의 고전음악과 문학, 연극 등의 문화적 세례를 받고 16세 때 이미 필명으로 시를 발표하는 등 문학적 재능을 보였다. 17세 때 영국으로 유학을 와서 유니버시티칼리지 런던에서 법학을 공부했던 타고르는, 법학보다 잉글랜드, 아일랜드, 스코틀랜드의 민속음악 등에 관심을 기울이다가, 학교를 마치지 않고 인도로 돌아왔다. 그는 많은 시와 소설, 그 밖의 여러 글을 썼고 음악과 미술작품도 남겼다. 타고르는 또한 그의 아버지가 콜카타 북쪽에 설립한 샨티니케탄Shantiniketan을 이어받았다. '평화의 거처'라는 뜻의 샨티니케탄은 서구문화 전반을 연구하고 가르치는 일종의 학교로서, 타고르에 의해 점점 확장되어 주변 지역까지를 포함하게 되었으며, 타고르가 이곳에 설립한 대학교인 비스바바라티Visva-Bharati는 1951년 공립 중앙 대학으로 인정받았다. 1913년 아시아인으로서 최초로 노벨문학상을 받은 타고르는 노벨상 상금도 샨티니케탄을 운영하는 데 사용했다.

타고르와 아인슈타인은 초면이 아니었다. 두 사람은 1926년 타고르가 두 번째로 독일에 방문했을 때 처음 만났고, 그 후에도 간단한 편지를 교환해오다가, 이번 방문이 이루어진 것이다.

타고르와 아인슈타인의 만남은 살아 있는 두 현자, 그것도 진리의 반대 극단을 대표하는 두 현자의 만남으로 여겨져 많은 관심을 끌었다. 이들의 만남에 대해 스코틀랜드 타고르 센터에서는 이렇게 묘사했다.

> 어떤 사람들은 그들의 만남을 "과학과 종교 사이의 오래된 마찰을 탐구하는, 역사상 가장 자극적이고 지적으로 흥미진진한 대화 중 하나"라고 묘사하는 반면, 다른 사람들은 "서로에 대해 따뜻한 존중을 보였지만, 그들의 대화는 특별히 잘 진행되지는 않았다"라고 주장한다. 그리고 "상호 존중에 대한 고백을 제외하고는 … 그들 사이에는 공통점이 많지 않았다. 비록 그들의 사회적 이상은 매우 비슷했을지라도".

두 사람은 그해 세 번이나 더 만나게 된다. 이들의 대화는 책으로도 나왔다. 책은 카푸트 방문에서 이루어진 대화인 것처럼 쓰여 있지만, 짐작건대 그들의 여러 만남과 서신에서 오간 내용을 편집했을 것이다.

발명가 아인슈타인

어린 아인슈타인은 새로운 기술과 발명을 기반으로 사업을 벌이는 집안에서 자라났다. 그러므로 집안에서 기계와 기술에 대한 대화는 마치 공기처럼 자연스러운 것이었다. 이러한 배경이 수리적인 재능을 타고난 아인슈타인을 과학자의 길로 이끌었을 거라고 생각하는 건 매우 자연스럽다. 게다가 김나지움을 중단하고 집에 돌아왔을 때나, 대학을 졸업하고 집에서 빈둥거릴 때, 아인슈타인은 아버지와 삼촌 야코프의 일을 돕기도 했으므로, 발명이나 기술적인 아이디어의 산업적 응용, 그리고 현장 기술자가 하는 일에 대해서 잘 알고 있었다. 그래서 아인슈타인은 이론물리학자로서 지극히 추상적인 물리학 이론을 다루는 사람이었지만, 구체적이고 실용적인 문제를 대하는 데도 주저함이 없었다.

실제로 아인슈타인은 기술자로서의 삶을 생각한 적도 있었다. 1908년 전기측정기를 발명해서 하비히트 형제와 함께 회사를 차리려 했다. 그때야 생계 문제로 그런 생각을 했다고 여길 수도 있으니 또 다른 경우를 보자. 다음 장에서 자세히 살펴보겠지만, 1920년대 초 반유대주의가 창궐하고 아인슈타인이 친구이자 외무부 장관이었던 발터 라테나우가 암살되었을 때, 아인슈타인은 물리학과 베를린을 떠나서 항구도시 킬에서 엔지니어로 사는 걸, 잠시지만 고려해본 적이 있다. 물론 엘자가 반대했고 마리 퀴리를 비롯한 지인들도 만류해서 그런 일은 일어나지 않았고, 사실 아인슈타인 본인도 새로운 삶을 얼마나 진지하게 생각했는지는 알 수 없다. 아무튼 기술 문제에 대해서 아인슈타인이 늘 관심을 가지고 있었다는 건 분명하다.

그런 기술적인 문제에 대한 관심에 더해서, 아인슈타인은 특허청에 근무했었으므로 특허라는 제도에 대해 실무적으로 잘 이해하고 있었고 그 이점도 충분히 알고 있었다. 그래서 오늘날의 이론물리학자들에게는 매우 놀랍게도, 많은 발명을 했고 실제로 50개가 넘는 특허를 출원했다. 아인슈타인이 출원한 특허는 독일에서 출원한 것도 있고, 영국, 프랑스, 헝가리, 그리고 미국에 출원한 것도 있다. 단순히 특허만 출원한 게 아니라 아인슈타인은 여러 기업과 협력 관계를 맺었고 기업들이 실제로 생산한 제품도 있다.

아인슈타인의 특허의 상당수는 냉장고 및 관련 기술에 대한 것들이다. 예를 들면 "유기용매를 사용하는 냉장고", "냉장고 전용 액체 금속의 전기역학적 운동" 등이 있다. 냉장고 특허는 거의 모두 헝가리 출신의 유대인 물리학자인 레오 실라르드와 함께 출원했다. 레오 실라르드는 매우 흥미로운 인물로서, 베를린에서 막스 폰 라우에의 지도로 박사학위를 받았으나 히틀러가 정권을 잡자 독일에서 망명해 영국을 거쳐 미국으로 건너갔다. 명석하고 박식하면서 일을 벌이기 좋아하는 (하지만 일을 마무리 짓는 데는 관심이 없는) 활동가였던 실라르드는 과학보다는 세상을 구하는 데 더 관심이 많은 사람이어서 연구하거나 논문을 쓰는 일보다, 이 분야 저 분야를 넘나들며 아이디어를 내고, 이를 구현하기 위해 여기저기를 다니며 사람들을 설득하는 일을 주로 했다. 그래서 그는 전자현미경이라든가 가속기에 관련된 기술들을 처음으로 생각했고, 열역학과 정보이론의 관련성에 최초로 주목하는 등 많은 아이디어를 가졌던 사람이지만, 더 깊이 연구하지 않아서 대부분 인정받지 못했고, 해당 분야에 크게 기여하지도 못했다.

실라르드의 업적 중에서 가장 유명하고도 중요한 일은 "중성자를 이용한 핵연쇄반응"이라는 아이디어를 창안한 일이다. 이 개념은 원자력을 이용하는 데 핵심적인 원리이며, 사실상 원자폭탄으로 이어지게 되는 첫 번째 도화선이기도 하다. 놀라운 점은 핵분열이 발견되기도 전에 실라르드가 이 아이디어를 생각해냈다는 점이다. 하지만 실라르드는 이 아이디어에 특허를 출원하고 그것을 영국 해군에 양도해서 비밀로 취급되었기 때문에, 이 개념 역시, 이후에 사람들이 핵분열을 발견하고 연쇄반응을 이해하는 데는 전혀 영향을 끼치지 못했다. 제2차세계대전에서 원자폭탄이 만들어지는 과정을 기록한 책 중 가장 유명하고 잘 쓰인 책인 리처드 로즈의 『원자폭탄 만들기』는 바로 실라르드가 런던의 거리에서 연쇄반응의 아이디어를 떠올리는 장면으로 시작한다.

아인슈타인이 왜 하필 냉장고에 그렇게 관심이 많았을까? 당시 베를린에서 일어난 사건이 그 원인이었다고 한다. 고장난 냉장고에서 냉매로 사용하던 메틸클로라이드가 누출되어 한 가족이 모두 사망하는 사고가 있었다. 아인슈타인과 실라르드는 이 뉴스를 듣고 덜 유해한 새 냉매를 사용하거나, 기계식 펌프 대신 전자기장으로 냉매를 압축한 덕에 부품이 소모되지 않아 고장이 나지 않는 냉장고를 고안했다. 그들의 첫 번째 특허가 "간헐적으로 증가하는 증기 압력에 영향을 받는 액체를 주입하는 냉장 기계"인 것은 이런 이유다. 물론 박애적인 동기와, 창조 욕구를 만족시켜주는 발명의 즐거움이라는 동기 외에도 아인슈타인에게는 매우 현실적인 동기도 있었다. 그는 일렉트로룩스와 같은 회사에 특허권을 판매해서 용돈을 벌기도 했던 것이다.

아인슈타인의 냉장고 특허는 그의 생전에 상용화되지는 않았지만 21세기에 다시 등장하기도 했다. 이 냉장고는 일반적인 현대식 냉장고와는 달리 전기 없이 열원만으로 작동하기 때문에, 태양열과 같은 재생 가능 에너지원에 직접 적용할 수 있다. 또한 옥스퍼드대학교의 전기 엔지니어인 맬컴 매컬러 교수의 말에 따르면 "움직이는 부품이 없으면 유지보수 없이 매우 장기간 작동할 수 있기 때문에 벽지에서 매우 유용하게 사용될 수 있다". 2008년 매컬러 교수는 가압 부탄가스와 태양에너지를 사용해 아인슈타인과 실라르드의 원래 설계를 더 효율적인 버전으로 만들기도 했다. 2016년에는 22세의 디자이너 윌 브로드웨이가 흡수식 냉장고 디자인으로 제임스다이슨상을 받았다. 그의 목표는 개발도상국에서 백신을 차갑게 보관하는 것이었고, 장기적으로는 이식용 혈액과 장기를 운반하기 위한 휴대용 '냉장 운반 장치'를 만들려는 생각이었다. 아인슈타인과 달리 브로드웨이는 "사용을 제한하기 위해 특허를 받아서는 안 된다고 생각한다"라며 "백신 접종은 기본적인 인권이 되어야 한다"라고 명시적으로 밝혔으므로 특허를 출원하지는 않았다.

냉장고 관련 특허가 많기는 하지만, 그 외에도 아인슈타인의 특허는 다양한 범위에 걸쳐 있다. 미국에서 1936년에 출원한 광도 자체 조정 카메라라든가, 1934년에 독일에서 출원한 전자기적 소리 재생 장치가 있고, 심지어 1936년에는 여성용 블라우스의 디자인에 대한 미국 특허도 있다. 이 디자인은 옆구리 트임이 팔 구멍 역할도 겸하게 되어 있고, 중앙 뒤판이 요크에서 허리 밴드까지 이어져 있는 게 특징이다. 소리 재생 장치는 독일의 발명가인 골드슈미트와 함께 출원했고, 카메라는 미국에서 만나 가까워진 방사선 의사 구스타프 부키와 함께 출원한 것이다. 부키는 엑스선 관련 특허를 여럿 가진 사람이어서, 엑스선 기계에 대한 연구가 자연스럽게 카메라의 개발로 이어졌다. 부키는 아인슈타인의 미국 생활에 여러모로 많은 도움을 주기도 했다.

아인슈타인의 발명 실패담을 하나 덧붙이며 이 절을 마치도록 하자. 파울 게오르크 에르하르트는 파일럿이자 엔지니어로 비행에 관한 책을 펴내기도 한 독일 항공 역사의 초기 영웅 중 한 사람이다. 그는 1909년 라이트형제 중 동생인 오빌 라이트의 비행기에 승객으로 탑승했다. 2분 30초가량의 비행에 대한 대가로 그는 500금프랑을 지불했다. 에르하르트는 1913년 7월에 비행 면허를 받아 정식으로 파일럿이 되었고, 10월에는 수상비행기로 콘스탄츠 호수 위를 비행했다. 그는 1910년에 창립한 독일의 항공회사 LVG에서 일했고, 1917년에는 개발 부서의 책임자가 되었다.

1916년 6월 아인슈타인은 독일 물리학회에서 비행의 원리에 대해 강연했다. 왜 아인슈타인이 갑자기 비행기에 관심을 쏟은 것일까? 라이트형제가 첫 비행에 성공한 것이 겨우 1903년이었으니, 당시는 아직 비행기에 관해 충분한 연구와 이해가 이루어지지 않고 있었다. 비행기는 어디까지나 과학보다는 기술의 결과였고, 그래서 무거운 비행기가 날아오른다는 것이 일반인에게는 수수께끼나 마술처럼 느껴지기도 했다. 그러므로 아인슈타인 같은 사람이 "비행기는 마술도 수수께끼도 아니고, 그 원리는 물리학이다!"라고 말할 만한 주제였다. 게다가 전쟁 덕분에 비행기에 대한 관심이 널리 퍼지기도 했다. 또한 아인슈타인은 올림피아 아카데미 시절의 친구인 공학자 하비히트와 함께 비행 기계에 관심을 가지기도 했다.

 아인슈타인은 이 강연에서 비행기의 날개에 작용하는 베르누이의 원리가 바로 양력의 근원이라고 설명했다. 그런데 아인슈타인은 여기서 멈추지 않았다. 그는 양력을 늘리기 위해서 날개 윗부분이 부풀어 오른 듯한 '고양이 등$_{\text{cat hump profile}}$ 날개 비행기'를 설계했다. 베를린대학교 물리학과 교수이자 카이저빌헬름 물리학연구소의 소장이며 프러시아 과학아카데미의 멤버로서, 매년 노벨상 후보로 이름이 오르내리는 아인슈타인의 제안답게 이 아이디어는 LVG에 전해졌고, 기술자들의 설계를 거쳐 고양이 등 날개가 설치된 시험 기체가 제작되는 데까지 이어졌다.

 이 기체의 시험비행을 맡은 파일럿이 바로 에르하르트였다. 그는 불안감을 누르며 조종석에 올랐고, 아인슈타인이 '최소의 추진력으로 최대의 양력을 얻도록 설계한' 기체는 날아올랐다. 에르하르트는 그때의 경험을 "임신한 오리" 같았다고 말했다. 다행히 무사히 착륙할 수 있었기에 할 수 있었던 말이다. 비행기는 매우 불안정해서 뒤뚱거리다가 활주로의 울타리 바로 앞에 겨우 착륙했다. 두 번째 파일럿 역시 제대로 날지 못했고, 설계를 수정해보아도 마찬가지였다.

 먼 훗날인 1954년, 프린스턴에서 아인슈타인과 에르하르트는 편지를 주고받았다. 에르하르트의 편지는 이렇게 시작한다.

  교수님께

> 저는 이 편지에서 제게는 잊을 수 없는 경험을 회상하고자 합니다. … 1917년 봄에 제가 하는 일 중 하나는 발명가들로부터 오는 제안을 처리하는 것이었습니다. 그래서 어느 날 책상 위에 있던 손으로 쓴 몇 장의 서류를 보고도 별로 열심히 검토하지는 않았습니다. … 하지만 제안자가 저보다 물리학을 훨씬 많이 알고 있다는 건 분명했습니다.

그리고 그 끔찍했던 비행을 회상했다. 아인슈타인은 얼마 후 답장을 보냈다. "그건 생각만 많고 배운 건 없는 사람이 저지를 만한 일이었습니다. … 그 시절의 어리석은 행동이 부끄럽습니다."

미국, 1930

1930년 12월 아인슈타인이 탄 배가 뉴욕에 도착했다. 두 번째 미국 방문이었다. 이번에는 부부뿐 아니라 조수인 마이어와 새로 비서가 된 헬렌 두카스도 동행했다. 이번 방문의 주목적은 캘리포니아 공과대학, 흔히 부르는 이름으로 칼텍에 머물며 연구하는 일이었고, 일식을 관측했을 때로부터 시간도 많이 지났으므로 지난번과는 달리 조용하고 평온할 것이라고 생각했다. 물론 오산이었다. 수많은 강연과 수상식 요청이 쏟아져들어왔다. 아인슈타인도 나름대로 대비를 했다. 모든 요청을 거절했고, 배가 뉴욕에 정박하면 진행할 기자회견도 거부했으며, 배에서는 선원이 출입을 통제하는 선실에서 조수인 마이어와 주로 지냈다.

하지만 결국 기자들의 요청에 기자회견과 사진 촬영을 허용하기로 했다. 그러자 각각 50명 이상의 기자들과 사진사들이 몰려들어 지난번보다 더욱 극성으로 취재를 진행했다. 아인슈타인은 여전히 그다운 재치와 간결한 답변으로 기자들을 상대했다. 그 주에 엘자는 《타임》의 표지에 등장했다.

결국 다시 화려한 일정이 시작되었다. 메디슨 스퀘어 가든에서 열린 유대인 축제인 하누카에 참석하고, 차이나타운을 방문했으며, 메트로폴리탄에서 오페라를 보았다. 지미 워커 뉴욕 시장으로부터 뉴욕시 행운의 열쇠를 받았고, 컬럼비아대학교를 방문했다.

조금 특별한 사건으로는 맨해튼의 모닝사이드 지역에 있는 리버사이드 교회를 방문한 일이다. 그해에 완공된 이 교회는 초교파적, 다인종적, 국제적 지향점을 가진 교회라는 비전을 고수하며 사회정의에 관심을 기울이는 교회였다. 하지만 그런 이유로 이 방문이 특별한 건 아니었다. 교회 탑 아래의 정문에는 다섯 개의 아치가 있는데, 그중 두 번째 아치는 과학자들의 조각으로 장식되어 있다. 그런데 여기에 히포크라테스, 아르키메데스, 갈릴레오, 케플러, 뉴턴, 패러데이, 다윈 등과 함께 아인슈타인의 조각상도 있었던 것이다. 생존 인물의 조각상은 아인슈타인이 유일했다. 애초에 아인슈타인의 조각상을 넣는 데 다소 논란이 있었다. 생존 인물이기도 하고, 아인슈타인은 공공연히 본인을 스피노자의 생각을 따르는 사람이라고 했으므로 교회 입장에서는 종교인이 아니었기 때문이다. 하지만 자문단이 아인슈타인은 "역사상 최고의 과학자" 중 한 사람이므로 반드시 넣어야 한다고 주장했다. 교회의 초대 담임목사였던 해리 포스딕은 교회가 완공된 후, 설교에서 "아인슈타인이 교회의 문을 넘어선 것이 기쁘다"라며 그 이유로 "신에 대한 위대한 질문을 마주하는 아인슈타인과 같은 사람들의 정신이 교회의 문을 넘어 들어와서 우리 사제들로부터 유익을 얻기 바라기 때문이다"라고 옹호했다. 그 결과 아인슈타인은 교회를 방문해서 자기 자신의 조각상을 바라보게 되었다. 아인슈타인은 이에 대해 "앞으로 나는 말하고 행하는 데 아주 조심해야겠다"라고 농담 반 진담 반인 말을 했다. 이 말은 《뉴욕타임스》 기사의 부제가 되었다. 나중에 아인슈타인은 "사람들이 나를 유대인 성인으로 만드는 건 상상해볼 수 있지만, 신교의 성인이 되리라고는 상상도 못 했다"라고도 말했다. 이 교회는 이후에도 새로운 건물을 추가했으며, 2000년에 뉴욕시 랜드마크 보존위원회에 의해 도시 랜드마크로 지정되었고, 2012년에는 국가 유적지로 등재되었다. 아인슈타인은 이 교회를 짓는 데 절반의 돈을 댄 록펠러도 만나서, 대공황과 사회정의 문제에 대해서 이야기를 나눴다.

이번 미국행의 주요 목적지는 칼텍이었으므로 아인슈타인은 이제 반대쪽인 캘리포니아를 향해 떠나야 했다. 그는 다시 배를 타고 파나마운하를 지나 캘리포니아로 향했다. 중간에 아인슈타인은 쿠바에 들러 강연을 했고, 파나마에도 내려서 환영 행사를 했다. 12월 30일 오클랜드호가 캘리포니아의 샌디에이고 항구에 도착했다. 역시 배로 올라온 기자들에 의해 기자회견이 열렸고 환영식이 벌어졌다. 한 신문기자가 금주법에 대해 어떻게 생각하느냐고 묻자, 아인슈타인은 카메라를 보고 웃으며 대답했다. "저는 술을 마시지 않기 때문에 전혀 신경 쓰지 않습니다."

이번 캘리포니아 여행에서 아인슈타인은 특히 많은 경험을 했다. 우선 윌슨산 천문대를 방문해서 우주가 팽창한다는 증거를 발견한 후커 망원경을 허블과 함께 들여다보았다. 로스앤젤레스 근교에 위치한 이 천문대는 로스앤젤레스가 발전하는 바람에 불빛이 너무 많아져서 지금은 본격적 관측을 위한 천문대 역할은 하지 않고 교육용 천문대로만 이용되며, 사실 그보다는 역사적 관측이 이루어진 관광지로서 더 중요하다.

또한 이때 아인슈타인은 마이컬슨을 처음으로 만났다. 어려서부터 빛의 속력을 측정하는 데 매료되었던 마이컬슨은 그의 이름이 붙은 간섭계를 개발해서 에테르의 상대속도를 측정했고, 이 실험에서 빛의 속력에 지구 자전이 영향을 주지 않는다는 결과를 얻어서, 아인슈타인의 특수상대성이론에 중요한 근거가 되었다. 그는 주로 정밀한 측정을 가능케 해준 간섭계의 발명과 그에 따른 여러 업적으로 1907년 노벨물리학상을 수상했다. 미국인으로서는 첫 노벨상 수상자다. 1930년 당시 마이컬슨은 어바인에서 약 1마일 길이의 진공관을 만들어서 빛의 속력을 정확히 측정하는 실험을 하고 있었다. 아인슈타인은 윌슨산 천문대 소장인 월터 애덤스의 안내로 어바인 목장에서 실험을 중이던 마이컬슨을 찾아가서, 목장의 낡은 군용 침대에 나란히 앉아서 대화를 나누며 20세기 초의 물리학을 상징하는 한 장면을 연출했다. 마이컬슨은 6주 후에 사망했으므로 그들의 만남은 그것이 마지막이었다.

칼텍에서 사실상의 총장이었던 로버트 밀리컨은 전자의 전하를 측정한 업적으로 1923년 노벨물리학상을 수상한 인물이다. 밀리컨의 수상 이유에는 또한 아인슈타인의 노벨상 수상 업적인 광전효과를 정확히 측정한 일도 포함된다. 그는 그 밖에도 우주에서 오는 방사선의 존재를 확인하는 데 업적을 남겼고 우주선cosmic ray이라는 말을 만든 사람이기도 하다. 유럽에서는 찾아보기 힘든, 매우 미국적인 스타일의 물리학자였던 밀리컨은 이후 칼텍의 집행위원회 의장으로 평생을 보내면서 경영자로서 수완을 발휘해서, 칼텍을 세계 최고의 연구기관 중 하나로 만드는 데 기여했다. 칼텍의 발전에 전념하던 그였으므로, 그는 당연히 세계 최고의 물리학자인 아인슈타인에게 눈독을 들였다. 이번뿐 아니라 1931년과 1932년 아인슈타인의 미국 방문은 모두 칼텍의 방문 교수로서의 방문이었다. 하지만 매우 보수적인 인물이었던 그는, 지금 기준으로 보아도 상당히 통할 만큼 진보적이었던 아인슈타인과는 성향이 맞지 않았다. 그래서 아인슈타인이 칼텍에 머물면서 여러 진보 단체나 평화주의자들의 집회에 참석하는 걸 매우 싫어했고 이 때문에 갈등을 빚기도 했다.

물리학 외에도 아인슈타인은 각종 화려한 경험을 했다. 패서디나에서 벌어지는 로즈 볼 퍼레이드에 참가했고, 모하비사막에서 알몸으로 일광욕을 하기도 했다. 하루는 할리우드의 유니버설 스튜디오 대표가 아인슈타인을 찾아와서 만나보고 싶은 은막의 스타가 있느냐고 물었다. 아인슈타인은 아무도 없다고 했지만, 엘자는 아인슈타인이 찰리 채플린 영화를 좋아한다고 말했다. 이 사실이 채플린에게 전해지자 채플린은 곧 아인슈타인을 초대해서 만찬을 열었다. 채플린은 자신의 차를 보내서 아인슈타인 부부와 헬렌을 모셔갔고, 그의 새 영화 〈시티라이트City Lights〉 시사에도 초대했다. 아인슈타인 일행은 두 초대에 모두 기꺼이 응해서, 채플린의 차로 로스앤젤레스의 극장을 찾았다. 극장 앞에는 밤하늘을 가르는 서치라이트와 아인슈타인을 보고 환호하는 군중으로 가득 차 있었다. 아인슈타인은 채플린을 두고 "영화에서처럼 실제로도 매력적인 사람"이라고 평했다. 아인슈타인과 채플린의 만남은 많은 어록을 남겼는데, 가장 유명한 말은 아마도 채플린이 했다는 이 말일 것이다.

> 사람들이 내게 환호하는 것은 나를 이해하기 때문이고, 당신에게 환호하는 것은 당신을 이해하지 못하기 때문입니다.

채플린은 잘 알려진 좌익 성향의 인물이었기 때문에 밀리컨이 특히 싫어하는 존재였다. 밀리컨은 또 진보적인 작가이며 노동운동가였던 업턴 싱클레어도 매우 싫어했다. 하지만 아인슈타인은 싱클레어와도 만나자마자 바로 친해져서, 그의 초대로 여러 만찬에 참여하며 다양한 사람들을 만났다.

캘리포니아의 일정을 마치고 아인슈타인은 배를 타러, 이번에는 기차로 대륙을 횡단했다. 중간에 그는 그랜드캐니언에서 인디언 대표단의 환영을 받았고, 유명한 사진 중 하나를 남겼다. 3월 1일 뉴욕에 도착한 아인슈타인은 또다시 요란한 환영을 받았고, 헬렌 켈러를 만났으며, 유럽으로 돌아가는 배를 타기 전까지 여러 평화주의 모임 및 시온주의 모금 만찬에 참석했다.

미국, 1931

1931년 12월 아인슈타인은 세 번째 미국에 도착했다. 지난번처럼 역시 칼텍에서 두 달간 방문 교수로 지낼 계획이었다. 이 방문 시기에서 가장 중요한 일은 앞으로 아인슈타인 인생에 중요한 역할을 하게 될 손님을 맞은 일이었다. 그 손님은 교육개혁가인 에이브러햄 플렉스너Abraham Flexner였는데, 그는 매우 특별한 프로젝트를 준비하는 중이었다.

플렉스너의 프로젝트와 그 배경에 대해서는 11장에서 자세하게 이야기하기로 하고, 여기서는 단순하게 세계 최고의 연구소를 만드는 일이라고만 해두자. 세계 최고의 연구소는 당연히 세계 최고의 학자를 보유하고 있어야 한다. 그러면 세계 최고의 학자는 누구인가? 아인슈타인이 제일가는 후보라는 데 이의를 가질 사람은 별로 없을 것이다. 그래서 플렉스너가 아인슈타인을 찾은 것이다. 똑같은 생각을 하고 있던 밀리컨은 나중에 플렉스너를 아인슈타인과 만나게 한 것을 후회하며 땅을 쳤다. 플렉스너는 신중하게도, 아인슈타인을 만나기 전에 밀리컨의 허락을 받아둔 것이다.

아인슈타인은 플렉스너의 제안에 깊은 흥미를 보였고, 곧 영국 옥스퍼드에서 다시 만나기로 약속했다. 4월 하순에 아인슈타인은 케임브리지에 들러서 에딩턴을 만나고 옥스퍼드의 크라이스트처

치에 도착했다. 강연을 하고 음악 모임에 참석하는 등 옥스퍼드의 생활을 즐기던 아인슈타인은 5월에 플렉스너를 만났다. 갈수록 아인슈타인은 플렉스너의 제안에 마음이 끌렸다. 이번에는 그를 카푸트로 초대했다. 다음 달인 6월 4일, 카푸트를 찾아온 플렉스너에게 마침내 아인슈타인은 수락을 알렸다. 플렉스너의 연구소에 첫 교수가 탄생했고, 플렉스너의 꿈이 실현되기 시작했다.

이렇게 세계적인 명성을 얻은 아인슈타인은 혼란스러운 1920년대 베를린에서 유명인의 삶을 살았다. 그러나 시대가 시대니만큼 베를린에서 아인슈타인이 겪은 일에는 시대의 어두움을 보여주는 일도 많았다. 다음 장에서는 세계적인 명사임에도 불구하고, 혹은 세계적인 명사였기 때문에 아인슈타인이 겪어야 했던 괴로움에 대해서 알아보도록 하자.

(위) 하버란트가 인근 지하철 역에 붙어 있는 아인슈타인의 사진
이처럼 베를린 곳곳에서 아인슈타인의 흔적을 발견할 수 있다.

(아래) 아인슈타인의 베를린 시절 세 번째 주거였던 하버란트가 5번지
그가 살던 건물은 공습으로 완전히 파괴되었고 이곳에는 새 건물이 들어서 있다.

10
ALBERT EINSTEIN

어둠:
베를린의 아인슈타인 3

유대인 아인슈타인

1919년 11월, 아인슈타인이 세계적으로 유명한 인물이 되자, 그에 대한 반작용으로 이제 아인슈타인은 증오의 대상이 되기 시작했다. 아인슈타인에 대한 증오의 원인은 다양했는데, 가장 큰 이유로는 대략 다음 세 가지를 들 수 있다.

하나는 그의 과학적 업적에 대해서다. 이것은 그의 업적에 대한 일종의 반작용이라고 할 수 있다. 사실 여기에 속하는 대부분은 물리학에 대한 이해 부족과 오해, 좀 심하게 말하자면 망상에서 비롯된 일이라고 할 수 있다. 여기에 해당하는 사람들은 아인슈타인에게 주로 "당신이 잘못된 이론을 내놓아서 사람들을 현혹하고 세상을 혼란시키고 있다"라고 비난했다. 이런 사람의 상당수는 지구를 평평하다고 믿는 사람이거나, 특정 종교의 독실한 신자거나, 혹은 아주 소박한 자연 회귀 철학을 주장하는 등 다양한 배경을 가진 비전문가들이었지만, 과학자 중에도 한동안은 아인슈타인을 비난하는 사람들이 있었다. 한편 훗날 원자폭탄이 만들어진 이후에는 그에 대한 윤리적 책임을 아인슈타인에게 돌리는 사람도 생겨났다.

다른 하나는 그의 평화주의, 범세계주의, 그리고 사회주의적인 성향 때문이었다. 아인슈타인은 베를린에 온 1914년경부터 정치적, 사회적인 문제에 적극적으로 발언했고 공동성명에 참여하는 등의 활동을 마다치 않았다. 이런 태도는 제1차세계대전을 치르고 난 독일의 민족주의와 부딪혔다. 예를 들어 1920년에 창설된 국제연맹The League of Nations을 아인슈타인은 적극적으로 지지했고, 1922년에 국제연맹의 자문 기구인 국제지식협력위원회International Committee on Intellectual Cooperation에 참여했다. 당시 독일은 국제연맹의 가입 자체가 인정되지 않는 상황이었으므로, 아인슈타인의 참여는 독일 내에서 반감을 불러일으켰다(1923년 프랑스가 독일의 루르 지방을 점령했지만 국제연맹이 제재를 가하지 않자 아인슈타인은 이에 항의하며 위원회를 탈퇴했다가 다음 해 복귀하기도 했다. 위원회 활동은 국제연맹이 그랬듯이 별다른 결과를 내지 못하고 끝났다). 또한 아인슈타인이 세계적인 유명인이 되자 중요한 사건이 일어났을 때마다 세계적인 문제에 대해 언론이 아인슈타인의 의견을 묻는 일이 잦아졌고, 아인슈타인이 이에 답을 하면 자연히 반대자들의 비난이 뒤따랐다.

가장 뚜렷하고, 직접적으로 영향을 미쳤던 중요한 이유는 아인슈타인이 유대인이라는 점이었다. 어렸을 때 아인슈타인이 잠시 유대교에 빠져 종교의식을 열심히 따랐다는 이야기를 앞에서 했는데, 그때 이후에는, 더구나 스위스에서는 아인슈타인이 자신이 유대인임을 의식할 일이 특별히 없었다. 하지만 독일에 오자, 시대 상황과 맞물리며 이 문제가 점점 심각해졌다. 제1차세계대전 이후 혼란에 빠진 독일 사회는 폭력이 난무했고, 굴욕적인 휴전협정으로 받은 상처를 풀기 위한 대상을 필요로 했다. 유대인은 가장 좋은 먹잇감이었다. 사실 위의 두 가지 이유도 주로 아인슈타인이 유대인이라는 사실과 결합해서 문제가 되었으므로, 이 세 번째 이유야말로 아인슈타인을 위협하는 가장 중요한 요소였다. 그리고 이런 모든 것들이 뒤범벅이 된 1920년대의 독일은 아인슈타인에게는 매우 위험한 장소였다. 아인슈타인은 이렇게 말했다. "나는 독일 극우주의자들이 싫어하는 모든 것의 상징이었다."

시온주의자

현대의 시온주의는 오스트리아의 언론인 테오도어 헤르츨의 노력으로 성장했다. 헤르츨은 원칙적으로는 유대인들이 자기 삶의 터전에 동화되는 것이 바람직하다고 여겼지만, 현실적으로 반유대주의가 동화를 막고 있기 때문에 유대인들을 위한 영토를 확보해야 한다고 생각했던 것이다. 1904년 헤르츨이 사망하자 지도부는 빈에서 쾰른으로, 그리고 다시 베를린으로 옮겼다. 당대 시온주의의 중심지는 독일이었던 것이다.

제1차세계대전 후 패전국 독일에서는 반유대주의가 확산되어 갔다. 그런데 거꾸로 아인슈타인은 이러한 상황에 반항이라도 하듯, 시온주의에 관심을 가지기 시작했다. 아인슈타인의 인생을 관통하는 키워드가 반항이라는 점을 보여준다고 하겠다. 아인슈타인을 결정적으로 시온주의자가 되게 한 사람은 앞 장에서 아인슈타인을 미국에 여행하도록 주선했던 쿠르트 블루멘펠트였다. 블루멘펠트와 아인슈타인은 1919년 베를린에서 만나서 이야기를 주고받았고, "나는 오늘부터 시온주의의 노력을 지지한다"라는 아인슈타인의 명시적인 선언을 이끌어냈다.

이러한 결정에 있어서 핵심적이었던 점은 민족주의가 그 자체로 나쁜 것이라는 원칙을 버린 것이다. 민족주의가 많은 문제를 일으키고 악을 불러오는 것은 사실이지만, 그렇다고 민족주의 자체가 문제인 것은 아니며, 특정한 상황에서는 민족주의가 의미 있을 수도 있다고 생각하게 된 것이다. 이러한 생각은 러시아 출신의 유대인 물리학자인 파울 엡슈타인에게 보내는 편지의 한 구절에 잘 드러난다.

> 사람은 자기 민족에게 무관심하지 않으면서도 국제적인 마음을 가질 수 있습니다.

정치적인 문제에서 아인슈타인의 이러한 입장 변화는 나중에 한 번 더 일어난다. 제1차세계대전에서는 어디까지나 반전과 평화주의를 지지했던 아인슈타인이지만, 히틀러의 위협에 대해서는 전쟁이 불가피하다고 물러섰다.

아인슈타인이 시온주의를 지지한 데는 동화주의자들의 차별적인 태도에도 그 원인이 있었다. 동화되기 위해 노력하고 실현하는 유대인들은 많은 경우 사회에서 성공적인 경력을 거둔 사람들이었고, 대부분 독일을 비롯한 서유럽 출신들이었다. 이들은 자연스럽게 덜 세련되고 교육받지 못한 사람들이 동유럽 출신 유대인을 경원시했고 낮춰 보는 경향이 있었다. 아인슈타인은 동유럽 유대인과 서유럽 유대인을 차별하는 이러한 경향에 분노했다. 그가 1920년 4월에 쓴 "동화 정책과 반유대주의"라는 글에서 아인슈타인은 이렇게 말했다.

> 아직 모든 유대적인 것과 결별하지 않은 유대인들이 반유대주의와 싸우는 또 다른 방법으로 종종 사용하는 것은 동유럽 유대인과 서유럽 유대인 사이를 나누는 선명한 선을 긋는 일이다. 전체로서의 유대인들이 비난받는 악덕은 모두 동유럽 유대인에게 뒤집어씌워지고 기정사실화된다. 이 사악할 뿐 아니라 어리석기까지 한 과정의 결과는 물론 의도한 바의 정반대다. 반유대주의는 서유럽 유대인이 바라는 것처럼 동유럽 유대인과 서유럽 유대인을 구별할 생각이 전혀 없기 때문이다.

비슷한 시기에 쓴 다른 글에서는 "반유대주의를 하는 이유는 진짜 원인에 있는 게 아니다. 사람들은 희생양이 필요하고 유대인에게 책임을 지운 것이다. 유대인은 다수를 차지하는 사람들과 다른 종족이기 때문에 본능적인 분노의 대상이다"라고 전쟁 이후 독일의 상태를 올바르게 진단하고 있다. 이러한 생각에서 아인슈타인은 시온주의를 지지하기로 했고, 1920년에 미국 여행을 가게 된 것이다.

상대성이론의 반대자들 I - 베를린 대회

파울 바일란트Paul Wilhelm Gustav Weyland에 대해서는 그다지 알려진 것이 많지 않다. 필립 프랭크는 1950년경에 출간된 그의 책에, 바일란트의 과거나 교육, 직업 등을 일체 알 수 없다고 썼다. 최근 위키에서 보면 그가 1919년에『트리글라프에 대항하는 십자가Hie Kreuz - hie Triglaff』라는 소설을 출간했다는 정보가 있기는 하다(트리글라프는 포메라니아 지역에서 숭배하는 신의 이름이다). 이 소설은 10세기경 포메라니아에서 일어난 역사적 사건을 국수주의적 관점으로 다룬 것이라 한다. 하지만 이 외의 정보는 역시 별로 없다. 그저 평범한 극우주의자였던 그가 이름을 남긴 것은 오로지 상대성이론과 반유대주의를 적극적으로 결합해서 아인슈타인의 저격수가 되었기 때문이다.

바일란트는 1920년 8월 6일, 베를린의 일간지인《일간 평론Tägliche Rundschau》에 아인슈타인을 비난하는 기사를 실었다. 그는 이 기사에서 아인슈타인이 다른 사람들의 업적을 훔쳤으며, 물리학을 수학화해 동료 물리학자들이 이해할 수 없게 만들었다고 주장하고, 노벨상 수상자인 레나르트가 1918년에 발표한 아인슈타인의 상대성이론에 대한 비판을 인용하며 상대성이론은 사기와 환상에 불과하다고 비난했다. 특히 바일란트는 아인슈타인에게 "특정한 언론 집단"이 있어서 계속해서 대중에게 스스로를 홍보하고 있다고 주장했다.

바일란트의 비난 기사가 나간 지 5일 후인 1920년 8월 11일, 아인슈타인의 동료이자 친구이며 역시 노벨상 수상자인 막스 폰 라우에는 같은 신문에 기고해서, 아인슈타인이 다른 사람들의 업적을 표절했다는 것을 단호히 부인했으며, 아인슈타인은 동료 물리학자들로부터 찬사를 받을 자격이 충분히 있다고 분명히 밝혔다. 폰 라우에는 또한 바일란트가 인용한 레나르트의 상대성이론에 대한 비판에 대해서도 자신의 반대의견을 공개적으로 밝혔다.

막스플랑크연구소의 아인슈타인 버추얼 갤러리에 따르면, 1920년대 독일 언론은 바일란트를 "베를린의 아인슈타인 킬러"라고 칭했다. 그는 반유대주의 선동가로서 거창하지만 실체는 없는 직함을 달고 스스로를 엔지니어, 화학자, 작가 등으로 칭했지만, 제대로 된 직업이나 직책을 맡은 적이 없어서 어떻게 생계를 유지했는지는 알 수 없다. 그는 출처를 알 수 없는 재정적 지원을 받아서 '순수과학 보존을 위한 독일 자연과학자 연구협회'라는 거창한 이름의 조직을 설립하고 활동했는데, 이 협회에 그 말고 다른 사람이 가입했는지는 확인되지 않는다. 막스 폰 라우에는 이 수상한 인물을 전후 시대의 전형적인 '사기꾼'이라고 말했다. 특히 그가 이름을 떨친 것은 1920년 8월 24일에 베를린의 필하모니 홀에서 상대성이론을 비판하는 대규모 집회를 가지면서다. 이 집회를 무슨 돈으로 개최했는지도 역시 알 수 없다.

집회에서 그는 "신사, 숙녀 여러분! 과학에서 일반상대성원리만큼 선동적인 과학적 체계는 거의 없었을 것입니다. 면밀히 검토해

보면, 아인슈타인의 이론은 증명해야 할 게 엄청나게 많다는 걸 알 수 있습니다"라는 도발적인 언사로 발언을 시작했다. 그는 이어서 유대인과 관련이 있으면서 아인슈타인에게 찬사를 보내는 수많은 언론 기사를 비난했다. 특히 학술지인 《자연과학Die Naturwissenschaften》에 실린 영국 일식 탐험대의 결과에 대한 아인슈타인의 소논문이나, 베를린의 일간지들이 아인슈타인을 코페르니쿠스, 케플러, 뉴턴 등과 비교한 기사를 비난하며, "아인슈타인이 자신과 긴밀한 관계에 있는 이들 매체에 한마디만 했으면 이런 찬양의 물결은 일어나지 않았을 것이다"라고 주장했다. 바일란트는 그 밖에도 "유대인일 수도 있고, 아닐 수도 있는" 여러 과학 저술가를 비판하며 아인슈타인의 상대성이론은 그저 유행과 허구일 뿐인 "과학의 다다이즘"이라고 비난했다.

이러한 주장의 배경은 다음과 같다. 당시 《자연과학》의 편집장이었던 아르놀트 베를리너가 유대인이었다. 영국 일식 탐사대의 결과를 보도하며 아인슈타인에게 찬사를 보낸 신문 중 하나인 《베를린 일보Berliner Tageblatt》는 당시 널리 읽히던 자유주의 성향의 언론으로, 유대인인 루돌프 모세에 의해 발행되었고, 반유대주의자들 사이에서 '유대인 신문'으로 알려져 있었다. 기사에서 "갈릴레오와 뉴턴, 칸트를 넘어서는 최상의 진리"가 "하늘 저 너머에서 들려온 신탁에 의해" 드러났다고 쓴 사람인 알렉산더 모슈코프스키도 유대인이었다. 1919년 12월 14일, 《베를린 일러스트레이션 신문Berliner Illustrirte Zeitung》은 1면 전면에 아인슈타인의 클로즈업 초상화를 싣고 아래에 "세계사의 새로운 위인: 알베르트 아인슈타인, 그의 연구는 우리가 자연을 이해하는 데에 완전한 혁명을 의미하며, 그의 통찰력은 코페르니쿠스, 케플러, 뉴턴에 필적한다"라고 썼는데, 이 신문은 또 다른 저명한 베를린 유대인인 레오폴트 울슈타인에 의해 창간되었다. 즉 바일란트의 비난은 전적으로 유대인 언론에 집중되어 있었다.

에른스트 게르케Ernst J. L. Gehrcke는 실험물리학자로서, 아인슈타인의 특수상대성이론에 맞서서 에테르를 옹호하고 상대성이론에 비판적인 태도를 견지했던 사람이다. 바일란트와 엮이기 전에도 게르케는 아인슈타인을 여러 차례 공격했다. 옛날식의 물리학에 익숙한 사람들은 상대성이론을 불편해하기도 했지만, 게르케와 같이 끈질기게 상대성이론에 반대한 학자는 드물다는 점에서 그도 별난 사람임에는 분명하다. 아인슈타인은 게르케와 그다지 열심히 싸우지는 않았다. 굳이 그럴 필요를 느끼지 못했기 때문일 것이다. 과학자들은, 특히 물리학자들은 대체로 그렇다. 이론이 옳고 그르고는 올바른 방법으로 정교하게 실험을 해보면 확인될 일이라고 생각하기 때문이다. 예를 들어 아인슈타인이 1916년에 빌헬름 빈에게 보낸 편지를 보면 "게르케의 저속하고 피상적인 공격에는 대응하지 않을 거네. 제대로 아는 사람에게는 뻔한 일이니까"라고 말하고 있다(빌헬름 빈에게 보낸 1916년 10월 17일 자 편지). 그런 사람이었으므로, 게르케는 바일란트의 초청을 기꺼이 받아들여서 1920년 8월에 필하모니 홀에서 바일란트에 이어서 발표를 했다. 정치적인 바일란트의 연설과 달리 게르케의 발표는 완전한 물리학 강연이었다. 상대성이론을 반대하는 일이 과학적으로 충분히 당위성이 있다는 것을 보여주기 위한 자연스러운 연출이었다. 어쨌든 게리케의 강연도 결론은 역시 상대성이론이 "과학적 대중 최면술"이라는 것이었다.

사실 게리케는 제국물리연구소의 광학부 책임자를 맡긴 했지만, 아인슈타인과 비교 대상은 되지 못한다. 당시 아인슈타인과 상대성이론에 반대하던 물리학자 중에서 가장 거물은 필리프 레나르트였다. 그는 광전효과를 실험적으로 체계화한 사람으로 1905년 노벨상 수상자였다. 아인슈타인도 밀레바에게 보내는 편지에서 그의 광전효과 논문을 보고 감동했다는 말을 남긴 적이 있고, 존경심을 담은 편지를 교환한 적도 있다. 그러나 레나르트는 상대성이론과 양자역학이라는 현대물리학에 등을 돌리고 점차 "독일 물리학", 혹은 "아리안 물리학"에 빠져들었다. 레나르트는 1918년 상대성에 반대하고 에테르로 중력을 설명하려는 논문을 발표하기도 했는데, 바일란트가 자신의 연설에서 인용한 것이 이 논문이었다. 바일란트는 8월 초에 하이델베르크로 레나르트를 직접 찾아갔고, 레나르트도 바일란트와 죽이 잘 맞았다. 당연히 레나르트 역시 집회의 연사 목록에 있었는데, 1920년의 레나르트는 아무래도 극우주의 집회에 직접 참석하는 것이 부담스러웠는지 집회에 나타나지는 않았다.

"1920년의 레나르트"라고 칭하는 것은, 나중에는 레나르트가 히틀러를 찬양하고 나치당에 입당하는 등 '아리안 물리학'의 수장 노릇을 했기 때문이다. 1919년 노벨상 수상자인 슈타르크와 함께, 레나르트는 상대성이론과 양자역학이라는 '유대인 물리학'을 배격하고 동료 물리학자들을 쫓아냈으며 그 대가로 독일 물리학계를 손에 넣고 좌지우지했다. 전쟁이 끝난 후 레나르트는 하이델베르크대학교에서 해직되고 곧 사망했고, 슈타르크는 전범으로 처벌되었다.

아인슈타인은 그 집회에 직접 참석해서 바일란트와 게리케의 강연을 들었다. 개인 비서 역할을 하던 엘자의 딸 일제와 동료이자 친구인 발터 네른스트와 막스 폰 라우에가 함께 갔다. 아인슈타인이 보기에, 이것은 전혀 학술적인 행사가 아니라 정치 선동이었다. 반유대주의 팸플릿을 나눠주고 있었고, 나치스의 철십자장 배지를 팔고 있었다고 말하는 사람도 있다. 아인슈타인은 웃으며 "아주 재미있었다"라고 평했다.

집회는 언론을 장식했고, 자유주의 경향의 매체나 좌익 신문들은 비판적인 논조를 유지했다. 라우에와 네른스트, 하인리히 루벤스는 아인슈타인을 지원하는 연합 성명서를 발표했고, 이 성명서는 8월 26일 여러 신문에 공개되었다. 성명서에서 이들은 "상대성이론은 놀랄 만한 성공을 거두었고, 상대성이론을 제외하고도 아인슈타인은 과학의 역사에서 불멸의 위치를 차지할 만한 업적을 남겼다. 우리는 이렇게 확신한다고 지체 없이 목소리를 내는 게 정의의 요구라고 생각한다"라고 밝혔다. 지지 성명의 모범적인 예라고 할 만하다. 이 성명서는 바일란트의 주무대인 우익신문 《일간 평론》에도 실렸다. 그대로라면 극우들의 해프닝 정도로 취급되고 곧 잊혀졌을 것이다. 그런데 아인슈타인도 8월 27일 자 《베를린일보》에 장문을 기고하고 말았다. 아인슈타인 본인도 나중에 후회했고 많은 친구도 지적했는데 "반상대론 회합에 대한 나의 답변"이라는 헤드라인을 달고 나온 이 글을 발표한 것은 아인슈타인의 실책이었다.

글의 대부분은 바일란트와 게리케의 비판을 반박하는 내용이었지만, 그들의 반유대주의를 노골적으로 비난한 것은 잘못이었다. 준비된 선동가답게 바일란트는 대놓고 반유대주의를 말하거나 유대인을 비난하지는 않았기 때문이다. 더욱 큰 실수는 상대성이론에 대한 비난을 반격하면서 집회에 참석하지 않은 레나르트까지 비난한 일이다. 레나르트는 당연히 펄펄 뛰었으며 아인슈타인에게 사과를 요구했다. 더구나 이틀 뒤 한 인터뷰에서 아인슈타인은 좀 더 적나라한 말로 자신의 심정을 표현했다. "빈대들에게 시달리며 좋은 침대에 누워 있는 사람이 된 느낌입니다." 존경받는 프로이센 아카데미의 회원으로서 매우 부적절한 표현이었다.

아인슈타인의 친구들도 우려를 표했다. 막스 보른의 부인도 아인슈타인에게 "당신을 잘 모르는 사람이 그 글만 읽고 당신에게 잘못된 인상을 받을까 봐 두렵네요"라고 지적했고, 에렌페스트도 "나와 아내는 자네가 그 글을 직접 썼다는 사실을 믿을 수가 없네. 만약 그랬다면 그 인간들이 자네의 영혼을 더럽히는 데 성공한 거야"라고 강하게 말했다.

한편 이런 공개적인 논란 때문에 아인슈타인이 독일을 떠날 거라는 소문이 몇몇 신문에 보도되었다. 아마 아인슈타인이, 반농담이었겠지만, 그런 표현을 했던 모양이다. 그러자 친구들은 물론이고 각계각층의 사람들이 지지를 표했고, 독일을 떠나지 말 것을 부탁하는 편지가 아인슈타인에게 쇄도했다. 아인슈타인 전집에는 이런 편지 중 몇 통이 기록되어 있는데, 유대인으로서 편지를 보낸다는 사람도 있고, 제국 기관에 근무하는 사람, 중산층 직업여성이라고 자신을 소개한 사람, 그리고 백작 부인도 있었으며, 자신이 자기도 모르게 바일란트의 일반상대성이론에 반대하는 강연자 목록에 이름이 올라가서 바일란트에게 항의한다는 교수도 있었다. 물론 아인슈타인을 비난하는 편지도 있었을 것이다.

바일란트는 극우정당인 독일국가인민당의 당원이었으나, 극우 신문인 『독일 신문Deutsche Zeitung』에 기고해, "유대인 문제에 대해 독일국가인민당의 입장에 반대한다. 이들은 너무 온건하다"라고 말하기도 했다. 그는 이후 세계를 떠돌며 사기에 가까운 일들을 벌이며 살다가 미국으로 건너갔다. 미국에서 바일란트는 매카시즘이 휘몰아치던 1953년에 미국 연방수사국FBI에 나타나서 "아인슈타인이 공산당원임을 인정한 정보가 있다"라고 주장했는데, 그가 내세운 증거란 위에서 언급한 아인슈타인의 신문 기고문이었다. 연방수사국은 기사를 찾아서 번역했으나 공산주의에 대한 내용은 발견하지 못했다. 이 행동과 관련이 있는지는 모르겠지만, 바일란트는 미국에서 시민권을 얻는 데 성공해서 마이애미에서 살았다.

상대성이론의 반대자들 II - 바트 나우하임 학회

독일 물리학회장이던 조머펠트도 아인슈타인에게 편지를 써서 독일을 떠나지 말 것을 부탁했고, 추가로 9월에 바트 나우하임에서 열릴 제86차 독일과학자 및 의사협회 회의에서 협조를 요청했다. 그렇지 않아도 당시 과학자들 사이에는 베를린을 중심으로 하는 개혁적인 과학자들과 바이마르공화국에 반발하는 레나르트, 슈타르크, 빌헬름 빈 등의 민족주의자들 사이에 갈등이 있었다. 바이마르 공화국을 열렬히 지지하는 아인슈타인과 반유대, 반상대론주의자 레나르트는 양측의 가장 극단에 해당했고, 상대론을 둘러싼 이들의 대립은 이러한 정치적 갈등을 대표하는 모양새가 되어버렸다. 학회의 개혁을 위한 논의를 하는 데 있어서, 이런 극한적인 대립은 사태를 나쁘게 만들 것이 뻔하므로 조머펠트는 아인슈타인과 레나르트 사이를 중재하려고 한 것이다.

아인슈타인의 전기 중에는 그가 반대자들에게 바트 나우하임에서 공개 토론을 하자고 도전장을 던졌다고 쓰여 있는 경우도 있는데, 이는 사실과 다르다. 베를린 필하모니 집회 이전에 이미, 바트 나우하임 학회에서 아인슈타인에게 상대성이론에 대한 강의를 요청했고, 아인슈타인은 이에 대해 6월 9일의 편지에서 "물리학자들은 이제 상대성이론의 기본 윤곽에 대해서는 충분히 들어보았을 테니, 말씀하신 강의는 별로 필요할 것 같지 않습니다. 그보다 이 주제로 일반 토론 시간을 가지는 게 어떻습니까? 그런 회합이라면 저는 기쁘게 참가해서 질문에 대답하도록 하겠습니다"라고 답하고 있기 때문이다. 하지만 그 후에 베를린에서 그런 소동이 있었던 만큼, 바트 나우하임의 상대론 세션은 초미의 관심사가 되었다. 학회의 참가자뿐 아니라 기자와 일반인들까지 500~600명이나 되는 사람이 아침 일찍 세션 장소인 바트 나우하임 온천의 8호관에 몰려들었고, 의자가 부족해서 복도를 가득 메웠다. 그리고 세션이 시작될 때까지 4시간이나 기다려야 했다.

아인슈타인은 세션이 시작되기 이전에 이미, 학회가 개막되었을 때부터 마음이 불편했다. 회의 전체의 의장을 맡은 프리드리히 폰 뮐러가 개막식에서 선동적인 대중집회를 하지 말 것을 당부하기는 했으나, 그 자신의 민족주의적인 성향을 숨기지 않았고 청중들 역시 이를 자연스럽게 받아들였기 때문이다. 이런 보수주의적 분위기에서 학회의 개혁을 위한 토론은 빌헬름 빈 등의 민족주의자 진영이 우세를 점했다.

상대성이론 세션에서 무언가 화려한 사건을 기대한 사람들에게는 실망스럽게도, 세션 자체는 매우 학술적인 내용과 분위기로 진행되었다. 먼저 수학자 헤르만 바일, 그리고 물리학자 구스타프 미에, 막스 폰 라우에, 레온하르트 그레베가 강연을 했고, 이에 따른 토론이 있었다. 그리고 그 후에 공개된 일반 토론이 진행되었는데, 일반 토론 시간은 불과 15분 정도밖에 주어지지 않았다. 여기서 벌어진 토론에 대한 공식적인 기록은 남아 있지 않기 때문에 우리가 그 분위기를 온전히 느끼기는 어렵다. 하지만 레나르트와 아인슈타인 사이에는 날카로운 분위기에서 질문과 답변이 오갔다고 한다. 아인슈타인 연구자인 판 동언은 바트 나우하임 학회를 다룬 논문에서 이렇게 요약했다.

> 레나르트는 상대성이론이, 주로 에테르를 제거했기 때문에 물리학자의 직관적인 이해를 망가뜨린다고 생각했다. 이에 대해 아인슈타인은 물리학자의 직관이란 시간에 따라 변하는 것이라고 응수했다.

몇몇 신문에 보도된 바에 따르면 이들의 발언은 모두 매우 객관적인 표현으로 조용한 분위기에서 진행되었다. 하지만 공기 중에는 긴장감이 넘쳤고, 세션의 좌장이던 플랑크는 초조해하고 있었다. 그 자리에는 바일란트도 있었다. 하지만 그는 나서지 않고 얌전히 있었다. 엘자도 아인슈타인과 함께 학회에 와서 세션에 들어왔는데 긴장된 분위기 때문에 스트레스를 받았다고 하며, 학회에 참석한 한 물리학자는 토론이 끝난 후 흥분한 아인슈타인이 주변을 혼자서 조용히 산책하는 걸 보았다고 말했다. 이날의 세션 이후 진영의 골은 더 깊어졌다.

레나르트는 바트 나우하임에서 돌아간 후, 학회에서 탈퇴하고, 심지어 학회의 회원은 자기 연구실에 들어오지도 못하게 했다고 한다. 이후에 그는 아인슈타인이 모스크바와 관계가 있고, 상대론의 반대자들에게 협박 편지를 보내 위협한다고 주장하는 등 도를 넘기 시작한다. 아인슈타인에 대한 그의 적개심은 날로 커져서, 아인슈타인의 노벨상 수상을 방해하는 운동을 벌이면서, 1921년에는 게르케를 노벨물리학상 후보로 추천하기도 했다. 레나르트는 나치가 집권한 후 정권의 힘을 등에 업고 인종주의적 이데올로기라고 할 수 있는 '독일 물리학'의 우두머리 역할을 했다.

아인슈타인은 다시는 이들과 상대도 하지 않을 것을 결심했고, 대중을 상대하는 일에 더욱 조심하게 되었다. 하지만 이렇게 스트레스를 주는 상황과, 가끔은 실제적인 위협에도 불구하고, 아인슈타인은 베를린을 떠나지 않았다. 아인슈타인이 원한다면 갈 곳은 얼마든지 있었다. 특히 그가 가장 편안하게 생각하는 도시인 취리히의 ETH나 존경하는 로렌츠와 절친한 에렌페스트가 있는 레이든 대학교는 분명 그를 환영했을 것이고, 그도 그런 곳들에서는 마음 편하게 지낼 수 있었을 것이다. 그러나 그는 외국의 대학으로 옮기는 것을 시도나 고려조차 하지 않았다. 그 이유에 대해서 판 동언은 세 가지 정도의 이유를 들고 있다. 가장 중요한 이유는 일종의 책임감이었다. 그는 어찌 되었든 최고의 대우를 받으며 독일 대표 물리학자 자리에 있었다. 그가 부당한 압력으로 독일을 떠난다는 건 독일 과학계로서 불명예스러운 일이고, 그러한 불명예는 결국 그의 편인 동료들의 몫이었다. 동료들은 곤란해질 것이고, 그에게 배신감을 느낄 수도 있다. 아인슈타인은 친구 마르셀 그로스만에게 보낸 편지에서 이렇게 적었다.

> 나는 큰 수도원 교회라면 하나씩 가지고 있어야 하는 성자의 뼈와 비슷한 역할이라네.

또 다른 이유는, 그가 이혼한 밀레바와 아이들에게 계속 돈을 보내주어야 한다는 점이었다. 그들이 사는 곳은 생활비가 비싼 스위스고, 만약 그가 다른 대학으로 옮기면 지금만큼의 대우를 받는다는 보장이 없었다. 마지막으로, 그가 베를린에서 처음으로 진정한 의미에서 직업적인 인정을 받는다는 느낌을 얻었다는 점이다. 그가 1920년에 취리히대학교의 물리학연구소 소장인 에드거 마이어로부터 영입 제의를 받은 후 이를 고사하면서 보낸 편지에서 말하길 "이곳은 취리히와는 완전히 다르게 과학자들의 가치를 인정해주고 있습니다. … 여기서 나는 처음으로 베른과 취리히에서 언제나 나를 괴롭히던 고통스러운 고립감을 느끼지 않습니다"라고 했다. 이 말은 당시 아인슈타인의 심경을 잘 말해준다(마이어가 아인슈타인을 영입하려고 했던 자리에는 다음 해 슈뢰딩거가 초빙되어 오게 된다).

라테나우 암살

발터 라테나우는 독일의 전기 관련 대기업인 AEG의 창립자 에밀 라테나우의 아들이다. 라테나우는 베를린과 스트라스부르에서 물리학과 화학, 철학 등을 공부했고, 아우구스투스 쿤트의 지도로 1889년에 "금속에서 빛의 흡수"에 대한 논문을 써서 물리학 박사학위를 받았다. 그는 AEG의 스위스 알루미늄 공장에서 인턴 엔지니어로 시작해서, 비터펠트의 작은 전기화학 공장을 인수해서 관리자로 일하면서 경험을 쌓았고, 1899년 베를린으로 돌아와 AEG 이사회에 합류했다. 명석한 두뇌와 풍부한 지식을 바탕으로 그는 뛰어난 경영 능력을 발휘해서 독일제국 말기와 바이마르공화국 초기에 걸쳐 선도적인 사업가로 활약했고 AEG는 전 세계로 뻗어나갔다.

독일제국의 경제적 엘리트로 부상한 라테나우는 전문 기술경영인일 뿐 아니라, 참여적인 글을 쓰는 사회철학자였으며, 예술적 능력 또한 뛰어난 지식인이었다. 그는 재능 있는 아마추어 화가였고 베를린 그루네발트에 있는 집을 직접 설계했다. 유대인으로서 그는 1890~1891년에 프로이센 근위대 흉갑기병에서 군복무를 했다. 그는 친구인 사업가이자 독일의 첫 식민지 장관을 지낸 베른하르트 데른부르크의 소개로 베른하르트 폰 뷜로 총리의 식민지 방문에 동행하면서 정치에 참여하기 시작했다. 그는 온건한 자유주의자이면서 사회적 평등에 대한 관심이 많아서 식민지에서 원주민의 처우 개선과 복지에 힘쓸 것을 주장했다.

1914년 제1차세계대전이 발발하자 그는 독일의 경제적 준비가 불충분하다는 것을 인식하고 경영 감각을 발휘해서 전쟁에 중요한 원자재의 중앙 등록 및 관리를 위해 전쟁부에 전쟁 원자재 부서 Kriegsrohstoffabteilung, KRA를 설립하는 데 중요한 역할을 했으며, 1914년 8월에는 KRA의 국장으로 임명되어 조직의 기본 정책을 수립하고 독일 산업 전체를 전쟁의 필요에 따라 감독하는 역할을 맡았다. 한편으로는 군복무와 기업의 이익을 결합한다는 비난을 받기도 했다. 그는 1915년 3월 KRA를 사임하고 AEG로 돌아왔으며, 그해 6월에 아버지의 사망으로 AEG의 회장이 되었다.

1917년 3월 초에 아인슈타인과 라테나우는 어떤 만찬에서 처음 만났다. 아마도 아인슈타인은 라테나우의 책 중 하나를 읽었던 모양이다. 3월 8일에 아인슈타인이 라테나우에게 쓴 편지에서 "당신의 책이 아주 좋았습니다. 꼼꼼히 다 읽었어요"라고 말하고 있기 때문이다. 아인슈타인은 또한 "삶에 대한 전망에 우리의 생각이 얼마나 넓은 범위에 걸쳐 만나는 데서 놀라움과 기쁨을 느꼈습니다. (교수들에 대한 당신의 평가도 포함해서)"라고 써서 두 사람의 마음이 처음부터 아주 잘 맞았다는 걸 보여준다. 라테나우도 아인슈타인의 책을 읽은 게 틀림없다. 5월 10일에 아인슈타인에게 보낸 편지에서 두 사람은 관심사를 나누며, "자이로스코프는 자기가 돌고 있다는 걸 어떻게 알까요?"라든가 "더 작은 벌레는 더 빠르게 움직입니다. … 궁극적으로 시간이 질량에 따라 줄어든다고 생각하는 건 괜찮아 보입니다. 아니면 혹시 시간의 감각이 줄어드는 걸까요?"처럼 진지한 질문을 하고 있다. 사실 라테나우도 물리학 박사였기 때문이다. 세계관과 독일 정치 및 사회에 대한 의견이 일치하고 서로의 지성과 명석함에 깊이 감명을 받은 두 사람은 가까운 친구가 되었다. 1918년 10월에 어머니에게 보낸 편지에도 라테나우에 대한 언급이 나온다. "라테나우도 거기 있었어요. 위트와 말솜씨가 번득였어요."

두 사람 사이에 의견이 일치하지 않는 점은 유대인으로서의 입장이었다. 아인슈타인은 시오니즘을 긍정하고 유대인의 정체성을 받아들였다. 그러나 라테나우는 소위 동화주의자로서 시오니즘에 반대하고, 훌륭한 독일인이 되는 것이 바람직한 유대인의 길이라고 믿었다. 그는 독일계 유대인이 독일 사회에 완전하고 급진적으로 동화되어야 한다고 주장하며 1897년에 "들으라, 이스라엘아!Höre, Israel!"를 비롯해서 많은 글을 썼다.

전쟁 후 라테나우는 독일민주당DDP에 가입해서 활동했다. 그는 산업에 대한 국가 소유를 거부하고, 기업경영에 대한 노동자의 참여 확대를 주장했다. 1920년에는 전후의 군축과 배상을 논의하기 위해 처음으로 독일 대표단을 참가시킨 스파Spa 회의에 대표단의 일원으로 참가했다. 그는 국제적으로 알려진 인물이었고, 여러 나라 사람들과의 협상에도 능했다. 1921년 5월 바이마르공화국에 비르트 내각이 들어설 때 라테나우는 재건부 장관으로 참여했다. 그는 프랑스와의 협상을 통해 독일의 배상금 채무를 현물 납품으로 전환하는 비스바덴 협정을 이뤄냈다. 이렇게 라테나우는 전후 배상과 관련된 일을 많이 했는데, 그의 입장은 조약이 명하는 배상에 성실히 임하되, 현실적으로 조약을 제대로 이행하기가 불가능하다는 걸 보여준다는 것으로, 비르트의 정책과 일치한다. 하지만 이는 극단적인 독일 민족주의자들의 분노를 샀다. 10월에 사회민주당이 연정에서 탈퇴하면서 라테나우는 일단 장관직에서 물러났다. 하지만 칸에서 열린 배상 협상에 독일 대표단의 단장을 맡는 등 계속 활약했으며, 다음 해 비르트의 두 번째 내각이 구성될 때는 외무부 장관이 되었다. 외무부 장관으로서 라테나우는 임기 중 거의 6개월 동안 1922년 4월과 5월에 열린 제노바 회의에서 독일제국을 외교 정책의 고립으로부터 벗어나게 하고자 노력했다. 그가 독일과 소련의 관계를 정상화하고자 추진한 라팔로 조약은 독일이 국제외교 무대에 복귀할 수 있게 해주었지만 동시에 서구 열강으로부터는 고립시켰고, 공산주의에 대해 두려움을 가지고 있던 독일 내 보수주의자들에게도 분노를 샀다.

   1922년 6월 24일, 라테나우는 베를린 그루네발트의 자택에서 빌헬름가에 있는 외무부로 가는 길에, 에른스트 베르너 테호가 운전하고 에르빈 케른과 헤르만 피셔가 동행한 차에 의해 습격당했다. 케른은 거리에서 기관단총으로 라테나우의 차에 사격을 가했고, 피셔는 그 차에 수류탄을 던진 후 달아났다. 라테나우는 현장에서 사망했다. 이들은 해군 장교 헤르만 에르하르트를 지도자로 해서 독일의 11월 혁명기에 활동한 자유 여단의 잔당들로 구성된 테러조직인 "집정관 조직Organisation Consul, O.C." 소속이었다. 이들은 바이마르공화국을 무너뜨리고 우익 독재국가를 만드는 걸 목표로 했으며, 암살과 테러로 공화국을 불안정하게 만들고자 했다. 당시 이미 이들은 전해 재무장관을 지낸 마티아스 에르츠베르거를 암살하고, 얼마 전에는 전 총리 필리프 샤이데만의 암살을 시도하는 등의 활동으로 수사를 받고 있었으며, 얼마 후 불법 단체로 규정되어 와해되었다.

검거 과정에서 케른은 총을 맞고 죽었고 피셔는 자살했다. 유일하게 살인죄로 기소된 테호는 케른의 위협에 따라 행동했다고 주장해서 살인죄를 면하고 공범으로 15년 형을 받았고, 그 밖에 연루된 몇 사람이 실형을 받았다. 라테나우가 사망한 후 수백만 명의 독일인들이 거리로 나와 슬픔을 표하고 반혁명 테러리즘에 반대하는 시위를 벌였다. 이러한 여론은 바이마르공화국에 대한 지지를 강화해서, 1922년 7월 22일에는 정치적 테러에 대응하기 위한 공화국 보호법이 제정되었다. 바이마르공화국에서 6월 24일은 공적 기념일로 남았고, 라테나우의 죽음은 대중의 기억 속에 민주주의를 위한 순교자의 희생으로 남았다.

아인슈타인 역시 라테나우의 암살에 커다란 충격을 받았다. 아인슈타인은 라테나우가 암살당하기 두 달 전, 자신에게 시오니즘을 전파한 블루멘펠트와 함께 베를린의 그뤼네발트에 있는 라테나우의 집을 방문해서, 만연한 반유대주의와 폭력 사태를 생각하면 라테나우가 외무장관직에서 사임하는 게 낫다고 설득하려 했다. 그들은 새벽까지 라테나우와 논쟁을 벌였지만, 라테나우의 독일에 대한 충성심과 독일 국민에 대한 믿음은 확고했다. 자신은 유대인이지만 독일인이라는 것이었다. 그러나 많은 개혁가가 그랬듯, 그의 충성심은 비극으로 돌아오고 말았다. 아인슈타인은 전통 있는 문학지 《새로운 전망Neue Rundschau》 1922년 8월호에 실은 라테나우 추모글에서 이렇게 말했다.

> 라테나우에 대한 나의 감정은 오늘날 유럽의 암울한 상황 속에서 그가 내게 주었던 희망과 위안, 그리고 이 통찰력 있고 따뜻한 인간이 제게 허락했던 잊을 수 없는 시간에 대한 기쁨과 존경, 그리고 감사입니다.

폰 라우에를 비롯한 그의 친구들 역시 충격을 받았고, 눈에 띄는 유대인인 아인슈타인의 신변을 걱정했다. 경찰 역시 아인슈타인에게 조심해야 한다고 경고하며, 적어도 공개적인 장소에서의 활동은 자제할 것을 요청했다. 이러한 배경에 있을 때 마침 카이조샤가 아인슈타인을 초청해서 일본을 여행할 기회가 생긴 것이다. 친구들은 안도하며, 여행을 어서 떠나라고, 기간도 좀 넉넉히 있다가 오라고들 했다. 그래서 아인슈타인은 1922년 10월에 일본을 비롯한 아시아, 그리고 이스라엘을 방문하는 여정으로 여행을 떠났다. 그해 노벨상 수상자로 결정되었음에도 여행을 취소하고 시상식에 참가하지 못한 데는 이런 사정이 있었다. 아인슈타인이 아시아와 이스라엘을 여행한 일은 이때가 유일하다.

미국행, 1932년

1932년 말 아인슈타인은 다시 미국행을 준비하고 있었다. 목적지는 여전히 밀리컨이 있는 캘리포니아 공과대학이었다. 짐을 꾸리러 베를린 집으로 가기 위해 카푸트를 나서며 아인슈타인은 엘자에게 이렇게 말했다고 전해진다.

> 떠나기 전에 다시 한번 잘 돌아봐요. 다시는 돌아올 수 없을 테니.

실제로 아인슈타인 부부는 다시는 카푸트를 보지 못하게 되므로, 이 삽화는 아인슈타인을 마치 예언자처럼 보이게 하는 인상적인 장면이다. 하지만 카푸트가 동독 지배하에 있던 시절에 동독 아카데미가 임명해서 오랫동안 카푸트의 관리인으로 일했던 에리카 브리츠케는 이 장면이 만들어진 신화라고 일축한다. "정말로 아인슈타인이 돌아오지 못할 것이라고 생각했다면, 떠나기 직전에 주변의 땅을 1만 마르크나 주고 샀겠어요?" 또 다른 증거도 있다. 모리스 솔로빈이 당시 파리에서 책을 출판했는데, 아인슈타인은 그에게 책을 다음 해 4월에 카푸트로 보내달라고 말해두었다. 어차피 우리는 아인슈타인이 예언자일 것이라고는 전혀 생각하지 않으므로, 카푸트의 장면이 만들어진 신화라는 게 이상할 것도 없다.

카푸트의 일이 아니더라도, 이번 미국 방문은 떠나기 전부터 조짐이 심상치 않았다. 의외로 문제는 독일이 아니라 미국에서 터졌다. 여성애국자협회 The Woman Patriot Corporation, WPC는 1922년에 결성된 미국의 우익 여성 조직이었다. 이 협회의 전신은 1918년부터 활동한 전국여성참정권 반대협회the National Association Opposed to Women's Suffrage, NAOWS이다. 1920년 8월에 수정헌법 제19조를 통해 여성 참정권이 보장되자, 이에 대응해 NAOWS에서 활동하던 여성들이 활동 영역을 반페미니즘과 반공주의로 넓혀서 보다 본격적인 우익 단체로 발전한 것이다. 이 단체의 성격은, NAOWS 시절부터 발행되던 협회의 기관지인 《여성 애국자The Woman Patriot》 1면 상단에 명시된 조직의 강령에 잘 나타나 있다. "가정과 국가 방위를 위해, 여성 참정권, 페미니즘, 사회주의에 반대해FOR THE HOME AND NATIONAL DEFENSE, AGAINST WOMAN SUFFRAGE, FEMINISM AND SOCIALISM".

이러한 사람들의 행동 양식은 나름대로 일관성이 있는 법이어서, WPC는 일종의 블랙리스트를 만드는 일에 열심이었다. 공식 석상의 연사들 블랙리스트를 만들기도 했고, 미국 입국을 금지시켜야 한다고 주장하는 사람들의 리스트를 만들기도 했다. 여기에는 아일랜드 출신 작가 버나드 쇼, 프랑스의 사회주의자이며 카를 마르크스의 손자인 장 롱게 등이 포함되어 있었던 것으로 알려졌다.

시대의 흐름에 정면으로 반하는 활동을 하던 이 단체는 당연히도 점점 쇠퇴해서, 1932년쯤에는 모금과 후원이 눈에 띄게 줄어들었고 기관지 지면과 사무실도 따라서 작아졌다. 이럴 경우 종종 단체의 활동이 과격해지곤 하는데, 그래서인지는 모르겠지만 당시 WPC의 회장이었던 매사추세츠주 출신의 랜돌프 프로싱엄 부인은 눈에 띄는 사건을 벌였다. 앞으로의 역사에서 이 단체의 존재를 사람들의 입에 오르내리게 만든 그 활동은, 11월 말에 아인슈타인의 미국 입국 금지를 요청하는 진정서를 미국 국무부에 접수한 것이다. 진정서는 무려 열여섯 장에 달했으며, 금지 이유도 매우 강렬했다. 진정서에 따르면 아인슈타인은 단순히 해로운 영향을 끼치는 사람 정도가 아니라, 세계 혁명의 전초전으로서 각국 정부의 군사 기구를 무너뜨리는 것을 목표로 하는 무정부 공산주의 프로그램의 주동자였다. 진정서는 심지어 아인슈타인이 "스탈린보다 더 많은 무정부주의자 및 공산주의자 단체와 연계되어 있다"라고 주장했다.

단체는 진정서를 곧장 언론에도 보냈기 때문에 아인슈타인도 그러한 사건이 있다는 걸 바로 알게 되었다. 아인슈타인의 반응은 일단 웃음을 터뜨리는 것이었다. 도저히 아인슈타인의 생각으로는 그러한 행동을 진지하게 생각하기 어려웠기 때문이다. 그리고 곧장 입장문을 써서 언론에 기고했고, 아인슈타인의 글은 《뉴욕타임스》에 실렸다

> 지금까지 나는 여성으로부터 이 정도로 강경하게 접근을 거부당한 적은 없었다. 설령 그런 적이 있었다 하더라도, 이렇게 많은 여성으로부터, 그것도 동시에 거부당한 적은 결코 없었다.

이렇게 이 글은 풍자적인 농담으로 일관하며, "일찍이 강대한 로마의 수도가 충성스런 오리들의 꽥꽥거리는 소리 때문에 위험에서 벗어난 적이 있다는 사실을 명심하라"라며 끝을 맺는다. 아인슈타인의 생각으로는 이건 극소수의 과격한 사람들이 벌인 해프닝에 불과했기 때문이다. 그런데 사태는 조금 다르게 흘러간다.

내용이야 어쨌든 하원의원의 부인이 공식적으로 접수한 서류를 무시할 수 없어서였는지, 아니면 당시 공화당 행정부 말기의 보수적으로 편향된 분위기 탓인지, 국무부의 담당자는 이 진정서를 곧장 베를린 주재 미국 영사관에 전달했다. 그리고 12월 1일 국무부 차관보 윌버 J. 카는 공식적인 답변서를 통해서, 여성애국자협회가 고발한 내용에 대해 영사관 담당자들이 추가로 아인슈타인을 심사하도록 조치했다고 프로싱엄 부인에게 전했다. 그래서 아인슈타인 부부는 평소와 다르게 미국 비자 심사를 받으러 12월 5일에 대사관으로 와달라는 연락을 받았다. 아인슈타인은 사람을 시켜 비자를 받아올 수 없느냐고 물었지만, 안된다는 대답을 들었다. 아무리 아인슈타인이지만 별수 없이 그날 오후에 베를린 주재 미국대사관에 들렀다.

부부가 도착했을 때, 대사관의 분위기는 여느 때와는 달랐다. 의도된 것인지 우연인지는 알 수 없지만, 대사는 베를린에 없었고, 1등 서기관 레이먼드 가이스트Raymond Herman Geist가 비자 심사에 들어왔다. 심사를 받으러 온 아인슈타인 부부는 별다른 생각 없이 영사관을 찾았을 것이다. 그러나 예상외로 형식적이고 딱딱한 질문이 쏟아졌다. 당신의 정치적 신념은 무엇입니까? 어떤 단체에 가입되어 있습니까? 세계에서 가장 유명한 과학자가 명문 대학의 초청을 받아서 가는 상황에 어울리지 않는 질문들이었다. 그러다가 드디어 이런 질문까지 나왔다.

어느 당에 소속되어 있습니까? 아니면 어느 당을 지지합니까? 말하자면, 공산주의자 혹은 무정부주의자입니까?

노골적인 질문에 아인슈타인은 분노하기도 하고, 무언가 불길한 면을 느끼기도 했던 모양이다. 그는 단호하게 항의한 후 인터뷰를 중단하고 자리를 박차고 나왔다.

지금 뭘 하는 겁니까? 나를 심문하는 겁니까? 무슨 음모를 꾸미는 겁니까? 이런 어리석은 질문에는 더 이상 대답하지 않겠습니다. 내가 미국에 가고 싶은 게 아니라 당신 나라 사람들이 나를 초청한 겁니다. 하지만 내가 위험한 인물로 의심받는다면 나는 당신 나라에 가고 싶은 마음이 조금도 없습니다. 비자를 주고 싶지 않다면 그렇다고 하시오. 그러면 나도 결정을 하고 내 생각을 말해주지요.

그리고 이렇게 덧붙였다. "지금 이러는 게 당신의 판단인가요, 아니면 상부의 지시인가요?" 대답을 원하는 게 아니었으므로 부부는 그대로 나와버렸다. 아인슈타인의 이 마지막 질문과 관련해서 하나 덧붙이자면, 비자 심사를 했던 가이스트는 1939년까지 베를린 주재 미국대사관에서 근무하면서 유대인 난민들에게 미국 비자를 가능한 한 쉽게 발급해주고 여러 도움을 주어서, 홀로코스트 구조자 인정을 담당하는 국제 라울 월렌버그 재단으로부터 인정을 받은 인물이다. 그러니 상황이 좀 묘하다.

택시를 타고 집으로 돌아오면서, 아인슈타인은 나름의 계획을 세웠던 모양이다. 돌아오자마자 아인슈타인은 대사관에 다시 전화를 걸어서 다음 날 오후까지 비자를 받지 못하면 미국 여행을 취소하겠다고 통보했다. 한편 엘자는 AP 통신 주재원들과 《뉴욕타임스》에 전화를 걸어서, 대사관에서 벌어진 일을 소상히 전했다(그 덕분에 우리가 위의 대화를 알 수 있는 것이다). 그러면서 엘자는 지금 트렁크 여섯 개를 부칠 준비를 해놓았는데, 내일 정오까지 발송하지 못하면 너무 늦어서 미국에 못 가게 될 것이라고 덧붙였다. 부부의 세련된 언론플레이였다.

미국 국무부는 신속하게 대응했다. 곧 보도자료를 돌려서 아인슈타인 문제를 재검토했고, 다음 날 비자가 발급될 것이라고 밝혔다. 그래서 아인슈타인 부부는 12월 10일 브레멘에서, 엘자가 언급한 여섯 개의 트렁크와 함께 미국으로 가는 배를 탈 수 있었다.

여성애국자협회도 이왕 시작한 일을 고이 접을 수는 없었다. 다음 해 1월에 아인슈타인이 탄 배가 미국에 도착할 즈음, 새로운 대표가 된 제임스 커닝햄 그레이 부인은 아인슈타인의 입국을 저지하기 위해 외국인 입국 거부법에 따라 아인슈타인의 비자를 취소할 것을 다시 공식적으로 요청했다. 1933년 1월 9일 자 《뉴욕타임스》의 보도에 따르면, 여성애국자협회의 주장은 "모든 외국인 빨갱이들에게 법률이 공정하게 집행되기만을 요구"하는 것이었다. 그러나 이번에는 국무부가 협회의 말에 귀를 기울이지 않았다. 아인슈타인이 탄 배는 파나마운하를 지나 1933년 1월 12일 캘리포니아의 샌디에이고에 도착했다. 이해부터 여성애국자협회는 더 이상 그들의 기관지를 발행하지 못했다.

이 사건은 여성애국자협회라는 시대착오적인 사람들이 벌인 단순한 해프닝이고, 협회로서는 단체가 붕괴하기 전의 마지막 몸짓이지만, 아인슈타인에게는 어찌 됐든 해피엔딩으로 보인다. 하지만 아인슈타인에게 아무 상처도 남지 않은 것은 아니었다. 본인은 모르겠지만, 미국 연방수사국의 아인슈타인 파일이 이 사건을 계기로 만들어지기 시작했기 때문이다.

아인슈타인은 역시 칼텍에서 머물면서 2월까지 평범한 나날을 보냈다. 연구와 사색, 소소한 사교적 모임, 채플린과의 만남, 바이올린 연주 등이었다. 조금 특별한 일이라면 밀리컨이 아인슈타인의 체류비를 후원받은 재단을 위해 강연을 한 차례 한 일 정도였다. 강연에 앞선 만찬에서도 후원금을 모았는데, 아인슈타인의 인기는 여전히 대단해서 만찬 참석을 위해 사람들이 줄을 섰다. 만찬에서 아인슈타인은 레온 워터스Leon Laizer Watters와 친해져서, 나중에도 뉴욕을 방문하면 그의 집에서 묵기도 했다. 하지만 1월 말 히틀러가 총리가 되었다는 소식이 전해졌고, 2월 말에는 독일 의회의 의사당이 불타버리고, 유대인에 대한 폭력이 공공연히 벌어진다는 소식이 들려왔다.

1930년대로 접어들면서 독일의 정국은 혼미를 거듭하고 있었다. 어느 당도 다수를 점하지 못하고 연립정부를 구성하려고 애썼으나, 뚜렷한 방향을 제시하지 못하고 저마다의 꿍꿍이를 가지고 암투를 거듭했다. 대통령인 힌덴부르크는 전쟁 영웅이자 구체제를 상징하는 인물로 비록 제한된 능력이나마 법을 지키려 애썼으나, 연로한 데다 주변의 인물들이 민족주의적인 장교나 반공화주의적인 테러 조직과 연관된 인물 아니면 지주 귀족들이라 제대로 정국을 이해할 능력이 없었다. 그런 와중에 신생정당인 나치당이 두각을 나타내기 시작했다. 내전의 위협 속에서 정국이 혼미를 거듭하는 가운데, 사회주의와 거리가 멀면서, 만만한 인물을 찾던 우익 진영은 히틀러를 새로운 대안으로 밀기 시작했다. 결국 1933년 1월 30일 힌덴부르크 대통령은 아돌프 히틀러를 독일의 새로운 총리로 임명했다.

히틀러는 힌덴부르크 대통령에 2월 1일 의회를 해산하라는 명령을 받아냈고, 2월 4일에는 허위 사실 유포나 안보 위협을 이유로 인신을 구속할 수 있는 독일국민보호법을 통과시켰다. 2월 27일 밤, 아직도 명확히 밝혀지지 않은 이유로 국회의사당에서 화재가 일어났다. 화재의 주범으로 지목된 공산당 의원들이 체포되고 사무실과 언론사가 폐쇄되었다. 이렇게 여러 수단을 마련하고 온갖 테러를 자행하며 3월 5일 총선을 치렀다. 하지만 그래도 나치당은 과반수 획득에 실패했다. 아직도 무언가가 더 필요했다. 3월 21일 제국 의회가 열리고, 3월 23일 행정부에 입법권을 위임하는 법률인 수권법이 의회를 통과했다. 독일 사회민주당을 제외한 모든 정당이 이 법에 찬성표를 던졌고, 드디어 독일은 합법적으로 히틀러의 독재국가가 되었다.

아인슈타인이 칼텍을 떠나기 전날인 3월 10일, 나치는 아인슈타인의 베를린 아파트를 습격했다. 엘자의 둘째 딸 마르고트는 두려움에 떨며 숨어 있다가, 아인슈타인의 서류만을 겨우 가지고 프랑스대사관으로 피신했다. 그 이후 이틀 동안 아파트는 세 차례 더 약탈을 당했다. 큰딸 일제의 남편 루돌프 카이저도 네덜란드로 피신했다.

아인슈타인은 시카고를 거쳐 뉴욕에 도착했다. 배를 타러 가기는 하지만 어디로 가야 할지 알지 못하는 상태였다. 아인슈타인과 친분이 있던 뉴욕에 있던 독일 영사 파울 슈바르츠가 아인슈타인을 만나서 독일로는 돌아가지 말라고 경고했다. 어차피 배는 벨기에에 도착할 예정이었으므로, 아인슈타인은 사태를 좀 더 지켜보면서 거취를 결정하려고 했다.

낙원의 붕괴

유럽으로 돌아오는 배에서 아인슈타인은 나치가 그의 카푸트 집을 습격했다는 소식을 들었다. 그들은 공산주의자의 무기를 숨겨놓은 곳을 찾는다는 명목으로 카푸트를 뒤집고, 밀수에 사용될 수 있다면서 보트를 압류했다. 이로써 아인슈타인은 독일을 완전히 포기했다. 3월 28일 아인슈타인이 탄 배가 벨기에의 안트베르펜에 정박하자 아인슈타인은 배에서 내려서 브뤼셀의 독일 영사관으로 향했다. 영사관에서 그는 여권을 반납하고 생애 두 번째로 독일 국적을 포기했다. 한편으로 사직서를 프로이센 아카데미에 우편으로 보냈다.

아인슈타인이 사직서를 보낸 덕분에 막스 플랑크는 안도할 수 있었다. 반유대주의적 권력이 아인슈타인을 찍어내려는 상황에서 이제 공식적인 징계 절차가 곧 시작될 것이었고, 그 일을 감당하는 것은 자신에게도 커다란 고통일 것이 분명했기 때문이다. 플랑크는 곧 아인슈타인에게 편지를 써서 레이든대학교의 에렌페스트의 주소로 보냈다. "당신의 이러한 생각이 당신과 아카데미와의 관계를 명예롭게 단절시키고, 동시에 당신 친구들이 헤아릴 수 없는 슬픔과 고통을 겪지 않도록 보장하는 유일한 방법이라고 생각합니다." 한편으로 플랑크는 아카데미가 권력의 요구로 아인슈타인을 쫓아냈다는 오명을 얻지 않게 된 것도 다행으로 생각했다. 당시 휴가 중이던 그는 같은 날 아카데미의 직무 대리에게도 편지를 써서 "아인슈타인에 대한 공식적인 징계 절차를 시작한다면 나는 심각한 양심의 갈등에 빠졌을 것입니다. 정치적인 문제에서 그와 저 사이에 깊은 간극이 존재하더라도, 앞으로의 수 세기 동안의 역사에서 아인슈타인의 이름은 아카데미를 빛낸 가장 밝은 별 중 하나로 남을 거라고 절대적으로 확신합니다"라고 말했다.

아인슈타인의 사직서는 3월 30일에 아카데미에 접수되어 회의록에 기록되었다. 막스 폰 라우에는 "아인슈타인이 쫓겨나기 전에 스스로 사임해버렸다는 사실에 대해 정부의 분노는 이루 말할 수 없을 정도였다"라고 회상했다. 그래서 정부는 아카데미에 당장, 즉 4월 1일까지 아인슈타인을 강하게 비난하는 성명서를 발표하라고 요구했다. 4월 1일이 중요했던 것은 그날부터 나치가 유대인 불매운동을 시작했기 때문이었다. 아카데미는 이에, 아인슈타인이 외국에서 선동가로 활동하였음을 비난하고 사임은 당연하다는 성명서를 발표했다. 막스 폰 라우에는 이 성명서에 항의했다. 항의한 사람은 라우에뿐이었다.

이제 망명자 신세가 된 아인슈타인 일행은 앞으로의 진로를 생각해야 했다. 취리히로 가는 방법이 있긴 했지만, 전 부인이 있는 도시에 지금의 부인과 같이 가는 일은 아무래도 좋은 생각이 아니었다. 프린스턴에는 계약이 되어 있지만, 아직 갈 때가 아니었다. 그래서 아인슈타인은 일단 벨기에에 거처를 마련했다. 여기에 베를린에 남아 있던 헬렌 두카스와 마르고트가 찾아와서 합류했다. 독일에서는 소문이 흉흉했다. 아인슈타인의 이름이 암살 대상자 명단에 들어 있다느니, 현상금이 붙었다느니 하는 등이었다. 그래서 벨기에 당국은 경호를 위해 경찰 두 명을 파견했다.

원래 아인슈타인의 계획은 베를린과 프린스턴에서 대략 절반씩을 근무하는 것이었는데, 이제 베를린의 자리가 없어진 셈이니 다른 유럽 대학들이 아인슈타인에게 제안을 해오기 시작했다. 우선 브뤼셀에서는 몇 차례 강연을 해달라는 요청이 왔다. 옥스퍼드의 린데만은 그의 특별 연구원 신분을 정식 교수직으로 바꾸는 일을 상의했고, 파리의 랑주뱅은 콜레주 드 프랑스의 자리를 제안했다. 마드리드에서도 초청이 왔다. 아인슈타인은 솔로빈에게 보낸 편지에서 "지금 내 머릿속에 있는 합리적인 생각보다 교수직이 더 많아"라고 표현할 정도였다. 그는 이를 대부분 긍정적으로 검토했다.

아인슈타인이 어느 대학의 자리를 수락했다, 혹은 제안받았다는 소식은 언론을 통해 널리 알려졌다. 이러한 상황이 플렉스너에게는 마음에 들지 않았다. 베를린과 아인슈타인을 반반씩 나누는 것은 참을 만하다. 어쨌든 베를린은 독일 최고의 자리였고, 아인슈타인이 원래 속해 있던 곳이니까. 하지만 여타 이런저런 학교들과 그러는 것은 곤란하다. 고등연구소가 최고의 연구소라는 주장에 빛이 바래는 일이다. 하물며 하나도 아니고 여러 학교와 아인슈타인을 공유한다는 건 말도 안 된다. 아인슈타인은 고등연구소의 간판이고 보물이어야 하는데, 그런 식으로 다른 기관에도 적을 두고 있으면 고등연구소도 여러 기관 중 하나일 뿐 아니지 않은가. 그래서 플렉스너는 아인슈타인에게 필요한 모든 지원을 제공할 것을 약속하며, 프린스턴에 완전히 옮겨올 것을 제안했다. 하지만 아인슈타인은 선뜻 대답하지 않았다. 기본적으로 유럽인이었던 그로서는 완전히 신대륙으로 옮기는 데에 거부감이 들었을 수도 있다. 한편으로 그의 조수이자 '계산기'이던 발터 마이어의 문제가 있었다. 아인슈타인은 마이어에게도 정교수 자리를 요구했다. 실제로 마드리드에서는 거의 그러한 약속을 받아냈다. 그러나 모든 지원을 아끼지 않겠다고 했던 플렉스너지만 그건 곤란한 일이었다. 연구소의 정교수 자리는 연구소의 위상을 말해주기도 하고, 다른 정교수들이 용납하지도 않을 것이기 때문이다. 논의가 오간 끝에 두 사람은 타협을 보았다. 마이어를 정교수가 아니라 부교수로 임명하고, 대신 종신 재직권은 준다는 내용이었다.

　5월 말 아인슈타인은 취리히를 방문했다. 둘째 아들 에두아르트를 만나기 위해서였다. 정신병에 시달리던 에두아르트는 취리히 근처의 요양원에 들어가 있었다. 아인슈타인은 음악을 잘했던 에두아르트를 위해 그의 바이올린을 가져갔다. 밀레바도 만났다. 세월의 흐름은 두 사람을 다소 둥글게 만들었던 모양으로, 별다른 마찰은 일어나지 않았다. 이것이 아인슈타인이 밀레바와 에두아르트를 마지막으로 본 시간이었다.

아인슈타인은 취리히를 떠나 옥스퍼드로 갔다. 린데만이 마련한 자리였다. 옥스퍼드에서 아인슈타인은 "이론물리학의 방법에 관해 On the Method of Theoretical Physic"라는 제목으로 허버트 스펜서 강연을 했다. 아인슈타인의 허버트 스펜서 강연은 다음과 같이 시작한다.

> 만약 여러분이 이론물리학자로부터 그가 사용하는 방법에 대해 배우고 싶다면, 다음과 같은 조언을 드리고 싶습니다. 그의 말을 듣지 말고, 그가 한 일을 살펴보십시오. 왜냐하면 그 분야의 발견자에게는 자기 상상력의 구조물이 너무나 필연적이고 자연스럽게 보여서, 그는 그것들을 자기 생각의 창조물이 아닌 주어진 현실로 취급하기 쉽기 때문입니다.

9월에 끔찍한 소식이 들려왔다. 그의 절친한 친구인 에렌페스트가 다운증후군으로 암스테르담의 병원에 있던 막내아들 바시크를 찾아가서, 병원 대기실에서 아들을 불러낸 후 아들을 쏘고 이어서 자신을 향해 방아쇠를 당긴 것이다. 에렌페스트는 사실 우울증으로 고생하고 있었다. 그는 가장 위대한 과학자 중 한 사람인 로렌츠의 후계자였으며, 아인슈타인과 보어를 가까운 친구로 두었다. 평생 아주 특별한 사람들 속에 둘러싸여 있었기 때문에 스스로에 대한 낮은 자존감에 시달렸고, 1925년에 양자론이 나온 이후는 젊은이들의 양자 이론을 따라갈 수 없다는 생각에 시달렸다. 유대인인 그는 다가오는 나치의 위협도 느꼈다. 바시크가 입원한 병원의 비용도 대기 쉽지 않았다. 우울증과 경제적 어려움으로 고민하던 에렌페스트는 극단적인 선택을 하고 만 것이다. 아인슈타인은 심한 슬픔과 무기력에 시달렸다.

  10월에 출항을 앞두고 9월 9일에 아인슈타인은 영국으로 가서 한동안 지냈다. 10월 3일에는 런던의 로열앨버트홀에서, 독일에서 쫓겨난 학자들을 위한 기금을 모으기 위한 연설을 했다. 나치가 정권을 잡은 후 처음 대중 앞에 모습을 드러낸 것이며, 암살의 위협 때문에 런던 경시청의 엄중한 경호를 받았다. 9000석의 좌석이 매진될 만큼 여전히 많은 사람이 지지를 표해주었다. 아인슈타인 외에도 러더퍼드와 제임스 진스 등도 강연을 했다. 여기서 아인슈타인은 이렇게 물었다.

> 우리가 어떻게 하면 인류와 인류의 문화유산을 구할 수 있을 것인가? 도대체 어떻게 하면 다가올 재앙으로부터 유럽을 지킬 수 있는가?

  이것이 아인슈타인이 유럽에서 마지막으로 대중을 상대로 했던 강연이다.

  엘자와 헬렌 두카스는 안트베르펜에서 원양 여객선 웨스트모어랜드호에 올랐다. 웨스트모어랜드호가 영국 사우샘프턴 항구에 입항하자 아인슈타인이 배에 올라 엘자와 합류했다. 1933년 10월 7일 아인슈타인을 태운 배는 미국을 향해 사우샘프턴을 떠났다. 그것이 마지막이었다. 아인슈타인은 다시는 유럽 땅을 밟지 않았다.

  아인슈타인이 떠난 후 카푸트의 집은 유대인 고아원으로 잠시 쓰이다가, 1938년 수정의 밤 이후 거주하던 아이들이 모두 수용소로 옮겨지고, 한동안은 나치의 독일소녀협회 건물로 사용되었다. 전쟁이 끝나고 카푸트는 동베를린에 속해서 동독의 지배를 받게 되었다. 이 건물은 한동안 동독 과학아카데미의 게스트하우스로 쓰였고, 1970년대에 홍수로 피해를 입어서 나무 일부가 시베리아 참나무로 교체되었다. 1979년 아인슈타인 탄생 100주년을 맞아 동독과 서독은 경쟁적으로 행사를 개최했는데, 이 집을 복원해서 공개하는 건 동독의 주요 자랑거리였다. 전직 예술 교사 출신인 에리카 브리츠케는 이 행사 때부터 카푸트의 집을 보호, 관리하는 업무를 맡아서, 이후에도 이 집을 관리하는 아인슈타인 포럼에서 일했다. 아인슈타인이 짓고, 나치가 사용하고, 공산주의자들이 관리했던 카푸트의 집을 오늘날에는 브란덴부르크주가 설립한 재단인 아인슈타인 포럼에서 맡아서 관리하고 있다. 카푸트의 집에서 인생을 보낸 브리츠케는 이렇게 말했다. "20세기 독일 역사 전체가 이 집을 휩쓸고 지나갔다."

베를린대학교는 당시 독일어권의 중심 대학이자 세계 물리학의 중심으로서, 아인슈타인은 이 곳에서 강의 의무가 없는 정교수 자격으로 연구에 몰두할 수 있었다.

11
ALBERT EINSTEIN

고독:
프린스턴의 아인슈타인

프린스턴 고등연구소

루이스 뱀버거Louis Bamberger는 미국 뉴저지주 뉴어크의 독일계 유대인 집안에서 태어났다. 그의 어머니가 볼티모어에 기반을 둔 백화점 체인인 허츨러 집안 출신이었으므로, 그도 유통업에 대해 보고 듣거나 배운 게 있었을지 모른다. 그래서인지는 몰라도 뱀버거는 친구인 필릭스 풀드, 그리고 여동생 캐롤라인의 남편인 루이스 프랭크와 함께(이들의 관계는 좀 복잡한데, 루이스 뱀버거와 풀드, 그리고 캐롤라인과 프랭크 부부는 한집에서 살았고, 프랭크가 죽고 나서 3년 후에 캐롤라인은 풀드와 재혼했다. 루이스 뱀버거는 평생 독신이었으며 여동생 캐롤라인 부부와 계속 함께 살았다. 이들은 자선사업도 함께하며 내내 돈독한 사이를 유지했다) 1892년 뉴어크에서 파산한 잡화점인 힐엔크레이그Hill & Craig를 사서 회사 이름을 뱀버거사L. Bamberger & Company로 바꾸고 새로운 백화점 뱀버거Bamberger's를 열었다. 이들은 상품에 가격 표시, 환불 보증과 같이 당시 아무도 하지 않던 새로운 정책을 도입하는 등 뛰어난 경영 능력으로 번창했고, 뉴저지뿐 아니라 델라웨어, 메릴랜드, 뉴욕, 펜실베이니아로 지점을 확장했다. 1928년에는 전국 백화점 중 매출 4위, 직원 1인당 매출은 1위를 기록했으며, 뱀버거를 거쳐간 직원들이 잇달아 다른 회사에 경영자로 초빙되는 등 매우 우수한 기업으로 성장했다. 뱀버거는 또한 감각이 뛰어났던 건지, 운이 좋았던 건지, 대공황 직전인 1929년 회사를 메이시사R. H. Macy & Co.에 2500만 달러에 매각했다. 풀드가 1929년 1월에 사망해서 루이와 캐롤라인 뱀버거 남매만 남아 있었는데, 이들은 직원들에게 감사의 뜻으로 회사를 매각해서 받은 돈 중 100만 달러를 전 직원에게 나누어주었다. 1944년 그가 죽었을 때 뉴어크의 모든 깃발은 3일 동안 조기로 게양되었고, 이미 그의 소유는 아니었지만 그가 운영했던 백화점은 하루 동안 문을 닫았다고 한다.

  이들은 원래부터 자신들의 부를 공공에 환원하는 데 관심이 많아서 여러 기관을 후원하고 각종 자선사업에 참여하고 있었다. 이제 목돈이 생겼으니 이들은 그 돈으로 공익에 도움을 줄 기관을 하나 만들려고 했다. 이들이 처음에 생각한 것은 뉴어크에 유대인 학생을 위한 의과대학을 세우는 일이었다. 당시 의과대학이 유대인 학생을 차별한다고 믿었기 때문이다. 하지만 이들은 의과대학을 세우는 것에 대해서는 아무것도 몰랐으므로, 그 분야에 대해서 잘 아는 사람을 찾았다. 그들이 찾은 사람이 에이브러햄 플렉스너였다.

  플렉스너는 켄터키주 루이빌 출신으로 존스홉킨스대학교에 다니며 교육의 중요성을 깨닫고 고향에 돌아와서 교편을 잡으며 각종 교육개혁을 시도해서 성공적인 결과를 거둔 인물이었다. 그는

1908년 미국 교육제도에 대한 비판적 평가서 『미국의 대학: 비판The American College: A Criticism』을 출간했는데, 이 책은 카네기 재단의 관심을 끌게 되었고, 재단은 플렉스너에게 미국과 캐나다의 155개 의과대학에 대한 특별 조사 및 평가를 의뢰했다. 플렉스너의 보고서는 미국 의사 교육에 대한 광범위한 개혁을 이끌었다고 평가된다. 이후 플렉스너는 재단의 의뢰로 유럽의 의과대학 교육에 관해서도 조사했다. 그러므로 뱀버거가 의과대학을 설립하는 일에 대해 자문을 구하기에 플렉스너는 매우 적합한 인물이라고 할 만했다.

그런데 뱀버거의 요청을 받은 플렉스너는 그들의 원래 생각에 동의하지 않았다. 의과대학은 제대로 된 일반대학과 병원이라는 두 가지 기반이 필요하므로 뉴어크는 적합하지 않았다. 그리고 그는 의과대학에서 딱히 유대인 차별이 일어나고 있다고 생각하지도 않았다. 하지만 그렇다고 모처럼 찾아온 이 기회를 그냥 보낼 수는 없었다. 플렉스너는 뱀버거 남매에게 계획을 바꿔서 이상적인 대학을 설립해보는 건 어떠냐고 설득했다. 플렉스너가 생각한 이상적인 대학이란 인재 양성을 목적으로 하는 교육기관이라기보다 학문을 발전시키기 위한 최고 수준 학자들의 공동체에 가까웠다. 플렉스너의 구상에 뱀버거는 설득되어버려서 의과대학 계획은 백지로 돌아갔다. 플렉스너와 뱀버거는 1929년 말 정기적으로 식사를 하며 구상을 다듬어나갔다. 마침내 1930년 1월 플렉스너는 그들에게 시안을 제시했다. 시안의 주 내용은 "고등 학문을 위한 연구소를 뉴어크나 그 인근에 설립하고 뉴저지의 이름을 붙인다"라는 내용이었다. 그 해 5월 20일, "고등연구소 – 루이스 뱀버거와 필릭스 풀드 부인 재단"의 법인 설립 증명서가 뉴저지주에 제출되었다. 이것이 플렉스너의 특별한 프로젝트였다.

연구소는 학부생 없이 기초학문 분야의 교수와 연구원으로 구성되고, 충분한 지원을 받도록 한다. 연구소의 위치는 훌륭한 대학이 있는 프린스턴으로 결정되었다. 연구소의 첫 소장을 맡은 플렉스너가 내세운 비전은 다음과 같다.

> 연구소는 작고 유연해야 한다. 연구소는 학자와 과학자들이, 지금 현재의 소용돌이에 휘말리지 않고, 세계와 그 현상을 자신의 연구실로 여기도록 하는 안식처가 되어야 한다. 연구소는 단순하고 편안하고 조용해야 하며, 수도원이 되거나 동떨어져 있으면 안 된다. 연구소는 어떤 문제도 두려워하지 않아야 하며, 학자들이 연구하고 있는 문제들의 어떤 특정한 해답에 대해 찬성하거나 반대하는 편견을 갖도록 강요하는 어떤 쪽으로부터도 압력을 받아서는 안 된다. 그리고 연구소는 미지의 세계에 대한 근본적 탐구에 필요한 시설, 평정, 그리고 시간을 제공해야 한다. 연구소의 학자들은 완전한 지적 자유를 누려야 하며 행정적 책임이나 관련 업무로부터 절대적으로 자유로워야 한다.

연구소의 운영 원칙은 다음 두 가지다.
1) 연구소에서 일하는 사람은 인종, 종교, 성별에 관계 없이 능력만으로 선발되어야 한다.
2) 연구소는 즉각적인 유용성이나 미리 정해진 목표 달성에 대한

기대 없이 호기심에 기반한 지식 추구가 가능하도록 해야 한다.

무엇으로 보나 아인슈타인은 이 연구소의 교수로 적합한 인물이었다. 이러한 배경에서 플렉스너는 연구소의 첫 전임교수로 아인슈타인을 낙점하고 승낙을 받아낸 것이다. 1932년 10월 11일, 《뉴욕타임스》는 아인슈타인이 신설되는 연구소에 임명되었다고 발표하면서 설립자의 의도가 "학자의 낙원"을 건설하는 것이라고 보도했다.

아인슈타인의 정착 생활

1933년 10월 17일 아인슈타인을 태운 웨스트모어랜드호가 뉴욕항에 도착했다. 검역소에서 아인슈타인 일행은 플렉스너의 편지를 받았다. 편지에서 플렉스너는 "워싱턴 사람들과 상의한 결과 … 미국에서 귀하의 안전은 대중 앞에 모습을 드러내지 않음으로써 보장될 수 있을 것이라는 권고를 받았습니다"라고 말했다. 그래서 일행은 검역소를 나와서 따로 마련된 예인선을 타고 몰래 빠져나왔다. 항구에는 연구소에서 파견된 이사 두 사람과 자동차가 준비되어 있었다. 일행은 프린스턴에 도착해서는 피코크 인에 일단 짐을 풀었다.

며칠 후 아인슈타인 부부와 헬렌 두카스는 라이브러리 플레이스 2번가에 집을 임대했고, 1935년까지 살았다. 아인슈타인은 도착 기념으로 작은 음악회를 열고 직접 제2 바이올린을 연주했다. 아인슈타인이 음악을 좋아한다는 게 알려지자 많은 사람과 함께 연주할 기회가 생겼다. 러시아 출신의 유대인 바이올리니스트 토샤 자이델도 아인슈타인과 함께 연주했다. 그는 아인슈타인에게 연주를 좀 가르치고 난 뒤 대신 특수상대성이론의 거리 수축을 설명하는 그림을 받았다. 연구소는 아인슈타인이 도착하기 조금 전에 정식으로 문을 열었다. 단 아직 부지와 건물이 확보되지 않은 상태였으므로, 프린스턴대학교의 수학과 건물인 파인 홀을 빌려서였다. 아인슈타인도 연구실을 배정받았다.

엘자의 두 딸 일제와 마르고트는 유럽에 남아 있었다. 1934년 파리에서 살던 일제는 백혈병에 걸려서 상태가 나빠졌다. 엘자가 급히 파리로 날아갔으나 더 이상 호전될 가망이 없었다. 일제가 죽고, 엘자는 일제의 유골 일부를 미국으로 가져왔다. 베를린의 아파트에 있던 아인슈타인의 책과 서류들도 이때 가져올 수 있었다. 아인슈타인은 자신의 서류들을 보고 감개무량해했다. 마르고트도 그해 남편과 이혼하고 미국으로 건너와서 아인슈타인 부부와 함께 살았다. 엘자는 일제의 죽음으로 얻은 충격에서 벗어나지 못하고 급격히 쇠약해졌다.

1935년에 아인슈타인은 머서가 112번지에 집을 사서 입주했다. 나무로 둘러싸인 이 집은, 아인슈타인이 평생 편하게 느꼈던 집들처럼 요란하지 않고 소박한 2층 목조주택이다. 베를린의 집에 있던 가구들도 미국으로 부쳐와서 머서가 112번지에 놓였다. 이 집이 미국에서 아인슈타인 집으로 유명해진 곳이다. 베를린에서 그랬듯, 아인슈타인 생전에 많은 유명인이 이 집을 방문했다. 과학자들은 물론이고, 전 인도 총리 자와할랄 네루, 유대인 연합의 전국 의장인 윌리엄 로즌월드 등 정치인들도 왔다. 아인슈타인은 죽는 날까지 이 집에서 살았고, 그가 세상을 떠난 후, 이 집은 마르고트가 소유하다가 1986년에 고등연구소가 인수해서 관리하면서 개인주택으로 이용하고 있다. 1976년에 이 집은 미국 국립 사적지로 지정되었다. 그동안 2004년 노벨물리학상 수상자인 프랭크 윌첵이 1989년에서 2001년까지 이 집에서 살았고, 그 후에는 2007년 노벨 경제학상 수상자인 에릭 매스킨이 2012년까지 살았다. 이 집은 대중에게 공개되지 않는다.

이 집은 아인슈타인이 친필로 쓴 논문의 초고를 뉴욕시 모건 도서관에 팔아서 받은 돈으로 샀다. 이 거래는 베를린에서부터의 지인이며 마찬가지 미국으로 망명해온 경제학자 오토 네이선이 제안한 일이라고 한다. 네이선은 당시 프린스턴에서 가르치고 있었고, 아인슈타인이 죽은 후 헬렌 두카스와 함께 그의 유산의 공동 수탁자로 지정되기도 했다.

연구소는 대학 인근의 올든 농장에 연구소 건물을 짓기로 하고 부지를 매입했다. 1939년 마침내 연구소의 중심 건물인 풀드 홀이 완공되어 연구소는 대학의 셋방살이에서 벗어나 자기 건물로 들어갔다. 풀드 홀이라는 이름은 뱀버거의 공동 경영자인 필릭스 풀드와, 필릭스 풀드의 아내이면서 루이스 뱀버거의 동생인 캐롤라인을 기념하는 것이다. 이후에도 필요에 따라 근처의 부지가 매입되고 건물이 지어졌다. 연구원들을 위한 주택단지는 오펜하이머가 소장이던 1955년에 지어진 것이다. 최근에도 새로운 건물이 건설되고 있다.

아인슈타인이 도착한 후 플렉스너는 아인슈타인을 '보호'하는 일에 철저했다. 그는 다른 교수들도 보호했으나, 아인슈타인에 대해서는 더욱 철저했다. 물론 그래야 할 만한 일이 아인슈타인에게 훨씬 많이 일어나기도 했다. 심지어 그는 백악관에서 온 초청도 차단하고 거절했다. 여기에는 아인슈타인도 화가 났다. 그래서 다소 압력을 넣어서 겨우 초청을 다시 받아서 루스벨트 대통령과 함께 식사를 했다. 대화를 하던 중에 시민권 이야기가 나왔다. 루스벨트 대통령은 하원에서 특별법을 만들려고 한다고 알려주었으나, 아인슈타인은 정상적인 절차를 따르겠다고 했다. 그러려면 입국비자를 새로 받아야 했다. 그래서 1935년 5월에 아인슈타인 부부와 헬렌 두카스는 여객선을 타고 출국해서 버뮤다에서 며칠을 머물렀다. 그들은 모든 공식 초청을 거절하고 한가한 일정을 보냈다. 식당에서 만난 독일 요리사와 친해져서, 그의 집에서 독일 요리를 대접받기도 했다. 아인슈타인 부부와 헬렌은 1940년 6월 22일 뉴저지주의 주도인 트렌턴의 주 의회 의사당에서 선서를 마치고 미국 시민이 되었다.

아인슈타인은 플렉스너의 간섭에 항의하는 의미에서 친구에게 보내는 편지에 자신의 주소를 프린스턴 강제 수용소라고 적기도 했다. 그러나 상황은 별로 개선되지 않았다. 이런 독선적인 운영 때문에 교수들의 불만을 산 플렉스너는 1939년 소장에서 물러났다. 플렉스너는 물러날 때 배신감을 느꼈다고 한다. "교수들이 학문할 기회를 원하고 일상사의 잡다한 일에서 벗어나고 싶다고 해서 그런

줄 알았다. 하지만 그들은 경영과 관리의 권한도 원했다." 하지만 플렉스너가 도를 넘은 면이 더 컸다. 아무리 일상사의 잡다한 일에서 벗어나게 해준다고 해도, 편지를 검열하고, 동료 교수를 뽑는 데 관여하지 못하게 하면서, 납득할 수 없는 사람을 교수로 뽑으려 한다면 그걸 허용할 교수는 아마 없을 것이다.

양자역학과 아인슈타인 II

일반상대성이론을 완성한 후, 아인슈타인에게 가장 중요한 문제는 양자역학이었다. 정확히 말하자면 양자역학과 대결하는 일이었다고 할 수 있다. 아인슈타인은 언제나 양자역학이 일정 부분 옳으며, 그래서 매우 유용하다는 걸 인정하는 데에는 모자람이 없었다. 하지만 동시에 아인슈타인은 양자역학이 완전히 옳다고는 한 번도 생각하지 않았다. 그래서 처음에는, 1927년의 솔베이 학회에서처럼 양자역학의 틀린 지점을 찾으려고 했다. 그러한 시도가 실패로 돌아간 후, 아인슈타인은 양자역학이 "불완전"하다고 표현하기 시작했다. 즉 양자역학은 옳고 물리적 실재에 대해 좋은 정보를 주지만, '완전한' 정보를 주지는 못한다, 따라서 불완전한 이론이라는 것이다. 양자역학은 확률 개념을 자연의 본질로 간주한다. 아인슈타인에게 확률 개념을 사용한다는 건 이론이 불완전하다는 증거로 여겨졌다. 게다가 더욱 중요하고 근본적인 문제는 코펜하겐이 양자역학에 대해 취하는 반(反)실재론적인 태도였다. 양자역학은 확률로 결과를 제시하고, 우리가 주어진 확률로 무언가를 측정할 때에야 실재가 확정된다고 말한다. 아인슈타인은 이것은 말도 되지 않는다고 생각했다. 우리가 측정을 하든 안 하든, 대상은 실재하고 있는 것이다. 따라서 측정하기 전 대상의 실재를 말해주지 못하는 양자역학은 불완전한 이론이다.

양자역학의 미묘한 점에 대해 깊이 고민하던 아인슈타인은 1935년 5월 15일에 발간된 미국 물리학회지 《피지컬 리뷰》에, 고등과학원 연구원이던 포돌스키Boris Yakovlevich Podolsky와 역시 고등과학원 연구원이면서 자신의 조수로 연구하던 로젠Nathan Rosen과 함께 양자역학에 대한 논문을 한 편 발표한다. 이 논문의 제목은 「물리적 실재에 대한 양자역학적 기술이 완전하다고 볼 수 있는가?Can Quantum-Mechanical Description of Physical Reality Be Considered Complete?」로서, 바로 아인슈타인이 고민하던 문제를 그대로 드러내고 있다. 세 사람의 이름 첫 자를 따서 흔히 EPR이라고 부르는 이 논문은, 당시까지 아무도 파악하지 못했던 양자역학의 미묘한 점을 드러내었고, 그래서 오랜 세월 동안 완전히 이해되지 않았다.

EPR 논문에서 제시하는 핵심적인 논점은 다음과 같다. 두 개의 입자가 정면충돌한 후 반대 방향으로 날아간다고 하자. 물리학의 가장 기본적인 법칙에 따라 전체 운동량은 0이 되어야 하므로, 충분히 멀리 날아간 후에도 한쪽 입자의 운동량을 측정하면 다른 쪽 입자의 운동량은 내가 측정한 운동량과 크기는 같고 방향은 반대임을 즉시 알 수 있다. 그런데 이렇게 멀리 날아간 입자의 운동량을 이쪽에서 즉시 알 수 있다는 말은 두 가지로 해석할 수 있다. 하나는 날

아간 입자의 운동량이 이미 정해져 있다는 의미이고, 다른 하나는 이쪽 입자의 운동량을 측정함으로써 다른 쪽 입자의 운동량이 결정된다는 의미다. 전자는 아인슈타인의 관점이고 후자는 관측함으로써 물리량이 실재하게 된다는 코펜하겐의 관점이다. 그런데 코펜하겐의 관점에서 이 경우에는 문제가 좀 더 심각하다. 관측하는 입자와 운동량을 알게 된 다른 쪽 입자 사이에 거리가 멀리 떨어져 있기 때문이다. 즉 상호작용이 거리를 두고 즉시 전달되는 걸로 보이는 것이다. 어느 한 점에서 일어난 사건은 그 점 바로 근처에만 영향을 미친다는 원리를 국소성locality이라고 부르는데, 이 역시 물리학의 기본 원리로 여겨지고 있다. 그런데 이 경우에는 국소성이 지켜지지 않는 것이다. 아인슈타인은 이것으로 양자역학의 약점을 찾았다고 생각했다.

과연 아인슈타인이 제기한 문제는 매우 민감한 것이어서, 코펜하겐의 물리학자들은 깊이 고심해야 했다. 다른 일을 모두 제쳐놓고 여기에 매달린 끝에 보어는 아인슈타인의 논문과 정확히 같은 제목의 논문을 5개월 후, 역시 같은《피지컬 리뷰》에 발표했다. 여기서 보어는 양자역학에서 실재 개념은 관측과 동시에 의미를 가지고, 그 이전에는 의미가 없으며, 그런 면에서 아인슈타인이 말한 대로의 국소성은 지켜지지 않지만 상대성이론을 위배하지는 않는다는 걸 분명히 했다.

당시 아인슈타인은 슈뢰딩거와 의기투합해서 양자역학의 문제점을 토론하고 있었다. 슈뢰딩거는 양자역학의 가장 중요한 도구를 직접 만든 사람이면서도, 코펜하겐이 주장하는 확률적 해석과 실재 개념 등에 마음속까지 완전히 승복한 것은 아니었기 때문에 아인슈타인과 같이 든든한 동료를 만나자 다시 코펜하겐에 비판적인 입장을 드러내게 된 것이다. EPR 논문을 보고 슈뢰딩거는 6월 7일에 아인슈타인에게 "당신의 논문을 읽고 매우 행복합니다"라는 편지를 보냈다. 이로부터 두 사람은 활발하게 편지를 주고받으며 양자역학의 문제를 논의했다. 그러던 중 8월 8일에 아인슈타인이 슈뢰딩거에게 보낸 편지에서 이런 예를 들었다.

> 화학적으로 불안정한 화약을 생각하면, 처음에는 파동함수가 폭발하지 않은 상태의 화약을 제대로 기술하겠지만, 시간이 지남에 따라 파동함수는 아직 폭발하지 않은 상태와 이미 폭발한 상태의 중첩상태를 기술하게 될 겁니다. 이 파동함수는 실제 상황을 적절하게 설명한다고 할 수 없습니다. 왜냐하면 실제로는 폭발한 화약과 폭발하지 않은 화약 사이에 중간 상태란 존재하지 않기 때문입니다.

아인슈타인의 이 편지를 읽은 슈뢰딩거는 이 아이디어를 좀 더 극적으로 다듬어서 8월 19일에 아인슈타인에게 보낸 편지에 소개한다. 슈뢰딩거가 각색한 이야기는, 화약의 폭발 대신 방사성 원자핵을 생각해서 방사성붕괴를 할 때 켜지는 스위치를 연결하고, 이 스위치가 상자 속에 넣어둔 독가스를 넣은 병을 깨도록 한다. 그리고 이 상자 속에 고양이를 한 마리 넣어둔다. 그러면 원자핵이 방사성붕괴를 할 확률이 2분의 1이 된 시점에서, 스위치가 켜질 확률도

2분의 1이고 독가스 병이 깨질 확률도 2분의 1이라서, 결국 고양이가 살아 있을 확률도, 죽어 있을 확률도 2분의 1이 된다 그러면 이 고양이는 살아 있을까, 죽어 있을까? 아인슈타인의 편지를 보면 이 이야기는 폭발하지 않은 화약과 폭발한 화약의 중첩상태를 그대로 고양이의 살아 있는 상태와 죽어 있는 상태의 중첩상태로 옮긴 이야기라는 걸 알 수 있다.

슈뢰딩거는 이 고양이 이야기가 담긴 논문을 발표했다. 이것이 바로 유명한 슈뢰딩거의 고양이다. 이 이야기의 탁월한 점은 방사성 원소의 붕괴라는 양자역학적 현상과 고양이라는 거시적인 현상을 자연스럽게 연결해서, 거시적인 현상에 양자 개념이 적용될 때 모순처럼 보이는 상황을 실감 나게 조성했다는 점이다. 즉 방사성 원소의 미시적 중첩상태를 고양이의 생사에 관한 거시적 중첩상태가 되도록 했다. 슈뢰딩거는 이 이야기를 통해 원자 세계에서의 중첩상태가 정말로 섞여서 존재한다는 의미라면, 자신의 사고실험을 통해 고양이도 살아 있는 상태와 죽어 있는 상태가 섞여 있게 된다고 말한다. 따라서 슈뢰딩거가 정말로 하고 싶은 말은, 원자 수준에서도 양자역학이 말하는 중첩상태는 실제로 존재하지 않는다는 말이다.

상자를 열었을 때 우리는 살아 있거나 죽어 있는 고양이를 보게 되지, 삶과 죽음이 중첩되어 있는 고양이를 보게 되지는 않는다. 이것이 양자역학에서 관측의 역할이다. 양자역학에서는 고양이의 삶과 죽음은 그때부터 의미가 있다고 말한다. 상자를 열기 전까지는 고양이는 살아 있는 것도 죽어 있는 것도 아니다. 이것을 '삶과 죽음이 중첩되어 있는 상태'라고 말할 수도 있고, '살아 있는지 죽어 있는지를 말할 수 없다'라고 할 수도 있다. 이 부분은 사실 양자역학도 분명히 말해주지는 못한다. 하지만 아인슈타인과 슈뢰딩거는 상자를 열기 전에도 고양이는 이미 죽어 있거나 살아 있거나 둘 중 하나라고 생각한다. 그러므로 상자를 열기 전에 고양이가 살아 있는지 죽어 있는지를 말해주지 못하는 양자역학은, 옳은 이론일지언정 완전한 이론은 아닌 것이다.

다시 말하지만, 이것이 양자역학이 틀렸다는 이야기는 아니다. 아인슈타인도, 슈뢰딩거도 양자역학이 어느 수준에서는 옳은 이론이라는 데 이의가 없다. 단 양자역학은 상자를 열기 전에 고양이의 생사에 대해서 말해주지 않듯이, 실재를 완전하게 기술하지 못하므로 완전한 이론은 아니며, 궁극적인 이론, 혹은 양자역학 플러스알파가 존재할 것이다. 이런 생각을 숨은 변수hidden variable 이론이라고 부른다. 아인슈타인은 본인이 숨은 변수 이론을 직접 연구하지는 않았지만, 그러한 방향이 옳다고 생각하고 있었다.

슈뢰딩거의 고양이로부터 30년이 지난 후 아일랜드 출신의 젊은 이론물리학자 존 벨John Stewart Bell이 아무도 거들떠보지 않고, 사실 잘 이해도 하지 못하던 이 문제를 혼자서 고민한 끝에, 놀랍게도 숨은 변수 이론과 양자역학을 구별하는 방법을 고안해냈다. 이 방법을 '벨의 정리Bell's theorem'라고 부른다. 관심을 가지는 사람이 거의 없었으므로, 벨의 논문은 한동안 잊혀져 있었지만 유럽과 미국 여기저기에서 벨의 이론을 알아보는 사람들이 나타나기 시작했고, 1970년대부터 최근까지 그들은 끊임없이 벨의 정리를 검증하는 실험을 고안해냈다. 이러한 노력의 부산물로 양자정보이론이라는 새로운 분야가 태어났으며 양자컴퓨터라는 새로운 개념이 탄생했고, 이제 실현되어가고 있다. 그리고 오랫동안 벨의 정리를 실험해왔던 사람들인 알랭 아스페, 존 클라우저, 안톤 차일링거가 2022년 노벨물리학상을 수상했다. 그러면 이들의 실험 결과는 무엇이었을까? 현재의 결론은 놀랍게도 숨은 변수 이론이 아니라 양자역학이 맞다는 것이었다. 국소성은 지켜지지 않으며, 우리가 관측하기 전의 상태는 실재하지 않는다고 보아야 한다. 아인슈타인은 심지어 자신이 틀림으로써 노벨상을 만들어낸 것이다. 당연히 먼저 노벨상을 받았어야 할 벨은 1990년에 62세라는 많지 않은 나이로 이미 사망해서 영광을 함께 나누지는 못했다.

원자폭탄

아인슈타인의 이름은 종종 원자폭탄과 함께 기억된다. 아주 기본적인 수준에서, $E = mc^2$이 핵반응에서 나오는 에너지를 설명해주므로 아인슈타인이 원자폭탄의 아버지라고 말하는 경우가 있다. 그러나 $E = mc^2$는 핵반응에서 나오는 에너지뿐 아니라 화학반응에서 나오는 에너지도 설명한다. $E = mc^2$이 원자폭탄의 근원이라는 말이 분명 틀린 말은 아니지만, 너무 근본적인 수준의 원리를 어떤 대상의 원인이라고 말하는 것은 너무 당연한 말이라서 하나 마나인 말이 되기 쉽다.

이러한 관점에 아주 극단적으로 반대되는 관점을 취해보면, 아인슈타인이 원자폭탄을 만드는 과정에 '실제로' 관여한 부분은, 원자폭탄을 실제로 만들 수 있음을 확인한(사실 여기서 '실제로'라는 말도 조심해서 써야 한다. 좀 더 정확히 말하자면, 이 말은 원자폭탄에 이용될 수 있는 핵반응이 존재하고 그것을 인위적으로 일으킬 수 있다는 걸 확인했다는 뜻이다. 구체적으로 폭탄을 만들 수 있으리라는 걸 알았다는 뜻은 아니다) 레오 질러드와 유진 위그너가 루스벨트 미국 대통령에게 원자폭탄을 만들어야 한다고 호소하는 편지를 쓸 때, 무명의 헝가리 이민자들로는 설득력 있는 편지를 보내기 어려워서 아인슈타인을 동참시킨 것뿐이라고 할 수도 있다. 아인슈타인은 원자폭탄을 정말로 만들어낸 과정인 맨해튼 프로젝트에는 전혀 관여하지 않았으므로, 아주 틀린 말은 아니다. 아인슈타인 본인도 다음과 같이 말한 바가 있다.

> 저는 원자폭탄의 생산과 관련된 연구에는 전혀 참여한 적이 없습니다. 이 분야에 제가 공헌한 바가 있다면 1905년 자연의 일반적인 물리학적 성질과 대량 에너지의 상관관계에 대해 정립한 것이 전부입니다. 군사적인 잠재성에 관한 생각은 저와는 전혀 상관없는 일이었습니다. 폭탄에 관해서는 1939년 루스벨트 대통령에게 편지를 보내 그런 폭탄이 가능할 수 있다는 사실과, 독일도 만들 위험이 있다는 것을 알린 것뿐이었습니다.

그러면 이 두 가지 극단적인 관점에 대해서 알아보자. 먼저 $E = mc^2$에 대해서 말해보자. 대표적인 핵분열 반응인 우라늄이 바륨과 크립톤으로 붕괴하는 과정을 보면, 붕괴되고 난 후에 나오는 바륨과 크립톤의 원자핵, 그리고 몇 개 중성자의 질량을 모두 합한 것보다 원래 우라늄의 질량이 더 크다. 따라서 이 질량 차이는 $E = mc^2$에 따라 에너지로 전환되어 방출된다. 이 에너지는 우라늄 원자핵 하나당 200메가전자볼트 정도다(전자볼트는 물리학자들이 주로 사용하는 에너지 단위다). 한편 보통의 폭탄이나, 연료를 불태우는 등의 화학반응에서도 반응 전의 물질과 반응 후의 물질의 질량을 비교해보면 질량의 차이가 있고, 이 질량 차이에 해당하는 에너지가 방출된다. 이때 원자나 분자 하나당 방출하는 에너지는 수 전자볼트에서 수십 전자볼트 정도다. 그러므로 우라늄 원자핵 하나의 핵반응에서 방출하는 에너지는 분자 하나의 화학반응에서 방출되는 에너지의 수백만 배가 넘는다. 그러므로 원자폭탄의 위력은 재래식 폭탄의 100만 배가 넘는 것이다. 하지만 물리학의 입장에서 보면 화학반응과 핵반응, 양쪽이 똑같이 $E = mc^2$(과 에너지보존법칙)으로 설명된다(물리학에서 이 두 반응의 차이로 중요한 건, 화학반응은 전자기 상호작용으로 인한 결합이 변하는 것이고 핵반응은 강한 상호작용 결합이 변하는 거라는 점이다. 그러나 이 사실은 원자폭탄을 만드는 데에는 중요하지 않다). 즉 $E = mc^2$은 핵반응만을 위한 식이 아니다.

다음으로 루스벨트에게 보낸 편지에 대해서 이야기해보자. 그러기 위해서 원자폭탄에 대한 아주 간단한 소개를 먼저 하도록 한다. 원자폭탄에 대해서는 이미 많은 사람이 연구했고 방대한 책과 자료들이 있으므로, 여기서 말하는 내용은 전체적인 스케치라고 보면 좋겠다.

1934년 엔리코 페르미가 중성자로 원자핵을 때리면 핵반응을 효과적으로 일으킬 수 있다는 생각을 했고, 특히 중성자를 느리게 만들면 엄청난 핵반응이 일어나서 우라늄에서 뭔가 새로운 일이 벌어진다는 걸 발견했다. 이 업적으로 1938년에 페르미가 노벨상을 받으러 스톡홀름에 갔을 때, 독일의 오토 한과 프리츠 슈트라스만은 리제 마이트너의 도움으로, 그 실험에서 실제로 일어난 일은 우라늄이 바륨과 크립톤으로 쪼개진 것이라는 걸 밝혀냈다. 이 경우 거대한 양의 핵에너지가 발생할 가능성이 있다. 또 하나 중요한 점은 원자핵이 쪼개지면서 여분의 중성자가 나와서 연쇄반응이 일어날 가능성이 있다는 점이다. 이 소식은 마이트너의 조카 오토 프리슈를 통해 보어에게 전해졌고, 보어는 마침 미국을 방문하면서 미국에 망명한 페르미와 미국의 물리학자들에게 이 소식을 전했다. 이에 미국에서도 곧장 우라늄 원자핵을 쪼개는 실험을 여러 사람이 확인했다. 이 현상은 핵분열로 알려졌다.

이제 중요한 건 충분한 중성자가 나와서 연쇄반응이 일어날 수 있는가 하는 점이었다. 우리가 종이에 불을 붙일 때 한쪽 끝에만 불을 붙이더라도 바로 옆의 종이에도 계속해서 불이 붙기 때문에 결국에는 전체 종이가 불에 타게 된다. 연쇄반응은 이러한 반응이 원자핵에서 일어나는 걸 말한다. 즉 연쇄반응이 일어나야 우리가 원자핵을 연료로 쓸 수 있는 것이다. 역시 미국에 망명해 있던 레오 질러드와 페르미가 함께 실험을 해서 이것이 가능하다는 걸 확인했다. 이제 대량의 핵분열이 일어날 수 있음이 원리적으로는 증명된 것이다. 이들은 해군에 핵에너지의 이용 가능성을 제시했지만, 군은 무기가 아닌 무기의 원리에는 관심이 없었다.

정치에 관심이 없고 물리학밖에 모르는 페르미는 폭탄은 아직 가능한지 알 수 없고, 다음 차례로는 제어 가능한 핵반응의 가능성을 연구해야 한다는 입장이었지만, 물리학보다 정치에 더 관심이 많았던 질러드는 다른 가능성보다 폭탄의 가능성만을 생각했다. 질러드는 역시 헝가리에서 온 유진 위그너와 이 문제를 상의했고, 이들은 독일이 우라늄을 확보하는 방법으로 콩고의 우라늄 광산을 차지할 수 있다는 가능성을 우려했다. 그래서 콩고는 벨기에의 식민지였으므로 벨기에에 경고를 해서 우라늄 광산을 지키도록 해야 한다는 데 동의했다. 예전에 아인슈타인과 발명을 같이해서 친분이 있던 질러드는, 아인슈타인이 벨기에 왕비와 친분이 있음을 기억하고 아인슈타인을 통해 벨기에에 연락을 취하는 방법을 생각해냈다. 이제 두 사람은 아인슈타인을 찾아가기로 했다.

하필 그때 아인슈타인은 롱아일랜드에서 여름휴가를 보내고 있어서, 두 사람은 그를 찾는 데 고생을 좀 했다. 아인슈타인은 두 사람의 설명을 듣고 바로 이해했다. "이런 생각은 해보지 못했습니다." 세 사람이 누구에게 어떻게 편지를 전달할 것인지 논의한 끝에, 아인슈타인이 독일어로 편지를 구술하고 위그너가 영어로 번역했다. 그런데 얼마 후 질러드는 루스벨트 대통령의 친구이며 비공식적인 참모 역할을 하던 경제학자 알렉산더 색스를 만날 기회가 있었다. 색스는 이야기를 듣고, 그런 내용은 백악관에 직접 전달을 해야 하며, 자신이 전달하겠다고 제안했다. 훨씬 더 대담한 아이디어에 매혹된 질러드는 다시 아인슈타인과 만나 메시지를 조율했고 편지를 새로 작성했다. 편지에 관한 아인슈타인의 역할에 관해, 아인슈타인이 편지 내용을 작성했느냐, 질러드가 가져온 편지에 사인만 했느냐 하는 논란이 일부 있지만, 이전에 아인슈타인이 구술했던 편지를 질러드가 가져왔고, 이 내용을 바탕으로 다시 다듬었다는 게 옳은 듯하다. 즉 아인슈타인이 내용에도 중요한 기여를 했다는 것이다. 이 편지는 8월 2일 자로 작성되었다.

색스는 이 편지를 1939년 10월 11일 루스벨트에게 전달했다. 편지의 주요 내용은 1) 우라늄에서 막대한 에너지를 끄집어낼 수 있다 2) 이 에너지는 폭탄의 형태가 될 수도 있고, 그럴 경우 매우 강력한 폭탄이 만들어질 수 있다 3) 이 문제를 논의하기 위해 물리학자들과 접촉을 유지해야 한다 4) 독일의 카이저빌헬름연구소에서 우라늄을 확보하려는 움직임이 있다. 루스벨트는 군과 과학자가 포함된 위원회를 만들어서 편지 내용을 검토하기로 했다. 여기까지가 아인슈타인이 실제로 관여한 내용이다.

루스벨트가 만든 위원회는 미국 정부의 물리학연구소라고 할 수 있는 표준국Bureau of Standards 국장인 라이먼 브리그스가 주관해 운영되었다. 그러나 위원회의 활동은 그리 활발하지 않았다. 일단 당시로서는 미국은 유럽의 전쟁에 참여하지 않았고, 앞으로 참여하게 될지도 불확실했으며, 편지의 내용도 우라늄의 이용 가능성만을 제시한 것이었기 때문이다. 아인슈타인은 브리그스 위원회에 참석을 요청받았으나, 더 이상 관여하지 않았고, 다만 위원회가 실제로 움직일 것을 요청하기만 했다. 아인슈타인이 브리그스 위원회에 참석하고 싶었어도 불가능했을 거라는 의견도 있다. 그 당시에는 이미 미국 연방수사국에 아인슈타인 파일이 만들어져 있었기 때문에 보안과 국방에 관련된 일에 아인슈타인을 포함시키지 않았으리라는 말이다. 그러나 이런 주장은 확인하기 어려우므로 심각하게 받아들일 필요는 없겠다.

실제로 원자폭탄을 만드는 일에 아인슈타인은 더는 관여하지 않았지만, 핵무기라는 새로운 존재 자체에 대해서 무관하게 지낼 수는 없었다. 전쟁이 끝난 뒤 원자폭탄의 관리 및 국제관계, 수소폭탄 개발, 핵무기 통제를 위한 세계정부 등의 주제에 대해 아인슈타인은 기회가 닿는 대로 의견을 피력했다. 그런 문제는 다음 절에서 아인슈타인의 정치적 참여에 대해 소개할 때 언급하도록 하자.

헬렌 두카스는 히로시마에 원자폭탄이 투하되었다는 소식을 듣고, 아인슈타인이 "아, 슬프다$_{Oj\ weh}$"라고 말했다고 증언했다.

머서가 112번지

아인슈타인의 집에서 일어난 흥미로운 에피소드를 몇 가지 소개하자. 버트런드 러셀은 20세기의 지성을 대표하는 또 한 사람이다. 그는 수학과 논리학, 철학 분야에서 뛰어난 업적을 이루었고, 평화운동과 반핵운동을 통해 행동하는 지성으로서 귀감이 될 만한 행적을 남겼다. 제2차세계대전이 발발하기 전, 러셀은 시카고대학교에서 강의를 했고, 이후 로스앤젤레스로 옮겨 UCLA 철학과에서 강의했다. 1940년에 러셀은 뉴욕시립대학교의 교수로 임명되었으나, 그가

『결혼과 도덕Marriage and Morals』에 서술한 성도덕에 관한 견해 때문에 사람들로부터 고발을 당하고, 뉴욕 대법원에서 대학에서 가르치기에 도덕적으로 부적합하다는 판결을 받아서 임용이 취소되었다.

러셀은 1943년에서 1944년까지 프린스턴에 머물렀다. 앞서 말했듯 러셀은 아인슈타인을 생존하는 가장 중요한 인물로서 일본의 출판사에 추천한 사람이었다. 러셀은 또한 특수상대성이론에 대해서 책을 한 권 쓰기도 했다. 즉 러셀은 그 정도로 아인슈타인을 높이 평가하고, 아인슈타인의 업적에 관심이 있었던 것이다. 그러므로, 프린스턴에서 러셀이 아인슈타인과 종종 만나서 대화를 나눈 것은 당연하다. 장소는 주로 아인슈타인의 집이었다. 점차 만남은 정례화되어, 일주일에 한 번씩 회합이 열렸는데, 러셀과 아인슈타인 외에, 당시 프린스턴에 머물던 사람 중에 아인슈타인과 가까운 괴델과 파울리도 참석했다. 아인슈타인 · 괴델 · 러셀 · 파울리라는 멤버를 보면, 토론의 내용이 어쨌건 간에 그야말로 20세기 지성의 최고의 쿼텟이 아닌가 하는 생각이 든다. 파울리가 나이로 보나 지명도로 보나 좀 격이 떨어지므로, 대신 양자역학을 대표해서 닐스 보어가 참여했으면 이상적일 거라고 할 사람이 있을지 모른다. 상징성의 면에서는 그럴지 모르나, 실질적인 면에서 보면 토론의 상대로 파울리가 보어보다 나으면 나았지 못할 건 없을 것이다. 아인슈타인도 파울리를 매우 높이 평가했다. 아마도 아인슈타인이 물리학 이야기를 하면서 도움을 받을 만한 사람이라면 파울리 외에는 쉽게 떠오르지 않는다. 게다가 내 개인적인 느낌을 덧붙이자면, 보어와 러셀이 대화를 하면 러셀은 답답해서 참지 못하고 뛰쳐나갈지도 모른다.

이렇게 대단한 네 사람의 모임이었으니 과학사 연구자들의 관심을 끄는 건 당연해서, 덴버대학의 과학사학자인 버턴 펠드먼의 이름으로 이 모임에 대한 내용이 책으로 발간된 적이 있다. 제목은 아인슈타인의 집 주소인 『머서가 112번지: 아인슈타인, 러셀, 괴델, 파울리 그리고 과학에서 순진함의 끝112 Mercer Street: Einstein, Russell, Godel, Pauli, and the End of Innocence in Science』이다. 그러나 사실 이 책은 그다지 가치가 없다. 우선 이 책은 펠드먼이 펴낸 책이 아니라 그가 써놓은 원고를 사후에 제자가 손을 보아서 내놓은 것이다. 또 더 중요한 것은, 이 회합은 어디까지나 사적 만남이었으므로 아무런 공식적인 자료를 남기지 않았다는 것이다. 그들이 나눈 대화는 전혀 기록되지 않았고 그대로 시공간에 흩어져버렸다. 즉 이 책에도 회합에서 토론된 내용은 아무것도 포함되지 않았고, 거의 전부가 앞뒤 정황 소개와 20세기 과학과 철학의 개요, 더 중요하게는 참가자들에 대한 소개뿐이다.

이 회합에 대해서는 러셀이 자서전에서 언급한 적이 있다.

> 토론은 다소 실망스러운 감이 없지 않았다. 세 사람 모두 유대인 망명객으로서 세계주의를 지향하는 사람들이었으나 형이상학을 대하는 태도가 모두 독일 편향적이어서, 아무리 애써도 논쟁의 전제조차 합의에 도달하지 못했다. 괴델은 순수 플라톤주의자인 것으로 드러났으며, 영원한 '무NOT'는 천국에나 있으니 정숙한 논리학자들이 죽어 천국에 가면 만나게 되리라고 믿는 것 같았다.

당사자들에게도, 적어도 러셀에게는 그리 맘에 드는 토론은 아니었던 모양이다. 천재들을 모아놓는다고 꼭 대단한 일이 벌어지는 건 아니다. 원래 슈퍼밴드한테서는 명곡이 나오지 않는 법이다.

또 다른 이야기를 보자. 난부 요이치로南部陽—郞는 일본 출신의 이론물리학자로서 뛰어난 통찰력으로 많은 존경을 받았다. 그는 1940년 도쿄제국대학에 입학해서 1942년에 졸업했다. 전쟁 동안 레이더연구소에 차출되어 연구했고, 전쟁 후 학계로 돌아와, 1949년 신설된 오사카시립대학의 조교수로 부임해서 1950년에는 정교수가 되었고, 박사학위는 1952년에 받았다. 학위를 받은 후 난부는 프린스턴 고등연구소에 연구원으로 갔다가 그대로 미국에 남았다. 1954년에 시카고대학교로 옮겨서 1956년에 조교수가 되었고 일본 대학의 자리는 사임했다. 1958년에 시카고대학교의 정교수가 되어 내내 시카고에서 살았다. 미국 시민권은 1970년에 받았다. 그는 1970년대부터 이미 전설적인 인물이었고, 대칭성 깨짐에 관한 업적으로 2008년 노벨물리학상을 받았다.

난부는 누구나 인정하는 겸손하고 점잖은 사람이지만, 절대로 소심하거나 얌전한 사람은 아니었다. 난부가 고등연구소의 연구원이 되었을 때 연구소의 소장은 오펜하이머였는데, 오펜하이머는 당시 난부를 비롯한 새로 온 연구원들을 불러놓고, 위대한 아인슈타인을 절대로 방해하지 말라고 지시했다. 난부는 알았다고 대답하고, 곧바로 아인슈타인에게 연락해서 방문 약속을 잡았다. 난부를 만나서 반갑게 이야기를 나누면서 아인슈타인은 젊은 과학자들이 요즘은 통 자신을 보러 오지 않는다고 투덜댔다.

젊은 난부는 미국에 오자마자 자동차를 몰고 다녔는데, 아인슈타인에게 출근할 때 자기 차로 모시겠다고 나서서 한동안 그를 태우고 다녔다. 어느 날 난부는 자기 차로 걸어오는 아인슈타인의 모습을 몰래 카메라로 찍었다. 이게 그 사진이다.

난부가 몰래 찍은 아인슈타인 사진

통일장 이론

1928년 11월 4일 일요일 자 《뉴욕타임스》는 "아인슈타인, 위대한 발견 직전 / 방해에 불쾌감 표시"라는 제목의 기사를 실었다. 기사의 출처는 베를린발이라서 신뢰를 더했다. 그런데 부제에는 "새로운 이론은 상대성이론보다 세상을 더 놀라게 할 것이라고 주장 / 이론의 본질에 대해서는 침묵 / 눈이 아니라 정신이 이론의 증거를 제공한다고 석학이 말했다"라고 쓰여 있었다. 물리학자들은 이 부제를 읽으면 대부분 의아해할 것이다. 왜냐하면 이런 말들은 물리학자가 절대로 하지 않는 말들이기 때문이다.

과연 아인슈타인 본인은 이 기사에 대해서 전혀 아는 바가 없었다. 그러니까 이 기사는 전적으로 기고자의 창작이었던 셈이다. 물론 창작을 위해서도 몇 가지 재료들은 필요한 법이다. 이 기사의 재료로서, 우선 기사 속에 몇 차례 언급된 200인치 망원경이 있다. 아마도 이는 당시 막 제안된 미국 팔로마 천문대의 200인치 망원경을 말하는 것일 테다. 이 망원경이 완성되면 당대 최대 구경의 망원경이 된다. 이전의 최대 구경 망원경은 윌슨산 천문대의 100인치 후커 망원경이었다. 또 다른 재료로는, 당시 아인슈타인이 실제로, 소위 통일장이론이라고 부른 이론에 대해 새로운 시도를 하고 있었다는 점이다. "원거리 평행 이동 이론Theory of distant parallelism"이라고 부른 이 이론은 다음 해에 프로이센 아카데미에서 발표되고 6페이지짜리 논문으로 공개되었다.

논문이 발표되자 후폭풍이 불어닥쳤다. 《뉴욕타임스》는 아인슈타인에게 새로운 논문에 대해서 해설해줄 것을 부탁했고, 아인슈타인의 기고는 "아인슈타인 새로운 이론을 설명하다"라는 제목으로 크게 지면을 장식했다. 1919년에 시작된 아인슈타인 열풍은 10년이 지났어도 여전했던 것이다. 심지어 런던의 백화점 셀프리지스

아인슈타인이 새 이론을 발표했음을 알리는 신문 기사

는 아인슈타인의 논문을 인쇄해서 백화점의 창 하나마다 한 페이지씩 게시했고, 이를 읽으러 군중이 모여들기까지 했다. 이후 그가 죽는 날까지 계속된 아인슈타인의 통일장이론 보도의 첫 번째 사건이었다.

통일 이론은 이론물리학의 매우 중요한 목표다. 뉴턴은 천체의 이론과 지상의 이론을 하나의 이론으로 설명했고, 맥스웰은 전기와 자기를 통일된 이론으로 만들었으며, 1960년대에는 약한 핵력과 전자기력을 하나의 이론으로 설명할 수 있음이 밝혀졌다. 오늘날도 많은 이론물리학자는 전혀 다르게 보이는 현상이나 이론을 하나의 통일된 관점에서 파악하려고 늘 노력한다. 그런데 아인슈타인의 맥락에서 말하는 통일장이론Unified Field Theory이란 일반론이 아니라 중력과 전자기력을 일관된 원리를 통해 하나의 방정식으로 표현한다는 아주 구체적인 이론을 뜻한다.

아인슈타인이 일반상대성이론을 만들었던 1915년에는 사람이 알고 있는 상호작용이란 중력과 전자기력뿐이었으므로 이러한 시도가 당연하다고 할 수 있다. 그러나 1930년대에 물리학자들의 연구가 원자핵에 미치게 되면서, 중력과 전자기력으로는 설명할 수 없는 현상들이 발견되었고, 결국 원자핵을 이루는 힘인 강한 상호작용과 입자의 종류를 바꾸는 약한 상호작용이 존재한다는 사실을 알게 되었다. 하지만 아인슈타인은 새로운 상호작용에는 거의 관심을 두지 않고, 시종일관 애초의 목표대로 중력과 전자기력을 통일하는 데에만 전념했다. 이러한 연구 태도는 미국에 건너와서도 마찬가지였고 그가 사망한 1950년대까지도 계속되었다. 이러한 이유로 물리학자들은 아인슈타인의 통일장이론 연구에 거의 가치를 두지 않는다.

오히려 전자기력과 약한 상호작용이 서로 관련이 깊은 것으로 밝혀졌고 강한 상호작용도 비슷한 이론적 구조를 가진 것으로 확인되어, 1970년대에는 중력을 제외한 전자기력과 약한 상호작용, 그리고 강한 상호작용을 통일해서 하나의 이론 체계로 만드는 대통일이론Grand Unified Theory이 나왔다. 대통일 이론 역시 완성되지 못했고, 시도된 여러 이론이 일부는 틀린 것으로 밝혀졌지만, 많은 물리학자들은 대통일 이론의 관점은 옳은 것으로 이해하고 있다. 다만 중력이 어떻게 다른 상호작용과 연결될 것인가 하는 점은 아직 그다지 뚜렷한 전망을 가지고 있지 못하다. 아마도 중력과 다른 상호작용과의 통일은 현재 물리학의 가장 어려운 문제가 아닐까 한다.

아무튼 아인슈타인은 그 자신의 통일장이론 연구를 계속했고, 당연하게도 계속 실패했다. 위의 1929년의 소동 이후 1931년쯤에는 아인슈타인도 실패를 인정하고 더 이상의 시도를 포기했다. 이 이론에 대해서 가장 신랄하게 비평을 한 사람은 볼프강 파울리였는데, 그는 1932년에 쓴 글에서 이렇게 말했다.

> 끊임없는 발명에 대한 재능과 최근 몇 년간 한 가지 목표만을 추구한 끈질긴 에너지 덕분에 그는 평균적으로 매년 하나의 이론을 발표해서 우리를 놀라게 한다. 저자가 일반적으로 한동안 자신의 현재 이론을 '확정적인 해답'으로 여긴다는 점은 심리학적으로 흥미롭다.

아인슈타인에 대해서 이렇게 대담한 말을 한 사람은 아마도 파울리가 유일했을 것이다. 그래서 아인슈타인이 파울리를 좋아했는지도 모른다. 아인슈타인도 1931년에 이 분야의 연구를 중단하면서 파울리에게 "자네가 맞았네. 이 악당 놈아!"라고 편지했다. 하지만 새로운 논문이 나오거나 아인슈타인이 운을 떼우거나 하면 대중매체가 요란하게 대서특필하는 일은 그 후에도, 아인슈타인이 죽을 때까지 반복되었다. 물론 아인슈타인이 실패했음을 발견한 일은 거의 보도되지 않았다. 이런 일이 계속되는 상황도 물리학자들이 아인슈타인 말년의 연구에 대해서 관심을 두지 않게 된 주요한 이유다.

그렇다고 아인슈타인의 연구가 전혀 무의미했던 것은 아니다. 독일의 수학자 칼루차는 일반상대성이론에 공간 차원을 하나 더해서 5차원 이론을 만들면 중력뿐 아니라 전자기력을 나타낼 수 있다는 가능성을 제시했고, 1926년 스웨덴의 물리학자 오스카르 클라인은 이를 양자역학적 이론으로 다루었다. 공간 차원을 5차원으로 확장해서 통일 이론을 만든다는 칼루차·클라인의 아이디어는 매우 참신해서 아인슈타인도 깊은 감명을 받았고, 한동안 이 방향의 연구를 계속했으며, 이론물리학에 중요한 영향을 미쳤다. 현대의 초끈 이론도 이들의 연구에서 영감을 얻었다고 할 수 있다. 또한 일반상대성이론에 깊이 경도되어 깊이 연구하고 『공간·시간·물질』이라는 저서를 남기기도 했던 수학자 헤르만 바일은 휘어진 공간이라는 개념을 확장해서 공간의 곡률뿐 아니라 길이도 변하는 기하학을 창안했고, 이럴 경우 전자기력을 통합적으로 다룰 수 있음을 보였다. 아인슈타인도 바일의 연구에 경탄하고 1급 천재의 작품이라고 격찬했으나, 시공간의 길이가 변하게 되면 시간의 길이도 변하게 되어 물리학 이론으로는 옳지 않다고 지적했다. 바일의 이론은 잠시 묻히는 듯했지만, 길이의 변화를 위상의 변화로 바꾸고 양자역학과 결합하면 전자기 상호작용을 올바르게 나타낼 수 있음이 밝혀지면서 다시 살아나, 이로부터 현대 게이지 이론으로 발전했다. 이후 게이지 이론은 더욱 확장되어서 모든 상호작용의 근본 원리로 여겨지고 있으며, 게이지 이론의 맥락에서 모든 상호작용이 통일될 가능성이 논의되고 있다. 그런데 아이러니하게도 중력은 현대의 게이지 이론의 통일 논의에는 포함되지 않는다.

1940년대 이후 아인슈타인의 통일장이론 연구에 관심을 가지고 비판했던 정상급 물리학자는 볼프강 파울리가 유일하다. 파울리는 심지어 1945년에 아인슈타인과 함께 논문을 쓰기도 했다. 대체로 고독하게 연구를 했던 아인슈타인이 파울리와 같은 정상급 물리학자와 함께 쓴 논문은 이것이 유일하다. 그런데 논문의 내용은 아인슈타인이 찾던 해답이 존재하지 않는다는 것이다.

슈뢰딩거와의 소동

앞에서 양자역학을 이야기할 때 언급했듯이, 1930년대 이후 아인슈타인과 슈뢰딩거는 양자역학에 대항하는 전사로 의기투합했다. 두 사람은 자주 편지를 주고받았고, 통일장이론 연구를 비롯해서 여러 가지 면에서 의견을 나누었다. 1940년 슈뢰딩거가 아일랜드 더블린의 고등연구소로 옮겨가면서 두 사람의 닮은 점이 하나 더 늘었다. 이 연구소는 세 번이나 총리를 역임한 20세기 아일랜드의 중요한 정치가 데벌레라Éamon de Valera가 아인슈타인이 재직하고 있던 프린스턴 고등연구소를 벤치마킹해서 만든 곳이었고, 그 자리에 아인슈타인에 해당하는 인물로 슈뢰딩거를 초청한 것이다. 아일랜드의 《아이리시프레스》에서는 이 두 연구기관을 비교하는 기사를 쓰면서 슈뢰딩거를 아일랜드의 아인슈타인으로 묘사했다.

물론 슈뢰딩거가 20세기에 손꼽히는 훌륭한 물리학자고 노벨상을 수상한 석학이긴 했지만, 아인슈타인과 체급이 같다고는 할 수 없다. 물리학에 대한 공헌도 그렇고, 대중에 대한 명성에 이르면 더욱 비교할 바가 아니었다. 슈뢰딩거가 자신의 명성에 목을 매는 사람은 아니었지만, 또 그런 것에 초연한 사람 역시 아니었다. 또한 슈뢰딩거는 자신을 후원하는 데벌레라에게 무언가를 보여주어야 한다는 부담도 가지고 있었다. 그러다 보니 슈뢰딩거는 기회가 될 때마다 아인슈타인과의 친분에 대해 언급했고, 필요한 경우에는 개인적으로 주고받았던 편지의 내용 일부를 공개하기까지 했다. 이런 일에 아인슈타인은 대체로 크게 신경을 쓰지 않았다. 일단 아일랜드에서만 일어나는 일이기도 했고, 아인슈타인은 그런 일에 정말로 초연했기 때문이기도 하다.

그러다가 결국 크게 일이 벌어졌다. 슈뢰딩거가 1943년 1월 25일에 아카데미에서 강연을 하면서 새로운 통일 이론을 주장했다. 《아이리시프레스》는 2월 1일 '아인슈타인을 뛰어넘어 전진하다'라는 표제를 달아 이 강연을 보도했다. 그런데 《아이리시프레스》는 슈뢰딩거의 강연 후 아인슈타인에게도 신문을 보냈다고 한다. 아인슈타인은 이에 대해 "슈뢰딩거 교수가 새로이 시도한 부분이 대단히 흥미롭습니다. 지금으로서는 저도 이 이상은 말씀드리기 어렵습니다"라며 점잖게 반응했다. 6월에 슈뢰딩거는 아카데미에서 다시 한번 자신의 일반통일이론을 언급하며, 아인슈타인이 20년 전에 버렸던 개념을 자신이 되살려냈다고 주장했다. 그 모임에서 슈뢰딩거는 아인슈타인이 자신에게 개인적으로 보냈던 편지 중 하나를 큰

소리로 낭독했는데, 거기서 아인슈타인은 자신이 일찍이 아편 이론을 만들려고 시도했었지만 결국에는 그 '희망을 무덤에 묻고 왔다'고 썼다. 슈뢰딩거는 이 부분을 인용하며 이렇게 말했다. "저는 이제 우리가 그의 희망을 다시 되살려낼 수 있다고 생각합니다. 최근에 제가 이 이론적 부분에 대해 상당히 강력한 증거를 확보했기 때문입니다." 이에 《아이리시프레스》는 또다시 구체적인 내용 없이 '아인슈타인은 실패했다'라는 표제를 달아 이 내용을 보도했다. 아인슈타인이 실패를 고백했던 부분에서 슈뢰딩거가 성공을 거두었다는 것이었다. 8월에 슈뢰딩거는 아인슈타인에게 편지를 써서 자신의 이론을 설명했다. 아인슈타인은 9월에 보낸 답장에서 슈뢰딩거가 주장한 내용을 설명할 수 있는 다른 방법들을 제시했다. 슈뢰딩거는 얌전히 10월에 답장을 보냈다. "늘 그렇듯이 이번에도 당신의 말씀이 옳을 겁니다."

 1946년은 아인슈타인과 슈뢰딩거의 연구 주제가 대단히 밀접해졌다. 이들은 모두 일반상대성이론의 대칭성을 일부 포기해서 더 일반적인 이론으로 확장하고자 했다. 두 사람의 연구에서 차이라면 슈뢰딩거는 강한 핵력까지 포괄하는 통일 이론을 만들려고 한 반면, 아인슈타인은 익숙하지 않은 핵력은 빼고 중력과 전자기력만 고려한다는 것이었다. 이런 차이에도 불구하고, 4월 7일 자 아인슈타인은 편지에서 "이 편지 교환이 내게 큰 즐거움을 준다네. 자네는 나와 가장 가까운 형제고, 자네의 머리가 내 머리와 아주 비슷하게 돌아가기 때문이지"라고 하기도 했다. 아인슈타인으로부터 이런 찬사를 듣다니, 슈뢰딩거는 자랑스럽고도 이루 말할 수 없이 뿌

듯했으리라. 1946년 말에는 슈뢰딩거가 아인슈타인더러 아일랜드로 오라고 설득하기도 했다. 그렇게 된다면 함께 일하기에 이상적일 것이다. 하지만 아인슈타인은 "늙은 나무를 새 화분에 옮겨 심지는 않는 법"이라고 말하며 공손하게 사양했다.

1947년 1월, 슈뢰딩거는 좋은 결과를 얻고 흥분해서 1월 27일 아카데미에서 그 내용을 발표했다. 청중 중에는 총리인 데벌레라도 앉아 있었고 기자들도 대기하고 있었다. 슈뢰딩거는 "진리에 가까워질수록 모든 것은 더욱 단순해지게 마련입니다. 저는 오늘 영광스럽게도 여러분 앞에서 30년 묵은 오랜 문제에 대한 해법을 제시하려 합니다. 바로 아인슈타인의 위대한 1916년 이론을 필요한 요구사항에 맞추어 일반화한 이론입니다"라고 서두를 뗀 후 자세한 내용을 설명하고, 이를 이용해서 지구의 자기장을 설명할 수 있으리라는 대담한 제안도 덧붙였다. 하지만 슈뢰딩거가 지구물리학에 대해서 아는 것은 많지 않았고, 아는 것도 대부분 오래된 지식이었다. 아카데미가 끝난 후 슈뢰딩거는 기자들에게 보도자료를 나눠주었다. 보도자료에서 슈뢰딩거는 아인슈타인과 에딩턴이 마음이 좀 더 열려 있었더라면 1920년대에 똑같은 결과를 얻어낼 수 있었을 것이라고 지적했다. 슈뢰딩거는 자기가 일반상대성이론을 넘어서는 이론을 만들어서 아인슈타인이 수십 년 동안 도달하지 못한 목표에 도달했다고 선언한 것이다. 《아이리시프레스》에서는 다음 날 슈뢰딩거의 강연이 역사를 새로 썼다고 보도했다.

차츰 외국의 언론도 슈뢰딩거의 연구 결과를 보도하기 시작했다. 그러자 슈뢰딩거는 불안해지기 시작했다. 자신의 허세를 다른 사람들은, 특히 아인슈타인은 어떻게 생각할까? 하지만 그는 아인슈타인도 자신이 처한 상황을 이해해주리라 생각했다. 청중 속에 앉아 있는 총리 데벌레라는 정치적으로 공격받고 있었고, 그의 작품인 더블린 고등연구소 역시 공격 대상이었다. 게다가 자신은 그저 학술적 강연에서 주장을 펼쳤을 뿐이고 과장되게 전하는 쪽은 언론이다. 슈뢰딩거는 이런 생각으로 자신을 달랬다. 그래도 마음이 놓이지 않은 슈뢰딩거는 2월 3일 아인슈타인에게 편지를 보내 자신의 새로운 연구 결과를 설명하고, 언론과 관련해서도 아인슈타인에게 기자들이 귀찮게 따라다닐 것이라 전하며 사과와 함께 이렇게 솔직하게 털어놓았다. "더블린 고등연구소에서의 급료 및 연금과 관련된 상황이 워낙에 안 좋다 보니 연구소가 관심을 끌기 위해 어쩔 수 없이 조금 잘난 척할 수밖에 없었습니다." 아인슈타인은 이 편지에 답장을 하지 않았다.

《뉴욕타임스》는 아인슈타인에게 슈뢰딩거의 논문과 보도자료를 보내고 의견을 물었다. 아인슈타인은 논평을 사양했다. 그러자《뉴욕타임스》는 슈뢰딩거의 연구에 대해 세 개의 기사를 실었다. 하나는 아인슈타인의 반응이었고, 다른 기사는 "아인슈타인의 이론이 확장되었다는 소식 – 더블린의 슈뢰딩거가 자신이 통일장이론을 달성했다고 주장"이라는 제목의, 슈뢰딩거의 강연에 대한 소개였다. 세 번째 기사에서는 슈뢰딩거에 대해 "그가 자신의 앞길에 놓인 함정을 잘 알고 있다"라고 썼다. 또 다른 언론사인 오버시스 통신사도 아인슈타인에게 슈뢰딩거의 글을 보내며, 슈뢰딩거 이론의 의미에 대해 의견을 물어왔다. 그 밖에도 많은 언론이 아인슈타인에게 질문을 던졌을 것이다.

드디어 아인슈타인은 격노했다. 아인슈타인은 조수인 에른스트 슈트라우스의 도움을 받아 언론에 보도자료를 보냈다. 여기서 아인슈타인은 과학에 대한 일반적인 진술로 시작해서 이렇게 말한다.

"이론물리학의 토대는 현재로서는 결정 나지 않은 상태다. 우리는 먼저 이론물리학에서 사용 가능한 (논리적으로 단순한) 기반을 찾아내기 위해 고군분투하고 있다. 일반인들은 당연히 이런 기반이 경험적 사실로부터 점진적으로 일반화(추상화)하는 개발 과정을 통해 얻어지리라 생각하게 된다. 하지만 이번 경우는 그렇지 못하다."

"슈뢰딩거 교수의 최근의 시도는 그 수학적 질을 바탕으로만 판단이 가능할 뿐 '진리'나 경험적 사실과 일치하는가 하는 관점에서는 판단이 불가능하다. 그리고 수학적 질이라는 관점에서 바라본다고 해도 거기에 어떤 특별한 이점이 있다고 보기 힘들다. 오히려 그 반대다."

"그런 예비 시도를 어떤 형태로든 섣부르게 대중에 공개하는 것은 바람직하지 않다. 물리적 실체와 관련해서 확정적인 발견을 다루고 있다는 인상을 심어주는 것은 훨씬 더 나쁘다."

그리고 언론에 대해서도 이렇게 비판한다.

"기사가 이렇게 선정적인 용어를 동원해서 보도되면 일반 대중에게 연구의 특성에 대해 잘못된 개념을 심어줄 수 있다. 독자들은 정치적으로 불안정한 작은 나라에서 시도 때도 없이 쿠데타가 일어나듯 과학계에서도 5분마다 한 번씩 혁명이 일어나고 있는 듯한 잘못된 인상을 받게 된다. 실상을 들여다보면 이론과학 분야에서 일어나는 발전은 세대를 거듭해 최고의 지성들이 지칠 줄 모르고 쌓아 올리는 성과를 통해 이루어지며, 이 발전 과정은 아주 천천히 자연의 법칙에 대한 심도 깊은 개념으로 이어지고 있다. 정직한 기사를 통해 과학 연구의 이런 특성들이 대중들에게 공평하게 전달되어야 할 것이다."

매우 지당한 말이다. 아인슈타인의 반응이 《아이리시프레스》에 실리고 일단 전선이 형성되자, 성격이 불같은 슈뢰딩거도 대응에 나섰다. "아인슈타인 교수 본인도 아카데미 회원이 자신의 아카데미에 가서 연구 결과를 발표하고 의견을 자유로이 표현할 수 있는 권리를 가지고 있다는 데 이의를 제기하지 않을 것이다." 자기는 논문을 아카데미에 발표했을 뿐이라는 말이다. 뒤에서는 훨씬 더 험악한 말이 오간 모양이다. 슈뢰딩거는 더블린을 방문한 물리학자 존 모폣에게 이렇게 말했다고 한다. "내 방법이 아인슈타인의 방법보다 훨씬 뛰어나, 모폣! 아인슈타인은 늙은 멍청이라고." 슈뢰딩거의 아내 안네마리 베르텔에 따르면 양측은 서로를 표절 혐의로 고소할 것까지 고민했다고 한다.

양측에 다 말이 통하는 한 사람이 이 시점에서 중재에 나섰다. 바로 볼프강 파울리였다. 파울리는 법정에까지 나가게 되면 언론에서 얼마나 난리일지 모른다고 경고하고, 그답게 이렇게 독설을 퍼부었다. "게다가 나는 도대체 뭣 때문에 이 난리인지 이해가 안 됩니다. 이 이론은 엉터리인데 말이죠. 그러니 만약 어떤 방식으로든 이 이론에 제 이름을 엮어넣었다가는 그땐 제가 당신들을 고소해버릴 겁니다." 파울리의 중재 덕분인지 몰라도 두 사람은 더 이상의 논란을 접는다. 하지만 아인슈타인은 그 후 3년 동안 슈뢰딩거와 연락을 하지 않았다.

가족들

엘자는 머서가 112번지에서 그다지 행복하지 못했다. 건강이 나빠졌기 때문이다. 아인슈타인은 그녀를 돌보며 가끔 책을 읽어주기도 했다. 하지만 엘자는 회복되지 못하고 1936년 12월 20일에 사망했다. 아인슈타인은 남들 앞에서 눈물을 흘리는 모습을 보일 정도로 슬퍼했다. 별거를 시작하며 아이들과 헤어졌을 때 이후로 아인슈타인이 그토록 슬퍼하는 모습을 보인 건 처음이었다. 엘자와 아인슈타인의 부부생활은 이상적인 것은 아니었을지 몰라도, 무난하고 편안했다. 무엇보다 엘자는 세계에서 제일 유명한 사람의 아내라는 위치를 좋아했고 거기에 자신을 기꺼이 맞추며 살았다. 아마도 가장 큰 문제였을 아인슈타인의 외도조차도 엘자는 잘 처리했다. 그래서 아인슈타인에게도 그녀는 든든한 보호자였고 세심한 반려자였다. 비록 그의 보헤미안 기질 때문에 엘자와의 삶이 완벽하진 않았을지라도, 그도 유명인이 된 후에는 엘자의 보호가 필요했을 것이다. 엘자의 사망 후 아인슈타인이 느낀 상실감을 달래주는 건 무엇보다도 연구에 몰두하는 일이었다. 엘자가 죽은 직후에 한스 알베르트에게 쓴 편지에서 아인슈타인은 "연구는 내 인생에 의미를 주는 유일한 것"이라고 하고 있다. 젊은 시절의 어려운 상황도 연구를 하며 이겨냈던 그였다.

아인슈타인의 여동생 마야는 남편이 퇴직한 1922년부터, 아인슈타인이 사준 피렌체 근처의 조그만 집에서 평온하게 살았다. 그러다가 1939년 무솔리니가 유대인을 차별하는 법률을 제정해서 마야는 이탈리아를 떠나야 했다. 유대인이 아니었던 마야의 남편은 친구들과 제네바로 떠나고, 마야는 미국으로 건너와서 오빠와 함께 프린스턴에 머물렀다. 전쟁이 끝나고 마야는 남편에게 돌아가려 했으나 1946년 뜻밖의 중풍에 걸려서 결국 유럽으로 돌아가지 못하고 계속 프린스턴에서 살았다. 말년에 마야는 계속 자리에 누워 있었는데, 아인슈타인은 저녁 식사 후에는 언제나 마야에게 와서 책을 읽어주었다고 한다. 마야는 1951년 6월 프린스턴에서 사망했다.

지금까지 다소 소홀히 다뤘던 자녀들 이야기를 해보자. 한스 알베르트는 어린 시절 부모의 다툼을 지켜보면서 힘든 10대 시절을 보냈다. 아버지와의 잦은 갈등도 그래서였을 것이다. 한스 알베르트는 1922년, 부모가 모두 다녔던 ETH에 입학해서 토목공학을 공부했다. 대학에 다니며 한스 알베르트는 프리다 크네호트와 사랑에 빠져서, 졸업할 무렵 프리다와 결혼하겠다고 부모에게 알렸다. 프리다는 한스 알베르트보다 아홉 살 연상이고 키가 매우 작았다. 다정한 성격은 아니었던 모양이지만 매우 총명했다. 한스 알베르트와 프리다는 25년 전 아인슈타인과 밀레바의 모습을 강하게 연상시킨다. 아인슈타인과 밀레바는 아들의 결혼 상대가 마음에 들지 않는다는 데 의견이 일치해서 맹렬하게 반대했다. 이 역시 25년 전 자신들 부모의 모습을 재현한 것이다.

"그녀는 교활하고 매력이 없고, 아이도 제대로 못 낳을 거야!"

"그녀가 너를 먼저 사로잡았을 테고, 이제 너는 그녀가 여성성의 구현이라고 생각하겠지. 하지만 그건 여자가 순진한 남자를 이용하는 잘 알려진 방법이다."

그러나 한스 알베르트 역시 아인슈타인의 아들답게 부모의 반대에도 불구하고 결혼을 강행했다. 결혼을 막을 수 없음을 깨달은 아인슈타인은 이렇게 나왔다.

"자식은 낳지 말거라."

"만약 네가 그녀를 떠나야 한다고 느끼면 망설이지 말고 내게 이야기해라. 어쨌든 그런 날이 올 거다."

아들이 결혼하는 데 아버지가 할 말은 도저히 아닌 듯하다. 졸업하고 다음 해인 1927년 한스 알베르트와 프리다는 결혼했고, 프리다가 사망할 때까지 31년간 잘 지냈다. 어쨌든 부모들보다는 성공적으로 결혼 생활을 보냈다. 아인슈타인은 아들이 결혼하고 2년 후부터 마음을 열었다. 1929년 한스 알베르트 부부가 베를린으로 아인슈타인을 방문했고, 그들은 화해했으며 즐거운 시간을 가졌다. "그녀는 내 생각보다 인상이 좋았어. 둘은 잘 지내더구나. 장밋빛 광경에 신의 가호가 있길."

한스 알베르트는 대학을 졸업하고 1930년까지 독일 도르트문트에 있는 철강 디자인 회사 클뢴네에서 근무했고, 1931년에는 ETH에 새로 설립된 수리학 및 토양 역학 실험실에서 일하면서 박사학위를 취득했다. 그는 1937년에 혼자서 미국 방문에 나섰다. 네덜란드에서 배를 타고 미국 뉴욕항에 도착했을 때 아인슈타인이 직접

마중 나와 있었다. 한스 알베르트는 사생활을 지키기 위해 모든 인터뷰를 거부했다. 아인슈타인의 친구 부키가 한스 알베르트를 자신의 차에 태우고 미국 일주여행을 시켜주었다. 아인슈타인은 모처럼 아들과 함께 즐거운 시간을 만끽했다. 그래서 다음 해에는 한스 알베르트에게 아예 미국으로 건너올 것을 제안했다. 한스 알베르트 부부는 이를 받아들였다. 아마도 미국 여행에서 보고 느낀 바가 있었던 모양이다. 그는 가족과 함께 이민을 와서 사우스캐롤라이나의 미국 농무부 시험장에서 토양관리를 연구하는 일자리를 얻었고 미국 시민권을 신청했다. 아들이 미국에 오자 아인슈타인은 가끔 기차를 타고 아들을 방문하며 행복한 관계를 이어갔다. 한스 알베르트는 하천 퇴적물의 전문가가 되어, 칼텍을 거쳐 버클리대학교의 토목공학 교수가 되었고, 나중에 구겐하임 펠로십, 미국 토목학회상, 버클리대학교 표창장, 미국 농무부 공로 증서 등을 받았다. 그는 아버지처럼 배를 모는 걸 좋아했고, 음악을 사랑해서 플루트와 피아노를 연주했다. 그는 또한 사진 찍는 것도 좋아했다. 프리다가 1958년에 사망한 후 한스 알베르트는 이듬해 신경화학자 엘리자베스 로보즈와 재혼했다.

한스 알베르트와 프리다는 자녀를 셋 낳고 하나를 입양했는데, 프리다가 낳은 세 자녀 중 둘은 어린 나이에 사망했다. 생존한 아들인 버나드 시저 아인슈타인은 아버지가 독일에서 일할 때 도르트문트에서 태어났고, 부모와 함께 여덟 살 때 미국으로 이주했다. 그는 버클리대학교를 나와서 입대한 후 독일에 주둔했다. 제대 후 그는 아버지와 할아버지, 할머니가 나온 ETH에 입학해서 물리학을 공부했다. 3대가 ETH를 나온 것이다. ETH를 졸업하고 버나드는 미국으로 돌아와서 텍사스주 댈러스에 있는 텍사스 인스트루먼츠, 캘리포니아 샌프란시스코의 리튼 인더스트리 등에서 일했다. 그는 야간 투시를 위한 광증폭 장치 전문가로 여러 개의 특허를 보유했다. 1974년에는 다시 스위스로 돌아와서 툰에 있는 스위스 육군연구소의 레이저 기술 분야에서 일했다.

아인슈타인의 둘째 아들 에두아르트Eduard Einstein는 어렸을 때 '테테'라고 불렸다. 밀레바가 아기라는 뜻의 '데데Dede'라고 부르는 것을 한스 알베르트가 아이다운 혀짧은소리로 따라 한 것이 그대로 굳어진 거라고 한다. 아인슈타인과의 편지에서도 테테라고 부르는 걸 흔히 볼 수 있다. 테테는 글을 일찍 읽었고 책을 많이 읽었다. 아홉 살 때 벌써 괴테나 실러를 읽었다고 한다. 한스 알베르트와는 달리 에두아르트는 철이 들었을 때 이미 부모가 이혼한 뒤였다. 그래서 아버지에 대해서 직접적인 미움보다는 멀리 있는 유명인 아버지에 대한 동경과 복잡한 애증을 가졌다. 김나지움에서는 공부를 잘했고 글을 많이 썼다. 부모와 형과는 달리 에두아르트는 문학적 재능을 가지고 있었던 것으로 보인다. 친구들과의 관계도 좋았으며, 친구들은 모두 그가 쾌활하고 재치 있고 총명했다고 기억한다. 음악에 대한 재능도 있어서 피아노를 잘 쳤다. 그는 김나지움을 2등으로 졸업하고 취리히대학교 의과대학에 들어갔다.

하지만 에두아르트에게는 어릴 때부터 건강 문제가 있었다. 부모가 한참 이혼 소송 중이던 1919년 그는 심한 귀앓이와 두통으로 아로사의 요양원에 들어가 있었다. 이런 증세는 김나지움을 졸업하고 점점 심해졌으며, 차츰 정신적인 문제도 불거지기 시작했다. 결국 정신병원에 입원했고 한동안 간호사의 도움으로 학교를 다녔으나 결국 대학을 중퇴하고 만다. 이후 그는 몹시 살이 찌고, 도색잡지에 탐닉하는 등 점점 정상적인 생활을 하기 어려워졌고, 정신병원에 들어가 있는 기간이 길어졌다.

에두아르트는 어머니 밀레바보다 7년을 더 살았다. 그동안 그는 거의 정신병원에서 지내다가 1965년 10월 25일 사망했다. 신문에 실린 그의 부고에는 '아인슈타인의 아들'이라는 말이 덧붙여 있었으며 가족으로 한스 알베르트와 마르고트가 언급되었다. 밀레바의 이름은 언급되지 않았다.

밀레바는 혼자 살면서 병원을 들락거리는 에두아르트를 돌보았다. 그의 병원비 때문에 늘 재정적으로 불안해했고, 그래서인지 말년에는 약간의 편집증 증세를 보여서 다른 사람들이 자기 물건을 훔치려 한다고 의심했다. 아마 대체로 고독하고 불행했을 것이다. 노벨상 상금으로 취리히에 세 채의 아파트를 샀는데, 두 채는 다시 팔았다. 건강도 그리 좋지 않아서, 뇌졸중에 이은 신경마비로 고생했다. 1948년 5월에 쓰러진 후에는 몸 왼쪽이 마비되어 집에서만 머물며 의사의 치료를 받았다. 차츰 사물을 혼동했고 정신이 흐려졌다. 후르비츠 교수의 딸 리스베트 후르비츠만이 가끔 왕래하며 돌봐주었다. 8월 4일 밀레바 마리치아인슈타인은 비극적인 삶을 마쳤다.

밀레바가 죽은 후 침대 매트리스 아래에 8만 스위스프랑이 넘는 돈이 발견되었다. 아마도 아파트를 팔고 난 돈이었을 것이다. 신문의 부고는 두 아들의 이름으로 났고 전남편 아인슈타인은 언급되지 않았다. 아브라함 파이스는 밀레바가 평생 한번도 아인슈타인의 명성을 공유하거나 탐내지 않았고 별로 흥미를 느끼지도 않았다고 지적했다. 아인슈타인에 대한 밀레바의 관점은 엘자와는 정반대가 아니었을까 싶다.

아인슈타인이 보는 세상

아인슈타인의 인생을 관통하는 키워드는 반항이었다고 본다. 아인슈타인은 누군가 이렇게 하라, 혹은 이렇게 살라 하고 강요하는 것을 견디지 못했다. 누구나 그렇지 않은가? 하고 반문할지도 모른다. 하지만 대부분 사람은 그보다는 혼자 서는 것을 훨씬 더 힘들어한다. 아무도 자기편을 들어주지 않으면 불안하고, 그래서 흔히 다수의 편에 서고 공동체의 일원이 되어야 편안함을 느낀다. 또한 아인슈타인과 같은 기질의 사람이라 하더라도, 반항을 드러내고 실제로 행동하는 일은 드물다. 많은 경우 타협하거나 인내하며 그 상황을 견딘다. 하지만 아인슈타인은 그러지 않았다.

아인슈타인은 베를린에 있을 때부터 자신의 정치색을 드러내는 데 거침이 없었다. 스위스는 안정된 사회고 작은 사회다. 오늘날에도 스위스는 놀라운 수준의 정치적 안정을 구가하며 거의 직접민주주의를 실현하고 있고, 그들 스스로도 자신들의 민주주의를 자랑스럽게 생각한다. 그래서 스위스에 살면서는 아인슈타인이 정치적인 목소리를 낼 일이 거의 없었다. 그러나 베를린은 달랐다. 특히 1910년대와 1920년대의 베를린은 혼란스러웠던 20세기 전반 유럽의 모순과 갈등이 집약된 곳이었다. 아인슈타인은 제1차세계대전 중에는 전쟁과 독일 민족주의에 반항했고, 무조건적인 평화주의를 지지했다. 이후에는 반유대주의, 더 넓게는 인종주의에 맞서서 사회주의적인 신념을 지켜나갔다. 1932년 2월에는 미국의 '전국유색인종 진흥협회'에서 발간하는 《갈림길 The Crisis》에 인종차별의 부당함과 미국 흑인의 해방을 위한 글을 쓰기도 했다.

이러한 성향은 미국에 와서도 마찬가지였다. 아인슈타인은 자신의 독특한 위치를 이용할 줄 알았고, 필요한 행동을 하는 데는 거침이 없었다. 1937년 아프리카계 미국인 성악가 메리언 앤더슨이 프린스턴의 맥카터 극장에서 콘서트를 열었지만, 프린스턴의 호텔 나소 인은 백인 전용임을 내세우며 앤더슨의 숙박을 거부했다. 이를 알게 된 아인슈타인은 앤더슨을 자신의 집에 초대했다. 그 후 그녀는 프린스턴을 방문할 때마다 그의 집에 머물렀다.

1946년 5월 아인슈타인은 펜실베이니아에 위치한 링컨대학교의 요청을 받아들여서 대학을 방문하고 강연했다. 링컨대학교는 1854년 "아프리카계 청년들에게 수준 높은 인문과학 분야의 교육을 실시"할 목적으로 세워진 최초의 대학이었다. 아인슈타인이 방문했을 당시 총 학생 수는 265명에 불과했으므로, 아인슈타인의 강연을 듣기 위해 전교생이 모두 참석했다. 그만한 인원을 수용할 강당이 없었으므로 강연은 야외에서 개최되었다. 같은 해 《페이전트 Pageant》라는 잡지에 기고한 에세이에서 아인슈타인은 이렇게 말했다.

미국인들이 생각하는 인류의 존엄성과 평등은 주로 흰 피부를 가진 사람들에게만 해당됩니다. 저는 지금 이곳에서도 유대인에 대한 편견이 존재한다는 걸 분명하게 느낄 수 있습니다. 그러나 그러한 편견은 백인이 그들보다 피부색이 좀 더 진한 동료 시민, 특히 흑인을 대하는 태도에 비하면 사소한 것에 불과합니다. 저는 미국인임을 자각할수록 이러한 인종차별적 현실 때문에 더욱 마음이 아픕니다. 그래서 이렇게 제 소신을 떳떳이 밝혀야만 이런 현실에 제가 공모하고 있다는 죄책감을 조금이나마 떨쳐버릴 수 있습니다. 저는 이 뿌리 깊은 사회적 해악을 단번에 제거할 수 있는 방법이 존재한다고 생각하지 않습니다. 그러나 목표가 성취될 때까지 우리 자신이 정의 실현을 위해 최선을 다했다는 인식을 가질 수 있다면 이보다 더 큰 성취감은 없을 것입니다.

아인슈타인의 인종주의에 대해서는 반론도 있다. 2018년에 프린스턴대학교 출판부가 1922년 일본과 아시아 여행에서 아인슈타인이 기록한 내용을 『알베르트 아인슈타인의 여행 일기: 극동, 팔레스타인, 스페인, 1922 - 1923년 The Travel Diries of Albert Einstein: The Far East, Palestine, and Spain, 1922–1923』라는 제목으로 영어로 번역해 출간했다. 이 책이 나오자 여기에 나오는 몇몇 차별적 표현 때문에 갑자기 여러 매체에 아인슈타인이 다시 등장했다. BBC의 헤드라인은 "아인슈타인의 여행 일기는 물리학자의 인종차별을 드러낸다"였다. 이 기사에서 말한 아인슈타인의 인종차별이란 일기에서 중국인을 두고 "근면하고, 더럽고, 둔감한 사람들", "사람이라기보다는 기계에 더 가까운 사람들"이라고 부르며, "이 중국인이 다른 모든 인종을 대체한다면 안타까운 일이다. 우리 같은 사람들에게는 생각만으로도 말할 수 없이 우울한 일이다"라고 쓴 표현들이다. 하지만 또한 아인슈타인은 그와는 대조적으로, 일본인들은 "허세를 부리지 않고, 점잖고, 전체적으로 매우 매력적"이라고도 썼다. 그렇다면 옳고 그름을 떠나서, 이것은 인종차별은 아니지 않을까? 그보다는 특정 사회에 대한 편견 정도가 아닐까? 아인슈타인은 프라하에서도 체코 사람들을 두고 노예근성이 있다고 했고, 독일인들에게도 "그들에게는 늘 사이코패스를 섬기는 노예근성이 있었다"라고 말한 적도 있다. 루쉰도 저 시기의 동료 중국인들에 대해서는 아인슈타인과 비슷하거나, 더 심한 말을 한 적도 있다. 물론 부적절한 표현이지만 사적으로 기록한 노트를 가지고 인종차별을 드러낸다고 할 수 있을지 의아하다.

나치를 경험한 후 아인슈타인의 무조건적인 평화주의는 수정되었다. 나치라는 절대 악에 대해서는 전쟁이 불가피할 수도 있다고 유럽의 재무장을 긍정한 것이다. 기존의 평화주의자들은 아인슈타인의 이러한 모습을 변절이라고 비난하기도 했으나, 아인슈타인과 같은 입장을 취한 사람은 그 외에도 많다. 러셀도 아인슈타인에게 "우리는 모두 제1차세계대전은 반대했고, 제2차세계대전은 찬성했다"라고 말한 적이 있다. 그럼에도 불구하고 세계의 평화는 아인슈타인이 내내 추구하는 목표였다. 제2차세계대전이 끝난 후에는 이러한 목표가 좀 더 절실해졌다. 원자폭탄이 만들어졌기 때문이다. 그래서 전쟁 이후 아인슈타인의 정치적 발언 및 태도는 주로 핵무기를 어떻게 다룰 것인지에 초점이 모아졌다.

아인슈타인이 맨해튼 프로젝트에서 배제되기는 했지만, 그는 1944년, 원자폭탄이 거의 완성 단계에 들어섰을 때 폭탄에 대한 내부 사정을 알게 되었다. 한때 그의 조수였던 오토 슈테른이 1944년 가을과 겨울에 걸쳐서 아인슈타인을 방문했기 때문이다. 그래서 아인슈타인은 전쟁 이후의 국제관계에 관심을 기울이기 시작했다. "군비경쟁이 시작되면, 이전과 비교할 수 없는 끔찍한 파괴를 가져올 누군가의 선제공격을 피할 수 없는 상황을 맞게 될 것입니다."

이 이후의 정치적 상황은 워낙 복잡하게 전개되므로 여기서 그 내용을 따라갈 필요는 없겠다. 이 문제에 대한 아인슈타인의 생각은 주로 핵무기의 국제적 통제를 어떻게 할 것인지를 추구하는 내용들이다. 그리고 실제의 역사는 대체로 아인슈타인이 원하는 방향과는 다르게 흘러갔다.

아인슈타인이 정치적으로 어떻게 행동했는가? 그가 직접 정치적인 행동을 하는 일은 없었다. 미국 시민권을 얻은 후 아인슈타인은 두 차례의 대통령 선거에서는 루스벨트를 지지했고, 트루먼의 냉전 정책에 반대해서 1948년 선거에서는 진보당 후보 헨리 월리스에게 투표했다. 1952년에는 다시 민주당 후보에게 투표했다. 그 밖에는 자신의 관점에 따라 발언할 때도 있었고 누군가에게 도움을 준 일도 있다. 아인슈타인의 정치적 태도가 잘 드러나는 두 가지 예를 들어보자.

1950년대 매카시즘이 한참 기승을 부릴 때, 뉴욕 브루클린에 있는 제임스 매디슨 고등학교의 영어 교사 윌리엄 프라우엔글라스는

```
                                Copy!
                                         May 16, 1954
        Dear Mr. Frauenglass:
                The problem with which the intellectuals
        of this country are confronted is very serious. The reactionary
        politicians have managed to instill suspicion of all intellectual
        efforts into the public by dangling before their eyes a danger
        from without. Having succeeded so far they are now proceeding to
        suppress the freedom of teaching and to deprive of their positions
        all those who do not prove submissive, i.e. to starve them.
                What ought the minority of intellectuals to do
        against this evil? Frankly, I can only see the revolutionary way
        of non-cooperation in the sense of Ghandi's. Every intellectual who
        is called before one of the committees ought to refuse to testify
        i.e. he must be prepared for jail and economic ruin, in short, for
        the sacrifice of his personal welfare in the interest of the cultural
        welfare of his country.
                However, this refusal to testify must not be based
        on the well-known subterfuge of invoking the Fifth Amendment against
        possible self-incrimination, but on the assertion that it is shameful
        for a blameless citizen to submit to such an inquisition and that
        this kind of inquisition violates the spirit of the Constitution.
                If enough people are ready to take this grave step
        they will be successful. If not, then the intellectuals of this
        country deserve nothing better than the slavery which is intended
        for them.
                Sincerely yours,
                                sign. A.Einstein.
```

프라우엔글라스에게 보내는 편지

미국 상원 내부 안보 소위원회에 소환장을 발부받아 출두하게 되었다. 그가 참여하고 있는 교사 노조에 공산주의자가 침투했다는 내용 때문이었다. 그는 증언을 거부했고 직장을 잃었다. 프라우엔글라스는 아인슈타인에게 편지를 해서 증언을 거부한 자신의 행동이 옳았는지 의견을 구했다. 아인슈타인은 1953년 5월 16일에 프라우엔글라스에게 편지를 썼고, 이 편지는 6월 12일 《뉴욕타임스》에 실렸다. 아인슈타인이 편지를 공개해도 좋다고 했기 때문이다. 이 편지에서 아인슈타인은 "가르치는 자유를 억압하려는 압력에 대해 … 나는 간디와 같은 비타협의 방법뿐이라고 생각한다. 그런 의회 조사위원회에 소환된 모든 지식인은 증언을 거부해야 하며, 감옥에 갈 것을 각오하고, 경제적 파탄에 대비해야 한다"라고 주장했다. 이 편지는 커다란 반향을 일으켰다. 기존 언론은 논설을 통해 아인슈타인을 비난했으며, 반공주의자들은 비난하는 편지를 보내왔다. 그중에는 아인슈타인이 공산주의 국가를 떠나서 자유를 누릴 수 있는 곳에 와서는 자유를 남용한다고 비난하는 사람도 있었다. 오늘날도 흔한 일이지만 이런 비난에는 사실관계는 종종 무시된다. 심지어 매카시 상원의원 본인도 비난 성명을 발표했다. 하지만 아인슈타인을 직접 거론하지는 않았다. 전반적으로는 아인슈타인을 지지하는 편지가 더 많았다고 한다.

또 하나의 유명한 예는 미국에서 가장 오래 지속되고 있는 사회주의 잡지 《먼슬리 리뷰Monthly Review》의 1949년 5월 창간호에 "왜 사회주의인가?Why socialism?"라는 글을 기고한 일이다. 《먼슬리 리뷰》는 1948년의 선거에서 헨리 월리스의 지지자였던 하버드대학교의 영문학자 F. O. 매티슨이 받은 유산을 기반으로 창간되어, 마르크스주의 경제학자 폴 스위지, 좌파 작가였던 레오 후버만, 그리고 경제학자이자 아인슈타인의 친구였던 오토 네이선이 편집을 맡았는데, 아인슈타인이 월리스를 지지했던 걸 아는 네이선이 아인슈타인에게 이 잡지 창간호에 글을 기고하도록 요청한 것이다. 이 글에서 아인슈타인은 "나는 이러한 (자본주의의) 심각한 해악을 제거하는 유일한 방법이 있다고 확신하는데, 그것은 사회적 목표로 지향될 교육 체계를 동반하는 사회주의적 경제의 설립을 통해서이다"라고 분명히 주장한다. 이 글은 지금까지 이 잡지에 실린 모든 글을 통틀어 가장 많이 읽힌 글이다.

하지만 아인슈타인은 소련의 체제에도 반대를 분명히 했다. 예를 들어 그의 조수였던 인펠트가 자신에게 세계평화 평의회의 성명을 지지하도록 요청했을 때, 아인슈타인은 그 단체가 소련의 영향을 받는다고 거부했다.

생의 마지막이 가까웠을 때 아인슈타인이 했던 가장 중요한 공적인 일은 러셀·아인슈타인 선언일 것이다. 버트런드 러셀은 히로시마와 나가사키 이후, 핵무기의 위협 앞에서 평화를 구하는 일은 이제 생존의 문제가 되었다는 생각에 열심히 반핵 및 평화운동을 했으며, 그 과정에서 중요 과학자들이 참여가 필수적이라고 생각했다. 그래서 그는 1954년 자신과 같은 생각을 가진 가장 유명한 과학자에게 이 문제를 논의했고 아인슈타인은 명성이 있는 과학자들과 사상가들이 참여하는 공동선언을 제안했다. 러셀이 초안을 집필하고 두 사람은 선언에 동참해줄 사람을 찾았다. 아인슈타인이 특히 공을 들였던 사람은 닐스 보어였지만, 보어는 결국 서명에 참여하지 않았다. 서명에 참여한 사람은 막스 보른, 퍼시 브리지먼, 레오폴트 인펠트, 프레데리크 졸리오퀴리, 허먼 뮬러, 라이너스 폴링, 세실 파월, 조지프 로트블랫, 유카와 히데키다. 선언문 초안은 아인슈타인이 사망하기 며칠 전에 전달되어 아인슈타인을 기쁘게 했다.

러셀·아인슈타인 선언은 아인슈타인 사망 직후인 1955년 7월

9일, 런던 캑스턴 홀에서 열린 기자회견에서 발표되었다. 회의의 주재를 맡은 로트블랫은 맨해튼 프로젝트에 참여한 과학자 중에서 나치가 핵무기를 갖지 못한다는 것이 확실해지자 프로젝트에서 나온 유일한 사람이기도 하다. 원래 기자회견에는 소수의 언론만 나타날 것으로 생각되어 캑스턴 홀의 작은 방을 예약했다. 그러나 곧 관심이 높아지고 있다는 징후가 보여서 더 큰 방을 예약했다가, 결국 가장 큰 방에서 기자회견을 열었다. 그 방도 당일에는 전 세계의 언론, 라디오 및 텔레비전 매체들로 가득 찼다. 성명서를 읽은 후, 러셀은 언론인들의 질문에 답했는데, 처음에는 적대적인 반응도 많았으나 점차 러셀의 발언에 동조하게 되었다. 이 선언을 계기로 과학자들과 사상가들이 함께 모이는 퍼그워시 회의가 발족하게 된다.

사망

1955년 3월 14일, 기자들이 아인슈타인의 76세 생일을 맞아 그의 집을 찾았지만, 아인슈타인은 그다지 몸 상태가 좋지 않아서 기자들을 상대할 수 없었다. 오펜하이머와 부키 가족이 다녀갔고 요한나 판토바도 같이 있었다. 늘 그랬듯이 많은 사람이 선물을 보내왔다.

다음 날 그는 베소의 사망 소식을 들었다. 그의 가장 중요한 친구, 가족을 제외하면 그 누구보다도 가깝던 사람이 세상을 떠난 것이다. 아인슈타인은 베소의 아내 안나에게 위로의 편지를 보냈다.

"이 이상한 세상에서 그는 나보다 조금 먼저 떠났습니다."

4월 11일에 그는 러셀·아인슈타인 선언에 서명했다. 이스라엘 대사가 이스라엘 독립 7주년을 기념하는 라디오 연설에 관해 논의하려고 찾아왔다. 아인슈타인은 이스라엘 건국에 대한 자신의 소회를 말했다. 그는 이스라엘의 건국이 자기 인생에서 경험한 몇 안 되는 가치 있는 정치적 사건이었다고 말했다. 하지만 그는 이웃 아랍 국가와의 관계도 걱정했다. "우리가 아랍 소수민족에게 보여주는 자세가 국민으로서 우리의 도덕적 기준에 대한 실질적인 시험이 될 것이다." 오늘날 아인슈타인의 우려는 가장 좋지 않은 형태로 실현되고 있다.

다음 날부터 아인슈타인은 몸이 좋지 않았고, 결국 화장실에 가다가 쓰러지고 말았다. 의사가 진통제를 주고 그는 반쯤 혼수상태에 빠졌다. 헬렌 두카스는 그의 옆에 붙어서 간호를 했다. 4월 15일, 그의 동맥류가 터졌다. 의사들이 수술을 제안했으나 그는 거절했다. 다음 날 그의 고통이 심해지자 결국 앰뷸런스가 그를 병원으로 데려갔다. 한스 알베르트가 비행기를 타고 날아와서 아버지의 곁을 지켰다. 다음 날인 4월 17일에는 상태가 호전되었다. 그는 한스 알베르트, 그리고 뉴욕에서 달려온 친구 오토 네이선과 이런저런 이야기를 나누었고, 종이에서 몇 가지 계산도 했다.

그날 밤 새벽 1시, 장의 동맥류가 파열했다. 간호사는 그가 독일어로 말하는 것을 들었지만 안타깝게도 그녀는 독일어를 전혀 몰랐다. 아인슈타인이 사망했다.

EPILOGUE

숭배도 두려움도 없이 떠나다

 1955년 4월 18일 새벽 1시 15분, 아인슈타인이 사망한 후 곧바로 시신이 검시실로 옮겨졌다. 부검이 시행되고 사인이 동맥류로 확인되었다. 부검 과정은 일반적인 형태로 진행되었으나, 부검의는 일상적이지 않은 과정을 추가로 진행했다. 두개골을 전기톱으로 자르고 아인슈타인의 뇌를 꺼낸 것이다. 그는 시신을 봉합하면서도 뇌는 시신에 되돌리지 않고 약품에 담가놓은 채로 놓아두었다.

 이윽고 시신은 검시실을 떠났고, 그날 오후, 아직 사망 뉴스조차 나가지 않았을 때 트렌턴의 화장장에서 한스 알베르트와 헬렌 두카스를 비롯해서 열두 명만이 지켜보는 가운데 한 줌 재로 변했다. 자신이 어떤 식으로든 숭배의 대상이 되는 걸 끔찍스럽게 생각한 그의 유언대로 그의 유골은 가까운 델라웨어강에 뿌려졌고 아무런 묘비도 남기지 않았다. 그의 뇌만이 약품에 잠긴 채 검시의의 방에 남아 있었다.

부검을 행한 토머스 하비Thomas Stoltz Harvey는 예일대학교에서 공부하고 프린스턴 대학병원에 재직하고 있던 병리학자로서, 그때까지는 별로 두드러진 면이 없이 살아온 평범한 사람이었다. 하지만 아인슈타인이 병원에 실려 온 것을 알고 그의 마음속에서는 평범하지 않은 생각이 솟아났음이 틀림없다. 뇌를 따로 보관하는 일은 누구의 허가도 받지 않은 하비의 독단적인 결정이었기 때문이다. 장례식이 끝난 뒤 한스 알베르트가 그 사실을 알고 놀라서 항의했으나, 하비는 '아인슈타인의 뇌를 연구하는 일은 인류를 위해서 과학적으로 가치가 있는 일'이라고 고집을 부렸다. 억지스러운 주장이었지만, 한스 알베르트도 이에 대해 자신이 어떤 권리가 있는지를 알기 어려워서 혼란스러웠다. 결국 한스 알베르트는 하비가 아인슈타인의 뇌를 소유하는 데 동의해버렸다.

하비는 자신의 소유물이 된 뇌를 다른 사람들에게 보여주지 않고 지켰다. 하지만 하비가 아인슈타인의 뇌를 연구 대상으로 생각했던 건 분명하다. 그는 뇌 전문가가 아니었지만, 여하튼 뇌를 나름대로 측정하고, 여러 각도에서 촬영하고, 화가에게 부탁해서 그림을 그렸으며, 뇌의 일부를 240개의 블록으로 나누었고, 이를 가지고 현미경 슬라이드를 만들었다. 이후 하비는 이렇게 만든 슬라이드를 아인슈타인의 뇌를 연구하겠다는 사람에게 대가를 받지 않고 제공했다.

대학병원과 하비의 아내는 이런 과정에 동의하지 않았다. 하비는 프린스턴에서 자리를 잃었고 이혼했다. 그는 이후 아인슈타인의 뇌를 가지고 필라델피아와 미주리와 캔자스 등 중서부를 떠돌았다. 한동안 아인슈타인의 뇌는 뉴스에 나타나지 않다가, 1978년 《뉴저지 먼슬리New Jersey Monthly》의 젊은 편집자이자 기자였던 스티븐 레비가 이 문제에 관심을 가졌다. 레비는 먼저 프린스턴 대학병원을 찾았으나, 하비도 뇌도 없다는 걸 발견했다. 하비의 행방을 추적하던 레비는 그를 캔자스주 위치토에서 찾아냈다. 위치토에 있는 작은 병원 실험실에서 근무하던 하비는 방구석에 놓아둔 사이다 상자에서 두 개의 유리병을 꺼내서 레비에게 보여주었다. 그 안에는 포르말린에 잠긴 뇌가 그대로 들어 있었다. 한쪽 유리병에는 블록 형태로 잘린 채로, 다른 한쪽 유리병에는 남은 덩어리 그대로.

레비의 기사 이후 하비에게 재차 관심이 쏟아졌고 뇌 샘플을 요구하는 사람이 다시 생겨났다. 그중 하나였던 버클리대학교의 신경해부학자 메리언 다이아몬드는 하비로부터 받은 샘플로부터 1985년 최초의 연구 결과를 발표했다. 다이아몬드 외에도 1999년 캐나다 해밀턴에 위치한 맥마스터대학교의 신경생물학자인 산드라 위텔슨, 2013년 플로리다대학교의 신경인류학자 딘 포크 등 몇몇 사람이 하비가 제공한 샘플을 가지고 연구 결과를 발표했다. 이들의 연구 결과는 아인슈타인의 뇌가 몇몇 특성이 있기는 하지만 대체로 정상 범주 안에 있다는 평범한 결론 이상은 보여주지 않는다. 심지어 하비 자신이 측정한 뇌의 무게는, 아인슈타인의 뇌가 또래 남성 중에서 대체로 작은 편이라는 걸 보여준다.

하비는 세 차례 결혼했으나 모두 이혼했고, 1988년 의사면허 갱신에 실패해서 더 이상 병원에서 일하지 못하고 캔자스주 로렌스에 있는 플라스틱 공장에서 일하며 살았다. 비트 시대의 대표적인 작가였던 윌리엄 버로스가 그의 아파트 이웃이어서, 두 사람은 종종 함께 술을 마셨다. 하비의 친구가 된 버로스는 자신은 원하면 언제든지 아인슈타인의 뇌 조각을 가질 수 있다고 자랑했다고 한다. 하비는 아파트 옷장에서 뇌를 보관하다가, 1997년 프린스턴 대학 병원에 이를 기증했고 2007년 사망했다. 이로써 아인슈타인의 뇌의 기괴한 방랑은 끝이 났고, 이 특별한 유물은 이후 프린스턴 대학 병원이 보존하고 있다. 한편 필라델피아 병원의 신경병리학자 루시 로크애덤스는 1970년대에 아인슈타인의 뇌 슬라이드 스물세 쌍을 모았고, 이를 2011년 필라델피아 뮈터 의학 박물관에 기증했다. 뮈터 박물관은 아인슈타인의 뇌를 상설 전시하고 있는데, (당연하게도) 박물관의 가장 인기 있는 전시물이다.

2025년은 아인슈타인이 사망한 지 70년이 되는 해다. 아직도 아인슈타인에 대한 열광은 식지 않아서, 구글에 'Einstein auction'이라고 검색하면 아인슈타인의 편지가 수만, 수십만 달러에 경매에서 팔렸다는 내용이 주르르 나온다. 1996년 11월 뉴욕 크리스티 경매에서 아인슈타인이 밀레바 등 여러 사람에게 보낸 편지 묶음이 44만 2500달러 (약 6억 원)에, 베소와 함께 쓴 「수성 근일점의 운동에 관해」라는 제목의 상대성이론 논문의 초고가 39만 8500달러(약 5억 5000만 원)에 팔렸다. 아인슈타인이 1954년에 신과 종교에 관한 생각을 친필로 쓴 편지는 2018년에 크리스티 경매에서 290만 달러(약 40억 원)에 팔렸다. 2021년 11월에는 아인슈타인이 1913~1914년에 상대성이론에 관해 연구한 내용을 담은 노트가 파리의 경매장에서 무려 1160만 유로(약

160억 원)에 팔리는 기록을 세웠다. 크리스티 경매 사이트에 가보면 아인슈타인의 편지나 노트 등이 팔린 기록이 400점이 넘는다. 버트런드 러셀이나 존 레논 같은 다른 유명인들의 유품 판매 기록에 비해 숫자도 많고 가격도 높다.

    이런 일들을 보면 아인슈타인은 숭배의 대상을 넘어 컬트가 되었다고 할 만하다. 아마도 아인슈타인 본인이 가장 원하지 않았을 일이지만, 세상일이란 본래 바라는 대로 돌아가지 않는 법이다.

    아인슈타인에 대한 열광이 식지 않는 데는 아인슈타인의 업적이 실제로 매우 거대해서이기도 하고, 현대 과학이 일반 대중에게는 어느 정도 신비의 영역이기 때문이기도 할 것이다. 그러나 또 하나의 중요한 이유는 아인슈타인의 업적이 시간이 지나도 가치와 의미가 변하지 않는 물리학 이론이라는 점에 있다고 여겨진다. 오늘날에도 우리는 아인슈타인의 업적을 역사적 사실로만 배우는 게 아니라 현대물리학의 핵심적인 지식으로 배우고 있는 중이다. 우리가 우주를 이해하는 기본적인 틀은 일반상대성이론에 따라 우주 자체가 팽창하고 있다는 관점이며, 별들의 운명은 별 안에서 일어나는 일반상대성이론과 핵물리학의 밀고 당김에 따라 결정된다. 또한 정교해진 현대의 기술은 휴대전화와 같은 우리의 일상생활에서도 특수상대성이론과 일반상대성이론을 필수적으로 요구하고 있다. 미래에도 양자 기술이 발전하면 우리는 여전히 아인슈타인의 선견지명을 실감할 것이다. 물리법칙은 변덕스러운 인간의 유행이나 취향과는 무관하게 항상 그대로이다.

아인슈타인에 관한 전기는 무척 많다. 그의 삶은 그 어떤 사람보다도 자세히 연구되고 밝혀져 있다. 이 책이 다른 전기들보다 더 두껍지는 않지만, 나는 이 책에서 가능하면 세부 사항을 자세히 묘사하고자 했다. 그렇게 해서 아인슈타인의 삶을 가감 없이 보여주는 것이 아인슈타인에게 덮인 베일을 걷고 숭배나 열광 없이 그를 한 사람의 인간으로 보게 해준다는 생각에서였다. 그리고 그렇게 해야 비로소 아인슈타인이 얼마나 위대한 물리학자였는지도 올바르게 느끼게 된다고 믿는다.

아인슈타인의 의붓딸인 마고가 아인슈타인과 많은 서신을 교환한 친구였던 막스 보른의 부인에게 보낸 편지에서 아인슈타인의 마지막 순간을 묘사한 부분이 있다. "아버지는 곧 닥쳐올 자연현상으로서 당신의 마지막을 기다렸습니다. 아버지는 두려움 없이 자신의 인생을 살아왔기 때문에 겸손하고 평온하게 죽음과 대면했습니다. 그는 어떤 감정이나 후회 없이 이 세상을 떠났습니다." 아인슈타인이 뼛속 깊이 진정한 물리학자였음을 잘 보여주는 표현이다.

THE KEYWORDS OF EINSTEIN
아인슈타인의 키워드

01 반항

아인슈타인을 말해주는 가장 중요한 키워드로 나는 반항을 꼽고 싶다. 아인슈타인은 평생 어떤 종류건 자신이 인정하지 않은 강제적인 억압을 견디지 못했고, 끊임없이 반항했다. 그래서 김나지움을 뛰쳐나왔고, 억압의 절정이라고 할 군대 생활을 피하려 국적을 버리는 일도 서슴지 않았다. 그가 사랑하는 물리학 수업도 지겨워지면 거침없이 빼먹곤 했으며, 음악도 어린 시절 어머니가 억지로 가르칠 때는 전혀 배우려 하지 않다가, 그 자신이 음악에 매혹되고 나자 스스로 익혀서 아마추어 연주자가 되었다. 인간관계도 마찬가지여서, 결혼 생활에 충실한 남편은 되지 못했고, 학문에 있어서도 양자역학에 대한 불만족을 드러내는 데 주저함이 없었다. 어쩌면 이러한 반항은 진정으로 창조적인 인간의 숙명인지도 모른다.

02 특수상대성이론

특수상대성이론은 전기와 자기 이론을 완전히 이해하는 과정에서 탄생했다고 할 수 있다. 19세기에 영국의 맥스웰 등에 의해 확립된 전자기이론이 역학의 상대성원리와 잘 맞지 않은 문제를, 아인슈타인은 시간과 공간의 의미를 새로이 하고 이를 적절히 다룸으로써 해결했다. 이로써 빛의 속도의 중요성이 밝혀졌고, 오랫동안 과학자들이 가정했던 에테르 개념은 필요가 없어져 폐기되었다. 당대 모든 물리학자들이 혼란에 빠져 있던 상황을 명쾌하게 해명했다는 점에서 특수상대성이론은 아인슈타인의 뛰어난 물리적 직관을 가장 잘 보여주는 예라고 할 수 있다. 특히 당시 아인슈타인은 학계의 중심이나 연구 현장에 있던 게 아니라, 대학을 졸업하고 박사학위도 없는 상태에서 직장을 찾기 위해 고생하다가 겨우 공무원 자리를 막 잡은 신분이었다는 사실이 더욱 놀랍다. 막스 플랑크를 비롯한 여러 물리학자들은 특수상대성이론에 깊이 감명을 받고, 아직 학계에 자리를 잡지도 않은 아인슈타인을 일급의 물리학자로 인정하는 데 인색하지 않았다.

03 일반상대성이론

일반상대성이론은 아인슈타인의 창조성과 물리적 직관이 최고로 빛을 발하는 지점이다. 대부분의 주요한 학문 분야는 여러 사람이 제각각 다양한 방식으로 기여한 바가 합쳐져서 서서히 형성되는 게 보통인데, 일반상대성이론만은 아무것도 없는 황무지에서 아인슈타인의 손으로 완성된 것처럼 보인다. 논리적으로 일반상대성이론은 특수상대성이론의 연장선상에 있기는 하지만, 동역학의 상대성 문제를 중력으로 확장하고, 또다시 이를 휘어진 시공간의 문제로 환원해서 완전히 새로운 체계를 구축한 일은 그 어떤 물리학자도 감히 상상도 하지 못한 일이다. 일반상대성이론을 완성하는 데 걸린 8년이라는 시간은 아인슈타인의 인생에서 적지 않은 기간이기는 하지만, 이론의 거대한 체계를 생각하면, 그만한 시간에 그런 성취를 이룩했다는 사실이 놀랍기만 하다.

일반상대성이론은 그 자체로 수성 근일점의 세차운동을 설명하고 태양 주변에서 별빛의 휘어짐을 예측하는 등 놀라운 결과를 보여주었고, 이로 인해서 아인슈타인에게 세계적인 명성을 가져다주기도 했지만, 그보다 더욱 중요한 것은 우리 우주의 시공간을 제대로 다룰 수 있는 발판인 물리학적 우주론을 마련해주었다는 점이다. 일반상대성이론이 나온 지 100년이 지난 오늘날에도 우리는 블랙홀, 웜홀, 중력파 등 일반상대성이론의 결과들을 완전히 이해하지 못하고 있으며, 여전히 새롭고 심오한 의미를 발견하고 또 탐구하고 있다.

04 양자역학

아마도 제일 처음으로 양자역학을 예감한 사람은 아인슈타인이었을 것이다. 아인슈타인에게 노벨상을 가져다준 광전효과 논문에서, 아인슈타인은 "빛의 양자"라는 말을 처음으로 사용하는 등 양자역학의 기본 개념을 의식적으로 사용하는 모습을 보여준다. 그 밖에도 최초로 기체의 비열 이론이나 레이저의 원리가 되는 유도방출 등을 이론적으로 설명하는 등, 아인슈타인은 초기 양자론의 발전에 크게 기여했다. 하지만 막상 양자역학 이론이 나오자 아인슈타인은 양자역학과 묘한 긴장 관계를 유지한다. 이러한 아인슈타인의 태도는 양자역학의 확률적인 면과, 그에 따라 빚어지는 실재 개념의 모호함에 대한 것으로서 물리학의 문제라기보다는 철학적인 면에 대한 이의 제기였다. 따라서 아인슈타인은 양자역학이 틀렸다는 게 아니라, 양자역학은 최종적인 완전한 이론이 될 수 없다고 주장했다. 아인슈타인의 비판적인 태도는 평생 계속되었고 죽는 날까지 양자역학이 완전한 이론이라는 데 동의하지 않았다. 이렇게 근본적인 문제에 천착하는 아인슈타인의 비판은 놀랍게도 다른 사람들이 알지 못했던, 양자역학의 기초에 대한 새로운 면을 드러내주었고, 여기서 양자정보이론이라는 새로운 분야가 싹을 틔우게 된다. 오늘날 이 분야는 양자컴퓨터, 양자암호 이론 등 양자역학을 이용한 새로운 가능성을 연구하는 분야로서 물리학에서 가장 뜨거운 관심을 받고 있다.

05 음악

아인슈타인의 바이올린 솜씨에 대해서는 여러 의견이 있으나, 아마도 괜찮은 아마추어 수준이었던 것으로 보인다. 어린 시절 어머니 파울리네에게 이끌려서 배우게 된 바이올린과 음악에 대한 사랑은 아인슈타인에게 평생 즐거움을 주었다. 취리히 시절 아인슈타인은 호로비츠 교수의 집에 매주 모여서 음악회를 가졌으며, 여러 사교적인 모임에서 바이올린을 연주하거나 합주했다. 다른 오락에 거의 관심을 두지 않은 아인슈타인에게 음악은 물리학 외에 몰두하며 즐거움을 느낀 유일한 분야였다. 아마도 그 이유는 아인슈타인이 음악에서 순수한 조화와 대칭성을 통한 추상적인 아름다움을 느낄 수 있었기 때문일 것이다. 아인슈타인은 특히 바흐와 모차르트를 좋아했는데, 이들의 음악이 바로 아인슈타인이 원하는 바였다. 그는 베토벤만 해도 "너무 감정적이어서 불편하다"라고 말했을 정도다.

06 유대인

아인슈타인의 부모는 둘 다 유대인이었지만 양쪽 집안 모두 유대인으로서의 정체성에는 관심이 없었고 독일 사회에 동화되어 있었다. 그렇지만 학교를 다니면서 아인슈타인은 친구나 선생들의 반응을 통해 자신이 유대인이라는 걸 싫어도 체감하게 되었다. 또한 그의 반항적인 성격 때문인지는 몰라도, 어린 시절 그는 갑자기 유대교에 빠져서 율법을 지키고 종교의식을 따르며 지낸 적도 있다. 이러한 행동은 어린 시절 한때의 반항 같은 것이었지만, 적어도 그는 자신이 유대인이라는 의식은 항상 가지고 있었다. 그러한 의식은 제1차 세계대전 이후 독일 사회에 반유대주의가 범람하자 거꾸로 시온주의에 관심을 가지는 형태로 나타났다. 이것 또한 그의 반항적 기질에 맞는 행동이었다고 할 수 있고, 다른 한편으로는 유대인들이 받는 핍박을 보고 경험하면서, 약자의 편에 서고자 하는 태도에서 나온 것이기도 하다. 그래서 아인슈타인은 적극적으로 시온주의 운동에 도움을 주고자 애썼고,

이스라엘에 히브리대학교를 세우는 데도 지지와 지원을 보냈다. 그는 독일을 떠나게 되자 이스라엘에 가서 히브리대학교에서 일하는 것도 고려했으며, 유언으로 자신의 문헌을 모두 히브리대학교에 기증했다. 아인슈타인의 유대인으로서의 의식은 민족의식이며 유대교와는 전혀 관련이 없다.

07 평화주의, 민주주의

제1차세계대전 당시 아인슈타인은 매우 강경한 평화주의자였다. 그는 모든 병사가 지금 당장 무기를 내려놓고 전쟁을 중지해야 한다고 주장했고, 국가 간의 갈등을 조정하기 위한 국제적인 조직의 필요성을 지지했다. 1914년 자신의 친구들을 포함한 독일 지식인들이 독일의 군국주의를 옹호하고 독일군의 만행을 부인하는 '93인 성명'을 발표하자, 여기에 크게 실망하고, 이를 비난하는 내용을 담은 "유럽인에게 보내는 선언"을 평화주의자 친구들과 함께 준비하기도 했다. 심지어 독일의 군국주의를 무너뜨리기 위해서는 연합군이 승리하는 게 낫다는 말까지 했을 정도다.

평화주의와 민주주의에 대한 아인슈타인의 신념은 아라우 학교 시절의 선생이자 아인슈타인을 돌보아준 요스트 빈텔러의 영향이 절대적이었다고 할 수 있다. 합리성과 투명성, 평등과 열린 자세를 강조하는 과학자로서의 교육이 그러한 신념과 자연스럽게 어우러져 진보적인 민주주의자 아인슈타인을 만들었다.

08 원자폭탄

아인슈타인의 이름이 원자폭탄과 결부되는 상황에 대해서는 본문에서 자세히 설명했으니 여기서는 간단히 정리만 하자. 아인슈타인과 원자폭탄의 직접적인 관계는 레오 질러드가 유진 위그너와 함께 루스벨트 대통령에게 원자폭탄의 가능성에 주목할 것을 촉구하는 편지를 보낸 게 전부다. 원자폭탄의 원리에 아인슈타인의 이론이 중요한 역할을 하는 것은 맞지만, 어차피 그런 건 현대물리학의 모든 분야가 마찬가지다. 하지만 당대에나 그 이후에나 원자폭탄은 인간이 상상하는 걸 넘어서는 성취로서, 물리학의 위력을 상징하는 사건이었고, 그러니만큼 물리학을 상징하는 인물인 아인슈타인이 원자폭탄과 깊은 관련을 가지는 건 당연한 결과가 아닐까 한다.

THE LIFE OF EINSTEIN

아인슈타인 생애의 결정적 장면

1879 3월 14일 독일 울름에서 헤르만 아인슈타인과 파울리네 아인슈타인의 첫째 아들로 태어나다

아인슈타인의 집은 독일에 동화된 전형적인 유대인 중산층 가정이었다. 아인슈타인에게서 부모의 직접적인 영향은 그다지 크게 느껴지지 않지만, 전통에 얽매이지 않고 독립적인 집안의 분위기는 아인슈타인이 과학자로 성장하는 데 도움이 되었을 것이다. 또한 첨단기술을 이용해서 사업을 벌였던 집안의 환경도 아인슈타인이 어려서부터 과학과 기술에 친숙하고 관심을 가지는 데 영향을 주었음에 틀림없다.

1894 뮌헨 루이트폴트 김나지움을 뛰쳐나오다

아인슈타인은 책을 많이 읽고 얌전하게 공부를 잘하는 소년이었지만, 군국주의 사회의 학교에 잘 적응하지 못했다. 더구나 집안의 사업이 실패하는 바람에 가족이 모두 이탈리아로 이사해서 뮌헨에 혼자 남아서 김나지움을 다니게 되자 견디기 어려웠던 걸로 보인다. 나아가서 독일 법에 따라 징집될 시기가 가까워지자, 이를 피하기 위해 독일 국적을 포기하기까지 한다. 아인슈타인은 우려하는 가족들을, 김나지움 졸업장 없이도 입학할 수 있고, 교사자격증을 받을 수 있는 취리히 폴리테크니쿰에 입학하겠다는 말로 안심시켰다.

1895 취리히 폴리테크니쿰 특별 입학에 실패하고 아라우 칸톤학교에 편입하다

폴리테크니쿰 학장 헤어초크의 권유로 아라우 칸톤학교에 편입한 아인슈타인은, 여기서 처음으로, 어쩌면 유일하게 자신의 맘에 드는 교육 환경을 발견할 수 있었다. 특히 그를 돌봐주었던 빈텔러는 아인슈타인의 정치관과 사회적 견해를 형성하는 데 결정적인 영향을 주었고, 빈텔러 가족과의 관계는 아라우를 떠난 후에도 여러 가지 형태로 계속 이어졌다.

1896 취리히 폴리테크니쿰에 입학해서 정식으로 물리학을 공부하다

이로써 아인슈타인은 물리학자가 되기 위한 첫발을 내딛었다. 또한 폴리테크니쿰에서 그의 인생에 가장 중요한 몇몇 사람을 만난다. 대학에 함께 입학한 세르비아 출신의 밀레바 마리치와는 곧 연인이 되고, 이윽고 첫 번째 아내가 되어 두 아들을 낳게 된다. 또 다른 동급생 마르셀 그로스만은 일찍부터 아인슈타인을 높게 평가했으며, 인생의 고비마다 결정적인 도움을 줬다.

1901 인생의 바닥을 치다

대학을 졸업한 아인슈타인은 직장을 구하는 데 어려움을 겪고 있었다. 게다가 여자 친구인 밀레바와의 관계를 집안에서 반대하고 있었는데, 덜컥 임신까지 하게 되었다. 아인슈타인은 친구의 주선으로 샤프하우젠에서 한 학생의 개인 가정교사를 하다가, 특허청 지원 소식을 듣는다. 이로써 아인슈타인의 인생이 눈부시게 도약하기 시작한다.

1902 베른에서 특허청에 다니다

이때부터 아인슈타인은 비로소 안정을 찾고 결혼도 할 수 있게 되었다. 하지만 더욱 중요한 것은 그가 본격적으로 몰두해서 물리학 연구를 하게 되었다는 점이다.

1905   기적의 해를 맞다

당시 아인슈타인은 겉으로 보기에, 베른에서 특허청의 3급 심사관으로 근무하며 밀레바와 결혼해서 첫아들을 얻고 공무원으로서 안정된 중산층에 막 진입하려는 듯 보였다. 그러나 그런 일들보다 아인슈타인에게 더 중요한 일은 물리학이었다. 그는 마음껏 연구하고 있었다. 그리고 이해에 그는 특수상대성이론을 담고 있는 두 편의 논문과, 훗날 그에게 노벨상을 가져다주는 빛의 양자에 관한 논문, 그리고 원자의 존재를 실증하는 데 중요하게 기여하는 브라운운동에 관한 논문을 발표했다. 학계 바깥에서 공무원으로 일하던 스물여섯 살의 젊은이가 이루어낸 이 놀라운 업적에, 사람들은 이해를 아인슈타인의 '기적의 해'라고 부른다.

1907   베른의 특허청 사무실에서 등가원리의 아이디어를 떠올리다

높은 곳에서 떨어지는 사람은 중력을 느끼지 못할 거라는 이 아이디어는 훗날 일반상대성이론으로 발전하는 첫걸음이 된다. 이 생각을 아인슈타인은 그가 떠올린 '가장 행복한 생각'이라고 불렀다.

1911   제1회 솔베이 학회에 초청받다

벨기에의 부호 솔베이가 당대 최고의 학자들을 불러모으기 위해 만든 솔베이 학회는 3년마다 열리면서 20세기 전반 현대물리학의 발전을 잘 보여주고 상징하는 학회로 자리매김한다. 이곳에 초청받음으로써 아인슈타인은 이제 당대 정상급 학자임이 공인되었다. 그는

1회 솔베이 학회에서 가장 젊은 학자였으며, 학회에 참가함으로써 독일어권을 넘어 마리 퀴리나 푸앵카레 같은 학자들과도 교류하게 되었다.

1914 최고의 대우로 베를린에 초빙되어 가다

아인슈타인은 강의 의무가 없는 베를린대학교 정교수, 프로이센 아카데미 회원, 그리고 새로 창설되는 카이저빌헬름 물리학연구소의 소장이라는 당대 최고의 대접을 받으며 베를린에 초빙되었다. 이로써 아인슈타인은 독일어권 최고의 이론물리학자로 공인된 셈이다. 그런데 주목할 점은, 아직 아인슈타인의 가장 중요한 업적인 일반상대성이론이 완성된 게 아니었다는 점이다.

1915 일반상대성이론을 완성하다

이해 11월 아인슈타인은 일반상대성이론을 마침내 완성한다. 프로이센 아카데미에서의 발표를 앞두고 그동안 연구해왔던 이론의 결함을 발견한 뒤, 초인적인 집중력으로 이론을 수정해서 올바른 방정식을 얻었다. 완성된 이론은 그동안 해결하지 못한 문제였던 수성 근일점의 세차운동을 정확히 설명해주었다. 아인슈타인의 표현처럼, "어떤 중력이론도 지금까지 해내지 못한 일"이었다. 이로써 그 필생의 업적이 완성되었다.

1919 영국 일식 원정대가 일식 중에 태양 주위에서 빛의 휘어짐을 관측하다

이는 중력장에 의해 빛이 휘어질 것이라는 일반상대성이론의 예측이 확인된 것으로, 이로써 아인슈타인의 일반상대성이론은 또 하나의 강력한 증거를 얻었고, 뉴턴의 만유인력의 법칙을 넘어서는 결과를 보여주었다. 아인슈타인은 이제 뉴턴에 필적하는 인물로 여겨졌고, 세계에서 가장 유명한 과학자가 되었다. 그 지위는 오늘날까지도 변함이 없다.

1922 노벨물리학상을 받다

1910년경부터 물리학자들은 아인슈타인을 노벨상 수상자로 추천해 왔다. 하지만 노벨상은 묘하게도 아인슈타인과 어긋났다. 심지어 1921년에는 아인슈타인을 후보로 두고도 물리학상 수상자를 내지 않기도 했다. 그러다가 마침내 1921년의 노벨물리학상을 1년 유예해서 아인슈타인에게 수여하는 것으로 결론이 났다. 하지만 아인슈타인은 외국 여행이 예정되어 있어서 시상식에 참가하지 못했고, 상은 독일 대사가 대신 받았다.

1933 미국으로 망명하다

이해 1월에 히틀러가 정권을 잡자 유대인에 대한 공격이 노골화되었다. 아인슈타인의 카푸트 별장도 숨겨놓은 무기를 찾는다는 얼토당토않은 이유로 나치스 경찰의 수색을 받았으며, 베를린의 아파트에도 괴한이 침입했다. 미국 여행 중이던 아인슈타인은 독일로 돌아가지 않고 벨기에에 머물며 사태를 지켜보다가, 결국 마침 자리를 제안한 프린스턴 고등연구소에 자리를 잡기로 하고 미국으로 망명한다.

1935   양자역학에 이정표가 될 논문을 남기다

아인슈타인은 20세기 초 그 누구보다도 먼저 원자 이론에서 양자 개념의 중요성을 깨달았고, 노벨상도 그에 관련된 연구로 받게 되었다. 하지만 마침내 탄생한 양자역학은 그의 성에 차지 않았고, 아인슈타인은 양자역학을 넘어서기 위해 고심했다. 1935년 두 명의 공동연구자와 함께 발표한 이 논문은 그때까지 아무도 생각하지 못한 양자역학의 미묘한 부분을 잡아내, 많은 사람이 양자역학의 기초에 대해서 더욱 깊이 생각하도록 만들었다. 이로부터 촉발된 연구는 오늘날 양자정보이론이라는 새로운 분야를 열었고, 이 분야는 지금 현재 가장 활발히 연구되고 있다.

1939   루스벨트에게 보내는 편지에 서명하다

헝가리 출신의 레오 질러드와 유진 위그너는 원자폭탄이 실현 가능하다는 사실을 깨닫고 당대에 물리학이 가장 앞서 있던 독일이 이를 먼저 개발할 수 있다는 가능성을 두려워했다. 이들은 이에 미국이 어떤 역할을 해주기를 바랐다. 하지만 헝가리 이민자 과학자들의 말에 미국 정부가 귀를 기울여줄 것 같지 않아서, 그들은 아인슈타인의 권위에 기대기로 했다. 아인슈타인은 폭탄의 가능성을 이들에게서 처음으로 듣고 감명을 받았다. 또한 나치 독일을 싫어하고 세계평화에 관심이 많은 그였으니만큼, 두 사람의 계획에 참여하는 데 동의했다. 아인슈타인은 질러드와 위그너와 함께 미국 대통령인 루스벨트에게 보내는 편지를 작성했고 서명했다. 편지는 우여곡절을 거쳐 루스벨트의 친구인 경제학자 알렉산더 색스를 통해 대통령에게 전해졌다. 이 편지는 원자폭탄을 향한 계획의 방아쇠가 당겨지는 데 중요한 역할을 했다.

1955 사망하다

오랫동안 그를 괴롭혀왔던 장의 동맥류가 파열해서 아인슈타인은 사망했다. 76세였다. 아인슈타인은 죽기 며칠 전까지도 연구를 계속했다. 아인슈타인 말년의 연구들에, 물리학자들은 그다지 가치를 두지 않는다. 하지만 아인슈타인은 죽는 날까지 물리학자이고자 했고, 또 사실 그러했다.

아인슈타인 생애의 결정적 장면

아인슈타인의 첫 직장인 베른 특허청의 모습

참고 문헌

- CPAE는 프린스턴대학교 출판부에서 발간한 알베르트 아인슈타인 논문집Collected Papers of Albert Einstein의 약어다.

아인슈타인 전집

The Collected Papers of Albert Einstein Volume 1(CPAE 1): The Early Years, 1879-1902 (English translation) translated by Anna Beck, Princeton University Press (1987).

The Collected Papers of Albert Einstein. Vol. 5(CPAE 5): The Swiss Years: Correspondence, 1902-1914 (English translation) translated by Anna Beck, Princeton University Press, (1993).

The Collected Papers of Albert Einstein Volume 7(CPAE 7): The Berlin Years: Writings, 1918-1921 (English translation) translated by Alfred Engel, Princeton University Press (2002).

The Collected Papers of Albert Einstein Volume 8(CPAE 8): The Berlin Years: Correspondence, 1914-1918 (English translation) translated by Ann M. Hentschel, Princeton University Press (1998).

The Collected Papers of Albert Einstein Volume 9(CPAE 9): The Berlin Years: Correspondence, January 1919-April 1920 (English translation) translated by Ann M. Hentschel, Princeton University Press (2004).

The Collected Papers of Albert Einstein Volume 10(CPAE 10): The Berlin Years: Correspondence, May-December 1920 and Supplementary Correspondence, 1909-1920 (English translation) translated by Ann M. Hentschel, Princeton University Press (2006).

도서

Einstein, A., *Letters to Solovine*, 1906-1955, Open Road, New York (1987).
Fölsing, A, *Albert Einstein: A Biography*, Viking (1997).

Frank, P., *Einstein His Life and Times*, Alfred A. Knopf: New York (1947).

Finlay-Freundlich, E., *Die Grundlagen der Einsteinschen Gravitationstheorie. Mit e, Vorw. von Albert Einstein*, Springer, (1916).

Landau, L. D., *The classical theory of fields*, Elsevier (2013).

Pais, A., *Inward Bound: Of Matter and Forces in the Physical World*, Clarendon Press, (1986).

Pais, A., *Subtle is the Lord : The Science and the Life of Albert Einstein*, Oxford University Press, USA, (1982).

Renn, *Jürgen (ed.), The Genesis of General Relativity: Sources and Interpretations Vol.1-4*, Springer (2007).

Rosenkranz, Ze'ev, *Albert Einstein-Privat und ganz Persönlich*, Historisches Museum Bern (2004)

Rowe, David E. and Schulman, Robert J. (ed.), *Einstein on Politics*, Princeton University Press (2007).

Schilpp, P. A. (ed.), *Albert Einstein Philosopher-scientist*, MJF Books, New York (1970).

갈릴레오 갈릴레이 지음, 이무현 옮김, 『대화』, 사이언스북스 (2016)

데니스 오버바이, 김한영, 김희봉 옮김, 『젊은 아인슈타인의 초상』, 사이언스북스 (2006)

데산카 트루부호비치규리치, 모명숙 옮김, 『아인슈타인의 그림자』, 양문 (2004)

로저 하이필드, 폴 카터, 오동현 옮김, 『아인슈타인의 사생활』, 동아일보사 (1995)

매튜 스탠리, 김영서 옮김, 『아인슈타인의 전쟁』, 브론스테인 (2020)

스티븐 와인버그, 이종필 옮김, 『최종이론의 꿈』, 사이언스북스 (2007)

실번 S. 슈위버, 김영배 옮김, 『아인슈타인과 오펜하이머』, 시대의창 (2013)

아브라함 파이스, 『신화는 계속되고』, 범한서적 (1996)

알베르트 아인슈타인, 막스 보른 지음, 구스타프 보른 외 편집, 박인순 옮김, 『아인슈타인-보른 서한집』, 범양사 (2005)

알베르트 아인슈타인·엘리스 칼라프리스, 김명남 옮김, 『아인슈타인이 말합니다』, 에이도스 (2015)

알프레드 노스 화이트헤드, 『과학과 근대 세계』, 서광사 (1989)

월터 아이작슨, 이덕환 옮김, 『아인슈타인 삶과 우주』, 까치 (2007)

위르겐 네페, 염정용, 염영록 옮김, 『안녕, 아인슈타인』, 사회평론 (2005)

크리스토퍼 클라크 지음, 이재만 옮김, 『몽유병자들』, 책과함께 (2019)

프레드 제롬, 강경신 옮김, 『아인슈타인 파일』, 이제이북스 (2003)

피터 갤리슨, 김재영·이희은 옮김, 『아인슈타인의 시계, 푸앵카레의 지도』, 동아시아 (2017)

논문

A. Biswas, K. R. S. Mani, *Relativistic perihelion precession of orbits of Venus and the Earth*, Cent. Eur. J. Phys., 6(3) pp.754-758 (2008).

S. Chandrasekhar, *Verifying the Theory of Relativity*, Notes and Records of the Royal Society of London, Vol. 30, No. 2, pp. 249-260 (1976).

S. Chandrasekhar, *Eddington: The Most Distinguished Astrophysicist of His Time*, Cambridge, p.30, Cambridge University Press (1983).

L. Corry, Jürgen Renn, John Stachel, *Belated Decision in the Hibert-Einstein Priority Dispute*, Science 278, 14 November, p.1270 (1997).

W. De Sitter, *On Einstein's Theory of Gravitation and its Astronomical Consequences. I*, Monthly Notices of the Royal Astronomical Society. 76 (9): 699-728 (1916).

W. De Sitter, *On Einstein's Theory of Gravitation and its Astronomical Consequences. II*, Monthly Notices of the Royal Astronomical Society. 77 (2): 155-184 (1916).

W. De Sitter, *On Einstein's Theory of Gravitation and its Astronomical Consequences. III*, Monthly Notices of the Royal Astronomical Society. 78 (1): 3-28 (1917).

F. Dyson, *Relativity and the Eclipse Observations of May, 1919*, Nature 106, 786 (1921).

A. Einstein, *Über die von der molekularkinetischen Theorie der Wärme geforderte Bewegung von inruhenden Flüssigkeiten suspendierten Teilchen*, Annalen der Physik (in German). 17 (8) p.549-560 (1905).

A. Einstein, *Über einen die Erzeugung und Verwandlung des Lichtes betreffenden heuristischen Gesichtspunkt*, Annalen der Physik (in German). 17 (6) p.132-148 (1905).

A. Einstein, *Ist die Trägheit eines Körpers von seinem Energieinhalt abhängig?*, Annalen der Physik (in German). 18 (13) p.639-641 (1905).

A. Einstein, *Zur Elektrodynamik bewegter Körper*, Annalen der Physik (in German). 17 (10) p.891-921 (1905).

A. Einstein, *Die Plancksche Theorie der Strahlung und die Theorie der spezifischen Wärme*, Annalen der Physik 22, pp.180-190 (1907).

A. Einstein and J. Laub, *Elektromagnetische Grundgleichungen für bewegte Körper*, Annalen der Physik (ser. 4), 26, pp.532-540 (1908).

A. Einstein, *Einfluss der Schwerkraft auf die Ausbreitung des Lichtes*, Annalen der Physik (ser. 4), 35, pp.898-908 (1911).

A. Einstein, *Max Planck as a researcher*, Naturwissenschaften Vol. 1, pp.1077-1079 (1913).

A. Einstein, M. Grossmann, *Entwurf einer verallgemeinerten Relativitätstheorie und einer Theorie der Gravitation*, Zeitschrift für Mathematik und Physik 62 p.225 – 261 (1914).

A. Einstein, M. Grossmann, *Kovarianzeigenschaften der Feldgleichungen der auf die verallgemeinerte Relativitätstheorie gegründeten Gravitationstheorie*, Zeitschrift für Mathematik und Physik 63, p.215 – 225 (1914).

A. Einstein, *Erklärung der Perihelbewegung des Merkur aus der allgemeinen Realtivitätstheorie*, Königlich Preussische Akademie der Wissenschaften (Berlin, in German), Sitzungsberichte, p.831 – 839 (1915).

A. Einstein, *Die Feldgleichungen der Gravitation*, Königlich Preussische Akademie der Wissenschaften (in German), Berlin, Germany, pp. 844 – 847 (1915).

A. Einstein, *Die Grundlage der allgemeinen Relativitätstheorie*, Ann. Phys. (Leipzig) 49, 769 (1916).

A. Einstein, *On the Method of Theoretical Physics*, Philosophy of Science, Vol. 1, No. 2, pp. 163-169 (1934).

A. Einstein, B. Podolsky, and N. Rosen, *Can Quantum-Mechanical Description of Physical Reality Be Considered Complete?*, Phys. Rev. 47, 777 (1935).

A. Einstein, W. Pauli, *On the Non-Existence of Regular Stationary Solutions of Relativistic Field Equations*, Annals of Mathematics, Vol. 44, No. 2, pp. 131-137 (1943).

A. Einstein, written by Ishiwara Jun, translated by A. Ono Yoshimasa, *How I created the theory of relativity*, Phys. Today 35(8), 45 (1982).

E. B. Fomalont and S. M. Kopeikin, *The Measurement of the Light Deflection from Jupiter: Experimental Results*, Astrophysical Journal, Volume 598, Number 1, 704 (2003).

A. A. Friedman, *Über die Möglichkeit einer Welt mit konstanter negativer Krümmung des Raumes*, Zeitschrift für Physik, Vol. 21, 326-332 (1924).

H. Gutfreund, *Otto Stern—With Einstein in Prague and in Zürich*, in "Molecular Beams in Physics and Chemistry – From Otto Stern's Pioneering Exploits to Present-Day Feats", edited by Bretislav Friedric and Horst Schmidt-Böcking, Springer (2021).

J. C. Hammond, *The Naval Observatory eclipse expedition*, Popular Astronomy, Vol. 27, p.1 (1918).

G. M. Harvey, *Gravitational deflection of light*, The Observatory, Vol. 99, p. 195-198 (1979).

K. Hentschel, *Erwin Finlay Freundlich and testing Einstein's theory of relativity*, Arch. Hist. Exact Sci., Vol. 47, No. 2, p. 143 – 201 (1994).

D. Hilbert, *Die Grundlagen der Physik*, Nachrichten von der Gesellschaft der Wissenschaften zu Göttingen – Mathematisch-Physikalische Klasse, 3 pp.395 – 407 (1916).

M. Janssen, J. Renn, *Untying the Knot: how Einstein Found his way Back to Field Equations Discarded in the Zurich Notebook*, In: Janssen, M., Norton, J.D., Renn, J., T. Sauer, J. Stachel, (eds) *The Genesis of General Relativity: Sources and Interpretations V.1-4*, Springer (2007).

W. Kaufmann, *Über die Konstitution des Elektrons*, in Sitzungsberichte der Preußischen Akademie der Wissenschaften zu Berlin, pp. 949-56 (1905).

D. Kennefick, *Testing relativity from the 1919 eclipse—a question of bias*, Physics Today 62 (3), 37-42 (2009).

H. A. Medicus, *The Friendship among Three Singular Men*, Isis, Vol. 85, No. 3, pp. 456-478 (1994).

J. D. Norton, *Nature is the Realisation of the Simplest Conceivable Mathematical Ideas': Einstein and the Canon of Mathematical Simplicity*, Studies in History and Philosophy of Science Part B: Studies in History and Philosophy of Modern Physics 31 (2) p.135-170 (2000).

C. D. Perrine, *Contribution to the history of attempts to test the theory of relativity by means of astronomical observations*, Astronomische Nachrichten. 219 (17) p.281-284 (1923).

M. Planck, *Das Prinzip der Relativität und die Grundgleichungen der Mechanik*, Verhandlungen Deutsche Physikalische Gesellschaft, No. 8, pp.136-141 (1906).

J. G. Ravin, *Albert Einstein and his mentor Max Talmay*, Documenta Ophthalmologica 94, pp.1-17 (1997)

E. Schrodinger, *Quantisierung als Eigenwertproblem*, Annalen der Physik, 79, 734 (1926).

E. Siegel, *America's Previous Coast-To-Coast Eclipse Almost Proved Einstein Right*, Forbes, Aug 4, (2017).

A. Sponsel, *Constructing a 'Revolution in Science': The Campaign to Promote a Favourable Reception for the 1919 Solar Eclipse Experiments*, The British Journal for the History of Science, Vol. 35, No. 4, pp. 439-467 (2002).

J. Stachel, *Einstein and the Rigidly Rotating Disk*, in General Relativity and Gravitation One Hundred Years After the Birth of Albert Einstein, p. 1-15, ed. A. Held, (1980).

J. Stachel, *The Rigidly Rotating Disk as the 'Missing Link' in the History of General Relativity*, in Einstein and the History of General Relativity, ed. D. Howard and J. Stachel, (1989).

J. Stachel, *New Light on the Einstein-Hilbert Priority Question*, J. Astrophys. Astr., 20, pp.91-101 (1999).

J. Stachel, *The First Two Acts*, in *The Genesis of General Relativity*, vol 1, p. 81-111, ed. Jürgen Renn, (2007).

N. Straumann, *On the first Solvay Congress in 1911*, European Physical Journal H 36, p.379-399

(2011).

O. Theimer, B. Ram, *The beginning of quantum statistics*, Am. J. Phys. 44, 1056 (1976).

J. van Dongen, *Reactionaries and Einstein's Fame: "German Scientists for the Preservation of Pure Science,"* Relativity, and the Bad Nauheim Meeting, Physics in Perspective, Volume 9, pp.212–230, (2007).

M. Violaris, *Einstein at the Patent Office*, The Oxford Scientist, Perspective Issue, Michaelmus Term, p.6 (2019).

G. Weinstein, *Albert Einstein at the Zürich Polytechnic: a rare mastery of Maxwell's electromagnetic theory*, arXiv1205.4335.

정병훈, 「칸톤학교 아라우와 아인슈타인I」, Journal of the Korean Association for Science Education, 39(2) 233 (2019).

클래식 클라우드 038

아인슈타인

1판 1쇄 인쇄 2025년 10월 24일
1판 1쇄 발행 2025년 11월 5일

지은이 이강영
펴낸이 김영곤
펴낸곳 (주)북이십일 아르테

편집팀 송경진 김지혜 김경애 이영애
영업팀 정지은 한충희 남정한 장철용 강경남 황성진 김도연 이민재
책임편집 박지석 디자인 박숙희
제작 이영민 권경민

출판등록 2000년 5월 6일 제406-2003-061호
주소 (10881) 경기도 파주시 회동길 201(문발동)
대표전화 031-955-2100 팩스 031-955-2151

ISBN 979-11-7357-608-9 04000
ISBN 978-89-509-7413-8 (세트)
아르테는 (주)북이십일의 문학 브랜드입니다.

(주)북이십일 경계를 허무는 콘텐츠 리더

아르테 채널에서 도서 정보와 다양한 영상자료, 이벤트를 만나세요!
네이버오디오클립/팟캐스트 [클래식 클라우드-책보다 여행]
인스타그램 instagram.com/classic_cloud21
페이스북 www.facebook.com/21classiccloud

· 책값은 뒤표지에 있습니다.
· 이 책 내용의 일부 또는 전부를 재사용하려면 반드시 (주)북이십일의 동의를 얻어야 합니다.
· 잘못 만들어진 책은 구입하신 서점에서 교환해드립니다.

또 다른 세계로 가는 문학의 다리
아르테 세계문학 시리즈 '클래식 라이브러리'

CL 001 슬픔이여 안녕
프랑수아즈 사강 지음 | 김남주 옮김
값 15,000원

'매혹적인 작은 괴물'
프랑수아즈 사강의 대표작

CL 005 변신
프란츠 카프카 지음 | 목승숙 옮김
값 15,000원

현대인의 불안과 소외를 예견한
프란츠 카프카의 대표 단편 4선

CL 002 평온한 삶
마르그리트 뒤라스 지음 | 윤진 옮김
값 15,000원

프랑스 현대문학의 거장
마르그리트 뒤라스의 숨은 걸작

CL 006 1984
조지 오웰 지음 | 배진희 옮김
값 19,800원

가장 정치적이면서도 가장 예술적인 고전
디스토피아적 SF 문학의 원조

CL 003 자기만의 방
버지니아 울프 지음 | 안시열 옮김
값 15,000원

이름 없는 모든 여성들을 소환한
버지니아 울프의 기록

CL 007 인간 실격
다자이 오사무 지음 | 신현선 옮김
값 15,000원

일본 데카당스 문학의 결정체이자
청춘의 자화상과도 같은 작품

CL 004 워더링 하이츠
에밀리 브론테 지음 | 윤교찬 옮김
값 22,000원

단 하나의 소설로 신화가 된
에밀리 브론테의 기념비적인 작품

CL 008 도리언 그레이의 초상
오스카 와일드 지음 | 김순배 옮김
값 16,000원

예술 같은 인생을 살다 간
심미주의 문학의 대가 오스카 와일드가 남긴
유일한 장편 소설

CL 009 월든
헨리 데이비드 소로 지음 | 신재실 옮김
값 22,000원

월든 호수에서 소로가
보고 느낀 것들의 집대성

CL 010 코·초상화
니콜라이 바실리예비치 고골 지음 | 이경완 옮김
값 16,000원

고골의 페테르부르크 이야기들
'보이는 웃음 속의 보이지 않는 눈물'

CL 011 수레바퀴 아래서
헤르만 헤세 지음 | 박광자 옮김
값 16,000원

흔들리며 성장해 가는 젊은 영혼들을 위하여
헤르만 헤세가 들려주는 자전적 이야기

CL 012 데미안
헤르만 헤세 지음 | 정현규 옮김
값 16,000원

성장소설의 영원한 고전
헤르만 헤세의 영혼의 자서전

CL 013 비곗덩어리
기 드 모파상 지음 | 임희근 옮김
값 16,000원

현대 소설의 아버지,
모파상의 걸작 단편선

CL 014 사랑에 관하여
안톤 파블로비치 체호프 지음 | 김현정 옮김
값 16,000원

세계 3대 단편 작가,
체호프의 대표 단편 선집

CL 015 허클베리 핀의 모험
마크 트웨인 지음 | 노동욱 옮김
값 24,000원

미국의 셰익스피어, 마크 트웨인의 대표작
반드시 읽어야 할 독보적 작품

CL 016 이방인
알베르 카뮈 지음 | 박언주 옮김
값 15,000원

태양 아래에서 발견한 진실,
그 의미를 묻지 않는 자
〈르 몽드〉 선정 세기의 도서 1위

채널로 만나는 클래식 라이브러리 시리즈

인스타그램 북이십일	instagram.com/book_twentyone
지인필	instagram.com/jiinpill21
아르테	instagram.com/21_arte
북이십일 홈페이지	www.book21.com